헤븐

HEAVEN
Copyright ⓒ 2010 by Lisa Miller
All rights reserved

Korean translation copyright ⓒ 2010 Book21 Publishing Group
Korean translation right arranged with HarperCollins Publishers
through EYA(Eric Yang Agency)

이 책의 한국어판 저작권은 EYA(Eric Yang Agency)를 통해
HarperCollins Publishers와 독점계약한 (주)북이십일에 있습니다.
저작권법에 의하여 한국 내에서 보호를 받는 저작물이므로 무단전재와 복제를 금합니다.

HEAVEN ; 헤븐
인류의 가장 오래된 희망

리사 밀러 지음 · 한세정 옮김

21세기북스

★ **일러두기**
- 〈 〉 안에 표기된 도서명에서 국내에 번역 출간된 도서는 번역한 도서명만을, 번역 출간되지 않은 도서는 번역한 도서명과 원서명을 함께 표기했습니다.
- 성서 문구는 《공동 번역 성서 개정판》(대한성서공회, 2004)에서 인용했습니다. 단, 신약성서의 서 제목은 일반인에게 익숙한 《성경전서 개역개정판》(대한성서공회, 1998)의 표기를 따랐습니다.

프롤로그

천국, 인류의 가장 오래된 희망

몇 해 전, '인간에겐 왜 천국이 필요한가?'라는 주제로 〈뉴스위크〉 커버스토리를 쓴 적이 있다. 그리고 잡지가 나오기 하루 전, 나는 이른 아침 시간에 진행되는 생방송 TV 프로그램에 나가 인터뷰를 했는데, 놀랍게도 전날 이스라엘 북쪽에서 테러가 일어나 나는 졸지에 선견지명이 있는 인물이 되어버렸다. 천국의 비전이 자살폭탄 테러범에게는 내세의 보상에 대한 영감을, 희생자 가족에게는 위로를 준다는 설명을 하는 내내 뒤엉킨 버스와 구조 대원들의 영상이 스크린 위를 지나갔다.

3분 여의 인터뷰를 마무리하면서 앵커는 내게 이런 질문을 던졌다. 나는 그 질문을 예상했어야 했다.

"천국을 믿으십니까?"

순간 궁지에 몰린 기분이 들었다.

"그 질문을 하지 않으시길 바랐는데요."

나는 억지웃음을 지으며 겨우 대답했다.

그다지 적절한 대답은 아니었지만 그게 진실이었다. 전국적인 선거에 나가거나 특별히 좌파나 우파에 속해 있지 않는 한, 미국인들은 영적인 생활에 대한 토론을 성생활 만족도에 대해 이야기하는 것만큼이나 불편해한다.

각종 여론조사에 의하면, 대부분의 사람들은 천국과 신, 기적과 천사의 존재를 믿지만 그 의미에 대해서는 그다지 깊이 생각하지 않는다. 칵테일파티에서 천국을 진지한 이야기 소재로 삼으면 사람들의 얼굴에 불편한 기색이 스친다. 천국이라는 말을 거리낌 없이 크게 말할 수 있는 경우는 다음과 같은 때뿐이다. 주기도문을 웅얼거릴 때, 애완동물이나 친구, 할아버지의 죽음에 대한 아이들의 질문에 답할 때, 자신 혹은 사랑하는 이의 죽음을 앞두고 있을 때. 그때서야 우리는 천국에 대해 이야기할 수 있다.

일상생활에서 천국을 이야깃거리로 삼는 것은 어리석은 일이라는 인식이 팽배함에도, 나를 포함한 대부분의 사람들의 머릿속에는 천국에 대한 나름의 상이 있다. 그것은 각 종교의 공식적인 교리나 신조, 가르침에 뿌리를 둔다. 또한 그림과 노래, 농담과 영화, 부모님이 들려준 이야기에서도 뿌리를 찾을 수 있다. 때때로 천국에 대한 상은 우리 자신의 초월적 경험에 기초한 것일 수도 있다.

그러나 저널리스트이자 종교 전문가, 공인된 회의론자인 내가 어떻게 TV 뉴스 앵커에게 돌아가신 할아버지의 유령을 본 적 있다고 말할 수 있겠는가? 천국이란 가슴이 타오를 듯한 사랑의 감정과 같은 거라 생각한다고 답할 수 있겠는가? 나는 그러한 감정을 결혼 후 약 5개월이 지난 어느 날 오후에 느껴보았다. 격무에 지친 한 주를 보낸 나와 찰리는 차를 몰고 해변가로 향했다. 태양 아래서 우리는 부두 끝까지 걸어가 함께 맥주를 마시며 바다 위에 떠 있는 보트를 바라보았다. 그 순간 마음속에 차오른 감정을 난 결코 잊지 못한다.

머릿속에서 그날의 인터뷰를 수천 번도 넘게 재생해보면서, 나는 그때 좀더 세련되게 반응해야 했다고 후회했다. 이 책의 작업을 본격적으로 시작하기 전, 나는 늘 이렇게 말하곤 했다.

"천국에 대한 생각은 논리를 거부한다. 내 마음속에서 천국은 사랑과 동의어이며 나는 희망의 존재를 믿는다."

우리는 천국에 대해 어떤 말을 하는가? 미국인은 지구 상에서 종교적으로 가장 다양한 사회에 살고 있다. 헌법에 명시된 다원주의는 우리의 뼛속까지 스며들었다. 한 종교에 전적으로 헌신하고 있는 사람조차 다른 사람의 종교를 존중해준다. 1960년에 존 F. 케네디가 대통령 선거에 출마했을 때, 사람들은 그를 교황주의자라고 비난했다. 그때 케네디는 자신의 신앙을 변호하면서 다른 사람의 종교를 모욕하는 행위는 미국적인 것이 아니라고 일침을 가했다.

"종교의 자유는 너무나 개인적인 것이어서 한 종교를 공격하는 것은 모든 종교를 공격하는 것이나 마찬가지다."

한 여론조사에 의하면 80퍼센트에 가까운 미국인이 스스로가 기독교인이라고 응답했지만 동일성은 거기서 그친다. 미국에는 자유주의적인 개신교도와 보수주의적인 개신교도가 있으며, 로마 가톨릭 신자는 물론 동방정교회 신자도 있다. 이러한 정의와 꼬리표들은 상당히 다양한 의미를 지닌다. 만약 몰몬교도를 '기독교인'이라고 칭하는 내용의 기사를 쓴다면, 그들이 왜 기독교인이 아닌지를 설명하는 복음주의자들의 이메일이 쇄도한다. 만약 몰몬교도를 기독교인과 구별하는 기사를 쓴다면, 자신이 왜 기독교인인지 설명하는 수천 통의 메일을 몰몬교도들로부터 받을 것이다.

또한 미국인 중에는 비기독교인도 있다. 지난 150여 년 동안 동유럽과 아시아, 남동아시아, 중동, 서인도제도, 아프리카에서 수많은 사람들이 이민을 왔는데, 그들은 유대교, 이슬람교, 힌두교, 불교, 바하이교, 조로아스터교, 산테리아교, 자이나교, 다신교, 마술 숭배, 뉴에이지, 무신론, 불가지론, 세속주의 등 참으로 다양한 종교적 신념을 지니고 있었다. 미국에서 이 모든 종교들은 대체로 평화롭게 공존한다.

미국을 건국한 이들은 종교적 표현의 자유를 중요하게 여겼다. 비록 기독교인 사이의 일종의 한정된 다원주의였지만 말이다. 그러나 지난 200여 년 동안 미국에는 엄청나게 많은 수의 종교가 존재하게 되었다. 타인의 종교적 믿음에 대한 (헌법에 명시된) 개방성 덕분에 현재 미국에는 종교적 실험, 즉 어떤 믿음을 '가졌다가' 만족스럽지 않으면 '버리는' 일이 널리 퍼져 있다. 2007년 퓨포럼Pew Forum(미국의 사회문제 연구 단체)이 실시한 종교와 공공 생활에 관한 여론조사에 따르면 28퍼센트의 미국인이 개종을 경험했으며, 기독교 안에서 교파를 옮긴 경우는 무려 44퍼센트에 달했다. 또한 65퍼센트의 미국인이 다양한 종교를 통해 구원에 이를 수 있다고 믿고 있었다.

1831년, 프랑스의 역사가 알렉시스 토크빌은 미국인의 피상적인 종교 생활에 대해 다음과 같은 불만을 토로했다.

"미국인들은 마치 우리 아버지 세대가 해마다 5월이면 약을 먹는 것과 같은 방식으로 종교를 믿는다. 아무런 효험이 없으면 적어도 그것이 어떤 해도 주지 않는다고 말한다."

《연꽃 속의 유대인The Jew in The Lotus》의 저자 로저 카메네츠는 가상의 영적 세계의 등장으로 정통성의 침식이 가속화되었다고 주장한다. 사람들은 가상의 세계에서 다른 종교에 쉽게 접근할 수 있다. 오늘날 많은 기독교인이 동시에 여러 종교적 전통을 받아들이며 그에 대해 전혀 불편함을 느끼지 않는다. 유대인과 결혼한 메노나이트파가 진보적인 성공회에 출석하며, 시크교도와 결혼한 기독교인이 이슬람 계통 유치원에 자식을 보낸다. 언젠가 카메네츠는 내게 이렇게 말했다.

"이제 더 이상 한 동네에 성공회 신자 혹은 유대교도만 살지 않습니다. 내 집 울타리만 넘어가면 다른 종교를 믿는 이웃을 바로 만날 수 있게 된 겁니다."

대부분의 서구 유럽 국가에서 기독교는 저물어가는 종교다. 중세시대에 건축된 거대한 성당을 찾는 이는 관광객뿐이다. 대신 진지한 세속주의가 그 자리를 차지했다. 프랑스와 벨기에, 네덜란드, 체코에서 무신론자의 비율은 3분의 1에 달한다.

반면 미국인들은 종교성을 유지하고 있다. 90퍼센트가 넘는 미국인이 신의 존재를 믿는다고 응답했으며, 이 수치는 지난 60여 년간 유의미한 변동을 보이지 않고 있다.

그러나 종교성의 성격은 시대에 따라 변화했다. 다양한 영적인 운동이 일어나 빈자리를 채우는 동안, 교파들은 성장하고 소멸했다. 성공회교도와 감리교도, 침례교도 수는 줄어들고 있는 반면, 초교파교회와 오순절파 신자, 불교도 그리고 '특별한 종교에 속해 있지 않은 사람'의 수는 늘어나는 추세다. 공신력 있는 기관에서 실시한 설문 조사들은 종교 실태의 객관적인 측면을 파악하는 데 도움을 주지만, 모든 것을 말해주지는 못한다. 대중적인 인기를 누리고 있지만 전통적이지는 않은 영적인 운동들, 이를테면 요가나 12단계 프로그램, 사이언톨로지scientology 등을 포함하지 않기 때문이다. 덧붙여 그런 설문 조사는 500만 명 이상의 독자가 긍정적 사고의 힘을 변호하는 《시크릿》(2006)을 구매한 것과 같은 현상을 염두에 두지 않았다.

 이러한 다양성은 천국과 관련해 골치 아픈 문젯거리를 제기한다. 천국은 개념적으로 합의되거나 명확하게 규정된 적이 없는 하나의 아이디어 혹은 현실이다. 종교 행위가 오늘날보다 훨씬 더 단조로웠던 시대와 지역에서부터 학자와 신학자, 작가와 랍비, 시인이 천국에 관해 논의해왔다. 그들은 천국이 어디에 위치하며, 어떻게 생겼고, 누가 그곳에 가는지와 같은 문제들을 상상하고 토론했다. 그렇기 때문에 미국인의 81퍼센트(10년 전의 72퍼센트보다 더 많아졌다)가 천국을 믿는다고 말은 하지만, 그들이 믿는 천국이 정확히 무엇을 의미하는지 파악하는 일은 몹시 어렵다.

 예전에 복음주의 계열의 기독교인과 데이트를 한 적이 있다. 어느 늦은 밤, 버번을 마시면서 그는 천국에 가면 아기 예수를 만날 것을 믿는다고 말했다. 나는 왜 하필 아기 예수냐고 물었다. 왜 세상을 떠날 당시의 나이가 아닌 아기 예수인가? 왜 어린 양으로서의, 왕으로서의 혹은 영웅적인 전사로서의 예수가 아닌가? 남자는 별다른 설명 없이 천국에 계신 주님은 어린 아기일 것이라는 주장만 되풀이했다.

내 친구 캐시는 일요일마다 성당을 찾는 진보적 성향의 로마 가톨릭 신자다. 그녀가 생각하는 천국의 이미지는 끝없이 펼쳐진 흰 벨벳 카펫이 깔린 유리 벽으로 된 펜트하우스다. 그곳에서는 무엇을 떨어뜨려도 카펫에 얼룩이 지지 않는다.

베스트셀러 소설 《러블리 본즈》에서 저자 앨리스 세볼드는 열네 살 소녀를 위한 천국을 디자인했다. 세볼드가 그린 천국은 마치 꽃밭으로 둘러싸인 거대한 고등학교처럼 생겼다. 모든 종류의 개들이 운동장에서 신나게 뛰어놀고, 주인공 수지는 원할 때면 언제든 아이스크림을 먹을 수 있다. 엄격한 성공회 가정에서 자라나 주일마다 교회에 출석해야 했던 세볼드는 소설 속에서 아무런 규칙이 없는 천국을 구체적으로 창조했다. 종교적으로 정통파에 속하는 독자들은 여기까지 읽고 불쾌한 마음에 책을 내려놓으려 할지도 모르지만 다음 소식에 조금이나마 위로를 받을 것이다. 종교적 다양성과 정체성에 대한 개인의 잡다한 접근에도 불구하고 미국인들은 대단히 보수적이다. 통계에 의하면 보수주의자의 수는 점점 더 증가하고 있다.

성서의 절대성에 대한 믿음의 정도에 상관없이, 천국에 대한 대다수 미국인의 시각은 유대-기독교 전통, 그 가운데 특히 성서와 예술, 문화를 통해 수세기 동안 전해 내려온 문서들의 이미지와 해석에 뿌리를 둔다. 대부분의 사람들은 천국에 대한 논의가 천국 자체나 그들이 상상하는 천국의 모습에 훨씬 못 미친다는 사실에 동의한다. 가장 근접한 설명조차 근사치에 불과하다.

정도의 차이는 있지만, 대부분의 사람들이 말하는 천국은 결국 같은 의미를 지닌다. 한마디로 말해 천국은 완벽한 장소다. 천국은 신의 집이며 엄격하게 살아온 인생에 대한 보상이다. 천국에서 우리는 영원히 산다. 천국에 대한 이러한 개념은 기원전 200년 무렵, 고대 유대 지역에서 생겨났다. 천국의 개념은 예수와 마호메트를 거치면서 달라졌고, 그 후 중세 시대 학자들과 르네상스 화가들, 종교개혁가에 의해 수정되었다. 청교도들은 금욕적이고 음울한 천국의 개념을 가지고 미국에 왔다. 그들의 천국은 수많은 목숨을 앗아간 남북전쟁 기간 동안 변화되었다. 20세기 초의 이성주의와 제2차 세계대전의 참사는 천국의 개념을 또다시 수정했다. 말하자면 현대 미국인은 이 모든 개념의 상속자인 셈이다.

천국에 대해 생각할 때 우리는 무의식적으로 과거를 끌어들인다. 역사적 사실은 천국을 완벽한 장소라는 생각을 강화시킨다. 나의 친구 앤 딕슨은 엄격한 루터교 집안에서 성장했지만, 지금은 어떠한 공식적인 종교 생활도 하지 않는다. 그녀는 정원에서 직접 재배한 재료로 요리를 해 먹으며 버몬트 주에서 살고 있다. 그녀가 생각하는 천국에는 온갖 맛있는 음식이 가득하다.

"거기엔 치즈와 온갖 종류의 신선한 산딸기, 와인이 있을 거예요." 천국에 대한 그녀와 나의 생각은 본질적인 면에서 일치하며, 우리는 끊임없이 천국의 세부적인 사항에 대해 토론한다.

'천국'이란 말은 지상에 사는 한 결코 이해할 수 없는 초자연적인 신비의 다른 이름일까? 천국에서 우리는 '우리 자신'일까? 육체는 그대로 유지될까? 사랑하는 사람들을 그곳에서 다시 만나게 될까? 신을 보게 될까? 먹고 마시고 성관계를 맺을 수 있을까? 어떻게 천국에 갈 수 있을까? 천국은 어떻게 생겼을까? 도시일까 아니면 정원일까? 단테의 상상처럼, 신의 빛으로 번쩍이는 행성 너머에 위치한 고정된 장소일까? 아니면 완벽한 사랑과 지식, 진리를 향한 추상적인 여행일까? 이러한 질문 중 일부는 인간 존재에 관한 난해하고도 다루기 힘든 전 세계적 갈등의 핵심적인 부분이다. 유대인과 이슬람교도는 같은 천국에 갈까? '구원받은' 복음주의자들은 부활절과 성탄절에만 성당을 찾는 가톨릭 신자와 죽은 후 같은 곳에 갈까?

천국을 다룬 책은 이미 많이 출간되었다. 그중에는 내용이 탁월한 데다 대중적 인기를 얻은 책도 있다. 학문적으로 가장 눈에 띄는 저서는 콜린 맥도넬과 버나드 랭의 《천국: 역사, 2000년에 걸쳐 변화해온 기독교적 천국 개관 Heaven: A History, an Overview of the Christian Heaven as it Changed Over Two Thousand Years》과 알랜 시갈의 《죽음 이후의 삶: 서구 종교들에 나타난 내세의 역사 Life After Death: A History of the Afterlife in the Religions of the West》다. 이 중 시갈의 책은 고대 근동에서 시작된 천국이라는 개념의 진화 과정에 대한 박학다식하며 포괄적인 개관이다. 천국의 역사에 관심 있는 사람에게 이 두 권은 필독서다.

좀더 최근에는 무신론과 세속주의, 종교적 딜레탕티즘 dilettantism(취미로 하는 일, 도락 혹은 아마추어 예술이나 얕은 지식)에 반대하며 실재하는 장소로서의 천국이라는 개념을 옹호하기 위한 정통파 변증가들의 책이 출간되고 있다. 복음주의적 기독교인인 제리 월스, 로마 가톨릭 신자인 제프리 버튼 러셀, 정통파 유대교 신자인 존 레벤슨이 그들이다.

대중적인 쪽에서는 두 권의 베스트셀러가 탄생했다. 600만 부 이상 팔린 미치 앨봄의 《천국에서 만난 다섯 사람》과 300만 부의 판매고를 올린 돈 파이퍼의 《기적의 90분》의 대성공은 영감이나 위안을 주는 천국에 대한 독자들의 엄청난 갈망을 보여준다.

이 책은 앞서 열거한 책들과는 성격이 다르다. 나는 학자가 아니며 종교적 변증가나 영감을 주는 작가도 아니다. 나는 천국이 어떠한 곳이라고 단정 짓지 않으며, 천국이 존재하거나 혹은 존재하지 않는다는 사실을 증명하려고도 하지 않았다. 나는 종교 분야를 다루는 저널리스트다. 내 목표는 과거와 현재의 다양한 사람들의 종교적 믿음을 비춰보고, 이를 통해 천국에 대해 복잡하게 뒤얽힌 각자의 시각을 지닌 오늘날의 독자들을 안내하는 것이다.

이 책은 세 가지 방향에서 출발한다. 첫째, 내가 인터뷰한 실존 인물(무명인과 유명 인사, 정통파에 속하는 사람들과 그 경계 너머에 있는 사람 등)들이 들려준 상세한 이야기를 통해 현대 미국인들이 천국에 대해 얼마나 다양한 시각을 가지고 있는지 보여주고 싶었다. 둘째, 이러한 시각들이 어떻게 각 종교의 공적인 가르침을 반영하는지 혹은 반영하지 않는지 밝히고 싶었다. 마지막으로, 다양한 지역과 시대의 인물을 통해 천국과 관련된 난해한 질문에 대한 나름의 답을 보여주고자 했다.

서구 사회에서 천국에 대한 담론은 2000년 이상 존재해왔으며, 사람들은 여러 주제를 둘러싼 까다로운 논쟁을 벌여왔다(그 주제들은 이 책의 장 제목을 구성한다). 목까지 올라오는 검은색 스웨터를 입고 대학 식당에 앉아 천상의 문제들을 분석하고 토론하면서, 나는 천국의 현대적 개념 형성에 기여한 사람들을 찾기 시작했다. 몇몇 성서 기자記者들, 성 어거스틴, 토마스 아퀴나스, 미켈란젤로, 칼뱅, 덧붙여 대중가요 작사가들과 〈뉴요커〉의 만화가들, 할리우드의 영화감독들이 떠올랐다. 언제나처럼 내가 해야 할 일은 그들의 이야기를 귀담아 듣고 흥미로운 관점이나 소식을 독자에게 보고하는 것이었다.

나는 이 책을 읽은 독자들이 천국에 관한 새롭고 놀라운 아이디어를 발견하길 바란다. 육체적 부활을 굳게 믿었던 뛰어난 철학자와 시인들의 이야기를 듣고 회의론자인 독자가 내가 경험한 경외감을 느끼길 바란다. 자유주의적인 개신교도는 (흔히들 이야기하는) '예수 그리스도와의 개인적 관계'와 마찬가지로 '선한 행위' 또한 천국에 들어가기 위한 중요한 요소라고 주장한 중세 시대 가톨릭교도들을 감사하는 마음으로 돌아볼지도 모르겠다. 버락 오바마가 바로 여기에 속하는 사람이다. 그는 개신교도지만 예수와의 개인적 관계가 천국에 가기 위해 필요한 전부라고 주장하는 복음주의 진영의 전통적인 입장과는 거리를 둔다. 당시 상원의원이었던 오바마는 선거 캠페인장으로 향하는 비행기 안에서 행한 인터뷰에서 리처드 울페와 내게 이렇게 말했다.

"나는 말뿐 아니라 선한 행위의 중요성 역시 깊이 믿는 기독교인입니다."

나의 시어머니인 밀리센트 린 여사는 미네소타 주의 감리교 집안에서 성장했다. 결혼하면서 가톨릭으로 개종한 그녀에게 천국은 줄곧 보좌에 앉은 신이 거하는 천상의 장소였다. 그러나 두 번의 이혼을 거치면서 그녀는 가톨릭교회와 결별해야 했다. 그 후 켈트족의 의식 rituals과 뉴에이지 선지자의 영향을 받은 그녀는 천국을 '에너지와 함께하기 위해 영혼들이 올라가는 장소'로 생각한다. 고대 그리스의 철학자 플리톤과 몇몇 정통파 유대인 역시 똑같은 믿음을 가졌다는 사실을 알고 그녀는 무척 놀랐다.

오랜 세월 동안 선지자와 환상가, 임사 체험을 한 사람들이 천국을 보았다고 주장해왔다. 나는 이러한 증언을 사실에 기반한 설명이 아닌 (조금 극단적이기는 하지만) 영감을 주는 이야기로 중요하게 다루었다. 사실 나는 특정한 경험을 통해 인간이 천국에 관한 실재적 사실을 알 수 있다고 믿지 않는다.

또한 천국의 이야기는 믿음과 믿는 자에 관한 것이기도 하다. 천국을 상상하는 방식은 사람들과 각자의 삶의 방식에 따라 달라지기 때문이다. 흑인 영가 '멋진 수레가 천천히 나아가네'의 후렴구 "나를 고향 집으로 데려가네"에서 '집'은 물론 천국을 뜻하지만, 또한 오하이오 주 리플리를 가리키기도 한다. 미국 흑인 노예들에게 천국은 집이요, 집은 자유요, 자유는 리플리에 있었다. 1950년 미국의 번영은 최고조에 이르렀고 복음주의 설교가 빌리 그레이엄은 또 다른 천국, 즉 중산층의 교외 생활suburbia에 대한 꿈을 제시했다.

"벽난로 근처에서 파티를 열면, 천사들이 시중들 것입니다. 우리는 노란색 캐딜락 컨버터블을 타고 황금 길을 달릴 것입니다."

7세기에 마호메트는, 여름이면 보통 화씨 100도(섭씨 약 38도)까지 치솟는 살인적인 더위에 지친 추종자들에게 강과 분수, 잘 익은 열매로 넘치는 낙원을 약속했다. 그로부터 1000년이 지난 오늘날, 웨스트뱅크의 자살 폭탄 테러범들은 넘치는 물과 푹신한 의자, 순교자를 위해 준비된 72명의 미녀들과 잠자리를 할 수 있다는 희망을 품고 천국을 위해 목숨을 바친다. 다트머스대학교의 이슬람학 조교수인 케빈 라인하르트는 이렇게 말한다.

"천국은 폭탄 테러로 자살할 열여덟 살 먹은 소년들을 성적으로 흥분시킬 만한 온갖 상징들의 합입니다."

이 책은 서구의 세 가지 유일신교인 유대교와 기독교, 이슬람교에 초점을 맞추고 있다. 이 세 종교가 상당히 많은 역사와 개념을 공유하며, 천국이라는 개념 자체가 이들 종교 모두를 포함해 논의해야 할 만큼 광범위한 것이기 때문이다. 나는 그 가운데 기독교와 관련한 내용에 가장 많은 분량을 할애했다. 천국에 관한 기독교의 이미지가 전체 미국인의 상상력에 가장 큰 영향을 끼쳤기 때문이다.

나는 이 책이 명확하고 단일한 효과를 내길 바랄 만큼 순진하지는 않다. 그러나 이 책은 내세에 대한 믿음을 명확히 하기 위해 애쓰는 사람에게 유용한 개념을 제공하며, 그들이 속한 종교적 전통에 대한 감각을 날카롭게 해줄 것이다. 또한 종교가 없는 독자가 이 책을 읽고 과거의 신앙인들과 연결되는 느낌을 받기를 나는 바란다. 그러한 느낌은 자신을 성찰하는 소중한 계기가 될 것이다.

여론조사 결과에 의하면, 10년 전보다 더 많은 수의 기독교인들이 천국의 존재를 믿고 있다. 2007년 실시된 갤럽 조사에서, 미국인의 81퍼센트가 천국을 믿는다고 응답했다. 1997년에 그 비율은 72퍼센트였다. 1997년은 〈타임〉이 '천국에 대한 믿음은 죽었나'는 내용을 커버스토리로 다룬 해다. 당시 설교가들은 천국에 대해 이야기하지 않았다. 기사에는 신학생들이 천국에 대해 배우지 않는다는 내용이 담겨 있다. 그때에는 복음주의자들조차 그러한 주제, 즉 영원한 완벽성과 징의를 다루기를 꺼렸다. 지상에서의 삶이 이토록 좋은데 누가 천국을 필요로 하겠는가? 1997년에 실업률은 28년 만에 최저치를 기록했고, 다우지수는 7000을 웃돌았다. 〈타이타닉〉은 그해 최고의 흥행 영화였고, 셀린 디온은 '올해의 앨범'을 비롯한 세 부문에서 상을 받으며 그래미 상을 휩쓸었다. 〈타임〉은 커버스토리에 이렇게 썼다.

"천국에 대한 믿음은 사라져버렸다."

내가 〈월스트리트저널〉의 미국 종교 섹션을 처음 맡았던 1998년에만 해도, 종교 관련 기사는 신문의 후미진 곳에 실렸다. 가끔 정치부 기자들이 종교적 권리에 관한 이슈를 다룰 뿐, 그 외에는 누구도 종교 기사가 어떤 실제적 중요성을 가질 수 있다고 생각하지 않았다. 해고되기 직전의 기자에게는 정원 가꾸기와 종교 칼럼 쓰는 일만 주어진다는 농담이 그때 생겼다.

그 다음 시기는 부유하고 흥청망청한 세속주의가 주류를 이뤄, 미국의 신앙인들은 대체로 말하길 즐기는 식자들이 정의한 한도 내에서만 천국을 믿었다. 작가들은 신앙인을 문화적 별종으로 다뤘다. 그런가 하면 낙태나 동성 결혼과 같은 공공 정책에 대해 영향력을 끼치려는 근본주의자도 존재했다. 자기네들끼리 일정한 지역에 모여 공동체를 이루어 사는 정통파 또한 여전히 존재했다. 경전의 가르침에 따르는 순결한 삶을 살기 위해 사회로부터 멀어진 유대인과 몰몬교도, 재세례파가 그들이다.

뉴에이지 구루guru를 따르거나 새로운 종류의 혼합 영성을 수행하기 위해 자신이 성장한 종교적 전통을 떠나는 '구도자들seekers'도 생겼다. 불교를 믿는 유대인을 뜻하는 주부JewBu가 그 예다. 이따금씩 새롭고 자극적인 행동을 하는 종교적 인물이나 집단이 신문의 헤드라인을 장식했다. 더 나은 남편과 아버지가 되겠다고 서약하는 수백만

(대부분 백인) 남성들의 단체인 프로미스키퍼스Promise Keepers는 전국적인 관심을 불러일으켰다. 거친 입담으로 유명한 제리 팔웰은 '텅키 윙키(어린이 TV 프로그램에 나오는 몸집 큰 보라색 캐릭터로, 우리나라에서는 보라돌이로 알려져 있다-옮긴이)'가 게이라고 단언했다.

나는 믿음의 문제와 싸우는 평균적인 사람들의 시각에서 미국 종교에 관해 취재하고 보도하려고 노력했다. 당시 나는 사람들이 '인생의 커다란 질문'에 대해 이야기하고 읽고 싶어 한다고 굳게 믿었고, 그 믿음은 지금도 여전하다. 내 담당 편집자가 나를 지원해주었지만, 대체로 종교는 '전국적인 이야깃거리'라고 불릴 만한 것은 아니었다. 그러나 종교와 천국은 2001년 9월 11일 이후, 신문 1면에 영원히 자리 잡게 된다. 어떻게 그러지 않을 수 있겠는가? 미국인들은 거대한 빌딩이 땅으로 무너져 내리는 믿을 수 없는 광경과 함께 100층 높이의 건물에서 사람들이 떨어져 죽는 모습을 TV로 지켜봤다. 그 후 미국인들은 3000여 명의 끔찍한 죽음에 대해 하나하나 상상하기 시작했고, 눈물을 흘리면서 그들의 마지막 전화 통화와 이메일, 음성 메일에 관한 기사를 읽었다. "학교로 조니를 마중 나가는 걸 잊지 마." "제인에게 새 신발을 사줘야 해요." "사랑해." 단 한순간도 신이나 천국을 생각해본 적 없는 냉소주의자마저 겸손해졌다.

놀랍게도 이 엄청난 재난을 일으킨 자들은 이것이 신의 지시에 따르는 일이었다고 믿고 있었다. 그들은 스스로를 순교자라고 여겼고, 낙원을 상으로 받을 것이라고 확신했다.

"이제 나는 가장 행복한 삶, 영원히 지속되는 삶으로 들어갈 것이다."
이것은 아메리칸 항공 11편의 조종석을 탈취해 쌍둥이 빌딩으로 돌진한 모하메드 아타의 여행 가방 속에서 발견된 친필 기록이다. 〈월스트리트저널〉에서 일하는 내 옛 동료 폴 바렛은 쌍둥이 빌딩이 공격당한 바로 다음 주에 지하드jihad, 샤리아sharia, 하디스hadith와 같은 낯선 단어들의 의미를 파악하기 위해 애쓰면서 이렇게 말했다.

"나는 한 번도 이슬람에 대해 진지하게 생각해본 적이 없어요. 이 나라에 살고 있는 이슬람교도에 대해, 그들이 어떻게 예배를 드리고 다른 미국인들과 어떤 관계를 맺는지 거의 아무것도 몰라요."

그 일이 있은 후 몇 년 동안, 폴이나 나 같은 저널리스트들은 다음의 사실, 즉 자식을 대학에 보내기 위해 애쓰는 다른 모든 평범한 미국인과 별반 다르지 않은 이슬람계 미국인들의 믿음과 매스컴을 떠들썩하게 장식하는 급진주의자들의 믿음을 구별해야 한다는 것을 배웠다. 2001년 9월 11일, 종교는 미국 문화의 변방을 박차고 나와 중심을 차지했다. 그날의 공격으로 너무나 많은 사람들이 무고한 죽음을 당했다. 때문에 천국이라는 문제는 우리 곁에 아주 가까이 다가왔다.

곧이어 죽음과 천국에 대한 소망을 암시적으로 혹은 노골적으로 다룬 대중 서적과 영화, 노래가 줄줄이 쏟아져 나왔다. 9·11 테러에 대한 것도 있었지만 그렇지 않은 작품도 많았다. 그 가운데 하나가 소설 《러블리 본즈》다. 2002년에 브루스 스프링스틴은 〈부활〉이라는 제목의 앨범을 발표했다. 9·11 테러로 희생된 사람들에게 바치는 이 앨범은 200만 장이 판매되었다. 타이틀 곡은 스프링스틴이 생각하는 천국, 즉 빛나는 하늘에서 아이들이 춤을 추는 장면을 묘사하고 있다.

복음주의자 빌리 그레이엄의 다섯 자녀 중 둘째인 앤 롯츠는 오래 전 뇌종양으로 세상을 떠난 시동생의 죽음에 영감을 받아 이미 천국에 관한 책을 출간했다. 9·11 테러 이후 천국에 대한 생각은 (그녀의 표현에 따르면) '새로운 긴급성을 띠게' 되었다. 미국에 살고 있는 다른 모든 사람과 마찬가지로, 그녀 역시 TV에서 쌍둥이 빌딩이 무너지는 모습을 지켜봤고, 목숨을 잃은 3000명 가운데 얼마나 많은 사람이 '예수를 알지 못한 채 영원의 세계로 들어갔을지' 궁금해졌다. 《내 아버지의 집으로》는 기독교의 구주를 알기만 하면 누구나 안락한 천국에 들어갈 수 있다는 관점을 제시함으로써 슬픔에 빠진 사람들을 위로하려는 시도다.

작가와 예술가들은 끊임없이 천국을 작품의 주제로 삼아왔다. 2005년, 퓰리처 상 소설 부문 수상작은 마릴린 로빈슨의 《길리아드》였다. 작품에서 한 나이 든 목사가 젊은 아들에게 편지를 보내는데, 거기에는 곧 닥쳐올 죽음에 대한 인식이 진하게 배어 있다.

"내 친구 버튼은 날마다 천국에 대해 더 많이 생각한다고 하더구나. 그는 이렇게 말했지. '나는 주로 이 세계의 아름다움을 생각하고 거기에 딱 두 배를 곱한다네. 만약 내게 그럴 만한 에너지가 있다면 10이나 12를 곱하겠지만, 내겐 두 배도 충분하네.' 그래서 버튼은 불어오는 바람결이 주는 느낌에 2를 곱하고, 풀 냄새에 또 2를 곱하며 그 자리에 앉아 있곤 한단다."

어떠한 종교 현상이나 행위에 대한 차별도 허용하지 않는다는 명목 하에 종교와 관련된 모든 일을 허용하는 일반적인 접근법에 신물이 난 신앙인들은 천국에 대한 진짜 믿음이 없다면 기독교(유대교와 이슬람교도 마찬가지다)가 얼마나 무의미한지 학문적으로 증명하는 데 노력을 기울였다. 윌스와 러셀, 레븐슨이 그들이다.

더 최근에는 영국 더햄의 성공회 주교 톰 라이트가 예수의 부활을 역사적 사실로 받아들여야 한다고 말할 때 청중의 얼굴에 드러나는 놀라움에 대해 비꼬았다. 그는 〈뉴스위크〉와의 인터뷰에서 이렇게 말했다.

"사람들은 부활이 단지 비유에 불과하다는 말을 너무 자주 들어왔습니다. 다시 말해 예수는 그 말이 무엇을 뜻하든 상관없이 어쨌든 천국에 갔습니다. '부활'이라는 말이 단지 천국에 갔다는 의미가 아니라는 사실을 그들은 결코 깨닫지 못합니다(라이트 신부는 예수가 '육체적으로' 부활했다는 사실을 강조한다 – 옮긴이). 만약 1세기의 사람들이 예수가 죽어 천국에 갔다고 말하고 싶었다면, 그것을 표현할 수 있는 완벽한 표현은 아주 많았을 겁니다."

9·11 테러는 나의 정신과 기억에 하나의 경계를 형성했다. 사건 이전에는 나를 둘러싼 세계와 환경이 그저 밝고 어리석고 미숙한 것처럼 여겨졌다. 그러나 사건 이후 주변에서 일어나는 거의 모든 일이 큰 의미로 나를 짓누른다. 나는 인간의 피할 수 없는 운명인 죽음을 더 진지하게 생각하게 되었다. 이러한 시각의 변화는 환경이 바뀐 탓이기도 했다. 나는 중년의 나이에 들어섰으며, 부모로서의 의무를 져야 했다. 또한 전에는 그런 적이 없었지만, 요즈음에는 내가 받은 귀중한 축복과 삶의 끔직할 정도의 연약함에 대해 자주 생각한다. 잔인하고 무작위한 죽음에 대한 기사, 예컨대 지하실에서 굶어 죽은 어린 소년과 통근 비행기의 충돌 사건 등은 예전보다 훨씬 더 나를 두렵게 한다. 이 책을 쓰던 막바지에 내 친구 제리의 아들 맥스가 끔찍한 사고로 목숨을 잃었다. 비록 겉으로는 꿋꿋함을 잃지 않았지만, 그의 고통

과 슬픔은 너무나 커서 그밖의 다른 모든 것을 지워버렸다. 맥스의 사고는 상상할 수 없는 끔찍한 일이 언제든 누구에게나 일어날 수 있다는 사실을 일깨워줬다.

그러나 이러한 암울한 시각은 나만의 것이 아니며, 내가 속한 사회가 다른 곳보다 특별히 더 위태로운 것도 아니다. 그보다는 인류가 속한 세계 자체가 더 위태로워졌다. 바깥에선 전쟁이, 나라 안에선 불경기가 계속되고 있다. 모든 것이 점점 더 위험해지고 있다. 2008년에 있었던 전 세계적 경제 붕괴 이전에도 〈이코노미스트〉는 '불행한 미국'이라는 제목의 특집 기사를 썼다. 기사에는 맥 빠진 모습을 한 자유의 여신상 그림이 삽입되었다.

사람들은 직업을 잃을까봐 염려한다. 저축과 연금, 집값도 걱정거리다. 의료보험비와 양육비, 식료품비, 가스비, 대학 학비도 마찬가지다. 아이들이 자랄 세상은 우리가 자란 세상보다 훨씬 덜 쾌적할 것이라는 사실이 명확해졌다. 굶주림과 질병, 에이즈로 죽어가는 사람들의 운명 또한 인류의 걱정거리다. 나라 밖의 갈등 상황과 민간인의 죽음도 마찬가지다. 우리는 늙어간다. 미국 인구조사 결과에 따르면, 12퍼센트가 넘는 미국인이 65세 이상이며 2030년이 되면 그 수치는 20퍼센트에 달할 것이다. 2003년 퓨포럼에서 실시한 여론조사에 의하면, 기도하는 미국인의 수는 15년 전보다 늘었다.

무신론 작가이자 신경과학자인 샘 해리스의 말대로 신과 천국의 존재를 믿는 것은 초자연적인 대상을 믿는 것과 같다. 그는 조롱하는 투로 신을 믿는 일은 '날아다니는 스파게티 괴물'을 믿는 것처럼 터무니없다고 말한다. 하지만 나는 그의 주장을 다른 방식으로 표현하고 싶다. 신을 믿으려면 사무엘 테일러 코울리지의 말처럼 '기꺼이 불신을 보류'하는, 즉 설명할 수 없는 미지의 신비로운 대상을 받아들이는 결단이 필요하다. 신심 깊은 기독교인, 이슬람교도, 유대교도라면 누구나 이 진술에 동의할 것이다. 예수, 불타는 떨기나무, 갈라진 홍해, 동굴에서 자고 있던 마호메트에게 찾아온 천사 등의 이야기를 생각해보라. 신앙인들은 이 모든 이야기를 실제로 일어난 사실로 받아들인다.

해리스는 9·11 테러 이후 《종교의 종말》이라는 책을 썼다. 이 책은 부활과 그것의 파괴적인 측면에 대한 격렬한 비판을 담고 있다. 어려운 시대가 신에 대한 그의 반대 입장을 더 확고하게 만든 셈이다. 반면 극심한 고통에 처한 이들은 초자연적인 존재를 믿고 싶어 했다. 맥스의 사고를 계기로 나 역시 기적이 믿고 싶어졌다. 기도할 수 있다면 그것으로 충분했다.

이 책을 위한 자료 조사를 막 시작했을 때, 친구들 몇몇이 나를 초대했다. 유명한 과학 작가이자 무신론자인 짐이 물었다.

"바보 같지만 중요한 질문 하나 해도 될까?"

'아니, 안 돼'라고 나는 (속으로) 대답했다.

"천국을 '사실'로 다룰 계획이니? 아니면 역사를 거치면서 변화된 '신화'로 다룰 생각이니?"

이 질문에 대해 나는 그날 아침 TV 인터뷰에서 한 대답보다 더 명확한 대답을 하지 못했다.

이쯤에서 내 상황을 설명해줄 만한 몇 가지 사실을 털어놓으려 한다. 나는 유대인이다. 외할아버지와 어머니는 나치가 도시에 폭격을 가하기 시작한 1940년 5월에 벨기에 앤트워프를 탈출했다. 당시 어머니는 세 살이었다. 우리 가족은 미국 사회에 재빨리 동화되었기 때문에 유대교 회당에 나가거나 히브리어를 배우지 않았다. 그러나 전통 유대교 명절인 하누카와 유월절, 대제일大祭日을 기념했다. 중서부 지역에서 성공적으로 자리를 잡은 아버지 쪽 가족(역시 유대인들이다)과 달리 우리는 크리스마스를 기념하지 않았다.

나는 로마 가톨릭교회에서 세례를 받았지만 지금은 신자가 아닌 남자와 결혼했다. 우리 결혼식을 집례한 성공회 사제는 나의 좋은 친구다. 남편 찰리와 나는 개인적인 친분이 없는 유대교 랍비보다 그가 이 결혼식을 더 의미 있게 만들어주리라 생각했고, 실제로도 그랬다(그는 전통 기독교와 유대식 의식을 섞은 결혼식을 창조해냈다). 나와 남편은 딸 조세핀을 유대인이라고 여긴다. 우리는 집 근처 개혁주의 회당에 속해 있으며, 수년 동안 회당과 관련 있는 학교에 조세핀을 보냈다. 오순절 교파에 속하는 보모는 학교를 마치고 돌아온 조세핀에게 성령에 대해 이야기해준다. 우리는 하누카 때 딸에게 선물을 주며, 성탄절에는 더 많은 선물을 크리스마스트리 밑에 놓아둔다.

나는 어머니로부터 유대적 정체성과 절기 음식을 준비하는 법 그리고 혈통에 대한 심원한 감각과 연결된 유대주의를 물려받았다. 물론 할아버지께서 유럽을 탈출하지 않으셨다면 나는 이곳에 존재하지 못했을 것이다. 예일대학교의 바이러스 학자인 아버지로부터는 불충분한 설명을 참지 못하는 성격과 자연 세계의 말로 설명할 수 없는 아름다움과 완벽함 그리고 그 안에 살고 있는 인간의 탁월한 능력에 대한 존경심을 물려받았다. 이 존경심이야말로 내가 늘 신이라고 부르는 것이다.

다른 많은 사람들과 마찬가지로 나 역시 불안하고 전통적이지 않은 위치에서 종교에 접근한다. 천국의 문제, 좀더 구체적으로 말해 '천국에 대해 나는 무엇을 믿고 있는가' 라는 질문과 싸워온 것도 사실이다. 어린 시절 나는, 하늘에 떠 있는 구름 사이에 하느님의 얼굴이 있다고 상상하곤 했다. 그러나 나이가 들면서 이 놀이는 더 이상 만족스럽지 못했다. 내게서 '영원'이나 '지복至福(더 없는 행복)' 같은 단어는 힘을 잃었다.

나는 악한 행동을 하는 사람들이 반드시 벌을 받는 건 아니라고 믿게 되었고, '우주적 정의cosmic justice'는 내 이성적 사고를 좌절시켰다. 천국에 대한 전통적인 비전들, 예컨대 하프를 켜는 구름 위의 천사들, 가족과의 재회, 신의 형상, 왕좌가 놓인 방, 들어가는 문이 있는 도시는 내게 더 이상 영감을 주지 못했다. 비록 그러한 장면을 그린 과거의 그림들은 내 마음을 완전히 사로잡았지만 말이다.

행복하게도, 이 책을 위한 자료 조사와 연구를 하면서 나는 그에 대한 해답들을 발견했다. 신앙인들은 자신의 비전으로 천국을 존재 가능한 곳 혹은 (적어도) 이해할 수 있는 대상으로 만들었다. 신학자들과 학자들은 감동적이며 기억할 만한 설명을 해주었다. 내 영감의 원천은 사실 좀처럼 믿기 힘든 것들이다. 대부분 신앙인들로부터 나온 것들이기 때문이다(사실 그들의 종교적 믿음은 내 자신의 생각과는 잘 맞지도 않는 것들이다!).

하버드대학교의 존 레븐슨 교수를 떠올려본다. 그는 천국에 들어가는 방법을 너무 많이 생각하지 말고, 대신 초자연적인 일을 능히 행할 수 있는 신에 대한 믿음을 가지라는 가르침을 주었다. 또한 매사추세츠 주 한복판에서 은둔자로 살아가며 나를 포함한 세상 모든 영혼의 구원을 위해 기도하는 트라피스트 수도사인 도미닉 웨드비에 대해 생각한다. 천국을 묘사할 때, 예일대학교 교수 피터 호킨스의 얼굴이 어땠는지 또한 나는 기억한다. 옆에는 와인 잔이 놓여 있었고, 보스턴 시내에 위치한 그의 집 발코니 너머로 태양이 지고 있었다. 천국을 묘사하는 동안 호킨스는 잘생긴 얼굴을 일그러뜨리며 마치 바보처럼 웃었다. 그는 천국에 관한 모든 대화의 시작점이 믿음이라는 사실을 내게 일깨워주었다.

차례

프롤로그   천국, 인류의 가장 오래된 희망 • 5

Chapter 1. 천국은 어떤 곳인가 • 31
천국은 있다. 단지 우리가 알지 못하는 다른 어딘가에 존재할 뿐이다.

Chapter 2. 기적 • 67
유대인에게 다니엘의 생각은 결코 받아들일 수 없는 성질의 것이었다. 그러나 천국에 대한 생각은 그렇게 태어났고 빠르게 받아들여졌다.

Chapter 3. 천국이 가까웠도다 • 99
천국은 알려진, 그러나 알려지지 않은 장소다. 천국은 사랑과 정의가 지배하는 곳으로 이 세상 모든 영혼을 다 수용할 수 있을 정도로 넓지만 선택된 일부에게만 열려 있다.

Chapter 4. 푸르른 초원 • 137
낙원에서 사람들은 살람, 즉 '평화'라는 말로 서로를 반갑게 맞는다.

Chapter 5. 부활 • 169
천국에서 당신의 몸은 어떻게 될까? 마지막 날에 당신의 몸이 지금과 같은 상태로 영혼과 만나 영원히 살게 될 것이라고 믿는가?

Chapter 6. 구원 • 197

"당신은 예수님을 하느님께로 가는 유일한 길이라고 생각합니까, 아니면 다른 많은 길 가운데 하나라고 생각합니까?"

Chapter 7. 환상가들 • 239

돈 파이퍼는 괴짜 혹은 떠돌이 이야기꾼일까? 아니면 선지자일까? 예수 탄생 이전의 환상가들에게도 그런 의문은 줄곧 따라다녔다.

Chapter 8. 재회 • 275

거기엔 결코 이별이 없는, 사랑하는 사람 사이의 기쁨이 있을 것이다. 세상에서 우리가 사랑했던 사람들은 천국에서 이루 말할 수 없이 더욱 사랑스러울 것이며, 한없는 사랑을 보여줄 것이다.

Chapter 9. 천국은 지루한 곳일까 • 309

우리는 천국을 과식해왔다. 그곳은 구름과 하프 연주를 듣는 사람들이 존재하는 지루한 장소 같다. 천국은 가고 싶어 못 견딜 것 같은 곳이 되어야 한다. 마치 고급 호텔처럼 말이다.

에필로그   인간의 가장 깊숙한 곳에 숨어 있는 울림 • 351
옮긴이의 글   천국, 욕망의 구조물일까 사랑의 다른 이름일까 • 364
주석 • 369
참고문헌 • 417

CHAPTER

1

천국은 어떤 곳인가

HEAVEN

☆

　오징어 샐러드를 다 먹었을 무렵, 신부는 천국에 대한 농담을 늘어놓기 시작했다. 그는 성직자용 칼라를 벗고, 브룩스 브라더스(미국의 고급 남성 의류 브랜드)에서 샀을 법한 편안해 보이는 체크무늬 셔츠를 입고 있었다. 그는 재미난 사람 특유의 여유 있는 태도로 농담을 이어갔다. 만약 성직자에게 바람둥이라는 표현을 쓸 수 있다면 (충분히 그럴 수 있으리라 생각하는데) 그야말로 거기에 어울리는 인물이다.

　심판을 받기 위해 천국에 올라간 교황 베네딕트 16세와 급진적인 신학자들에 관한 이야기도 그날의 농담 가운데 하나였다. 그런가 하면 믿음이 깊은 사람에게 내릴 상을 두고 신과 흥정하는 교황 요한 바오로 2세에 관한 농담도 오갔다.

　그리고 여기, 플로리다 주로 자동차 여행을 떠났다가 트럭과 충돌해 사망한 예수회 사제와 프란체스코회 사제에 관한 이야기를 옮겨 적어 볼까 한다. 구름이 양쪽으로 걷히면서 진주 문이 모습을 드러낸다. 둘은 기대감에 가득 찬 채, 최후의 심판 결과를 기다리며 문밖에 서 있다. 드디어 문이 열리고 붉은 카펫이 마법처럼 펼쳐지더니, 놀라서 입을 떡 벌린 채 선 예수회 사제의 발 앞에서 멈춘다. 카펫 위를 걸어온 성자들이 그를 껴안고, 천사들로 이루어진 합창단이 노래를 부르기 시작한다. 곧이어 붉은 카펫 위로 푸른 카펫이 내려와 깔리고 성모 마리아가 나타난다. 마지막으로 붉은 카펫과 푸른 카펫 위에 흰 카펫이 펼쳐지더니 이번에는 예수가 직접 걸어 나온다. 성자들과 성모 마리아, 예수 그리고 행복에 찬 예수회 사제가 다 함께 몸을 돌려 천국으로 향한다. 그러고는 문이 닫힌다.

홀로 남은 프란체스코회 사제는 어리둥절한 표정으로 서 있다. 마침내 보석으로 장식한 벽에 난 조그마한 나무 문이 열리고, 갈색 성직복을 입은 초라한 수도사 한 명이 들어오라고 손짓을 한다.

"도대체 어떻게 된 겁니까?"

프란체스코회 사제가 따진다.

"물론 천국에 오게 되어 무척 기쁩니다. 불평을 하는 건 아니지만, 내 친구는 붉은 카펫과 푸른 카펫, 거기에 흰 카펫까지 차지하고 성자들과 천사들의 노래가 그를 반겼어요. 게다가 성모 마리아와 예수님까지 몸소 나와 맞았고!"

함께 천국으로 걸어 들어가면서 수도사는 프란체스코회 사제의 등을 토닥이며 이렇게 말한다.

"자네가 이해하게. 그들은 지난 50년 동안 천국에 올라온 예수회 사제를 한 번도 보지 못했거든."

나는 정신없이 웃었다. 예수회 일원인 내 동료는 살짝, 그러나 만족스러운 미소를 지었다. 제임스 마틴 신부(친구들은 그를 짐이라고 부른다)는 이성적인 사람이 천국을 얼마나 어처구니없는 개념이라고 생각하는지 잘 안다. 경영 분야에서 최고의 명성을 자랑하는 펜실베이니아대학교의 와튼스쿨을 졸업한 마틴 신부는, 스물일곱 살 때 신부가 되기로 결심하기 전까지 제너럴일렉트릭에서 일했다. 어느 날, 불만족스러운 마음과 지친 몸을 이끌고 퇴근한 그는 PBS(미국의 공영방송) 채널을 켰다. 미국의 저명한 수도사이자 영성 작가인 토마스 머튼에 관한 다큐멘터리를 보기 위해서였다. 그 무렵부터 마틴은 신에게 헌신하는 삶을 심각하게 고민하기 시작했다.

현재 그는 예수회 잡지 〈아메리카〉의 문화부 편집자이자 영적 회고록 《성자와 함께한 나의 삶My Life with the Saints》의 저자로서 도시적이며 언론에 정통한 가톨릭 사제로 활동하고 있다. 말하자면 그는 교황이 어떤 지역을 방문하거나 교황청이 정치적인 이슈에 대해 이해할 수 없는 발언(예컨대 홀로코스트를 부인하는 신부에 대한 공식적인 포용, 미국에서 일어난 성 착취 추문에 대한 교황청의 과도한 해명 등)을 할 때마다 언론이 자주 찾는 인물이다. 언론은 그에게 사태를 보는 관점이나 상황에 맞는 인용구 작성을 요청하곤 한다.

마틴 신부의 천국에 관한 농담은 물론 재미있다. 가톨릭계에서 예수회는 가장 세속적이라는 평가를 듣고 있기 때문이다. 그들은 불경하며 권위에 도전하려는 경향이 있다. 만약 어떤 사제가 교황청에 반대하는 발언을 하거나 관습에 반하는 설교를 해 곤경에 처한다면 그는 십중팔구 예수회 소속일 것이다. 예수회 사람들은 술을 마시고 담배를 피우며 좋은 음식점을 찾아다니길 좋아한다. 내가 다른 곳에서 그 농담을 처음 들었을 때 이야기의 주인공은 예수회 사제가 아니라 변호사였다.

그 농담은 또한 다음과 같은 이유 때문에 재미있다(코미디언 사라 실버맨은 "그게 왜 재미있는지 설명해야 한다면 그 농담은 정말로 재미있는 게 아니다"라고 말했지만 말이다). 마틴 신부의 농담은 미국인이 천국에 대해 품고 있는 모든 진부한 생각을 건드려 웃음거리로 만든다. 사람들은 천국이라고 하면 진주 문과 구름, 천사들의 노래를 연상하며, 그곳에 가면 성자들과 전능한 신을 직접 볼 수 있다고 믿는다. 천국에서 당신은 심판을 받고, 이해하기 어려운 계급 제도에 놀란다. 무엇보다 그곳에는 입담꾼이 있고, 그의 역할 가운데 하나는 (당신도 이미 짐작했겠지만) 천국에 대한 신실하고 깊은 믿음을 보여주는 것인데, 바로 그러한 행위가 모든 것을 우스꽝스럽게 만들어버린다.

짐 마틴 신부는 천국의 존재를 믿는다.

"천국이란 참으로 아름다운 개념입니다."

그는 항상 천국에 대해 생각한다. "천국을 어떤 곳으로 상상하느냐"고 물었을 때, 마틴 신부는 좌중에게 대답을 넘겼다. 그러고는 기대에 찬 태도로 자신은 성자들과의 만남을 고대한다고 고백했다. 가톨릭이 항상 그래왔듯이 마틴 신부도 천국에 성자들이 살고 있을 것이라고 믿는다. 특히 그는 프라 안젤리코(이탈리아의 화가이자 수도사)의 프레스코 작품 〈천국에 올라가 막 천사를 만나다〉를 좋아한다. 그림에서 성자들은 천사들과 함께 손뼉을 치고 바위와 꽃이 어우러진 정원에서 원을 그리며 춤을 춘다.

그는 19세기 프랑스의 수녀 리지외의 성녀 테레즈의 다음과 같은 말을 좋아한다.

"나는 지옥을 믿는다. 하지만 그곳이 비어 있다고 믿는다."

'역사적 예수'를 연구하는 마틴 신부는 천국에 가면 예수의 삶을 온전히 알 수 있을 것이라 기대한다. 하지만 그는 사뭇 부끄럽다는 투로 다음과 같이 이야기한다.

"막상 천국에 가보면 지금 내가 그토록 알고 싶어 하는 것들이 더 이상 궁금하지 않을 수 있다는 사실을 잘 압니다."

마틴 신부는 개인의 정체성과 사람 사이의 사랑은 천국에서도 그대로 유지될 것이라 확신한다.

"나를 알던 사람들은 어떻게든 천국에서도 나를 알아보고 환영해 줄 겁니다. 하느님은 사람 사이의 관계를 파괴하거나 끝장내지 않으실 테니까요."

짐 마틴은 천국의 존재를 믿을 수 있음을 보여주는 산 증인이다. 동시에 천국이 믿을 만한 것이 못 된다는 사실을 믿게 하는 증인이기도 하다.

하느님의 집

천국에 관한 수많은 개념 가운데 수세기에 걸쳐 논쟁의 대상이 되어온 것들이 있다. 천국에서 인간은 어떤 육체를 가질 것인지부터 사랑하는 애완견이 과연 천국에 들어갈 수 있는지에 이르기까지 말이다. 하지만 그런 이야기를 하기 전에, 나는 천국에 대해 사람들이 의견을 같이 하는 지점부터 짚고 넘어가고 싶다. 천국을 떠올리면서 우리는 과연 어떤 이야기를 할까?

먼저 천국에는 신이 살고 있다. 물론 천사도 산다. 사람들은 신이 천사를 이 땅에 보낸 구약 시대부터 천국에 천사가 산다고 생각해왔다. 특히 아브라함과 모세, (그 후 신약 시대에는) 예수의 어머니 마리아에게 천사가 나타나 신의 뜻을 전했다. 그들은 크리스마스카드에 그려진 날개 달린 아기 천사가 아니다. 대단히 훌륭하고도 두려운 신의 전령이었다. 천사와 맞닥뜨린 사람은 공포와 놀라움으로 말을 더듬을 지경이었다. 구약성서 기자의 말을 본 딴 제목의 시 〈아름다움은 헛되다〉에서 라이너 마리아 릴케는 천사를 직접 만난 구약 시대 사람들의 반응을 그대로 되풀이한다.

처음엔 두려움 속에서 견딘다네
하지만 우리를 산산조각 내는 그들의 고요한 경멸에
지극한 경외감에 휩싸이리. 모든 천사는 공포스럽다네

진주 문, 보석이 박힌 벽, 황금 길은 신약성서의 요한계시록을 통해 대중의 상상 속에 자리 잡았다. 요한계시록은 성서의 가장 마지막 장에 위치한 (또한 가장 논쟁적인) 책인데, 대부분의 학자들은 그것이 서기 95년을 전후해 쓰여졌다고 믿는다. 또한 사람들은 예수의 수제자 베드로가 천국의 문을 지키고 있다고 생각하는데, 이러한 믿음의 기원은 마태복음에서 찾을 수 있다. 예수는 베드로가 앞으로 교회 확장의 책임을 맡게 될 것이라며 다음과 같이 말씀한다.
"나는 너에게 하늘 나라의 열쇠를 주겠다." (마태복음 16장 19절)
신과 직접 얼굴을 마주할 수 있는 방, 성대한 연회, 결혼과 같은 이미지는 당시의 다른 저작물에서와 마찬가지로 성서에도 등장한다.

사람들은 언제나 최고로 훌륭하고 숭고하며 상상할 수 있는 가장 위대한 표현으로 천국을 기술했다. 19세기 영국의 유미주의자이자 성공회 사제였던 시드니 스미스는 '천국에서 사람들은 트럼펫 소리에 맞춰 거위 간 요리를 먹을 것'이라고 생각했다.

미국의 산업가들이 거대한 철도를 건설한 시기인 1890년대에 널리 불린 민요에서 천국은 기차역에 비유된다.

"전차가 미끄러져 들어오는 역을 보게 되리라. 거기서 너희는 역장님인 성부와 성자를 보리라."

이만 살라후딘 무하메드는 열세 살 때 흑인 교회를 떠나 이슬람교로 개종했다. 그는 현재 뉴욕의 바드대학교 근처에 위치한 피쉬킬 Fishkill이라는 교정 시설에서 일한다. 시설에 수감된 이들에게 천국에 대해 가르칠 때, 그는 코란이 묘사하는 천국, 말하자면 샘솟는 물과 흐르는 강물을 이야기하지 않는다. 나와의 전화 통화에서 그는 이렇게 말했다.

"물론 천국엔 물이 있지요. 언제나 마르지 않는 물이 말이에요. 하지만 나는 그것을 그들의 언어로 표현합니다. 말하자면 이렇게요. '지금 이 땅에서 얻을 수 있는 모든 것이 천국에선 더 좋은 모습으로 여러분을 기다리고 있을 겁니다. 캐딜락, 다이아몬드, 돈! 여러분 모두는 충분히 그것을 누릴 수 있습니다.'"

2002년에 실시한 〈뉴스위크〉의 설문 조사에 의하면, 천국을 믿는다고 응답한 사람 가운데 71퍼센트가 천국을 '실재로 존재하는 공간'이라고 인식했다. 이 장에서 나는 사람들이 천국에 관해 이야기할 때 의견을 같이 하는, 가장 핵심적인 영역을 탐구해보려고 한다.

천국은 죽은 뒤에 가는 곳이다. 대부분의 사람들은 천국을 방향 상으로 '위', 즉 하늘 너머에 있는 곳으로 상상한다. 천국의 정확한 위치는 훨씬 더 많은 논쟁이 필요한 문제겠지만 말이다. 그곳은 신과 신을 믿는 이들의 집이며 완전하다. 천국은 정원처럼 생겼으나 도시 같기도 하다. 실재하는 장소지만 영원하고 무한하다. 세상이 끝나도 천국은 계속 존재하며 심지어 시간이 멈춰버린 후에도 그렇다. 그러므로 천국은 '장소'이지만 세속적 의미의 시간과 공간이 적용되지는 않는다. 천국이라는 말을 할 때 우리는 이 모든 것, 아니 그보다 훨씬 더 많은 것들을 염두에 둔다.

영어는 천국에 관해 말하는 것을 어렵게 만드는 독특한 언어다. 'heaven'이라는 단어는 사람들이 동의하는 온갖 의미, 즉 죽은 후에 가는 곳, 신의 집, 완벽함, 영원함 위에 당신이 꿈꾸는 모든 것을 더하고 당신이 믿지 않는 모든 것을 뺀 합이다. 우리는 고대의 모든 신학적 의미를 뒤섞어 천국을 말한다. 천국은 죽은 후 정신이나 영혼이 사는 공간이며, 부활한 육체가 거하는 곳을 의미하기도 한다. 천국은 세상이 끝날 때 생기는 곳이자 바로 이 순간 존재하는 곳이다.

이러한 성가신 융합은 특히 성서 학자들과 역사가들을 괴롭혔다. 그들은 '부활'이라는 단어를 말할 때 더 많은 주의를 기울이기를 원했다. 성서 기자들이 말하는 천국은 오늘날 사람들이 이야기하는 부활과 의미가 다르다. 영국 더햄의 성공회 주교 톰 라이트는 내게 보낸 이메일에 다음과 같이 적었다.

"기원후 1세기 동안 드러난 천국의 개념은 계몽주의 이후 서구의 가정假定과 너무나 달라서 천국에 대한 기존의 관념을 완전히 뒤엎고 새롭게 시작해야만 할 정도입니다."

이 책에서 나는 천국이라는 말을, 가장 폭넓고 뒤죽박죽이며 동시에 가장 현대적인 의미로 사용하겠다. 그리고 라이트의 조언에 따라 할 수만 있다면 천국의 의미를 뒤집어엎을 것이다.

초기 랍비들은 여러 가지 용어로 천국과 관련한 다양한 개념을 표현했다. 그들은 '신이 거하는 저 하늘 어딘가'를 표현할 때 히브리어 샤마임shamayim을 썼는데 이것은 단순히 '하늘(이 단어는 복수이므로 좀더 정확하게는 '하늘들')'을 뜻했다. '죽은 후 가는 멋진 곳'을 표현할 때는 간 에덴Gan Eden을 사용했는데 이것은 물론 창세기의 에덴동산을 의미한다. '세상 끝 날에 다시 회복될 땅'을 뜻할 때 랍비들은 올람 하바olam ha-ba, 즉 '곧 임할 세상'이라는 표현을 썼다. 말쿠트 샤마임Malchut shamayim은 '하느님의 왕국', 즉 이 땅에서 하느님을 따르는 사람들의 공동체를 뜻한다(율법을 엄수한 유대인들은 하느님의 이름을 적거나 말하지 않았다. 때문에 샤마임, 즉 하늘이라는 단어를 써서 하느님이나 천국을 상징했다).

히브리어나 영어의 어떤 단어도 천국이라는 말이 지닌 강력한 현대적 의미를 정확히 전달하지 못한다. 그곳은 실시간으로 존재하는 또 하나의 현실로서, 신은 그곳에서 천사와 세상을 떠난 사람들의 영혼과 함께 거한다.

천국은 때때로 예기치 않게 살아 있는 사람들에게 영향을 미치기도 한다. 부모가 아이에게 "할머니는 지금 천국에 계신단다"라고 말할 때 의미하는 천국이 바로 그런 곳이다. 그곳은 지금 이 순간에도 여러 가지 일들이 일어나고 있는 실재하는 장소다. 거기에는 구름 위를 떠다니며 하프나 트럼펫을 연주하는 천사가 산다. 그곳에서 이미 죽은 친지나 친구가 지상에서 땀 흘려 일하고 있는 나를 미소 지으며 내려다보고 있다.

공상과학 소설이나 판타지는 천국에 관한 더욱 생생하고 매혹적인 이미지를 제공한다. 그런 이야기 속에서, 선한 피조물은 악한 세력에 맞서 전쟁을 벌이며 인간은 그 결과에 영향을 미칠 수 없다. 바야흐로 지구와 우리가 소중히 여기는 모든 것(아이들에서부터 민주주의에 이르기까지)이 위험에 처한다. 영화 〈매트릭스〉, 로버트 하인라인의 공상과학 소설들, 《해리 포터》 시리즈, J. R. R. 톨킨의 《반지의 제왕》 3부작, 매들렌 렝글(미국의 작가)의 작품 등은 지금 이곳이 아닌, 또 하나의 현실을 가장 기본적인 모티프로 사용한다. 영화 〈반지의 제왕〉의 세 번째 편에서 위대한 마법사 간달프는 천국을 날씨의 막scrim of weather에 의해 지구로부터 분리된 장소로 묘사한다. 그는 전투의 충격으로 고통스러워하는 호빗족 피핀을 위로하면서 이렇게 말한다.

"이 세계의 회색 빛 비의 장막이 걷히고 모든 게 마치 은처럼 빛날 것이다. 그러면 백사장의 해변과 빠르게 돋는 해 아래 눈부시게 푸른 마을 너머로 이것을 보게 될지니…."

J. R. R. 톨킨의 친구이자 옥스퍼드대학교 출신의 학자인 C. S. 루이스는 기독교 우화인 《나니아 연대기》를 썼다. 연작의 첫 번째 책 《사자와 마녀와 옷장》의 주요 인물은, 옷장 안에 빼곡히 걸린 털 코트 너머에 존재하는 또 다른 세계를 발견하는 네 명의 영국 아이들이다. 어

린이 책의 주인공이 아이들인 것은 당연하지만 거기에는 또 다른 이유가 있다. 기독교에서 아이들은 천국에 다가갈 수 있는 특별한 위치에 있기 때문이다. 예수의 다음과 같은 말을 떠올려보라.

"어린이들이 나에게 오는 것을 막지 말고 그대로 두어라. 하느님 나라는 이 어린이들과 같은 사람들의 것이다." (누가복음 18장 16절)

《사자와 마녀와 옷장》에서 선과 악 사이의 격렬한 전투가 벌어지자 아이들은 선의 편에서 싸운다. 이야기의 마지막에 이르면 파괴되기 직전의 나니아는 마치 천국과 같은 곳으로 변하고, 아이들에게는 왕좌와 왕관이 수여된다.

"그들은 대단한 기쁨을 누리며 살았다. 만약 아이들이 이 땅에서의 삶을 기억한다면, 그것은 마치 한 조각 꿈을 떠올리는 듯할 것이다."

연작의 마지막 책인 《마지막 전투》에서 아이들은 열차 사고로 죽고 이야기는 천국에서 끝을 맺는다.

"이 땅에서 보낸 삶과 나니아에서 겪은 모험은 단지 책의 표지와 표제지에 지나지 않는다. 마침내 그들은 지구 상 누구도 읽어본 적 없는 위대한 이야기의 첫 장을 시작하려 한다. 이야기는 영원히 계속될 것이며 책의 모든 장은 전 장보다 더 멋질 것이다."

그런가 하면 천국에서 내려온 천사가 신의 은총을 입은 이들과 접촉하기도 한다. 〈고스트〉나 〈시티 오브 엔젤〉에는 주인공을 죽음이나 절망에서 구해내는 천사(〈고스트〉의 경우에는 귀신, 곧 영혼)가 등장한다. 프랭크 카프라 감독의 〈멋진 인생〉에서 천사 클라렌스는 낙담한 조지의 자살을 막는다. 클라렌스는 가엾은 조지에게 그가 없는 세상이 어떤 모습일지 보여주기 위해 성탄절 전날에 천국에서 내려온 풋내기 천사다(조지 가족의 기도를 들은 성 요셉이 클라렌스를 지구에 내려보냈다). 이와 관련한 흥미로운 설문 조사 결과가 있다. 오늘날 31퍼센트의 미국인이 적어도 한 달에 한 번, 기도에 대해 '명확하고 구체적인' 응답을 받는다고 믿고 있다.

유대인들은 기원전 600년 무렵부터 일일기도에 대해 알고 있었다. 그들은 날마다 예루살렘을 바라보며 머리를 천으로 동여매고 팔에 가죽과 테필린tefillin(하느님의 말씀을 적어 팔뚝에 거는 것)을 두른 채, 쉐마, 즉 유일신에 대한 이스라엘의 가장 오래된 고백을 낭독한다. 이것은 유대인을 신의 왕국과 연결하는 행위다.

뉴욕 버나드대학에서 유대학을 강의하는 알랜 시갈은 내세에 대한 성서적 관점을 주로 연구하는 학자로, 수많은 고대와 현대 언어를 말하고 쓴다. 그의 학부 강의인 '죽음 이후의 삶'은 언제나 수강생이 초과되곤 한다. 온통 책으로 뒤덮여 마치 동굴을 연상시키는 연구실에서 그는 장난스런 웃음을 지으며 이렇게 말했다.

"내 방은 버나드대학에 비하면 큰 편이라오."

시갈은 연구실에서 세미나를 연다. 작은 탁자에 서로 꼭 붙어 앉아 전기 주전자에서 차를 따라 마시는 예닐곱 명의 대학생의 모습을 나는 쉽게 상상할 수 있었다. 시갈은 내게 현대의 유대인 역시 '천국의 멍에를 지는 것'에 대해 이야기한다는 사실을 상기시켜 주었다. 그들은 기도를 통해 하느님의 왕국과 직접적으로 연결된다.

시갈은 예수 시대에 사해 근처 사막 고원에서 살았던 금욕주의자들의 공동체인 에세네파Essenes 사람들에 관해서도 이야기했다. 그들은 공동체의 종교적 실천과 기도를 기록으로 남겼다. 20세기 중반,

한 동굴에서 발견된 사해사본이라 알려진 문서에 의하면 그들은 기도할 때 '천국에서 일어나는 일의 모사模寫'를 연기한다고 믿었다. 이에 대한 시갈의 설명을 들어보자.

"그들이 정말로 천국에 있다고 믿었는지, 아니면 천사들이 이 땅에 내려왔다고 믿은 것인지는 확실하지 않습니다."

에세네파는 자신들의 기도문이 천사의 노래를 그대로 반영한다고 굳게 믿었기 때문에 안식일에는 배설조차 하지 않았다. 배설은 천사가 할 만한 일이 아니라는 이유에서였다. 시갈은 이에 대해 다음과 같이 부연한다.

"신은 인간의 배설물 냄새를 좋아하지 않을 테니까요."

오늘날에도 율법을 준수하는 이슬람교도와 기독교인, 유대인은 규례에 맞는 기도를 천국과 이 땅을 연결하는 행위로 여긴다. 미국 뉴저지 주 근교에서 은둔자를 위한 공동체를 운영하는 가톨릭 사제 유진 로마노 신부는 이에 대해 가장 명료한 표현을 해주었다.

어느 겨울 날 오후, 나는 로마노 신부를 찾아갔다. 가장 화려한 몇몇 맨션들로부터 불과 몇 마일 떨어진 곳에 위치한, 키 큰 나무들로 둘러싸인 외진 동굴 안 작은 오두막에서 베들레헴 공동체의 은둔자들이 살고 있었다. 로마노 신부는 주기도문을 외울 때 천국을 가장 많이 생각한다고 말했다. 주기도문 암송은 처음으로 영성체 미사를 드린 여덟 살 이후 그가 수천 번도 넘게 해온 일이다.

"나는 모든 미사가 천국에서 열리는 영원한 연회라고 믿습니다. 영혼들을 위해 그리고 하느님을 찬양하기 위해 천천히, 경건하게 미사를 올리는 일은 매우 강력한 힘을 발휘합니다."

하늘에 있는

 나는 알랜 시갈을 찾아갔다. 사람들이 왜 신이 하늘에 있다고 믿는지 궁금했기 때문이다. 천국에 관한 가장 근본적인 생각은 바로 천국이 하늘에 있다는 것이다. 하지만 나는 왜 그런 생각이 이토록 깊고 넓게 퍼져 있는지 잘 알 수 없었다. 왜 나무 잎사귀들이 아닌 하늘인가? 바다 혹은 발리의 힌두교도들이 믿는 것처럼 바위와 쌀알이 아닌 이유는 무엇일까? 천국이 자욱한 구름 사이 창공에 존재하는 곳이라는 이미지는 끈질기게 유지되고 있다.

 유럽의 옛 그림들, 현대의 연하장과 카드, 만화 그리고 워렌 비티가 나오는 영화 〈천국의 사도〉의 상징적인 포스터를 생각해보라. 몇몇 중세 화가들은 엘리베이터와 유사한 기계를 타고 하늘로 오르는 예수를 묘사했다. 가령 어떤 그림의 윗부분에는 예수의 발과 발목만이 그려져 있다. 몸의 나머지 부분은 액자 틀 너머에 있다는 가정 하에 그려진 것이리라. 미켈란젤로가 로마의 시스티나 성당 천장에 그린 성화를 보면, 세마포에 싸인 예수는 천사들에게 둘러싸여 청회색 하늘 위에 떠 있다. 하늘 높이 떠 있는 예수를 쳐다보노라면 목이 아플 지경이다. 2분만 투자해서 유튜브를 검색해보라. 하늘에서 발견한 신의 사인을 담은 수십 개의 동영상을 찾을 수 있을 것이다. 십자가 모양의 구름을 찍어 올린 동영상은 백만에 가까운 조회 수를 자랑한다.

 아주 어린아이들까지도 천국을 지구 너머 높이 있는 어떤 곳으로 이해한다. 그곳은 실재하는 동시에 초자연적이다. 나는 이 문장을 쓰고 이것이 사실인지 시험해보았다. 딸아이 조세핀을 재우면서 무려 다섯 번 가까이 "천국은 어떤 곳이지?" 하고 질문한 것이다. 어둠 속에 나와 나란히 누워 있던 딸은 몸을 일으키더니 천장을 크게 손짓해 가리켰다.

"천국은 저 위에 있어요… 하늘에요."

그리고 조세핀은 다시 자리에 누웠다. 딸아이는 잠시 뜸을 들인 뒤 말을 이었다.

"천국은 우주보다 더 멀어요. 하지만 우주 가까이 있어요. 우주와는 딱 1인치 떨어져 있어요. 하느님이 거기 살아요."

나는 시갈에게 같은 질문을 던졌고, 그는 내 질문을 이상하게 여겼다. 고대 히브리인은 조세핀과 마찬가지로 하느님이 '위에' 계시다고 생각했다. 우리는 근처 가게에서 샌드위치를 사서는 연구실로 돌아왔다. 그리고 컴퓨터 앞에 나란히 앉아 색인으로 성서 구절을 찾아 히브리어와 그리스어, 영어로 된 모든 번역본을 살펴보았다. 시갈은 몸집이 크며 넓고 모가 난 얼굴을 한 육십 대의 남자로, 원래는 랍비가 되려고 공부를 시작했다. 하지만 이제 그는 신에 대해 까다롭게 구는 사람이 되었다. (언젠가 우리가 컬럼비아대학교 안에 있는 카페에서 차를 마시며 이야기를 나눴을 때, 그는 다음과 같은 말을 했다. "만약 신이 토라가 묘사한 모습으로 지금도 존재한다면 나는 책상 밑에 숨었다가 그가 지나가면 나올 거요.") 그는 성서의 서사들이 신이 하늘에 있다고 믿었다는 증거가 있느냐고 묻는 나를 곁눈질하며 이야기를 시작했다.

서구의 거의 모든 고대 종교에는 가장 높은 신이 있는데, 그 신은 지구 저 멀리 높은 하늘, 혹은—고대 그리스인이 믿었듯이—올림푸스라고 불린 산 위에 살았다고 시갈은 설명했다. 예수가 등장하기 수천 년 전에 유대인의 조상은 기나안 민족과 함께 살았다. 히브리인은 유일신을 믿었다. 그러나 수세기에 걸쳐 다른 거의 모든 부분(고고학적 자료에 의하면 두 민족의 가옥과 농지는 사실상 구별할 수 없을 정도로 비슷하다)에서 히브리인과 유사해진 가나안인은 여전히 다신교를 믿었다. 가나안인은 우상을 이용해 '신들'을 섬겼다. 그들은 날씨, 그 가운데 특히 비와 폭풍을 주관하는 하늘의 신 바알을 섬겼다. 바알은 설명할 수 없는 모순에 가득 찬 신이었으며 두려우면서도 영광스런 존재였다. 겨울 강수를 예측할 수 없던 고대 근동 지역에서는 종종 가혹한 폭풍 후에 수개월에 걸친 가뭄이 뒤따르곤 했다. 3000년 전에는 대부분의 사람들이 농사를 지었다는 사실을 기억하길 바란다. 날씨를 주관하는 신은 인간에게 생명을 주거나 빼앗을 수 있는 존재였다.

히브리인의 남서쪽에 살고 있던 이집트인 역시 하늘에 있는 신을 믿었다. 그들은 파라오가 죽으면 신의 무리에 합류하기 위해 하늘로 올라간다고 믿었다. 또한 이집트에는 불멸의 신 오시리스가 있었다. 현재 오시리스는 오리온 별자리에서 산다. 시갈은 이에 대해 다음과 같이 설명했다.

"피라미드는 당신을 신에게 데려다주는 거대한 우주선과 같은 것이었습니다."

천국이 우주 어딘가에 있는 장소라는 생각은 오늘날에도 사라지지 않고 있다. 애니메이션 〈사우스 파크〉에서 주인공답지 않은 주인공 케니는 트레이드마크인 파카를 입은 채 얼룩덜룩한 은하수를 거쳐 천국으로 올라간다. 그는 구름으로 만든 문 앞에 도착하는데, 커다란 벨소리가 울리자 지옥으로 떨어져버린다.

토라(창세기에서 신명기에 이르는 구약성서의 첫 다섯 책)에서 천국은 거의 언제나 샤마임, 즉 하늘이다. 토라의 등장인물 역시 조세핀처럼 신이 하늘과 하늘 너머에 살고 있다고 생각했다. 시갈은 히브리인의 신을 천국의 주인으로 묘사하면서 신이 '하늘과 땅을 소유했다'고 기술하는 창세기 14장에 주목했다. 시갈은 내게 폭풍을 일으키고 바다를 들어 올리는 창조자에 대해 설명했다. 이집트에서 이스라엘 민족이 나올 때 신은 모세와 이스라엘 민족이 안전하게 홍해를 건널 수 있도록 도왔다.

"당신의 세찬 콧김에 바닷물이 쌓였고 물결은 둑처럼 일어섰으며 바다 속 깊은 데서 물이 엉겼습니다." (출애굽기 15장 8절)

출애굽기와 시편, 그밖의 책에서 신은 하늘 위 거처에서 자신의 백성을 위해 일했고 '천국의 양식'인 만나를 내려주었다.

사람들이 생각하는 우주의 구조는 그들이 상상하는 천국의 모습을 반영한다. 우주론에 대한 지배적인 시각은 중세 시대 때 아리스토텔레스의 사상에 기반해서 정립되었고, 천문학자 프톨레마이오스가 1세기에 이것을 좀더 정교하게 만들었다. 아리스토텔레스에 의하면 지구는 우주에 고정된 55개의 투명한 공의 중앙에 자리 잡고 있다. 각각의 천체, 즉 태양과 달 그리고 모든 행성들은 이러한 천구 중 하나에 붙어 있다. 모든 천구를 둘러싸는 것은 제1동력이라고 불리는 엔진 천구다. 제1동력은 너무나 강력해서 다른 모든 것을 움직인다.

우주에 관한 이러한 생각은 1000년이 넘도록 의심의 대상이 되지 않았고, 종교는 기존의 신학을 강화하기 위해 그것을 포장했다. 당시 사람들은 신이 다른 모든 천구 너머의 움직이지 않는 천구에 거한다고 이해했다. 1세기에 작성된 유대 문서는 랍비 이스마엘이라는 사람이 일곱 개의 천구, 즉 궁전을 지나 마침내 신의 보좌가 있는 하늘에 오르는 여행을 했다고 설명한다. 이슬람 전통에서는 선지자 마호메트가 밤에 여행길을 떠난다. 그는 일곱 개의 천구를 지나 하늘로 오르는데, 그곳에서 마침내 이슬람교들에게 하루에 오십 번씩 기도하라고 명령한 알라를 만난다. 땅으로 내려오는 길에 마호메트는 모세를 만나는데, 모세는 그에게 오십 번은 너무 많다고 말한다. 그래서 그는 다시 돌아가 알라에게 기도 횟수를 다섯 번으로 줄여줄 것을 흥정한다.

기독교의 우주론에는 아홉 개의 천구가 있다. 각각의 천구는 행성은 물론 기독교적 덕목과 관련된다. 중세에 그려진 도식에 의하면 달의 천구는 천사들의 차지였다. 달은 천사들의 에너지를 받아 지구 주위를 돈다. 수성의 천구는 천사장이 주관하는 반면, 아기 천사들은 고정된 행성의 천구에 산다. 가장 바깥쪽의 천구는 최고천empyrean인데 이곳이 신의 집, 곧 천국이다. 이것은 움직이지 않고 완벽하며 영원하다. 천국에 거하는 신의 사랑 덕분에 행성들은 순환한다. 《신곡》의 〈천국〉에서 단테는 가장 높은 천국, 즉 신이 거하는 곳에 올라간다.

> 꽃이 강물에 떠내려가듯 빛이 흘렀고,
> 두 개의 강둑 사이로 금빛 찬란한 것이 쏟아지며
> 봄의 경이로운 빛깔을 칠했네

기원전 200년을 전후해서 일부 유대인들은 믿음이 굳건하면 죽은 후 천국에 올라가 신과 함께 거한다는 믿음을 갖게 되었다. 이것은 매우 근본적인 변화였다. 그때까지만 해도 천국, 즉 샤마임은 사람이 아닌 신의 거처였기 때문이다. 하지만 이스라엘의 독특한 역사와 문화는 압도적인 종말 의식을 지닌 유대교를 길러내기 시작했다. 그들은 종말의 징후를 감지했다. 계시적인 문서들을 써낸 유대인들은 '의로운 사람'에게 보상으로 주어지는 신과 함께하는 영원한 삶을 이야기하기 시작했다. 이러한 변화에 대해서는 다음 장에서 좀더 철저하게 다루려고 한다. 여기서는 기원후 200년까지만 해도 '사람들은 천국에 가지 않았다'는 정도만 이야기하겠다. 즉, 기원후 200년 이후에야 천국에 가는 사람이 생기기 시작했다.

학자들은 이러한 관점을 계시 신학이라고 부른다. 믿는 자를 위한 영원한 정의에 대한 희망과 임박한 종말에 관한 확신이 결합해서 계시 신학을 낳았다. 계시록적 사고의 대략적인 윤곽은 이렇다. 어딘가 다른 차원의 세계에서 하늘의 천사들이 악의 세력과 전쟁을 벌인다. 하느님의 편이 결국 전투에서 이길 것이고 그러면 지구의 종말이 온다. 그때가 되면 천국이 이 땅에 내려오며 나쁘고 부패하고 병든 모든 것은 회복되고 정화된다. 부패한 시체는 다시 살아나 완전한 몸을 입는다(이 과정이 어떻게 일어나는지 역시 다음 장에서 다루겠다). 결국 천국은 '이 땅'에 존재하게 된다. 예수가 태어나기 수세기 전부터 몇몇 유대인들이 이러한 생각을 품고 있었다. 아마 예수 자신도 그렇게 생각했을 것이다. 오늘날 대부분의 근본주의 유대인과 이슬람교도, 기독교인의 동력은 지구의 종말이 임박했으며 구세주가 나타나 이 땅을 회복시키고 평화 가운데 통치할 것이라는 확신이다. 성서는 다음과 같이 밀한다.

"하느님께서는 친히 그들과 함께 계시고 그들의 하느님이 되셔서 그들의 눈에서 모든 눈물을 씻어주실 것이다. 이제는 죽음이 없고 슬픔도 울부짖음도 고통도 없을 것이다. 이전 것들이 다 사라져 버렸기 때문이다." (요한계시록 21장 3-4절)

리브가 슬로님은 브루클린에서 성장한 사십 대의 준수한 여인이다. 어느 12월 밤에 나는 그녀가 어린 시절을 보낸 집을 방문했다. 그녀는 아버지를 만나러 그곳에 와 있었다. 슬로님은 그녀의 남동생이 살고 있는 옆집으로 나를 안내했다. 그녀의 남동생 집이었다. 그 집의 우아한 로비에서 우리는 약 한 시간 정도 조용히 이야기를 나누었다.

"아버지 집에는 우리 애들 일곱 명이 와 있어요. 정신이 하나도 없을 거예요."

남동생의 집은 바닥을 새로 깔아 반짝반짝 빛났다. 나는 작은 빅토리아풍 의자에 앉아 물 잔을 오른쪽의 좁다란 창틀에 놓아야 할지, 아니면 발밑의 윤기 나는 나무 바닥에 놓아야 할지 망설였다. 내 맞은편, 계단 옆의 벽에는 고인이 된 랍비 메나헴 슈니어슨의 초상이 걸려 있었다. 1994년에 작고한 그는 루바비치교의 카리스마 넘치는 리더였다. 몇몇 교인들은 지금도 그가 메시아라고 믿는다(슬로님 자신은 이러한 소수 의견에 동조하지 않는다고 말했다).

슬로님은 초정통 유대교파인 루바비치교의 신도였다. 그들은 무조건적인 엄격함으로 종교적 율법을 준수한다. 슬로님은 정장 상의와 무릎 아래까지 내려오는 치마를 입은 수수한 차림이었다. 그녀는 따뜻하고 열린 태도로 나를 대했다. 그녀는 차로 세 시간 삼십 분 정도 걸리는 뉴욕주립대학교에서 (정통 유대교 신봉자들의 공동체 센터인) 차바드 하우스Chabad House를 운영하고 있었다. 센터는 모든 회원이 모이는 안식일 저녁 식사와 마음껏 먹고 마시는 부림절(유대인들의 축제) 축전으로 유명하다.

슬로님은 감동적인 어조로 자신의 소망을 이야기했다. 613 미쯔바(토라 혹은 모세오경의 율법과 윤리 원칙을 적은 문서), 즉 계율에 최대한 가까운 삶을 고수함으로써 그녀는 죽음 이후에 신과 초자연적인 친밀함을 나누게 될 것이라고 기대하고 있었다. 이는 육체적이고 로맨틱한 충만함 그리고 모든 루바비치교도의 소망인 삶의 목적에 관한 완전한 이해를 말한다.

"미쯔바를 실천하는 궁극적인 이유는 신과 연결되기 위해서랍니다. 계율의 실천은 신과 그를 믿는 자를 민감하게 연결합니다."

루바비치 신학의 독특한 성격은 유대인들 사이에서 자주 논쟁을 불러일으킨다. 에세네파나 종말론자와 마찬가지로 루바비치교도 역시 지구의 종말이 가까웠으며 종말 후에는 세계 구원이 뒤따를 것이라고 믿는다. 메시아를 맞을 준비를 하라고 격려한 스승 슈니어슨의 삶과 죽음은 종말에 대한 기대감을 높였다. 그녀는 중세 시대의 유대인 철학자 마이모니데스의 말에 부연해, 종말이 오면 "물이 바다를 덮는 것처럼 하느님을 아는 지식이 땅을 덮을 것"이라고 말했다. 그때까지 그들은 계율을 지키고 죽은 자를 위해 카디쉬라 불리는 기도를 계속할 것이다. 유대인은 카디쉬를 통해 영혼의 승천을 도울 수 있다고 믿는다.

"11개월간의 카디쉬는 드라이클리닝과 같아요. 카디쉬를 통해 영혼은 세상의 때를 벗게 됩니다."

낙원의 정원

유대교와 기독교, 이슬람교는 새로운 세계에서 신이 인간의 죄를 정화해준다고 생각한다. 신은 천국과 이 땅을 융합하거나 재창조하여 우주와 그 안의 모든 것을 완전하게 할 것이다. 유대와 이슬람 전통은 대체로 이러한 새로운 세상을 낙원의 정원으로 묘사한다. 그것은 한때 남자와 여자가 죄를 짓지 않고 신과 함께 거했던 에덴동산에 대한 상징적인 회복이다. 2002년 〈뉴스위크〉 설문 조사에 의하면, 미국인의 19퍼센트가 천국을 정원이라고 상상한다고 응답했다. 유대 전통과 경전을 계승한 기독교인은 천국에 대해 말할 때 정원이라는 이미지를 사용한다.

그러나 도시적인 이미지 또한 자주 사용된다. 기원후 70년, 로마가 예루살렘을 무너뜨렸을 때 기독교는 아주 새로운 종교였다. 유대인은 예루살렘의 파괴로 인한 심리적 트라우마로 고통받았으며, 지금도 여전히 새로운 세계에서 신성한 성전을 되찾을 것이라고 다짐한다. 요한계시록에 의하면, 기독교인은 '새 예루살렘'을 새롭고 영광스럽고 반짝거리는 벽으로 둘러싸인 도시, 예수 자신이 성전이 된 곳으로 상상했다. 〈뉴스위크〉의 설문 조사에 따르면 미국인의 13퍼센트가 천국을 도시로 이해했다.

성서는 주로 사막 지역에서 쓰여졌다. 그곳에서 농부들은 비가 내리기를 간절히 바랐고, 기후에 대한 두려움을 느꼈다. 가혹한 환경과 탐욕스러운 포식자로부터 보호해주는 벽, 잘 여문 풍부한 과일, 흘러넘치는 물, 꿀과 기름, 포도주가 가득한 정원은 가난한 사막의 농부가 상상할 수 있는 최상의 장소였다. 초목이 우거진 안전한 정원은 현실에서는 불가능한 것이나 마찬가지였다. 정원의 담과 문은 성서적 상상력에서 매우 중요하다.

창세기에 의하면 신은 에덴동산에 네 갈래로 갈리는 강과 '보기 좋고 맛있는 열매를 맺는 온갖 나무'를 나게 하고, '들짐승과 공중의 새'를 둔다. 신은 에덴동산에 선악과나무를 자라게 했는데, 그때까지 열매를 먹은 이는 아무도 없었다. 분쟁과 실망이 있기 전의 세상인 에덴동산은 풍요롭고 완전하며 순결한 곳이었다.

중세 시대 기독교 수도사들은 에덴동산이 지구 어딘가에 정말로 존재한다고 믿었다. 그곳은 아주 멀리 떨어져 있어서 결코 도달할 수 없다. 에덴동산 너머가 바로 천국이다. 신자들을 제대로 안내하기 위해 수도사들은 지도를 그렸다. 지리상의 방향을 나타내기 위해서라기보다는 예수가 다스리는 세계의 가장 중요한 요소가 무엇인지 알려주는 것이 목적이었다. 지도를 그리면서 수도사들은 동쪽에서 멀리 떨어진 곳에 에덴동산을 두었다(창세기는 에덴동산이 동쪽에 있다고 묘사한다). 에덴동산은 종종 벽이나 강, 산맥의 뒤에 위치했다.

13세기에 제작되고 1943년 제2차 세계대전 중 하노버 폭격으로 훼손된 엡스토르프 지도에 의하면 에덴동산은 중국 너머 산맥들 뒤편에 자리 잡고 있다. 영국 헤리퍼드 성당이 소장한 헤리퍼드 지도는 1300년을 전후해 제작되었다. 4피트가 넘는 길이에 5피트의 높이를 자랑하는 이 지도는 별난 세계를 담고 있다. 거기엔 괴물과 개의 머리를 한 사람들이 얼룩덜룩한 대륙 위에 살고 있는데, 팔레스타인 지역은 다른 곳과 균형이 맞지 않을 정도로 크다. 성서에 나오는 모든 장면을 담아야 하기 때문이다. 에덴동산은 지도의 맨 꼭대기 근처에 있는 넘을 수 없는 벽 뒤에 존재한다. 벽 바로 위에는 예수가 심판대에 앉아 있다. 에덴동산과 천국은 존재하기는 하나 이 땅에서는 도달할 수 없다. 크리스토퍼 콜럼버스가 1498년에 남아메리카에 상륙했을 때, 그는 자신이 발견한 땅이 에덴동산이나 그와 비슷한 어떤 장소라고 생각했다.

"나는 지상의 낙원을 발견했다고 믿는다. 신의 허가 없이는 누구도 이곳에 들어올 수 없으리라."

콜럼버스로부터 300년 남짓 지나 미국의 시인인 에밀리 디킨슨은 이렇게 적었다.

'천국', 다다를 수 없는 곳이여!
절망하는 자에게 줄
나무에 달린 사과
내겐 그것이 '천국'이라네!

중세와 비잔틴 예술에서 천국은 황금빛 물감으로 그려졌다. 2차원적으로 평평하게 묘사된 성자들과 천사들은 금빛 장막을 배경으로 질서정연하게 줄을 맞춰 떠다니고 있다. 후광은 신성을 나타내는데, 기독교 화가들은 이를 그리스와 로마의 화가들에게서 빌렸다. 황제의 왕관을 묘사할 때 그리스와 로마 화가들이 후광을 이용했던 것이다.

르네상스 시대가 되어 예술과 철학의 주된 관심사가 이상화된 기독교 공동체에서 개인에게로 옮겨가자 천국의 이미지 또한 바뀌었다. 이때 에덴동산은 인기 있는 주제가 되었다. 사람과 맹수가 천진

난만하게 서로 장난치며 뛰논다는 에덴동산은 사람들의 관심을 끌었다. 몇몇 비평가들은 산드로 보티첼리의 〈봄〉을 꽃으로 뒤덮인 초원 위 무성한 숲 한가운데 서 있는 성모 마리아로 해석하기도 한다. 억압적인 옷들을 벗어던진 채 그녀 주위를 맴돌며 춤추는 천사들의 몸은 공기처럼 가벼워 보이며, 그들 머리 바로 위로 늘어진 나뭇가지에는 풍성한 과일이 열려 있다(보티첼리의 천국에서는 에밀리 디킨슨도 쉽게 사과를 딸 수 있으리라).

이탈리아 플로렌스에 있는 메디치 리카르디 궁전에 소장된 베노초 고촐리의 15세기 프레스코화에서, 천국은 줄지어 선 사이프러스 나무와 바위 사이를 날아다니는 새, 꽃나무, 활짝 핀 산딸기 덤불이 자라는 투스카니 지방과 비슷하다. 신의 천사 중 하나는 공작새 꼬리 같은 날개를 가졌다. 플로렌스의 정치가 로렌초 드 메디치는 이렇게 말했다.

"천국은 만족스럽고 즐거운 것들로 가득한 가장 아름다운 정원을 의미합니다."

정신을 좀먹는 세상의 영향으로부터 분리된, 조화롭고 순결하며 무성하고 평화로운 정원의 이미지는 지금도 천국에 대한 대중적 개념 속에 남아 있다. 2005년, 리즈 위더스푼과 마크 러팔로가 주연한 영화 〈저스트 라이크 헤븐〉에서, 실연당한 조경가가 혼수상태에 빠져 죽음을 눈앞에 둔 여인의 생기 넘치는 영혼과 사랑에 빠진다(그녀의 몸은 병원에 누워 있는 상태다). 영화가 끝나갈 무렵 그녀는 주인공의 키스로 의식을 되찾지만 그를 기억하지 못한다. 그러자 주인공은 옥상 위에 정원을 만들어 기억을 일깨우고 사랑을 소생시킨다. 정원에는 차양이 드리워져 있으며 꽃이 만발하다. 정원은 세상에서 멀리 떨어진 곳이다. 정원에서 현대판 아담과 하와는 세상 사람들보다 더 현명하지만 순수함과 천진함을 잃지 않은 채 존재한다.

낙원paradise이라는 단어는 파이리다에자pairidaeza, 즉 '벽으로 둘러싸인 정원'을 의미하는 고대 페르시아어에 기원을 둔다. 그리스와 이집트를 비롯한 고대 문화에서는 죽은 후 가게 되는 안전하고 비옥한 장소에 관해 이야기했다. 기원전 5세기에 그리스의 시인 핀다로스는 축복받은 자들의 섬을 이렇게 묘사했다.

그곳에서 금빛 꽃들은 마치 화염처럼 빛나네
몇몇은 땅 위의 빛나는 나무들 위에,
또 몇몇은 바닷가에 심겼네

'낙원'이라는 단어에는 안전과 풍요라는 의미가 함축되어 있다. 파라다이스 밸리는 미국 애리조나 주에서 가장 부유한 지역 가운데 하나로, 그곳 가구의 연평균 수입은 150만 달러가 넘는다. 파라다이스 가든은 미국에서 가장 큰 꽃 구근 통신판매 회사의 상호이자 브루클린의 쉽스헤드에 위치한 레스토랑의 이름이기도 하다. 그곳에서 러시아 이민자들은 결혼식을 올리거나 번쩍이는 옷을 차려입고 잔뜩 취한 채 떠들썩한 파티를 열곤 한다. 라스베이거스에 있는 플라밍고 호텔의 올유캔잇all-you-can-eat(뷔페, 일반 뷔페처럼 원하는 만큼 골라 먹을 수 있으나, 음식이 있는 곳으로 갈 필요 없이 앉은 자리에서 계속해서 주문할 수 있는 음식점이다-옮긴이) 역시 같은 이름을 쓴다. 그곳에서는 신선한 과일과 야채, 갈비살, 어린 대합조개의 향연이 펼쳐진다. 사람들은 바닥에서부터 천장까지 설치된 유리 막 너머로 플라밍고가 폭포 사이를 거니는 모습을 감상하면서 저녁을 먹는다.

이슬람은 지구 상 다른 어떤 문화권보다 낙원의 정원이라는 천국의 개념을 중요하게 생각한다. 이슬람교는 기원후 7세기, 세계에서 가장 뜨겁고 건조하며 살기 불편한 지역에서 확립되었다. 이슬람 경전인 코란에서 믿는 자는 죽은 후 정원에 갈 것이라고 약속한 사실은 전혀 놀랍지 않다. 그들은 '흐르는 강 아래 정원'에 살며 '명령만 하면 언제든 콸콸 솟아나는 샘' 가운데서 쉴 것이다.

이슬람의 낙원에는 각각 우유, 꿀, 포도주, 물로 이루어진 네 개의 강이 흐른다. 무자비한 열기로 가득한 지역에서 발생한 종교인 까닭에 이슬람은 음식이 썩지 않는 낙원을 약속했다. 낙원의 정원에는 다양한 과일이 자라는데 특히 석류가 풍성하다. 몇몇 신비주의적인 유대교 전통에서, 천국은 석류가 가득한 정원으로 묘사된다. 스위스의 심리학자 칼 융이 임사 체험을 했을 때, 그는 자신이 석류가 자라는 정원에 있다고 상상했다. 중동 지역 고유의 과일인 석류는 중요한 의미를 지닌다. 석류의 강렬한 붉은색은 피를, 무수한 씨앗은 다산을 상징하기 때문이다.

코란에 의하면, 이슬람교의 낙원에는 마셔도 취하지 않는 포도주가 있다(이슬람교는 포도주를 마시는 것을 금지한다). 작열하는 태양 아래 평생 힘들여 일하거나, 작은 모래땅을 두고 잔인하게 싸워야 했던 사람들은 살람salaam, 즉 '평화'라는 말을 나누며 서로를 반갑게 맞는다. 금팔찌를 두르고 실크로 된 녹색 겉옷을 입은 그들은, 시종이 굽

달린 잔에 갈증을 싹 가시게 할 시원한 음료를 가져오길 기다리면서 보송보송한 의자에 기대어 쉰다.

이슬람교의 낙원에서는 모든 종류의 감각적인 쾌락이 보장된다. 그중에서도 가장 큰 쾌락은 요염한 미녀들houri(이슬람교에서 말하는 천국의 미녀)이다. 미녀들은 '외출이 금지된 건물'에 사는 숫처녀들로, 검은 눈과 풍만한 가슴을 지녔다. 구약과 신약성서와 달리 코란의 천국은 대단히 구체적이다.

천국의 도시

천국에 관한 또 다른 상상력은 천국의 도시인 '새 예루살렘'이라는 개념을 만들어냈다. 1987년에 여배우 다이안 키튼이 〈천국〉이라는 제목의 기이한 단편 영화를 제작했다. 영화에서 그녀는 수많은 사람을 인터뷰해 그들이 생각하는 천국이 어떤 곳인지 물었는데, 대단히 많은 사람들이 천국을 도시 공간으로 상상하고 있었다. 나는 천국이 '도시'일 것이라고 생각해본 적이 결코 없었기 때문에 그러한 응답에 무척 놀랐다.

"로스앤젤레스나 뉴욕, 시카고와 같은 곳이요."

"뉴욕보다 700만 배 더 큰 곳이 아닐까요?"

2009년에 세상을 떠난 보수적인 가톨릭 성직자 리처드 존 뉴하우스는 천국을 맨해튼 같은 곳으로 상상했다. 친구들을 좋아했던 지적인 유미주의자 뉴하우스 신부는 고향인 맨해튼을 사랑했다.

적어도 기원전 600년부터 기원후 70년까지, 그러니까 로마제국이 예루살렘을 파괴하고 그곳에 살던 이들을 쫓아내기 전까지 예루살렘은 유대인, 후에는 기독교인의 삶의 중심이었다. 예루살렘은 규모가 크거나 정치적으로 매우 중요한 도시는 아니었다. 그러나 그곳 한가운데 위치한 언덕 위에는 성전이 있었다. 이 언덕은 아브라함이 사랑하는 아들 이삭을 죽이기 위해 칼을 들었다고 알려진 곳이다. 예루살렘은 유대주의에서 가장 성스러운 장소다. 대제사장이 다스리는 그곳에는 유대인이 희생 제사를 드릴 수 있도록 법으로 허가된 유일한 제단이 있다.

예루살렘의 파괴는 한 번도 아닌 두 번이나 행해졌는데 첫 번째는 기원전 586년에, 두 번째는 기원후 70년에 일어났다. 이 사건은 유대인들에게 깊은 상처를 남겼다. 요한계시록에서 약속한 천국의 도시는 예루살렘이다. 그곳은 현실에 존재하는 어떤 곳보다 훨씬 웅장하다. 계시록 기자는 '하느님께서 계시는 하늘로부터 내려오는 거룩한 도성 예루살렘'의 환영을 본다. 보석이 박힌 벽, 진주 문, 금으로 만든 거리. 기원후 440년, 로마의 산타 마리아 마조레의 벽에 그려진 모자이크는 반짝반짝 빛나는 청금색 도시를 보여주면서 천국의 문 뒤에서 기다리는 사도들을 양으로 표현했다.

미국의 도시에 위치한 대부분의 교회는 노숙자 선교, 무료 급식소와 경제회생 및 교육 프로그램 운영과 같은 다양한 방법으로 선행을 한다. 교회에서는 자원봉사자들을 독려하기 위해 '새 예루살렘'이라는 용어를 자주 사용한다. 1993년, 미국 클리블랜드 주의 가톨릭 주교였던 앤소니 필라는 '도시 속 교회'라는 단체를 발족했다. 이 단체는 지금도 도시 재생 프로젝트에 보조금을 지급한다. 필라 주교는 연설에서 더욱 살기 좋아진 클리블랜드 주를 천국과 연결시켰다.

"새 예루살렘은 약속이자 도전, 초청입니다. 천국의 도시에 지금 참여하고 싶다면 자비와 의를 실천하세요. 그러면 우리가 사는 이 도시가 앞으로 올 천국의 투영물이 될 겁니다. 완전히 새로운 천국과 세계의 도래를 기다리면서 정의와 평화가 넘치는 새로운 도시를 건설해야 합니다."

솔트레이크시티의 도시 기획자 마이크 브라운은 몰몬교 신자다. 그는 자신의 전문 기술을 살려 천국에서 하게 될 일에 대해 다음과 같은 글을 썼다.

"나는 이런 날을 꿈꾼다. 방의 뒷자리에 앉은 나를 예수가 친히 부르신다. 새 예루살렘의 설계를 위한 위원회에 참여시키기 위해서 말이다."

우리 중 대부분은 천국이 도시, 정원, 잔치, 집이라고 상상한다. 혹은 그 가운데 아무것도 아니라고 상상하기도 한다. 우리는 스스로에게 천국은 인간의 이해 너머의 것이라고 말한다. 오웨인 깅그리치는 하버드대학교의 천체물리학자다. 그는 아이오와 주에 있는 메노나이트교(네덜란드의 종교개혁자 메노 시몬스에 의해 창시된, 재세례파 중 최대의 교파)의 작은 공동체에서 어린 시절을 보냈다. 현재 여든 살인 그는 초자연적인 창조주 하느님을 굳게 믿는다. 그는 '천체들'과 '천국' 양쪽 모두의 전문가로, 수많은 '믿음 대 이성' 논쟁에 참여했지만 이러한 토론과 논쟁이 사실 별로 쓸모없다고 여긴다. 그는 아마도 신은 신, 자연은 자연이라고 주장할 것이다. 나는 깅그리치라면 천국이 물리적으로 어디에 존재하는지 알지도 모른다는 기대를 품고 그를 방문했다.

킹그리치는 천국이 어디에 있는지 알고 있었다. 그러나 그의 생각은 실재적 우주 공간 안에서 천국을 찾아보려는 사람에게는 쓸모없는 것이었다. 킹그리치는 백발이 무성한 조그마한 남자였다. 내가 찾아간 날, 그는 청바지와 캐주얼한 상의를 입고 있었다. 그는 농담을 잘하기로 유명하며, 학부생들에게 뉴턴의 운동 제3법칙을 강의할 때면 소화기를 이용해 스스로를 강의실 밖으로 내몰곤 한다.

그날 아침은 비가 오고 폭풍우가 쳤다. 연구실에 들어서자 의자 위에 재킷과 바지가 늘어뜨려져 있었다.

"천국은 어디에 있죠?"

나의 질문에 킹그리치는 말없이 일어나 어깨 높이 정도의 금고 쪽으로 걸어가 1592년이라고 적힌 영국의 작은 책력을 꺼냈다. 그리고는 그림을 그려가며 코페르니쿠스가 생각한 우주를 설명했다.

코페르니쿠스는 모든 행성이 지구를 중심으로 돈다고 상상했다. 그는 지구와 천체의 위치에 대한 아리스토텔레스의 전통을 던져버렸다. 지구와 그 안의 생명체들은 더 이상 천국의 신이 통치하고 보호하는 고정된 별들의 천구 아래 깔끔하게 속해 있는 것이 아니었다. 코페르니쿠스는 경계가 없는 우주를 묘사했다. 신의 집은 완전히 다시 상상되어야 했다.

"천국이 우리 가까이 있는 물리적 공간이라는 생각을 버리는 건 엄청난 충격이었습니다. 사람들은 그 충격을 극복해야만 했지요."

킹그리치는 400년 전에 쓰여진 소논문 안에 첨부된 작은 지도를 보여주었다. 그는 그토록 귀중한 책이 마치 〈내셔널 지오그래픽〉의 최신호라도 되는 듯 무심하고 편안하게 다루었다. 거기에 수성과 금성, 지구, 화성, 목성, 토성에 둘러싸인 태양이 있었다. 그 모든 것 주위에 펼쳐진, 책장 끝을 향해 뻗어나가고 있는 작은 별들로 표시된 부분이 바로 무한한 우주였다. 지도의 가장자리에는 영국의 천문학자 토마스 디게스의 다음과 같은 설명이 인쇄되어 있었다.

"무한한 우주에 별들이 끝없이 펼쳐져 있다."

별들과 궤도를 도는 행성 너머에 천국이 숨어 있다. 그곳에는 슬픔이 없으며 신에게 택함을 입은 자들이 끝없는 기쁨으로 날마다 새로워진다.

우주에 대해 많이 알아갈수록 우리는 천국, 즉 '선택받은 자들의 집'에 대해 더 많은 것을 상상해야 한다. 이제 더 이상 천국이 우리가 관찰할 수 있는 우주상 어딘가에 존재하지 않는다는 사실이 확실해졌다고 깅그리치는 말한다. 직업상 직접 볼 수 없는 곳을 늘 상상해야 하는 그에게 천국의 '어디에도 없음'이라는 개념은 아무런 문제가 되지 않는다. 현대의 천체물리학자들은 우리가 아는 우주 너머의 또 다른 물리법칙이 지배하는 다우주多宇宙, 혹은 평행우주에 관해 이야기한다.

"다우주는 천국과 아주 비슷합니다. 개념화할 수는 있지만 관찰할 수는 없는 그 무엇이죠."

천국은 있다. 단지 우리가 알지 못하는 다른 어딘가에 존재할 뿐이다. 깅그리치는 천국의 위치에 대해 '대답할 수 없는' 성질의 것이라고 말하지만 그 사실 때문에 고민하지는 않는다.

그에게 더욱 도전적인 과제는 자신을 영원의 완벽함 앞에 복종시켜야 한다는 생각이다. 인간은 시간의 흐름에 따라 변화하는 생물화학적 유기체기 때문이다. 사실 인간은 1000분의 1초마다 변한다. 인간은 성장하고 배우고 기억하며 망각하고 병든다. 인간은 먹고 소화하며 배설한다. 사랑을 나누고 잠을 자며 어제와는 조금 다른 상태로 잠에서 깨어난다. 눈에 보이지는 않지만 손톱이나 머리카락은 분명 자랐을 것이다. 지금 자판을 두드리는 내 손가락의 힘줄 또한 시간이 지나면 힘을 잃고, 손의 피부는 점점 얇아질 것이다. 그러나 손가락의 움직임은 결국 책을 완성할 것이며, 책을 쓰면서 나는 전에 모르던 지식을 배워나갈 것이다. 깅그리치에게 있어 천국에 관한 가장 어려운 질문은 "천국이 어디 있느냐"가 아니라 "어떻게 있느냐"다. 변화로 정의되는 인간 유기체가 어떻게 영원히 존재할 수 있을까?

깅그리치는 쇠테 안경 너머로 바라보며 내게 이렇게 말했다.

"나는 천국을 커다란 신비라고 말합니다. 내가 나인 상태로 무한한 양의 시간을 갖게 된다면 지루함을 느끼지 않기 위해 무슨 일을 하게 될까요? 종종 이런 상상을 합니다. 아랍어와 산스크리트어를 배울 거고, 그것을 배우고 잊고 배우고 잊기를 반복하고 또 반복할 거라고요. 하지만 여든 살 먹은 노인이 된 내가 서른 살의 어머니를 다시 만날 수 있을까요? 나를 구성하는 것은 무엇일까요? 인간이 계속해서 변화하는 연속의 한 부분이라면 나를 구성하는 요소들은 어떻게 보존될 수 있을까요? 우리는 언젠가 아무런 변화가 없는 상태에 이르게 될까요? 하지만 무언가를 배우면 인간은 변화합니다. 이러한 모든 개념은 난제들로 가득합니다.

우리는 천국이라는 사회에 대한 소망을 품어야만 해요. 하지만 그 사회는 지금 우리가 속한 곳과는 상상할 수조차 없을 정도로 다른 곳이죠. 그래서 그걸 상상하는 건 징말이지 머리 아픈 일입니다."

중세 시대에는 천국을 상상하는 일이 참으로 쉬웠을 것이라고 킹그리치는 말했다. 성인과 천사와 함께 신이 거하는 그리 먼 곳에 있지 않은 물리적 공간, 모든 것이 교회 성가대처럼 깔끔하게 줄지어 배치된 곳이 그들이 생각한 천국이었다.

"우리는 여전히 금박 천사가 그려진 크리스마스카드나 어린이 책에서 보여주는 '하늘 어딘가에 존재하는' 아름다운 장소라는 천국의 이미지에 갇혀 있습니다. 한 발은 중세 시대에 다른 한 발은 공간에 대한 현대적 관점에 담근 채 말이죠."

자신이 도무지 알 수 없는 공간에서 과연 편안함을 느낄 수 있을지 궁금해하면서, 나는 기차를 타고 집으로 돌아왔다.

CHAPTER

2

기적

HEAVEN

☆

"유대인도 천국을 믿나요?"

나는 셀 수 없을 만큼 자주 이런 질문을 받는다. 다른 많은 현대인과 마찬가지로 20세기 개혁주의 전통에서 성장한 유대인은 천국이라는 개념에 익숙하지 않다. 이 문제에 관한 한 랍비들 역시 그다지 도움이 되지 않는다. 어쨌든 우리는 이렇게 답하곤 한다.

"유대인은 내세가 아닌 현재의 삶이 더 중요하다고 믿습니다."

내가 속한 공회의 랍비인 앤디 배크맨은 개혁주의 유대인으로서 야구와 정치 블로그를 좋아하며 학교에 데려다줘야 하는 세 아이를 둔 아버지다. 그는 '사람들에게 사리에 맞는 유대주의를 가르쳐야 한다는 의식적인 노력'을 하고 있다고 말한다. 천국에 관한 배크맨의 생각을 요약하면 다음과 같다.

사랑하는 이를 떠나보낸 사람들에게 그는 세대를 잇는 연속성에 관해 이야기할 것이다. 슬퍼하는 유족이 종교적인 대화를 수용할 수 있는 사람이라면 신에게로 돌아가는 영혼의 승천을 이야기할 것이지만, 과장하거나 미화할 생각은 없다. 그는 천국에서 나누는 우정이라든가 가족 간의 상봉, 심지어 자아도 언급하지 않는다. 천국의 면적이나 건물에 관해서도 말하지 않는다. 그는 확실히 육신이 부활할 것이라는 희망을 제시하지 않는다.

천국과 관련한 문제에 대한 유대주의의 모호함은 내가 아는 많은 유대인들의 골칫거리다. 현재의 삶을 강조하기 때문에 유대인이 유독 부모를 기념하거나 자선을 베푸는지도 모른다. 하지만 정작 부모의 죽음에 직면하거나 자녀가 세상을 떠났을 때 이런 접근은 따뜻한 위로가 되지 못하며, 모호함은 상상할 수조차 없을 정도로 끔찍한 것이 된다. 만약 당신이 생사의 기로에 서게 된다면 내세보다 현생을 강조하는 현대 유대인의 태도가 대단히 불충분하다고 느낄 것이다.

그러나 천국이라는 개념을 발명한 이는 다름 아닌 유대인이다. 유대인은 내세 혹은 신의 거처로서 천국을 발명하지 않았다. 그러한 개념은 유대인이 하나의 민족으로서 존재하기 훨씬 이전부터 수천 년 동안 존재했다. 그러나 지금 우리가 이해하는 천국, 즉 의로운 사람이 죽은 후 올라가 신과 함께 영원히 거하는 공간이라는 개념은 기원전 2세기경에 유대인이 발명한 것이다.

비슷한 아이디어가 그 시기 다른 문화권에도 존재했다. 심지어 몇몇 유대인은 조상이 잠들어 있는 영적인 세계가 있다고 믿기도 했다. 그러나 '바르고 정직한' 행위와 성경이 말하는 부활과 영생 사이의 연결은 완전히 새롭고도 유대적인 것이었다. 기원전 2세기 전만 해도 '대부분의 평범한 사람들은' 천국에 가지 않는다는 생각이 퍼져 있었다. 그 후 몇몇 사람이 천국에 갔다. 나중에 기독교는 천국이라는 개념을 수용했을 뿐 아니라 확대하고 치장했다. 그리고 천국을 근본적인 방법으로 변화시켰다. 그보다 후에 이슬람교도는 어떤 기독교인이나 유대교인보다 더욱 일관되고도 생생한 천국을 만들었다. 하지만 이 모든 사실에도 불구하고 천국은 유대적인 아이디어에 뿌리를 두고 있다.

구약성서에 나타난 내세

그렇다면 유대인이 가장 존경하는 조상인 아브라함의 이야기부터 해보자. 아브라함은 하느님으로부터 한 민족의 아비가 될 것이라는 약속을 받았으며, 하느님의 명령에 따라 아들 이삭을 기꺼이 희생시키려고 했던 남자다. 성서는 아브라함이 내세에 대해 무엇을 믿었는지(만약 무엇이라도 믿었다면) 전혀 이야기하지 않는다. 성서는 단지 다음과 같은 사실을 적고 있다. 사랑하는 아내 사라가 백이십칠 살에 세상을 떠났을 때 그는 은 400세겔shekel(무게의 단위)을 주고 막벨라라고 불리는, 시신을 매장할 수 있는 동굴을 구입해 그녀를 애도하고 매장했다. 이후 아브라함이 죽자, 원래 사이가 좋지 않았던 배다른 형제 이삭과 이스마엘은 사라기 묻힌 동굴에 그를 매장했다. 창세기는 아브라함이 요즘 말로 하면 '좋은 죽음'을 맞았다고 적고 있다.

"아브라함은 백발이 되도록 천수를 누리다가 세상을 떠났다." (창세기 25장 8절)

하지만 당시 유대인들은 아브라함이 천국에 갔다고는 생각하지 못했을 지도 모른다. 토라의 저자들에게 천국은 신과 천사들의 집이었다. 즉, 사람이나 사람을 닮은 존재를 위한 거처가 아니었다. 구약성서는 천국에 관한 암시로 가득하지만 모두 하늘이나 날씨를 언급하는 선에서 그친다. 노아의 홍수와 같은 자연재해는 신이 이 땅에 개입하면서 발생했다. 롯의 이야기에서 하느님은 소돔과 고모라에 유황비와 불을 내린다. 하갈(아브라함의 아내 사라의 몸종으로, 아이를 낳지 못하던 사라를 대신해 아브라함의 아들 이스마엘을 낳았다 – 옮긴이)의 아들 이스마엘이 한 민족을 창시하게 될 것이라는 메시지 역시 천국에서부터 아브라함에게 전달되었다. 아브라함에게 이삭을 죽이지 말라고 명령했을 때도 하느님은 천국에서 천사를 내려보냈다.

천국은 접근하기 힘들 뿐 아니라 금지된 곳이었다. 이스라엘을 유업으로 주겠다는 언약을 맺기 직전에, 야곱은 돌 위에 머리를 얹고 잠이 든다. 꿈속에서 야곱은 천국의 문을 보았는데 그 영상은 그를 두려움에 떨게 한다. (그러나 20세기 중엽의 유대인 화가 마르크 샤갈의 그림 〈야곱의 꿈〉에서는 그러한 두려움이 자취를 감추었다. 야곱이 꾼 꿈은 수영장 물의 짙푸름 같은 것이었다. 신비하고 깊은 푸름 속에서 사람들은 숨거나 둥둥 떠다닌다. 천국으로 향하는 사다리 위에서 천사들은 서커스 곡예사처럼 몸을 비틀어 회전하며, 그 모습을 지켜보는 야곱은 마치 모나리자와 같은 미소를 띤다). 천국의 환영을 본 야곱의 반응을 성서는 이렇게 묘사한다.

"두려움에 사로잡혀 외쳤다. '이 얼마나 두려운 곳인가. 여기가 바로 하느님의 집이요, 하늘 문이로구나.'" (창세기 28장 17절)

신은 바벨탑을 허락하지 않았고, 바벨탑이 무너지자 사람들은 전 세계로 흩어졌다.

임종을 맞으며 야곱은 천국에 간다고 말하지 않았다. 그가 원한 것은 조상 아브라함과 같은 동굴에 묻히는 것뿐이었다. 야곱은 이집트에서 살았지만, 사랑하는 가족에게 시신을 가나안 땅으로 돌려보내라고 명확하게 지시했다. 야곱은 이렇게 말한다.

"나는 이제 세상을 떠나게 되었다. 나를 헷 사람 에브론의 밭에 있는 굴, 내 선조들 옆에 묻어다오. 그 굴은 가나안 땅 마므레 앞 막벨라 밭에 있다." (창세기 49장 29-30절)

그곳에 그의 조부가 묻혀 있다. 이집트는 가나안으로부터 200마일 넘게 떨어진 곳이다. 야곱의 아들들은 시신을 고향으로 모셔 오기 전에 미라로 만드는 작업을 했고, 야곱은 소원대로 가나안에서 선조들과 함께 묻혔다.

토라의 저자들에게는 조상과 만나는 것이야말로 내세에서 바랄 수 있는 가장 좋은 일이었다. 고대 유대인은 동굴에 묻혔다. 동굴은 자연적으로 생성된 틈이 아니라 인위적으로 만든 무덤이었다. 지하를 파서 만든 무덤에는 대체로 중앙에 방이 하나 있었고 인접한 곳에 한두 개의 방이 더 있다. 다음번에 또 다른 가족이 죽으면, 원래 있던 시체의 뼈를 때때로 석판 위에서 치우고 새로운 시신에게 자리를 내주었다. 동굴에 매장된 뼈들은 수 세대에 걸쳐 서로 뒤섞여 구별할 수 없게 된다. 고대 유대인은 말 그대로 조상에게로 모여들었다. 이러한 동굴 무덤은 지금도 이스라엘 어느 곳에서나 볼 수 있다. 건설 현장의 불도저가 종종 우연히 무덤을 발견하곤 하는데, 오늘날까지도 무덤에는 뼈가 가득하다.

아브라함과 요셉은 이스라엘 땅에서 조상의 뼈와 함께 묻히기를 원했다. 이러한 '집에' 묻히고 싶어 하는 욕망은 당시 대단히 중요한 신학적, 정치적 지표였으며, 그 중요성은 오늘날에도 여전히 남아 있다.

야곱처럼 나라 밖에서 생을 보낸 유대인조차 영원한 삶만은 조상이 묻힌 동굴에서 보내기를 원한다. 오늘날 미국에서 정통파 유대인 신자를 고객으로 둔 장례식장은 5000달러의 가격에 '약속의 땅'이라는 이름의 장례 상품을 제공한다. 평생을 브루클린, 세인트루이스, 애틀랜타 등지에서 보낸 디아스포라diaspora(팔레스타인 밖에 살면서 유대교적 종교 규범과 생활 관습을 유지하는 유대인 또는 그들의 거주지를 가리키는 말이다-옮긴이) 유대인인 고객들은 죽은 후 약속의 땅에 조상과 함께 묻힐 수 있다.

로스앤젤레스에 기반을 둔 장의사 모 골즈먼은 결혼 10주년에 두툼한 마닐라 봉투를 아내에게 건네주었다. 안에는 이스라엘에 위치한 매장지 증서가 들어 있었다. 그는 웃으며 이렇게 회상했다.

"아내는 무척이나 화를 냈죠. 부부의 양쪽 가족 모두 줄곧 이곳 로스앤젤레스에 묻혔으니까요. 아내는 아이들이 우리를 만나러 오지 않을 거라고 걱정했죠."

아내를 위로하기 위해 그는 함께 하와이 여행을 떠났다.

그러나 이스라엘 땅 아래 조상들의 뼈가 묻혀 있다는 유대인의 주장을 실증할 수는 없다. DNA 테스트 분야에 기적적인 진보가 있거나, 모세의 지팡이나 요셉의 채색옷과 함께 시신이 발견되지 않는 한 말이다. 실제로 최근 몇몇 팔레스타인 학자들이 조상에 대한 고고학적 증거가 없는 한 팔레스타인 땅에 대한 유대인의 요구는 공허하다고 주장했다.

팔레스타인의 민족주의 시인인 마흐무드 다르위시는 이렇게 읊고 있다.

우리나라를 떠나라
이 땅, 이 바다를…
모든 것을, 그리고 떠나라
기억의 기억들을

아브라함의 무덤이라고 추정되는 장소는 지금도 관광객의 발길이 끊이지 않으며, 유대교도와 이슬람교도 모두에게 숭배받는다. 그곳은 1967년에 이스라엘군에 의해 점령된 웨스트뱅크 지구의 헤브론 Hebron(팔레스타인 자치구인 요르단 강 서안의 도시. 유대교와 이슬람교의 성지)에 위치하며 1994년까지 격렬한 논쟁의 중심지가 되어왔다. 그해, 이스라엘 정착민 바룩 골드슈타인은 그곳에서 예배 중이던 이슬람교도 29명을 살해했다.

동굴 무덤과 그 안에 묻힌 뼈들은 굉장히 중요한 의미를 지닌다. 유대인의 정체성은 내세의 공동체에 대한 명확한 약속이 아니라 선주에 뿌리를 둔 것이기 때문이다. 이 점에서 유대교는 로마 가톨릭과 이슬람 신학과는 다르다. 전통적인 성서 해석에 따르면 유대 조상에게는 천국에 간다는 개념이 없었다.

내세에 대한 유대인의 개념은 여러 세대에 걸친 가족과 부족들이 아브라함의 계약 아래 하느님과 함께 사는 것이었다. 하느님은 이렇게 말씀한다.

"내가 너와 계약을 맺는다. 너는 많은 민족의 조상이 되리라." (창세기 17장 4절)

"네가 몸 붙여 살고 있는 가나안 온 땅을 너와 네 후손에게 준다. 나는 그들의 하느님이 되어주리라." (창세기 17장 8절)

다시 말해 인간의 정체성은 자신의 부모와 조부모가 누구인지에 따라 결정되며, 죽은 후에는 자녀나 손자와 연결된다. 히브리인에게 가장 큰 불행은 자식 없이 죽는 것이었다.

기원전 8세기에 활동한 이스라엘의 선지자 이사야는, 자식을 너무나 갈망한 나머지 한 남자에게 동시에 구애하며 잠자리를 청한 일곱 명의 여자에 대해 설명한다. 여인들은 남자가 그들의 '수치를 면하게 해주면(유대 여인에게는 자식이 없는 것이 수치였다-옮긴이)' 기꺼이 음식과 옷을 주겠다고 제안한다.

그러나 엄밀히 말해, 성서가 내세에 대해 아무런 설명도 하지 않는 것은 아니다. 성서는 스올Sheol(히브리 사람의 저승, 황천)이라는 장소를 언급한다. 스올은 사람들이 유령과 같은 상태로 존재하는 어둡고 음울한 곳이다. 삶을 완성하지 못한 사람들, 즉 신을 기쁘게 하지 못했거나 요절했거나 잔인한 방법으로 목숨을 잃었거나 자식을 남기지 못한 사람들은 스올에 간다. 춥고 어두우며 소리가 없고 마비된 스올은 신으로부터 완벽하게 분리된 장소다. 아무도 스올에 가기를 원하지 않으며, 한 번 그곳에 간 사람은 결코 돌아올 수 없다.

"구름이 사라져 없어지듯 지하로 내려가는 자, 어찌 다시 올라오겠습니까? 자기 집에 다시 돌아올 수도 없고 그가 살던 곳 역시 그를 알아보지 못할 것입니다." (욥기 7장 9-10절)

성서는 내세에 대한 결정적인 그림을 제시하지 않는다. 다만 당신은 조상에게 돌아가거나 혹은 스올에 떨어질지도 모른다.

조상 숭배

내세에 대한 성서의 설명은 랍비들에 의해 전해 내려와 토라에 의해 법전화되었다. 거기엔 랍비가 생각하는 올바른 생각과 행동이 반영되었다. 그러나 실제로는 성서 시대의 이스라엘 사람들이 신과 내세에 대해 이와는 다른 생각을 품었을 수도 있다. 랍비의 가르침이 엄연히 존재했지만 사람들은 집에서 이웃과 함께 금지된 의식을 실천했다.

레이첼 핼롯은 검은 곱슬머리와 커다란 엷은 갈색 눈을 한 작고 가냘픈 여자로, 소설가인 어머니 신시아 오직을 꼭 빼닮았다. 고고학자이자 뉴욕주립대학교 교수인 그녀는 수십 년 동안 고대 이스라엘인의 매장지를 발굴하고 연구했다.

그녀의 저서인 《죽음, 성서 세계의 매장과 내세Death, Burial and Afterlife in the Biblical World》는 엄청난 영감을 주는 책이다. 군더더기 없는 문장으로 아름답게 쓰인 그 책은(일반적으로 고고학자는 소설가처럼 글을 쓰지 않지만, 핼롯은 그렇게 했다) 이스라엘인의 무덤이 성서와는 전혀 다른 사실을 말해준다고 주장한다.

핼롯은 실제 이스라엘인의 일상적 행위는 성서와는 달랐다고 말한다. 핼롯은 가나안 땅에 살던 다른 민족과 고대 히브리인이 조상을 숭배했다고 주장한다. 죽은 친척은 다른 세계에 여전히 존재하며 관심과 돌봄의 대상이 되었다.

고고학적 기록은 이를 확실히 보여준다. 기원전 2000년에서 1500년 사이의 것으로 추정되는 히브리 매장 동굴에서 핼롯과 동료들은 액체와 흙을 담는 항아리와 병, 음식을 담는 작은 접시, 무기, 패물을 발견했다.

어느 비 오는 날에 나는 그녀를 방문했다. 히브리 성서는 내세에 대해 확실하게 말하고 있지 않다. 그러나 내세가 없다면, 이 모든 물건을 도대체 왜 시체와 함께 묻은 걸까? 핼롯의 커다란 눈동자가 더 커졌다.

"그들이 왜 죽은 자 옆에 물건을 두었냐고요? 죽은 사람에게 그 물건이 필요하다고 믿었기 때문입니다. 히브리인은 조상을 돌봐야 한다고 생각했어요. 그렇지 않으면 조상이 복수를 가해 삶이 엉망진창이 될지도 모른다고 여겼거든요."

초기 이스라엘인들은 죽은 자의 영혼이 어딘가에 살아 있다고 믿었지만, 그곳이 천국을 의미하지는 않는다.

토마스 린치의 《장례 The Undertaking》와 제시카 미트포드의 《미국식 죽음 The American Way of Death》과 같은 뛰어난 작품들은 죽음과 분리된 미국인의 삶을 기술한다. 오늘날 미국인은 늙은 친인척을 죽음에 이를 때까지 창고 같은 병실에 가두고, 화학 처리를 해 완전히 밀폐된 관 속에 넣어 묻어버린다.

고대인은 현대인처럼 죽음과 분리된 삶을 살지 않았다. 히브리인은 여러 세대가 작은 집에 한데 모여 살았는데, 집은 가족을 매장하는 동굴 위에 지어졌다. 이 작은 우주 안에서 각 세대는 방을 바꾸어가며 생활했다. 아이를 키우는 부부가 가장 큰 침실을 차지했고, 조부모는 옆방에서 잠들었다. 세상을 뜬 조부모는 집 아래 동굴로 옮겨졌다(핼롯은 한창 나이에 사망한 사람들은 더 먼 곳, 즉 들판이나 농장 등에 묻혔을 것이라고 추측한다. 그들은 후손들의 보살핌을 받지 않고 스스로 자신을 돌보았으리라). 가나안인들처럼 고대 히브리인 역시 마루 아래 묻힌 영혼을 위로했다. 그들은 조상의 영혼에게 포도주와 음식을 대접했으며 화장용 크림까지 제공했다. 그리고 죽은 자들을 기념하기 위한 연회와 잔치를 열었다.

핼롯을 비롯한 학자들은 히브리 성서에 내세가 없는 이유를, 죽은 자가 속했던 민족을 억압하기 위한 종교계 권력자들의 노력이었다고 설명한다. 그들이 전적으로 고수한 유일신 사상은 어떠한 예외나 일탈도 허용하지 않았다. 죽은 자에게 포도주와 음식을 대접하고, 조언을 구하고, 잔치를 베푸는 행위는 십계명의 첫 번째 계명인 "너희는 내 앞에서 다른 신을 모시지 못한다"는 명령을 위반하는 것처럼 보였다. 정부나 군대 혹은 종교에서 비정통적인 행위를 억압하는 오래된 방법 중 하나는 마치 그것이 존재하지 않는 척하는 것이다.

핼롯과 시갈을 비롯한 많은 학자의 지적대로 성서를 기록한 종교적 권력자들은 조상 숭배가 히브리 문화의 일부라는 사실을 알고 있었다. 조상 숭배를 금지하는 엄격한 율법을 기술한 것이 그 증거다. 존재하지도 않은 행위를 금지하는 율법은 없을 것이기 때문이다.

신명기는 연대기상으로 토라의 다섯 번째 책이지만, 가장 먼저 쓰여졌다고 알려진다. 신명기는 유대인이 해야 할 일과 하지 말아야 할 일을 적어둔 목록이다. 하지 말아야 할 행위 중에는 마법과 마술, 접신이 포함된다.

"점쟁이, 복술가, 술객, 마술사, 주문을 외는 자, 도깨비 또는 귀신을 불러 물어보는 자, 혼백에게 물어보는 자가 있어서도 안 된다."(신명기 18장 10-11절)

레위기에서 성서 기자는 죽은 영을 일으켜 세우는 자는 하느님에게서 영원히 단절되고 돌에 맞아 죽을 것이라고 단언한다.

사울 왕의 이야기를 예로 들어보자. 역사가들이 기원전 1000년을 전후해 살았을 것이라고 추정하는 사울은 모든 무당과 마술사를 내쫓으라고 명령했지만, 팔레스타인에서 적대적인 부족의 군대가 강성해지는 것을 목격하자 절박함을 느꼈다. 급기야 그는 사무엘의 조언을 얻기 위해 접신을 시도했다(사무엘은 이미 세상을 뜬 위대한 선지자이자 사울의 멘토였다). 사울은 율법을 어기고 있다는 사실을 잘 알았기 때문에 외투로 모습을 감추고 어두울 때 성을 나섰다. 여성 마법사를 찾아가 사무엘의 영혼을 일으켜 세우는 걸 도와달라고 부탁하기 위해서였다.

문학 작품 역시 성서의 교훈을 되풀이한다. 영혼과 접촉해 좋은 결과가 나온 일을 서술한 문학 작품은 거의 없다. 호머가 창조한 위대한 영웅 오디세이는 자신을 잃은 후 실의에 빠져 사망한 어머니를 지하세계에서 만난다. 그러나 오디세이는 어머니를 만질 수 없다. 햄릿은 아버지의 유령과 이야기를 나누는데 이것은 시체로 가득 찬 무대로 이끄는 관습적 장치다(영혼과 접촉한 후 많은 사람이 죽는 비극적인 일이 일어난다는 뜻이다-옮긴이). 사무엘이 사울과 대화하기 위해 스올에서 나올 때, 그는 마치 낮잠에서 깬 아이처럼 불편한 심기를 드러낸다.

"왜 나를 불러내 방해하느냐?"

사무엘은 이렇게 묻고는 사울의 운명을 알려준다. 사울은 하느님으로부터 단절되며 아들은 전투 중에 죽고, 팔레스타인이 전쟁에서 승리할 것이다. 이렇듯 성서는 죽은 자를 불러내면 나쁜 일이 생길 것이라고 단호하게 말한다.

어느 화창한 날, 나는 뉴욕대학교의 도서관에서 핼롯의 책을 읽다가 공상에 빠져들었다. 나는 스스로를 고대 이스라엘인이라고 상상하며 그 상황에서 생길 수 있는 여러 가지 일에 대해 질문을 던져보았다. 죽은 친척을 돌보고 그들과 이야기하는 오랜 전통을 물려받았다면 나는 어떻게 될까? 함께 사는 가족뿐만 아니라 집 아래 묻힌 이들의 식사까지 준비해야 한다면? 동굴 속의 항아리에 죽은 아이를 보관하고 있다면? 그래서 여전히 내 보호 아래 있다면? 그러한 의식이 내게 편안함과 연속성을 준다면?

만약 랍비가 이 모든 것이 금지된 것이라고 말한다면? 이러한 풍습은 신의 계명을 위반하는 것일까? 나는 어떻게 해야 할까? 죽음을 나는 어떻게 생각해야 할까? 내가 아닌 누군가가 애정을 가지고 죽은 이들을 돌보는 다른 장소를 상상하면 안 될까? 만약 죽은 영혼이 더 이상 내 집이나 삶 가운데 살 수 없다면 나는 그들을 위한 다른 장소를 상상할까? 나는 핼롯에게 물었다.

"유일신 전통에 대한 고집스런 주장 때문에 종교 지도자들이 천국으로 향한 길을 낸 것이 아닐까요?"

핼롯은 느릿느릿 답했다.

"가능한 이야기에요. 유일신 사상은 살아 있는 종교 생활의 측면을 제거해버렸어요. 확실히 기원전 6세기까지는 죽은 자와 의사소통을 해서는 안 된다고 여겼지요."

종교적 실천을 금지함으로써 종교 지도자들은 유대인의 마음과 정신에 커다란 구멍을 뚫어버렸다. 덕분에 유대인은 곧이어 맞닥뜨릴 새로운 사상에 특히 수용적인 반응을 보였는지도 모른다.

조로아스터교

모세의 뒤를 이은 여호수아가 히브리인을 다시 가나안 땅으로 이끈 후, 열정적인 시인이었던 다윗 왕은 예루살렘을 향해 북진했다. 다윗 왕의 무리는 푸른 천으로 감싼 궤를 하나 지니고 있었는데, 그 안에는 하느님이 모세에게 건네준 돌판이 들어 있었다.

다윗의 아들 솔로몬은 하느님의 지시에 따라 예루살렘에 위치한 모리아 산에 성전을 지었는데, 이곳은 몇 세대 전에 아브라함이 자신의 아들 이삭을 죽이려고 칼을 들었던 바로 그 장소다. 유대인은 조상의 땅으로 돌아왔고, 유일신 사상은 건재했으며, 성전이 건축되었다. 예루살렘은 유대 세계의 중심이 되었고, 400년 동안 평화와 번영이 유지되었다.

그러나 기원전 586년에 바빌론의 느부갓네살 왕이 예루살렘으로 진격해 그곳에 살던 사람들(주로 엘리트와 숙련된 기술자)을 지금의 이라크 지역인 바빌론으로 끌고 가버렸다. 이를 바빌론 유수라고 한다. 남은 사람들은 대부분 가난하고 무식해서 왕의 관심을 끌지 못하는 계층이었다. 느부갓네살 왕의 군대는 성전과 도시를 둘러싼 벽을 파괴했고 유대인이 공들여 채석해 조각한 돌들을 부숴뜨렸다. 신에게 받은 돌판을 보관해둔 궤는 사라져버리고 말았다.

바빌론으로 끌려간 유대인들은 어떤 일을 겪었을까? 이방인들 사이에서 어떻게 신앙을 지켰을까? 새로운 종교에 적응했을까? 이러한 질문은 대단히 중요하다. 학자들은 약 한 세대가 지난 후, 유대인들이 바빌론에서 평화롭고 풍족하게 살게 되었다고 주장한다. 539년에 페르시아의 왕 사이러스가 바빌론을 정복했고, 그 후 바빌론에 끌려갔던 유대인들은 페르시아제국(당시 페르시아제국의 영토는 서쪽으로는 오늘날의 터키, 동쪽으로는 인도까지 확장되었다)에 소속되어 살면서 납세와 병역의 의무를 수행했다. 그때만 해도 페르시아제국은 세계의 중심이었으며 교양과 계몽, 관용에 가치를 두었다. 덕분에 유대인들은 고유의 종교의식을 실천할 수 있었다. 그들은 바빌론의 성전은 물론 엘리펀티네 섬의 나일 강 위에서도 예배를 드렸다.

유대인들이 스스로를 신에 의해 결속된 민족으로 생각하기 시작한 곳이 바로 바빌론이었다고 학자들은 주장한다. 이때부터 유대인들은 지역과 성전에 얽매이지 않고 어디서든 예배를 드렸다. 처음으로 유대인의 정체성이 땅과 가족을 초월했다. 유대인들은 유수 중에 법전과 율법, 이야기를 기록하기 시작했다. 성전과 멀리 떨어진 곳에서 그들은 '집합적인' 종교를 창조했고, 유대인의 의식과 기도는 지리적 제약을 뛰어넘었다.

여기서 짚고 넘어가야 할 중요한 사실이 있다. 바빌론 유수는 지금의 이라크에 해당하는 지역에서 새로운 종교가 높은 인기를 얻은 시기와 일치한다. 이 이원론적 종교는 중앙아시아의 북파키스탄과 아프가니스탄의 산에서 약 1000년 전쯤에 발생했으며 조로아스터, 혹은 짜라투스트라라고 불리는 선지자의 가르침에 기원을 둔다.

세상의 모든 선한 것은 유일신인 아후라 마즈다에게서 나오며 그는 빛과 연관된다. 반면 세상의 모든 악은 어둠과 연관되며 악마인 앙그라 마이뉴에게서 나온다. 조로아스터는 지상의 행위에 따라 심판받는 내세에 관해 설교했다. 심판을 받을 때, 영혼은 악취가 나는 구덩이 위에 놓인 가느다란 다리를 건너가야만 한다. 선한 자는 무사히 다리를 건널 수 있지만 악한 자는 구덩이로 떨어진다. 또 다른 영역에서는 빛의 군대가 어둠의 군대와 전쟁을 벌이고 있다. 전쟁은 대격변을 가져오고, 일련의 메시아가 나타나 이 땅을 정화한다. 마침내 지구는 새롭고 완벽해진다. 죽은 육체가 일어나 영혼과 다시 하나가 된다. 모든 사람은 결국 낙원에 이른다. 아베스타라고 불리는 조로아스터교의 경전에 따르면 낙원에서 사람은 "늙지도 죽지도 기력이 쇠하지도 않고 영원히 번영을 누리며 살 것이다." 낙원paradise이라는 말이 페르시아어에서 파생되었음을 기억해보라.

인디애나대학교의 종교학 교수인 잠쉬드 초크시는 조로아스터교가 천국과 지옥에 대한 유대교의, 더 나아가 기독교와 이슬람교의 사상에 결정적인 영향을 주었다고 믿는다. 유대인들은 페르시아를 오가며 교역을 하거나 페르시아 군대에서 복무하면서 이 사상을 접했을 것이다. 초크시 교수는 히브리 랍비들이 "왕정 재판소에서 조로아스터교의 성직자인 마기magi들과 신학적 논쟁을 벌였다"고 설명했다. 이어서 초크시 교수는 청결한 삶에 대한 레위기의 집착이 마기로부터 온 것이라고 주장했다.

"확실히 마기들과 랍비들은 해야 할 일과 해서는 안 될 일에 대해 토론을 벌였습니다."

초기 기독교인들은 마기를 확실하게 알고 있었다. 예수가 탄생했을 때 말 구유에 누워 있는 아기 예수를 보러 베들레헴에 온 사람들이 이들 마기였기 때문이다.

그러나 유대인들은 선과 악이 다른 두 장소에서 온다는 생각이 유일신 사상을 위협한다고 느꼈다. 일부 학자들은 망명 중에 기록된 이사야의 다음 구절이 조로아스터교에 대한 명백한 거부라고 믿었다.

"빛을 만든 것도 나요, 어둠을 지은 것도 나다. 행복을 주는 것도 나요, 불행을 조장하는 것도 나다. 이 모든 일을 나 야훼가 하였다."
(이사야 45장 7절)

신은 세상과 그 안의 모든 것을 창조했다. 선과 악 그리고 빛과 어둠 모두를 말이다. 신은 오직 하나다.

서구인들이 어떻게 자신과 사랑하는 이들이 천국에 갈 것이라고 생각하기 시작했는지에 관한 이야기는 오랜 시간 동안 다른 민족 사이에 끼어 살아야 했던 상황과 밀접한 관련이 있다. 그들은 주류 문화와 동화되어야 한다는 압박감과 자신의 신학과 정체성을 유지해야 한다는 압박감을 동시에 느꼈다.

자료 조사를 하면서, 이 문제가 얼마나 끈질기게 지속되었는지 확인하고 나는 놀라움을 느꼈다. 끊임없이 이어지는 역사적 격동을 겪으면서 유대인은 계속해서 자유주의와 정통주의의 두 극단 사이에 끼어 살아왔다. 뉴욕 브루클린의 내가 살던 동네에서는 비유대인과 결혼해 다른 문화와 혼합된 전통을 갖게 된 집안의 아이들(나도 그 가운데 한 명이었다)이 초정통주의를 고수하는 집안의 아이들과 놀이터에서 어울려 놀았다. 초정통주의 집안의 소년들은 동그란 모자를 쓰고 소매에 찌찌트tzitzit(여호와의 계명을 지킨다는 다짐을 나타내는 옷단 끝에

다는 청솔)를 매달고 있었다. 각각의 부모들은 서로를 향해 조심스런 미소를 지으며, 유대교의 영구한 긴장을 재현하곤 했다.

다시 예루살렘으로 화제를 옮겨보자. 예루살렘에서 천국에 대한 개념은 이러한 긴장 가운데서 발생했다. 기원전 200년에 예루살렘은 도시의 꼴을 갖추지 못한 상태였고, 느부갓네살 왕의 포위 공격에서 완전히 회복되지 않아 마치 폐허나 다름없었다. 너무나 쇠락한 나머지 고대 근동의 어느 누구도 예루살렘에 관심을 갖지 않았고, 심지어 도시라고 불리지도 못했다.

7000명에서 8000명 정도의 사람만이 성전이 있던 전망 좋은 언덕 위에 살고 있었는데, 이들이 성전을 다시 지었다. 아마도 무너진 성전에서 나온 돌로 지었을 이 성전은 작고 초라했다. 제단에 염소나 양을 바치고 번제를 드릴 때마다 유대인들은 잃어버린 모든 것을 떠올렸으리라. 궤와 성전은 물론 하느님과 성전을 받들기 위해 존재하는 공동체로서의 정체성까지. 남은 자들은 모욕당하고 더럽혀졌다고 느꼈다.

그러나 도시는 변하기 시작했고, 뿔뿔이 흩어진 유대인들은 점점 부유해졌다. 예루살렘과 바빌론 사이의 교역로는 동쪽으로 향했고, 예루살렘과 이집트 사이의 교역로는 서쪽으로 향했다. 히브리 상인들은 외국어를 할 줄 알았다. 그들은 꽃병, 접시, 가죽 제품, 동전, 음식과 같은 값비싼 물건을 성전에 저장했다. 그들은 더 넓은 세계에 대한 지식이 있었고, 문자를 읽고 쓸 줄 알았다. 후에 상인들은 토라의 내용이 될 이야기와 율법을 법전화했다. 이 모든 혁신에도 불구하고 그들은 여전히 천국을 완전히 믿지 않았다.

고고학자들은 바빌론 유수가 일어나기 전에도 유대 부족들이 가나안 땅의 민족들처럼 원시적인 조상 숭배에 참여했다고 말한다. 야곱이 미라가 된 사실로 미루어보아 그들은 이집트의 매장 의식과 파라오의 영혼이 신과 함께 살기 위해 하늘로 올라간다는 믿음을 알고 있었을 것이다. 바빌론의 유대인들은 의인은 하늘로 올라가고 악인은 땅으로 꺼진다는 조로아스터교의 가르침도 알았다. 그러나 여전히 예루살렘 주민들에게는 신과 함께 거하기 위해 하늘로 오르는 영혼이라는 개념이 없었다.

사실 나는 중요한 조각 하나를 언급하지 않았다. 나는 앞에서 토라 기자들이 유대인에게 주입한 내세에 대한 대안을 언급했다. 선조의 뼈와 함께 영원히 잠드는 것과 어둡고 침침한 스올에 대해 말이다. 토라는 죽은 자를 일으키고 그들과 대화하는 것을 금한다.

하지만 사실은 예외가 있다. 구약성서에는 천국에 올라가 신과 함께 산 두 명의 인물이 등장한다. 비록 그들이 어째서 그러한 영광을 얻게 되었는지는 확실히 알 수 없지만 말이다. 첫 번째 인물은 에녹인데 성서에는 그에 관한 자세한 묘사가 나오지 않는다. 그의 이름은 창세기의 가계도에 올라 있을 뿐이다. 에녹은 자레드의 아들이며 메두셀라의 아버지다. 그러나 성서는 단 한 줄로 그의 특별한 운명을 기술한다.

"에녹은 하느님과 함께 살다가 사라졌다. 하느님께서 데려가신 것이다." (창세기 5장 24절)

그는 더 이상 이 땅에 존재하지 않았다. 대신 신과 함께 거했다. 에녹이 어떻게 죽었는지 혹은 정말 죽었는지, 어떤 삶을 살았는지, 그릴 만한 자격이 있는지에 대한 언급은 없다. 대부분의 학자들은 창세기가 기원전 5세기 말이나 그보다 조금 더 일찍 쓰여지고 완성되었다고 생각한다. 창세기가 완성된 후 다음 한 세기 동안 유대교와 기독교, 이슬람의 천국에 관한 이야기에는 에녹이 종종 등장한다. 심지어 '에녹' 자신에 의해 쓰여졌다고 전해지는 이야기도 있다. 이 환상적인 이야기들 가운데 가장 영향력 있는 것들을 모아 에녹서란 이름으로 묶였는데, 이것은 기원전 2세기에서 기원후 2세기 사이에 무명의 유대인들과 초기 기독교 필경사들이 잇따라 작성한 묵시론적 글들의 모음집이다.

천국에 올라간 또 한 명의 인물은 바로 엘리야다. 구약성서의 열왕기상과 열왕기하에 등장하는 그는 현대 유대인이 유월절 만찬 때마다 초대하는 선지자다. 엘리야는 하느님의 대변자로 하느님의 영광을 찬양하고, 그의 진노를 예언했으며, 다른 신을 섬기는 자에게 내릴 형벌에 대해 경고했다. 성서에 의하면 '하늘로 올려졌'을 때, 엘리야는 제자 엘리사와 걷고 있었다고 전해진다. 그때 '불말'과 '불수레'가 홀연히 나타났고, '엘리야는 회오리바람 속에 휩싸여 하늘로 올라갔다'.

이 책을 준비할 때, 학자들은 지나치게 일반화된 진술은 피하라는 조언을 해주었다. 구약성서는 사람이 천국에 간다고 언급하지 않았다. 위에서 말한 두 명을 제외한다면 말이다. 몇몇 학자들은 바빌론 유수 시기에 이르러 일부 유대인들이 특별한 '사람들'이 천국에 갈 수 있음을 믿었다고 주장한다.

헬레니즘

나는 또 하나의 중요한 정보를 감추고 있다. 유대인이 천국을 상상하는 방식에 영향을 미친 요소 가운데 가장 눈길을 끄는 것은 조로아스터교와 전통적인 유대교 신앙의 혼합이다. 그러나 유대인이 천국의 개념을 발명하는 데 가장 중요한 영향을 끼친 이들은 바로 그리스인이었다.

바빌론 유수가 끝나고 200년 남짓한 시간이 흘렀을 때, 예루살렘은 남쪽으로 무자비하게 내려오는 알렉산더 대왕에게 정복당했다. 사실 예루살렘이라는 도시 자체는 그다지 중요하지 않았다. 심지어 학자들은 알렉산더 대왕이 실제로 그곳에 갔었는지 여부를 두고 논쟁한다. 그러나 다른 수많은 소규모 도시와 마찬가지로 예루살렘은 알렉산더 대왕의 죽음 후에 부상한 정치적 권력 다툼의 볼모가 되었다.

예루살렘은 위대한 헬레니즘 왕국의 일부가 되었다. 헬레니즘 왕국은 한때 페르시아제국의 영토였던 지역을 대부분 흡수했다. 알렉산더 대왕의 영토는 동쪽으로는 히말라야, 서쪽으로는 지금의 터키까지 뻗어나갔다. 오늘날 이스라엘에 가보면 그리스 신들에게 제사를 지냈던 성전이 폐허가 된 모습을 볼 수 있다. 기원전 3세기에 교역과 행정을 위한 언어는 그리스어였으며 교육 역시 그리스의 체계를 따랐다. 세금은 그리스제국에 충성하는 지방 관료에게 납부해야 했다. 예루살렘은 공식적인 도시국가가 아니었고, 그리스는 유대인의 자치를 어느 정도 허용했다. 그러나 유대인을 둘러싼 지배적인 문화는 그리스적이었다. 오늘날 미국의 유대인이나 이슬람교도는 주류 문화를 거부하면서도 그것을 감싸 안아야 한다는 압박감을 느끼고 있다. 당시 유대인들에게도 강력한 주류 문화를 피하는 것은 사실상 불가능한 일이었다.

그리스인은 만신전, 즉 판테온Pantheon을 가지고 있었다. 그러나 이러한 신들은 예루살렘의 유대인에게 실제적, 정신적 영향을 거의 주지 않았다. 기원전 200년 즈음에 유대인들은(그들은 자치 주민이었으며, 유대 성전의 제사장은 유대인들 사이에서 최고의 권위를 가졌다) 이교도의 종교에 참여하지 않아도 되었다. 그러나 그리스인의 세계관까지 피할 수는 없었고, 그것은 유대인의 자기 인식 방식뿐 아니라 내세관까지 영원히 바꾸어버렸다.

여러 세대에 걸친 가족사로 결속된 유대인과 달리 그리스인은 개인의 성취를 강조했다. 그들은 스포츠와 놀이를 사랑하기로 유명했는데, 이는 그리스인이 개인 간의 경쟁을 무척 즐겼다는 사실을 반영한다. 그리스의 학교는 읽기와 쓰기, 역사와 문학, 수학을 가르쳤다. 어린 소년들은 사회에 대한 개인의 공헌이 중요하다고 배웠다. 그리스제국에 거주하는 시민에게는(유대인은 시민이 아니었다) 투표권이 있었으며, 시민권이 없는 사람들조차 민주주의를 이상적으로 생각했다. 알렉산더 대왕이 좋아했던 조각가는 리시포스였는데, 그는 알렉산더 대왕을 마치 대학 대표 팀의 운동선수처럼 묘사했다. 땀투성이 머리는 헝클어지고, 눈썹은 전력 질주를 할 때처럼 주름져 있다. 이것은 막강한 힘을 가진 신에 대한 관습적인 묘사와는 조금 달랐다.

바빌론 유수에 처했던 유대인은 이미 유대인이라는 정체성과 씨름하기 시작했다. 오랫동안 나라를 떠나 있으면서 유대 땅과의 연대에서 분리되어 있었기 때문이다. 그리스 문화의 영향으로 유대인은 부족적이고 세대적인 사슬에서 어느 정도 벗어났다.

그러나 더욱 중요한 점이 있다. 그리스인은 영혼, 즉 각 사람에게 깃든 생명력을 믿었다. 그것은 개인의 성품과 힘의 근원이었다. 그리스인은 영혼이 인간의 머릿속에 들어 있다고 믿었고, 영혼과 육체가 하나로 합해져 있다가 죽은 후에 분리된다고 확신했다. 섹스, 음식 섭취, 출산, 병과 같은 낮은 단계의 인간 활동을 하는 데 쓰이는 육체는 더럽혀지고 부패한다. 육체는 땅에 묻혀 부패하는 반면 영혼은 아무런 제한 없이 하늘로 올라가 (만약 그럴 만한 자격이 있다면) 신과 함께 살았다.

플라톤의 《파이돈》에서 소크라테스의 영혼은 "눈에 보이는 세계를 떠나 신적이며 결코 죽지 않는 합리의 세계로 떠난다. 그곳에 도착한 영혼은 행복 가운데 산다. 실수, 인간의 어리석음, 두려움, 정제되지 않은 정열과 같은 모든 인간적 병폐에서 해방되어 영원히 거한다. 신들과 더불어." 여기서 영혼은 자신만의 정신을 가진 존재다.

플라톤은 지혜를 매우 중요하게 여겨 육체적 욕망을 지성과 영혼에 굴복시켜야 한다고 가르쳤다. 그의 주장에 의하면, 사람이 죽으면 갇혀 있던 영혼이 풀려나는데, 지상에서 더 많은 지혜를 축적할수록 영혼은 신을 향해 더 높이 올라갈 수 있다. 또한 그는 환생을 믿었다. 인간은 두 가지 분리된 부분, 즉 유한한 육체와 불멸하는 영혼으로 이루어진다. 시갈은 이렇게 말했다.

"천국에 대한 유대인의 생각에 가장 큰 영향을 준 이는 그리스인이었습니다. 이 사실에는 의심의 여지가 없습니다."

나는 이런저런 생각을 해보았다. 전 세계에 걸쳐 신이 하늘에 거한다는 공통된 생각이 널리 퍼져 있다. 가나안 민족은 사랑하는 가족이 죽으면 그에게 관심과 선물, 생계의 수단을 제공해야 한다고 생각한다. 왕이 죽으면 신들과 함께 살기 위해 하늘로 올라간다는 이집트인들의 믿음 또한 존재한다. 성서 역시 두 가지 이상의 예를 들며 특별한 사람은 하늘에 간다고 말한다. 죽은 후 선인과 악인이 다른 곳에 간다는 조로아스터교의 가르침 또한 빼놓을 수 없다. 구세주가 이 땅에 돌아와 최후의 심판을 하면 그들의 최종적인 운명이 결정될 것이다. 그리고—아마도 이것이 가장 중요한 것일 텐데—그리스인들은 신과 함께 살기 위해 하늘로 오르는 영원한 영혼에 대한 생각을 품고 있었다. 이 모든 것을 한데 녹여내기 위해 유대인에게는 문화적, 역사적 빅뱅이 필요했을 것이다.

빅뱅

기원전 200년을 전후해 예루살렘 전체에 헬레니즘과 이스라엘의 관계가 낳은 긴장감이 돌기 시작했다. 요약하자면, 이는 유대인이 지난 수천 년에 걸쳐 맞닥뜨려야 했던 질문이었다. 유대인은 과연 얼마나 많이 주류 문화에 참여해야 하는가? 유대인의 독특한 신앙과 주류 문화는 어느 정도까지 타협할 수 있을까? 유대인들은 나라를 이루어 살 때도 가나안 민족들과의 관계에서 이런 질문과 직면해야 했다. 시내 산에서 내려온 모세는 마치 가나안 사람처럼 우상을 숭배하는 유대인들을 향해 호통을 쳤다.

예루살렘 사람들은 갈등을 해결하기 위해 두 가지 방법을 생각해냈다. 제사장들과 벼락부자들은 그리스인들과 자신을 동일 선상에 놓고 생각하고 싶어 했다. 그래서 자체적으로 운영되는 평화로운 거주 지역이었던 예루살렘을 유명한 도시국가로 탈바꿈시키려고 했다. 그들은 그리스와의 제휴가 예루살렘에 상업과 부를 가져다줄 것이라고 예상했다.

그러나 가난한 거주민들은 그리스와의 제휴를 원하지 않았다. 그들은 다른 이스라엘인들이 부유한 바빌론에서 살아가는 동안, 예루살렘의 좁은 언덕 위에서 수천 년 동안 근근이 살아왔다. 그들은 그리스의 지배적인 문화에 의심을 품고 있었다. 그리스 신전은 혐오감을 불러일으켰고, 벌거벗은 채 벌이는 운동 경기 같은 이교도들의 풍습은 끔찍하기 이를 데 없었다. 모리아 산에서 지낸 400여 년 동안 그들은 아브라함이 신과 맺은 언약과 함께 끊임없이 성전의 파괴를 떠올려야 했고, 작은 공동체를 유지한 채 고립되고 분리되어 살아가는 것에 만족했다.

물론 제사장들과 벼락부자들이 승리를 거두었다. 기원전 175년, 예루살렘의 대제사장(그는 제이슨이라는 그리스식 이름을 가지고 있었다)은 시리아의 왕 안토니쿠스 4세에게 예루살렘의 한가운데에 고대 그리스의 연무장gymnasium을 지을 수 있는 허가를 내주었다. 연무장은 유대인을 양극화시켰다. 그리스의 어느 도시에서나 연무장은 이념적으로 중심이 되는 장소였고 그곳에서 경쟁과 개인주의, 민주주의와 헬레니즘적 가치 교육이 이루어졌다. 연무장의 홀은 그리스 신들의 조각상으로 장식되었고, 연무장 광장에는 운동과 놀이를 배우는 벌거벗은 젊은 남자의 조각상이 세워져 있었다. 정확히 예루살렘의 어디에 연무장이 있었는지는 현재 아무도 알지 못한다. 연무장의 흔적이 아직까지 발견되지 않았기 때문이다.

바를란대학교의 이스라엘 지역학 및 고고학과 학과장이었던 하난 이셀은 성전이 있던 장소에서 시작해 언덕 위까지 연무장이 건설되었을 것이라고 주장한다. 그곳은 예루살렘의 부자들이 큰 저택을 지어놓은 곳이기도 하다. 경건한 유대인들이 희생 제사를 위해 짐승을 성전으로 데리고 올 때 제사장들의 아들들은 막 태어난 아기처럼 벌거벗은 채 운동 경기에 나가기 위해 연습하고 있었다.

마카비서 Maccabees(토라에 속하지 않는 유대 경전)는 연무장에서 일어난 일을 기술하고 있다. 젊은 유대인들은 테두리가 넓은 모자를 썼는데, 이것은 판테온의 발 빠른 신 헤르메스에게 경의를 표한다는 뜻이었다. 부유한 유대 소년들은 할례를 되돌리기 위해 애썼다. 할례 사실을 숨기는 것은 신과의 언약을 저버리는 일이었다고 이셀 교수는 말한다. 이 소년들은 "이방인 무리에 가담해 스스로를 악에게 팔아넘겼다."

억압적인 왕 안티오쿠스에 대항해 폭동을 일으킨 유대인들의 이야기(이것은 현대 유대인에게 하누카 이야기로 알려져 있다)는 천국에 관한 이야기기도 하다. 제이슨이 연무장을 건설하자 다른 제사장들 사이에서 권력 투쟁이 일어났다. 메넬라우스라는 이름의 경쟁자는 돈을 주고 제이슨의 자리를 사려 했다. 로마와 벌인 수십 년간의 전쟁 때문에 돈이 필요했던 안티오쿠스 왕은 제안을 받아들였다. 메넬라우스는 성전의 창고에서 보물을 꺼내 왕에게 바쳤다. 성전의 귀중한 소유물이 창고에서 꺼내져 시리아로 운반되는 모습을 지켜본 예루살렘의 가난한 사람들은 미칠 듯한 분노에 사로잡혔다. 분열된 예루살렘의 유대인들은 수년 동안 서로 싸웠다.

기원후 167년, 안티오쿠스 왕은 예루살렘에 점령군을 보내 일련의 법령을 반포했다. 유대인들은 안식일을 지킬 수도, 아들에게 할례를 베풀 수도 없었다. 그들은 왕이 정한 제단에서 왕이 지정한 신들에게 토라에서 금지한 동물인 돼지로 희생 제사를 지냈다. 심지어 왕은 성전에 제우스 상을 설치했는데 이 행위는 이루 말할 수 없는 모독이었다.

마카비서에 의하면, 유다 마카비라는 이름의 가난하고 경건한 소년이 "동료들과 함께 광야로 나가 짐승들처럼 살았다." 6000명이 모이자 그는 게릴라 군을 일으켜 예루살렘으로 진입했고 안티오쿠스 왕의 군사를 정복했다. 그는 더럽혀진 성전을 쓸어버리고 아브라함의 유일신에게 다시 바쳤다. 그의 지배는 8일 밤낮 동안 이어졌고, "그의 용기에 대한 소문이 방방곡곡에 퍼졌다."

그때, 어딘가에서 누군가가 피로 얼룩진 이 사건의 전개를 지켜보고 있었다. 나는 그를 다니엘이라 부르겠다. 그는 미래에 일어날 일을 예언해 기록했다. 다니엘서는 우리가 지금 천국으로 알고 있는 것에 대해 명확하게 언급한 최초의 유대교 경전이다. 다니엘은 선생이자 현자였다. 처음에 다니엘은 거리에서 일어나는 싸움을 무시하고 가만히 앉아 하느님께 기도하라고 유대인들에게 권고했다. 그러나 예루살렘 거리가 안티오쿠스 왕의 병사들로 가득 차자 다니엘은 생각을 바꾸었다. 아마도 그는 언덕 위의 동굴로 피신해 유대 백성에게 영감을 불어넣을 글을 쓴 듯하다. 싸우지 말라, 그러나 항복하지도 말라. 다니엘은 순교자들이 믿음에 대한 특별한 보상을 받을 것이라고 약속했다. 그가 써 내려간 글들은 불멸하는 영혼에 대해 생각하는 방식을 영원히 바꾸어놓았다.

"티끌로 돌아갔던 대중이 잠에서 깨어나 영원히 사는 이가 있는가 하면 영원한 모욕과 수치를 받을 사람도 있으리라. 슬기로운 지도자들은 밝은 하늘처럼 빛날 것이다. 대중을 바로 이끈 지도자들은 별처럼 길이길이 빛날 것이다." (다니엘 12장 2-3절)

다니엘은 이 구절을 통해 우리에게 천국을 선사했다.

존 콜린스는 예일대학교에서 구약 비평과 해석학을 가르치는 교수다. 대단히 존경받는 교수일 뿐 아니라 학생들과 거리감을 두지 않는 학자인 그의 연구실 앞에는 항상 대학원생들이 줄을 서서 기다리고 있다. 고등학교 시절에 고대 언어와 사랑에 빠졌다는 아이랜드 출신의 콜린스는 다니엘서의 권위자다. 왜 다니엘은 이토록 특수한 순간에 천국의 전망을 제시했는가? 나는 이 질문에 대한 대답을 듣기 위해 뉴헤이븐으로 긴 여행을 떠났다. 아브라함과 같은 초기 유대인들은 조상과 함께 무덤에 잠드는 것밖에 바라지 않았다. 어떻게 그리고 왜 문화적, 종교적, 역사적 실타래가 그 순간 이러한 기적적인 생각을 사람들에게 심어주기 위해 얽혔을까?

나는 더 많은 것을 알아야 했다. 내 질문은 진화론적 생물학자에게 어째서 최초의 창조물이 이 땅에서 살아 숨쉬기 위해 점액질에서 주르르 미끄러져 내려왔는지 설명해달라고 요청하는 것이나 마찬가지였다. 만약 똑똑한 과학자라면 이렇게 대답할 것이다.

"그걸 누가 알겠습니까?"

그리고 콜린스는 똑똑한 과학자였다.

"다니엘이 누구죠?"

콜린스는 미소를 지으며 어깨를 으쓱했다. 그의 지적대로 고대 이스라엘인들은 거의 기록을 남기지 않았다. 다니엘은 현자이자 선생이었고 히브리어와 아람어를 읽고 쓸 줄 알았다. 그는 성서의 이야기와 에녹서의 초기 구절을 포함한 유대 설화들을 알았다. 콜린스는 예언을 가장한 당시 사건에 관한 연대기로 다니엘서를 해석했다. 다니엘서의 화자는 스스로를 과거에 위치시켰고, 그는 미래에 일어날 일인 안티오쿠스 왕의 박해와 피로 얼룩진 저항을 '볼 수 있는' 사람의 역할을 했다.

어째서 다니엘은 바로 그 순간 천국을 약속했을까? 유대인은 특히 바빌론 유수 동안 이미 험난한 시절을 겪었다. 그러나 그때는 누구도 천국을 이야기하지 않았고, 죽은 후 조상과 함께 묻히는 것만으로 충분히 만족했다. 그러나 마카비 시절에 이르러 유대인은 할아버지와 아버지, 아들이 더 이상 한 도시에 살지 않을 정도로 뿔뿔이 흩어졌다. '조상과 함께 모이는 것'은 족장 시대처럼 간단하고 필연적인 일이 아니었다. 그리고 헬레니즘의 영향으로 유대인은 가족이나 부족 못지않게 성공을 중요하게 여기게 되었다.

다니엘서에서 말하듯 천국은 개인을 위한 보상이다. 실제로 선지자의 다급한 부름에 응답하지 않는 자, '지혜롭지' 않은 자, '많은 사람을 선한 길로 이끌지' 못한 자는 결코 천국에 들어갈 수 없다. 콜린스의 설명을 들어보자.

"삶의 강조점이 공동체나 가족에게 있었던 먼 옛날의 유대인은 동굴에서 영원히 잠드는 것에 만족했습니다. 그러나 다니엘서의 저자에게는 천사와 함께 영원히 거니는 것이 삶의 목표였습니다. 처음에 다니엘의 말을 들은 이들은 틀림없이 그가 미쳤다고 생각했을 겁니다."

유대인에게 있어 다니엘의 생각은 결코 받아들일 수 없는 성질의 것이었다. 그러나 천국에 대한 생각은 그렇게 태어났고 빠르게 받아들여졌다. 다니엘서가 쓰여진 지 100년 만에 예루살렘의 수많은 유대인이 천국을 믿게 되었다.

그 후 예수가 등장했고 모든 것이 변했다.

CHAPTER

3

천국이 가까웠도다

HEAVEN

☆

최근 우리 가족은 애완 물고기 루이의 장례를 치렀다. 루이는 블루 테트라blue tetra(남미 원산의 작고 빛나는 열대 담수어) 종이었다. 푸른색 blue에서 블루스 음악을, 블루스 음악에서 루이 암스트롱의 루이를 떠올려 지은 이름이었다. 어느 날 아침, 루이는 옆으로 누운 채 수족관 안을 힘없이 돌아다니고 있었다. 얼마 후, 우리는 루이가 시종 똑같은 원을 그리며 물속에서 빙빙 돌고 있다는 사실을 발견했고 저녁 무렵, 급기야 루이의 사체가 수족관 필터에 매달려 있는 것을 확인했다. 루이를 건져 변기에 떨어뜨리면서 나는 촛불에 불을 붙이고 이렇게 말했다.

"루이, 넌 좋은 물고기였어. 부디 천국에 올라가길."

그러자 조세핀이 말했다.

"루이, 천국에서 행복하길 바랄게."

나는 변기의 물을 내렸다. 루이가 곧장 천국에 올라갔다는 사실 덕분에 조세핀의 기분이 한결 나아진 것 같았다. 그러나 사실, 조세핀보다 나와 남편이 루이의 죽음에 더욱 당황했다.

우리는 사람이 죽으면 천국에 간다는 말로 아이들과 스스로를 위로한다. 마리아 슈라이버가 1999년에 쓴 어린이 책 《천국은 어떤 곳이에요?What's Heaven?》에서, 한 어머니는 증조모를 잃은 호기심 많은 어린 딸에게 내세에 관해 설명해준다. 증조할머니의 영혼은 장례식이 시작되기도 전에 "이미 천국에 올라가 있다." 주검이 땅에 묻힐 때 영혼은 신과 함께 행복을 누리고 있다. 어머니는 다음과 같은 말로 딸아이를 위로한다.

"간단한 거란다. 이 땅에서의 삶이 끝나면 너는 천국에 가는 거야."

그러나 사실 '언제' 천국에 가는지는—특히 기독교인에게 있어—극도로 복잡한 신학적 난제다. 이것은 서로 연관이 없어 보이는 다음과 같은 문제와 밀접한 관련을 맺는다. "예수와 역사, 신의 뜻을 이루는 인간의 역할에 대해 당신은 무엇을 믿는가?" 대부분의 사람은 마리아 슈라이버와 비슷한 믿음을 가지고 있다. 1997년에 〈타임〉에서 실시한 여론조사에 의하면, 미국인의 61퍼센트가 죽은 후 '곧바로 천국에 간다'고 믿었다.

그러나 정통 유일신 사상은 다음 세계를 향한 여행이 두 부분으로 이루어진다고 가르친다. 죽은 후 우리는 먼저 어딘가로 간다. 그리고 세상의 종말이 오면 그때 또 다른 장소로 향하게 된다. 유대인은 후자를 다가올 세상, 즉 '올람 하바'라고 부른다. 기독교인은 이것을 '새 하늘과 새 땅', 이슬람교도는 '낙원'이라고 말한다. 현대 미국에서 우리는 일반적으로 이 일련의 사건을 '천국'이라고 부른다.

그런가 하면 어떤 사람들은 천국이 지구 상에 있는 특정한 장소나 하나의 사건이라고 믿는다. 이러한 개념들은 반드시 상호 배타적이지는 않다. 수세기에 걸쳐 사람들은 "당신은 언제 천국에 갑니까?"라는 질문에 대해 모순되고 비논리적인 방식으로 답해왔다. 유대인과 이슬람교도도 이 논쟁을 해왔지만, 현대 세계에 스며든 혼란의 대부분은 기독교의 전통에서 물려받은 것이다. 이 장에서 나는 바로 그 이야기에 대해 논할 것이다.

예수가 의미한 것

예수는 천국에 대해 많은 이야기를 했다. 그 가운데 상당 부분은 쉽게 이해하기 힘들다. 오직 마태복음에서만 예수는 하느님 나라를 다음과 같은 비유를 써서 이야기했다. 씨 뿌리는 농부, 겨자씨, 밀가루 반죽의 누룩, 고기잡이 그물, 진주를 구하는 상인, 빚을 탕감해준 왕, 아들을 위한 혼인 잔치를 준비하는 왕, 포도원에서 일할 사람을 고용하는 땅 주인, 열 명의 처녀를 떠올려보라.

비유를 통해 예수는 이런 말을 하려는 것 같다. 천국은 알려진, 그러나 알려지지 않은 장소다. 이 세계와 비슷하지만 이 세상과 같지 않다. 천국은 사랑과 정의가 지배하는 곳으로 이 세상 모든 영혼을 전부 다 수용할 수 있을 정도로 넓지만 선택된 일부에게만 열려 있다. 예수는 가난한 자에 대한 질문에 확실하게 답한다. 부자보다 가난한 사람이 천국에 들어가기 더 쉽다. 부자가 천국에 들어가기란 낙타가 바늘구멍에 들어가는 것보다 더 어렵다. 예수는 제자들에게 이 땅에 재산을 쌓아두지 말라고 말한다.

"그러므로 재물을 하늘에 쌓아두어라. 거기서는 좀먹거나 녹슬어 못쓰게 되는 일도 없고 도둑이 뚫고 들어와 훔쳐가지도 못한다." (마태복음 6장 20절)

예수는 천국을 유산으로 받으려면 어린아이처럼 순수해야 한다고 덧붙인다. 예수는 의로운 행동을 중요하게 여겼지만(결국 예수도 유대인이 아닌가? 그 역시 삶의 모든 측면에 적용되는 율법을 물려받았다) 겸손 또한 중요하게 생각했다. 마태복음에서 예수는 다음과 같이 말한다.

"너희는 일부러 남들이 보는 앞에서 선행을 하는 일이 없도록 하여라." (마태복음 6장 1절)

천국은 의인의 집이지만, 다른 사람에게 과시하기 위해서 의를 드러내는 사람의 것은 아니다.

그러나 "언제 천국에 가는가?"라는 질문에 대해 예수는 명확하게 대답하지 않는다. 아마도 예수가 죽은 후 50년 안에 쓰여졌을 마가복음에서 예수는 이렇게 말한다.

"때가 다 되어 하느님의 나라가 다가왔다." (마가복음 1장 15절)

학자들은 수세기 동안 이 구절의 의미를 두고 신랄한 논쟁을 벌여왔다. 예를 들어 톰 라이트는 예수가 말한 천국이 우리가 죽은 후 일어날 일들과 아무런 관계가 없다고 주장한다.

그러나 역사학자 알버트 슈바이처는 1901년에 펴낸 책 《하느님 나라의 비밀The Mystery of the Kingdom of God》에서 예수가 '최후의 우주적 파멸'에 대해 이야기하고 있다는 정반대의 주장을 편다. 천국이 다가왔다는 말을 이 땅에서의 삶이 곧 끝나버린다는 뜻으로 해석한 것이다.

종말론은 '세상의 마지막에 대한 학문'을 뜻하는 신학 용어다. 서구의 세 가지 유일신 사상은 모두 종말론적이다. 유대교와 기독교, 이슬람교는 모두 역사가 일직선상으로 진보한다고 믿는다. 그들이 생각하는 역사는 앞으로 향하며 결코 뒷걸음질 치지 않는다(반면 불교는 역사가 순환한다고 믿는다. 우주는 생겨났다 발전하고 쇠퇴하며 사라지는 과정을 반복하고 또 반복한다).

세 종교의 가장 정통적인 입장은 같은 맥락의 주장을 한다. 즉, 신은 역사 바깥에 존재하며 인간사에 개입한다. 세상이 끝날 때, 인류는 심판을 받고 의인을 위한 영원하고 완벽한 새로운 세계인 올람 하바가 창조된다. 그 세계는 물리적으로 실재하는 공간이다. 계시 신앙은 종말론의 급진적 형태다. 계시적 문학이나 경전이 예언하는 것은 세상의 파멸과 의인을 위한 완벽한 세계를 가져올 신의 즉각적인 개입이다.

종말론에 대한 태도를 기준으로, 세 종교를 믿는 신자들을 크게 두 진영으로 나눌 수 있다. 진보적 신자는 당장은 일어나지 않을 장래의 희망이라는 관점에서 종말론을 바라보며 지금, 여기의 일을 다루는 것에 만족한다. 근본주의자들은 좀더 계시적인 시각, 즉 종말이 다가왔다는 확신을 가지고 살아간다.

미국에는 다양한 형태의 근본주의가 존재한다. 말일성도예수그리스도의 교회(몰몬교) 신자는 언제 닥칠지 모르는 종말에 대비해 통조림과 쌀을 지하실에 저장해둔다. 그런가 하면 여호와의 증인은 모든 의인이 이제 곧 완전히 새로워진 세상을 활보하게 될 것이라 믿는다. 새로운 세상은 지금 세상과 비슷하지만 모든 면에서 더 좋은 곳이다(반면 최고의 의인은 신과 함께 살기 위해 천국으로 올라간다). 전 알라스카 주지사이자 공화당 부통령 후보였던 사라 페일린은 이런 류의 근본주의자다. 2008년, 부통령 출마 당시 떠돌던 동영상에는 이라크 전쟁을 '신이 맡긴 과업'이라고 확언하는 그녀의 모습이 담겨 있었다. 민주당 지지자들은 이러한 발언 때문에 페일린이 부통령으로서 적합하지 않다고 여겼다. 그러나 다른 오순절 계열 신학자들은 이런 종류의 수사법이 일부 보수적인 교회에서 흔히 사용되는 것이라고 말한다. 듀크대학교에서 기독교 역사를 강의하는 그랜트 웨커 교수는 이렇게 말했다.

"그런 표현은 수만 번도 더 들어봤어요."

진보적인 성향의 유대교 신자들은 종말에 대해 그다지 깊이 생각하지 않는다. 그러나 초정통파들은 그렇지 않다. 이슬람 세계에서도 계시 신앙적 기대를 표명하는 학자들이 부상하고 있다. 코란은 이렇게 말한다.

"때가 다가왔도다. 이제 그것을 보여주리니."

예를 들어 이란의 대통령 마흐무드 아흐마디네자드는 열두이맘파 Twelvers에 속해 있다. 열두이맘파는 869년에 태어난 무하마드 알마흐디Muhammad al-Mahdi, 즉 선지자 마호메트를 계승하는 열두 번째 지도자가 죽지 않고 어딘가에 숨어버렸으며 곧 마흐디Mahdi(메시아)로서 다시 돌아와 인류를 구원할 것이라고 믿는 시아파의 분파다. 이 신학에 따르면, 이스라엘의 파괴는 세상을 멸망시키고 완벽한 신세계를 가져다줄 파국에 선행되어야 한다. 2006년 9월, 유엔을 대상으로 한 연설에서 이란의 대통령 이흐마디네자드는 '지구 상에 정의와 평화, 형제애를 확립할 진정한 구세주'에 관해 이야기하면서 이 믿음을 직접적으로 언급했다.

이스라엘의 상황은 계시 신앙을 가진 기독교인에게도 역시 중요하다. 이들은 성스러운 땅에 유대인이 모두 모인 후에야 예수가 재림할 것이라고 믿는다. 이러한 이유 때문에 존 하지와 같은 보수적인 복음주의 목회자들은 이스라엘을 보호하는 것을 신학적 의무라고 여긴다. 성스러운 땅을 둘러싼 전쟁은 말 그대로 세상의 종말을 가져올 불타는 전투이며, 지금까지도 그래왔다. 각각의 유일신 사상은 종말론에 대한 강경 노선을 취하는 진영과 역사를 그저 흘러가는 대로 두는 쪽을 선호하는 진영 모두를 늘 포함해왔다.

그렇다면 예수의 가르침은 이 스펙트럼의 어디쯤에 속할까? 미국에서는 양측 모두 자신들이야말로 예수와 공통된 시각을 갖는다고 주장한다. 1980년대의 '예수 세미나Jesus Seminar(성서에 기록된 어떤 말이 실제로 예수가 한 말인지 분별하기 위해 조직된 학자들의 모임)'는 예수가 랍비, 선생, 현자 심지어 신비주의자라고 주장했다. 어떤 경우에든 사회정의의 대변자였다. 인류를 공통의 신앙을 가진 공동체로 확장함으로써 기존의 상하 관계를 급진적으로 전복시켰고 인간관계를 재정의했기 때문이다. 이러한 학자들에 따르면 하느님의 나라는 두 가지다. 세상 마지막 날에 도래할 궁극적 왕국과—더욱 중요하게는—일상의 행위를 통해 천국에서의 삶을 모방하거나 복제하는 믿는 자들의 공동체가 그것이다. 예수가 "하늘 나라가 다가왔다"라고 말했을 때, 그는 말 그대로 바로 그 순간을 의미했다. 그가 이끈 운동(예수의 죽음과 부활 이후에는 제자들과 사도 바울이 이 운동을 계승했다)은 지상에서 신성神性에 접근하려는 명백하고도 의식적인 노력이었으며 현재도 그러하다. 가톨릭 사전은 하느님 나라를 이렇게 정의한다.

"하느님의 왕국은… 우리 마음속에서 하느님이 통치하시는 것을 의미한다."

예수 세미나의 공동 디렉터 가운데 한 명인 존 도미닉 크로산은 매력적인 아일랜드 억양으로 예수에게는 내세에 대한 집착이 없었다고 주장하면서, 그 증거로 주기도문을 들었다.

"나라에 임하옵시고 뜻이 하늘에서 이루어진 것 같이 땅에서도 이루어지이다."

크로상은 이렇게 설명했다.

"이 구절에는 천국에 '간다'는 의미가 어디에도 없습니다. 천국은 당연히 신이 거하는 곳이죠. 여기엔 죽음 후 삶에 대한 어떤 단서도 없습니다."

나는 그가 천국의 존재를 믿는지 궁금해졌다. 내 질문에 그는 이렇게 답했다.

"저는 이 땅의 삶만으로 충분합니다. 완전히 그리고 놀라울 정도로요. 만약 당신이 내게 천국에 가고 싶은지 묻는다면 나는 대답하기 전에 가능한 다른 선택과 조건에 대해 먼저 알고 싶을 겁니다."

특히 슈바이처와 같은 학자들은 유대적 맥락에 비추어 역사적 예수를 들여다보고 또 다른 결론에 이른다. 2005년에 듀크대학교에서 은퇴한 샌더스 교수는 대부분의 유대인들이 1세기에 이르러 약화된 계시 신앙을 당연한 것으로 받아들이게 되었다고 주장한다. 그들은 신이 천국을 통치하며 종말이 오면 (샌더스의 표현을 빌자면) "그가 '모든 것'을 완벽하게 다스릴 것"이라고 믿었다. 이 주장은 예수를 에스겔이나 이사야, 에녹과 같은 다니엘의 개념적 후계자로 만들어버린다. 예수는 에세네파의 영향을 받았다고 알려진 세례 요한의 사촌이었다. 에세네파는 종말을 기다리며 지금의 이스라엘 땅에 위치한 수도원 공동체에 살았던 금욕주의자들이다.

학자들의 주장을 더 들어보자. 예수가 "하늘 나라가 다가왔다"라고 말했을 때 그는 우리 마음속이나 공동체 안에 있는 천국에 대해 말한 것이 아니었다. 이는 말 그대로 세상의 종말을 초래하고 결국 낙원으로 인도할 대파국, 곧 폭발과 화재, 홍수 등을 의미한다. 예수는 임박한 종말과 그것과 관련한 자신의 역할을 인식하고 있었다. 복음서에서 예수는 자신을 누구라고 생각하느냐고 제자들에게 묻는다. 그러자 베드로는 "하느님께서 보내신 그리스도이십니다"라고 답한다. 예수는 제자들에게 그 사실을 누구에게도 말하지 말라고 엄중히 명한다. 유대인이며 계시 신앙에 익숙했을 제자들은 예수의 죽음을 이 땅의 종말을 초래할 사건의 기폭제로 여겼을지도 모른다.

그러나 한 세대가 끝나기도 전에 초기 기독교인들은 커다란 문제에 봉착한다. 만약 예수가 정말로 세상의 종말을 예언했고(말하자면 "하늘 나라가 다가왔다"라는 말의 뜻이 "하늘이 곧 무너져 내릴 것이다"였다면) 세상이 아직 끝나지 않았다면 예수의 말은 틀린 것이 된다. 그리고 만약 예수가 틀렸다면, 어떻게 신일 수 있겠는가? 한 세기 안에 예수와 제자들의 예언이 실현되지 못했기 때문에, 그 후 수세기 동안 종말과 그때 일어날 사건들의 정확한 순서에 대한 추측이 난무했다. 이를 진정시키기 위해 사도 바울은 "튼튼한 믿음의 기초 위에 굳건히 서서 여러분이 이미 받아들인 복음의 희망을 저버리지 말고 신앙 생활을 계속해야 합니다"라고 권고했다. 비록 정확한 때는 알지 못하지만 종말은 반드시 올 것이기 때문이다. 신약성서의 데살로니가전서에서 바울은 이렇게 말한다.

"주님의 날이 마치 밤중의 도둑 같이 온다는 것을 여러분이 잘 알고 있기 때문입니다. 사람들이 태평세월을 노래하고 있을 때에 갑자기 멸망이 그들에게 들이닥칠 것입니다. 그것은 마치 해산할 여자에게 닥치는 진통과 같아서 결코 피할 도리가 없습니다." (데살로니가전서 5장 2-3절)

시간이 지나면서 종말이 일어날 구체적이며 즉각적인 시점에 대한 관심은 이 땅에서 작용할 신학에게 자리를 내주게 된다. 1세기에 활동한 교부들과 기독교 사상가, 작가들의 업적은 로마 가톨릭과 기독교 신학의 상당 부분을 형성했다. 이들은 연기된 종말에 대한 해결책을 여러 가지 방식으로 상상했다. 그들은 모호한 '경계' 상태를 발전시켜, 중세 시대까지 연옥에 대한 담론을 활발하게 쏟아냈다.

사람이 죽으면 영혼을 어딘가로 떠나보내기 위한 약식 심판이 벌어지는데 순교자거나 대단히 의로운 사람일 경우, 신과 함께 거할 천국으로 가게 될지도 모른다. 아니면 일종의 수동적인 대기 상태에 처할 수도 있다. 2세기 리옹의 주교였던 이레네우스는 다음과 같은 기록을 남겼다.

"영혼은 신이 배정해준 눈에 보이지 않는 장소로 이동하게 된다. 그리고 부활을 기다리며 그곳에서 머문다."

어쩌면 신을 만나기 위해 영혼은 정화되거나 벌을 받는 기간을 거쳐야 할지도 모른다.

4세기에 지금의 알제리에 해당하는 히포의 감독bishop이었던 어거스틴은 이레네우스의 주장을 지지했다. 어떤 영혼은 천국에 올라가기 전에 불에 의해 정화되는 단계를 견뎌야 한다고 그는 믿었다. 어거스틴은 "그 불은 인간이 이생에서 경험할 수 있는 어떤 것보다 고통스러울 것"이라고 생각했다.

영리하게도 어떤 교부들은 시간 개념을 파괴시켰다. 죽어서든, 정화를 거쳐서든, 세상에 종말이 닥칠 때든, 일단 영혼이 천국에 들어가면 연대기적 시간은 의미를 잃는다. 그러므로 "그 다음은?"이라는 질문은 마법처럼 사라진다. 어거스틴의 설명을 들어보자.

"영원이란 영원히 끝나지 않는 현재다. 당신은 지나간 모든 시간과 앞으로 올 모든 시간에 동시에 처할 수 있다. (…) 당신의 모든 시간은 언제나 완벽하게 현재다. 왜냐하면 시간은 영원한 멈춤 상태에 있기 때문이다."

세 가지 유일신 종교 모두 종말이 올 것이라는 사실에 동의한다. 세상이 끝나면 산 자와 죽은 자는 들려 올라가 신의 심판을 받을 것이다. 악한 자는 지옥이나 그와 비슷한 곳으로 떨어지고, 의인은 육신 혹은 육신과 비슷한 상태를 입고 낙원에 들어갈 것이다. 그곳은 도시와 정원의 모습을 하고 있다. 오랫동안 기독교에서 그려온 천국의 이미지 그대로 말이다. 거기에는 사파이어와 마노로 장식된 벽이 찬란하게 빛나며 의인은 진주로 만든 문을 통해 천국의 도시로 들어가면서 흐르는 강물을 바라본다. 이 새로운 에덴동산에는 과실이 풍성하게 달린 생명의 나무가 자라고 있다. 그곳엔 태양도 없고 달도 없다. 하느님의 빛이 모든 것을 비추고 있기 때문이다. 모든 믿는 자는 이 영광에 참여하도록 초대받는다. 요한계시록은 이렇게 쓰고 있다.

"이 말씀을 듣는 사람도 '오소서!' 하고 외치십시오." (요한계시록 22장 17절)

앞에서도 말했지만 앤 그레이엄 롯츠는 복음주의 설교가 빌리 그레이엄의 다섯 자녀 중 둘째다. 철회색의 심한 곱슬머리를 한 예순한 살의 그녀는 키가 크고 황새처럼 날씬하다. 날카로운 느낌을 주는 그녀의 얼굴은 빌리 그레이엄의 잘생긴 얼굴을 연상시킨다. 그녀의 목소리 또한 아버지와 무척이나 닮아서, 마치 남부 지방 가수처럼 달콤하면서도 거친 소리를 낸다.

롯츠의 태도는 친근하고 따뜻하며 솔직했다. 나는 그녀가 좋았고, 그녀를 통해 만난 사람들과 친구가 되었다. 야심에 찬 다른 여성들처럼 그녀 역시 자신의 야심과 가족에 대한 의무를 조화시키기 위해 노력한다. 나는 롯츠의 그런 점이 좋았다. 가족 구성원 간의 복잡한 내력에도 불구하고 그녀는 부모의 양육 방식에 대해 애정을 가지고 이야기했다(그녀의 형제자매들은 너무나 유명하고 바빴던 아버지를 둔 덕에 활발한 활동을 할 수 있었지만, 인간적으로 고통을 겪기도 했다). 빌리 그레이엄의 공식적인 후계자는 아들 프랭클린으로, 그는 '빌리 그레이엄 복음주의협회'의 회장직을 맡고 있다. 아버지로부터 설교가의 자질을 물려받은 롯츠는 '앤젤 봉사단'이라는 복음주의 계열의 비영리 단체를 이끌고 있다. 이미 여러 권의 책을 펴낸 그녀는 세계 곳곳을 누비며 부흥회 설교를 하고 있다.

롯츠는 자신이 죽기 전에 지구가 멸망하고 예수가 재림할 것이라고 믿는다. 비단 그녀뿐 아니라 미국 내의 백인 복음주의자 가운데 3분의 1, 그러니까 약 2000만 명의 사람들이 생전에 세상의 종말을 목격할 것이라고 믿는다. 그들에게 종말은 상징이나 은유가 아니라 이제 곧 일어날 역사적 사건이다. 그녀는 무오無誤한 신의 말씀인 성서에 종말의 때와 장소를 드러내는 암호가 담겨 있다고 믿는다. 그녀는 비교적 최근에 벌어진 재앙들, 예컨대 9·11 테러와 허리케인 카트리나, 약 22만 8000명의 목숨을 앗아간 인도네시아의 쓰나미, 약 7만 명의 사망자를 발생시킨 중국 쓰촨성 지진 그리고 세계 곳곳의 전쟁과 글로벌 시장의 붕괴가 성서의 예언이 실현된 것이라고 여긴다.

"이것들은 비상경보와 같은 것입니다."

종말이 오면 예수가 돌아와 악을 정복하고 1000년 동안 평화롭게 이 땅을 통치할 것이다. 그 후 하느님이 죽은 자를 일으키고 심판할 것이다. 그때 천국과 땅이 하나가 되고, 그러한 융합 가운데 예수를 믿어 멸망과 지옥의 불에서 구원받은 자들은 완벽한 존재가 된다.

롯츠는 임박한 재림에 대한 감각이 자신을 아버지 세대와 분리시킨다고 말했다. 그녀의 부모는 예수의 재림을 같은 방식으로 이야기하지 않았다. 롯츠는 한국과 동유럽, 아프리카 대륙 등 전 세계를 돌아다니며 설교한다.

"나는 어디든지 갑니다. 사람들은 예수의 재림을 기다립니다."

죽기 전에 예수가 재림한다면 어떤 일이 벌어질까? 기독교인들은 휴거라고 불리는 사건을 통해 천국으로 들려 올라갈 것이다. 휴거란 사람들이 갑작스레 하늘로 휙 사라져버리는 사건을 말하며 하느님에 의해 '들려 올라간' 선지자 엘리야에게 일어난 일과 비슷하다. 성서에는 휴거라는 말이 나오지 않는다. 휴거라는 개념은 지난 100년 동안 미국에서만 널리 퍼졌다. 휴거는 데살로니가전서의 한 구절에 근거를 둔다. 바울은 예수가 두 번째로 올 때 죽은 자가 먼저 일어날 것이라고 말한다.

"다음으로는 그때에 살아남아 있는 우리가 그들과 함께 구름을 타고 공중으로 들리어 올라가서 주님을 만나게 될 것입니다. 이렇게 해서 우리는 항상 주님과 함께 있게 될 것입니다." (데살로니가전서 4장 17절)

복음주의자 팀 라헤이와 제리 젠킨스가 함께 집필한 베스트셀러 소설 《남은 자 Left Behind》 시리즈는 휴거 사건으로 시작한다. 세계 곳곳에 주인 잃은 옷가지와 장신구가 흩어지고, 방금 전까지 사람이 앉아 있던 안락의자와 비행기 조종석이 텅 비어버린다. 나머지 인류는 이 땅에 남겨진 채 악의 세력과 싸워야 한다. 이 소설은 시리즈로 출간되었는데 모두 합쳐 6500만 부가 팔렸다고 한다.

반대로, 만약 롯츠가 예수의 재림 전에 죽으면 어떻게 될까? 그녀는 다음과 같이 믿을 것이다. '영혼의 육체'는 천국에 가고, 물리적 육체는 땅 아래 머문다. 예수가 재림하면 그녀는 다시 완벽한 육체를 입을 것이다. 이 땅이 흠 없이 새로워진 것처럼 말이다. 어린 시절, 그녀는 천국에 가면 지금보다 더 멋진 목소리와 좀더 작은 코를 갖게 될 것이라고 상상했다고 한다.

2001년에 롯츠는 《내 아버지의 집으로》라는 얇은 책 한 권을 펴냈다. 책에서 천국의 특징은 다음과 같이 묘사된다. 천국에 도착하면 마치 집으로 돌아온 것과 같은 안정감과 편안함을 느끼며, 천국에 가는 것은 마치 내 마음을 너무나 잘 아는 아버지가 거하는 고향에 도착하는 것과 같다.

"집에 돌아오면 딸아이가 집에서 만든 초콜릿 파운드케이크를 먹고 싶어 한다는 걸, 방 안에 놓인 신선한 꽃을 좋아한다는 걸 그리고 잡지를 뒤적이는 시간을 즐긴다는 걸 나는 압니다. 하느님도 내가 무엇을 좋아하는지 분명 아실 겁니다."

천국을 상상하는 행위는 완벽해진 집을 상상하는 것과 같다. 물이 새는 지붕, 녹슨 파이프, 페인트가 갈라진 벽, 낡아 빠진 양탄자가 없는 그런 집을 말이다. 하느님의 사랑과 동행하는 삶을 상상하는 행위는 가장 완벽한 부모의 사랑을 상상하는 것과 같다.

롯츠는 내가 유대인이란 사실을 알았다. 어느 날 오후, 맨해튼의 값비싼 레스토랑에서 함께 점심을 먹으면서 그녀는 잠시 천국에 관한 대화를 멈추고 예수의 존재를 증명하려 했다.

"리사, 하느님은 당신을 원하고 계세요."

내게 시선을 고정시킨 채 그녀는 이렇게 말했다.

"하느님이 보시기에 당신은 너무나 소중한 존재예요. 당신에겐 선택권이 있어요."

나는 내 궁극적 운명이 예수와 별다른 관련이 없을 것이라고 믿지만 롯츠의 확신에 조금 심란해졌다. 그녀의 시선을 피한 채 나는 고개를 숙이고 노트에 무언가를 계속 휘갈겨 썼다. 물론 나는 그녀가 틀렸다는 사실을 안다. 그러나 만약 그녀가 맞다면 어떻게 되는 걸까?

요한계시록

종말에 관한 통찰은 자신의 삶과 종교적 생활 방식이 주류 문화의 위협 아래 있다고 믿는 이들에게 특히 호소력이 있다. 흑인과 백인, 부자와 가난한 자, 선과 악으로 나뉜 세계에서 천국은 의로운 행동

(엄청난 압력에도 불구하고 믿음을 지키는 것)에 대한 위안이자 보상이다. 또한 천국은 '우리'와 '그들'을 구분하는 배타적인 클럽이다. 텍사스대학교에서 고전과 기독교 기원을 강의하는 마이클 화이트 교수는, 이 땅이든 내세에서든 천국은 '민족이나 단체로서 남과 구분되는 정체성을 형성하는' 사람들에게 도움이 된다고 주장한다.

"천국의 생생한 이미지, 그 가운데 특별히 천국에 들어가기 전에 거쳐야 하는 심판과 함께 당신은 단순히 유대인, 기독교인, 이슬람교도로 내부 그룹을 정의하는 대신 '우리 선한' 유대인, 기독교인, 이슬람교도로 정의한다."

현대 미국에서 종말론적 신앙은 지난 30여 년간 종교적 우파를 형성해온 백인 근본주의로 치부되어 격하의 대상이 되고 있다. 그러나 19세기 미국에서 가장 열렬히 종말론을 신봉했던 이들은 바로 흑인 노예들이었다. 그들은 정의에 대한 성서의 약속에 고무되고, 격변하는 종말의 이미지에 감동해 임박한 멸망을 기뻐하는 노래를 불렀다.

별들이 떨어지는 모습을 보게 되리
세상은 불타버리리
성자들의 노랫소리가 들릴지니
주님은 양 떼에게 말씀하신다
나를 믿는 자는 오른편에 서리
그러나 염소 떼는 왼편에 서게 되리

노예들의 노래와 설화는 멸망만을 약속하지 않는다. 세상에서 겪은 고통과 치욕에 대한 보상인 천국 또한 약속한다. 미국 북부에 살던 에밀리 버커는 조지아 주의 플랜테이션 농장을 방문하던 중 이러한 사실을 관찰했다. 남북전쟁 전에 쓰여진 버커의 책 《기쁨과 고통: 1840년대 조지아를 회고하다Pleasure and Pain: Reminiscences of Georgia in the 1840s》에는 다음과 같은 내용이 나온다.

"노예들은 앞으로 올 생에도 백인과 흑인이 있을 것이라고 믿는다. 그러나 그때는 백인이 노예가 되고 흑인이 백인을 지배할 것이다."

복음서가 약속하듯 먼저 된 자가 나중될 것이다. 미국에서는 참으로 다양한 종류의 종말론 분파가 번성했다. 하지만 종말 신앙의 근본 세력인 사회 주류에서 밀려난 그룹은 처음과 똑같이 남아 있다.

이사야는 다윗의 자손에게서 메시아가 탄생해 세상의 모든 죄와 잘못을 바로잡을 것이라고 예언했다. 다니엘과 에녹은—그들의 표현을 빌리자면—'의롭게' 남아 있는 유대인들에게 천국을 약속했다. 요한계시록은 이러한 맥락의 전승자다. 종교개혁의 아버지 마틴 루터는 요한계시록을 "사도적이지도 예언적이지도 않다"고 여겼다. 루터는 요한계시록을 자신이 편찬한 성서에 포함시키기는 했지만, 썩 마음에 내켜 하지는 않은 것 같다. 1522년에 발간된 첫 번째 판에서 루터는 요한계시록을 목차에 포함시켰다. 하지만 요한계시록과 나머지 정전들 사이에는 넓은 공백이 있다. 루터는 마치 이렇게 말하고 있는 듯하다.

"이것을 집어넣기는 했지만 읽든지 말든지 각자 알아서 하시오."

그럼에도 불구하고 요한계시록은 다음 세 가지 이유로 우리의 논의에서 대단히 중요하다.

첫째, 거기에는 대중이 상상하는 천국에 관한 거의 모든 이미지가 실려 있다. 요한계시록에는 천사들의 노래와 빛나는 보좌에 앉은 신 그리고 찬양을 부르는 흰옷 입은 성자들이 있다. 황금 길과 푸르른 정원, 진주 문, 흐르는 강물, 보석으로 장식한 벽도 있다. 요한계시록에는 천국에 관한 가장 유명한 다음의 설명이 담겨 있다.

"하느님께서는 친히 그들과 함께 계시고 그들의 하느님이 되셔서 그들의 눈에서 모든 눈물을 씻어주실 것이다. 이제는 죽음이 없고 슬픔도 울부짖음도 고통도 없을 것이다. 이전 것들이 다 사라져버렸기 때문이다." (요한계시록 21장 3-4절)

요한계시록에 나타난 이미지들과 (환상가가 천국을 여행하고 돌아와 자신이 본 것을 보고하는) 구조는 몇 세대 전부터 유대인 사이에서 존재한 종말론적 시각에서 유래한 것이지만, 요한계시록은 여전히 천국에 관한 가장 중요한 문서다.

둘째, 요한계시록은 주류 문화에 항복하는 기독교인의 행위가 세상에 대한 신의 형벌을 가져올 것이라고 굳게 믿는 사람들에게 정당성을 제공한다. 요한계시록은 로마제국의 풍습에 참여하는 '자칭' 기독교인들에게 일어날 파국적 결과를 예언한다. 그것은 앤 롯츠의 말만큼이나 무시무시하며 절대적이다.

마지막으로 요한계시록은 암호로 쓰여진 것 같다. 사실 이야기의 줄거리는 간단하다. 환상가가 독자에게 자신을 소개하고 이야기를 시작한다. 그는 천사들의 안내로 천국과 신의 보좌, 천사들에게 둘러싸인 신, 보좌 앞에 서서 찬송을 부르는 성자들과 의인들을 보았다. 뿐만 아니라 그는 곧 다가올 인류의 운명을 보았다. 하느님과 천사들은 용과 독사, 뿔 달린 짐승 등 여러 가지 모습으로 나타나는 악마와 격렬히 싸울 것이다.

"해는 검은 머리털로 짠 천처럼 검게 변하고 달은 온통 핏빛으로 변하였습니다. 그리고 별들은 마치 거센 바람에 흔들려서 무화과나무의 설익은 열매가 떨어지듯이 땅에 떨어졌습니다." (요한계시록 6장 12-13절)

저자는 마지막 전투와 예수의 재림, 천국과 이 땅의 신비한 융합 그리고 이 땅에 내려온 천국을 증언한다.

"이전의 하늘과 이전의 땅은 사라지고 바다도 없어졌습니다. 나는 또 거룩한 도성 새 예루살렘이 신랑을 맞을 신부가 단장한 것처럼 차리고 하느님께서 계시는 하늘로부터 내려오는 것을 보았습니다." (요한계시록 21장 1-2절)

곧 종말이 닥칠 것이라고 믿었던 사람들은 파국에 대한 예언의 열쇠를 요한계시록에서 찾으려고 했다. 요한계시록이 담고 있는 공포 영화를 연상시키는 이미지들과 상징적인 수비학numerology 때문이었다. 요한계시록에는 7이라는 숫자가 계속해서 등장한다. 요한은 천국에 올라가 일곱 개의 타오르는 등불과 기묘한 모습의 양을 본다.

"나는 또 그 옥좌와 네 생물과 원로들 가운데 어린 양 하나가 서 있는 것을 보았습니다. 그 어린 양은 이미 죽임을 당한 것 같았으며 일곱 뿔과 일곱 눈을 가지고 있었습니다." (요한계시록 5장 6절)

요한은 일곱 개의 나팔을 부는 일곱 명의 천사와 일곱 개의 쟁반(각각의 쟁반에는 재앙이 하나씩 담겨 있다)을 든 일곱 명의 천사를 목격한다. 12장에 나오는 악마는 커다란 붉은 용으로 일곱 개의 머리에 각각의 왕관을 쓰고 있다.

요한계시록에는 7 외에도 많은 숫자가 등장한다. 5장 11절에는 그 수가 '수천 수만'인 천사들이 등장한다. 천사들이 거느린 2억 명의 기마병이 악마와 싸우기 위해 전장에 나가며, 증인들은 1260일 동안 예언한다. 다른 숫자들은 위협과 경고를 나타낸다.

"영리한 사람은 그 짐승을 가리키는 숫자를 풀이해보십시오. 그 숫자는 사람의 이름을 표시하는 것으로써 그 수는 육백육십육입니다." (요한계시록 13장 18절)

아마추어 성서 해석가들과 예언가들은 오랫동안 다양한 방법으로 이 숫자들을 분석해왔다. 종말의 시기와 성서에 나타난 특정한 사건들, 예컨대 천지 창조와 노아의 홍수 그리고 예수의 탄생과 죽음의 정확한 날짜를 알아내기 위해서였다. 19세기에 뉴욕 뉴햄튼의 목사 윌리엄 밀러는 요한계시록과 고대 유대력을 사용해, 1844년 10월 22일에 지구가 멸망할 것이라고 예언했다(그는 이전에도 1843년 3월 21일에 지구가 멸망할 것이라고 예언한 바 있다). 최근에는 캘리포니아 주 오클랜드에 사는 팔십 대의 복음주의자 해롤 캠핑이 자신의 계산을 근거로 2011년 10월 20일에 지구가 멸망한다고 예언했다. 그는 일주일에 한 번씩 수백만 가구에 전송되는 라디오 쇼의 진행자다.

어느 비 오는 날 오후, 나는 미네소타 주 세인트폴에 있는 루터신학교의 한 강의실에서 레오나르도 톰슨을 만났다. 위스콘신 주에 위치한 로렌스대학교의 명예교수인 그는 미국 종교학회 모임에 참가하기 위해 이곳을 찾았다. 톰슨은 평생 요한계시록을 연구했고, 처음 계시록을 접한 지 50년이 지난 지금도 그 이미지에 감동을 받는다고 고백한다.

"요한계시록을 읽고 매료되지 않을 사람은 없을 겁니다. 단순히 공포 때문이 아닙니다. 그 책에 나타난 이미지들을 보고 있노라면 한 편의 장대한 서사시가 떠오릅니다. 그리고 세상에는 눈에 보이는 것 이상의 무언가가 존재한다는 느낌을 주지요. 이런 힘을 지닌 책을 난 어디서도 본 적이 없어요."

전통적으로 요한계시록의 저자(그는 책의 서두에서 자신을 '요한'이라고 소개한다)는 복음을 전하다가 로마 정부에 의해 밧모섬(오늘날의 터키 해안 근처)에 갇힌 사람이라고 알려져 있다. 학자들은 요한의 정체와 밧모섬에서 한 일에 대해 가능한 모든 종류의 학설을 제기해왔다. 톰슨은 다음과 같이 덧붙였다.

"나의 의견은 이교적인 해석이라고 볼 수도 있어요. 요한은 유배 당한 사람이 아니라 반쯤 정신이 나간 순회설교자였어요. 당시에는 그런 사람이 흔했습니다. 그들은 집집마다 돌아다니며 식사와 잠자리를 제공받는 대가로 이야기를 해주곤 했지요(학자들은 요한계시록의 '요한'이 요한복음의 요한과 완전히 다른 사람이라고 이해한다). 요한계시록은 기원후 95년을 전후해 쓰여졌습니다. 많은 학자들이 요한을 예루살렘 출신의 피난민이라고 믿고 있어요. 20년 전쯤에 일어난 예루살렘의 파괴를 목격하고 엄청난 정신적 충격을 받은 사람이라고 말입니다. 요한은 예루살렘의 파괴, 그 가운데서도 특히 성전의 파괴를 말세의 징조로 받아들였습니다. 1세기의 기독교인은 대부분 유대인이거나 유대인의 후손이었다는 사실을 상기해보세요. 그들은 유대교의 성전을 성스러운 장소로 여겼을 겁니다. 성전의 파괴는 끔찍한 사건이었지요.

유대적 종말론을 계승한 유대 경전에 정통한 누군가가 쓴 요한계시록은 독자에게 다음과 같은 사실을 일깨워줬습니다. 하느님이 창조할 새로운 세계에서는 성전이 필요하지 않다는 걸요. 왜냐하면 하느님 자신이 의인들 가운데 거하게 될 테니까요."

1세기 기독교인들의 어떤 행동 때문에 요한은 그들에게 곧 지옥의 불이 떨어질 것이라고 믿게 됐을까? 톰슨은 희생 제사에 쓰이는 고기 때문이었다고 말한다. 1세기에는 로마제국에 살았던 모든 사람, 심지어 멀리 떨어진 소아시아의 식민지에 살았던 사람들까지도 축제날에 로마 황제를 위해 바쳐진 제단에 희생 제사를 지내라는 요구를 받았다. 이 의식은 로마 황제를 신과 동등한 위치에 놓는 것이었다. 축제날이 되면 로마제국의 주민들은 거리로 의자를 끌고 나와 집 앞 현관에 깃발을 내걸고 퍼레이드와 운동 경기를 구경했다. 그리고 밤늦게까지 술을 마시며 흥청망청 놀았다. 이러한 축제의 목적은 국교를 공식적으로 과시하는 것이었다. 잘 이해되지 않는다면 미국의 독립기념일에 벌어지는 기념행사를 떠올리면서 조지 워싱턴을 신과 동등한 위치에 놓아보길 바란다.

기독교인은 물론 유대교도에게도 로마 황제의 제단에 바치는 희생 제사는 윤리적인 문제를 불러일으켰다. 오늘날 미국에서 소수 종교를 믿는 사람이라면 이 문제에 충분히 공감할 것이다. 초기 기독교인은 하느님 외에 다른 신을 믿지 말라는 십계명의 첫 번째 계명을 어기지 않으면서 로마 사회에 완전히 참여할 수 있었을까? 로마 황제에게 바치는 희생 제사를 지낼 수 있었을까? 혹은 지내야만 했을까? 만약 그렇지 않았다 해도, 제사에 썼던 고기를 사서 먹을 수 있었을까? 고기를 대접하는 이웃과 식사를 함께 할 수 있었을까? 크리스마스트리는 허용하지만 꼭대기에 별은 달지 않고, 양말은 걸어놓지만 산타는 인정하지 않는 것과 같이 유대주의를 좀 먹지 않는 선에서 성탄절을 기념하는 미국의 유대인들처럼, 1세기 기독교인은 충돌하는 우선순위(로마 사회에 소속되고 싶은 욕망과 종교적 규율 사이의 갈등)와 씨름해야 했다.

요한은 '그럴 수 없다'고 단호하게 말한다. 로마 황제나 신들에게 희생 제사를 지내는 것은 물론 고기를 먹어서도 안 된다. 로마인들과 함께 거리에 나와 축제를 즐겨서도 안 된다. 로마는 배반자이자 매춘부, 악이다. 요한은 로마에 굴복하면 기독교인의 정체성과 기독교적 진실을 침식당한다고 믿었다.

"또 셋째 천사가 뒤따라와서 큰소리로 이렇게 외쳤습니다. 누구든지 그 짐승과 그의 우상에게 절을 하고 자기 이마나 손에 낙인을 받은 자는 하느님의 분노의 포도주를 마시게 될 것이다. 그것은 하느님의 진노의 잔에 부어 넣은 순수한 포도주다. 이런 자들은 거룩한 천사들과 어린 양 앞에서 불과 유황의 구덩이에서 고통을 당하게 될 것이다." (요한계시록 14장 9-10절)

화이트는 이렇게 말한다.

"요한계시록의 서사는 기독교인들에게 이야기하고 있습니다. 감히 황제를 경배할 것인가? 당신은 지금 예루살렘을 멸망시킨 바로 그 짐승에게 절하고 있다는 사실을 깨닫지 못하는가? 만약 황제를 숭배한다면 악마의 심복을 숭배하는 셈이다. 로마 사람들과 어울려 지낸다면 반드시 멸망할 것이다. 로마에 저항하는 의인만이 새 예루살렘에 들어갈 수 있을 것이다."

톰슨 역시 화이트의 말을 되풀이한다.

"밧모섬의 요한은 이렇게 말하고 있습니다. '로마 사회와 연합하지 말라.' 말하자면 고기를 먹느냐 마느냐의 문제는 매우 현실적인 것이었습니다. 만약 당신이 로마 사회와 손을 잡고 거기에 참여한다면, 당신은 시장에서 파는 그 고기들을 먹어야만 했어요."

대안은 없었을까? 나는 이런 의문이 들었다. 요한계시록의 저자는 로마에 대항하는 완전한 반역을 명령한 걸까? 톰슨의 대답을 들어보자.

"요한의 말은 아마도 숨죽여 기다리며 기회를 엿보라는 뜻이었을 겁니다. 결국 신이 모든 걸 이룰 테니까요. 만약 로마 정부가 묻는다면 기독교인이라는 걸 고백해야죠. 하지만 할 수 있는 한 그들을 피해야 합니다. 적절한 때에 하느님이 천사들과 함께 로마제국과 싸워 그들을 멸망시킬 테니까요."

로마제국을 '세속 문화'로 대체해 생각해보면, 롯츠 같은 이들의 시각을 이해할 수 있을 것이다. 그녀는 미국에서 보내는 일상적인 삶이 기독교 신앙에 위협이 된다고 믿는다. 어느 비 오는 일요일, 나는 맨해튼의 한 침례교회에서 그녀의 설교를 들었다. 궂은 날씨에도 교회는 사람들로 가득 차 있었다. 커다란 모자를 쓴 숙녀들이 단정치 못한 차림의 이십 대 젊은이들 옆에 빼곡히 앉아 있었다. 롯츠는 겸손을 주제로 설교했다. 그러나 설교의 숨은 의미는 전적으로 기독교 신앙을 위협하는 대중문화에 관한 것이었다. 그녀는 피상적이고 유행을 좇는 '쾌락주의'와 성적인 부도덕(이라고 그녀가 여기는 행위들)에 반대한다.

"사람들은 살인을 '선택의 문제'라고 여깁니다. 또 간음을 '안전한 섹스'라고 부르는가 하면 동성 간의 혐오스런 행위를 '동성애'라고 칭합니다."

그녀의 설교에 따르면, 이러한 상대주의의 유혹을 받은 기독교인들은 반드시 회개해야 한다.

"하느님의 이름으로 부르심을 받은 하느님의 사람들이 자신을 낮추고 기도해야 할 때입니다."

누군가 그 과업에서 벗어난다면 롯츠는 특유의 굵고 쉰 목소리로 이렇게 말할 것이다.

"영원은 아주 가까이 와 있습니다. 바로 지금 저곳에 말이에요."

우리 안의 왕국

예수가 죽은 지 200년이 지났지만 세상은 끝나지 않았다. 그러자 교부들은 '내재론內在論'이라는 개념을 퍼뜨리기 시작했다. 그들은 하느님의 왕국이 역사 속에서 곧 일어날 실제 사건이 아니라고 주장했다. 왕국은 예수의 탄생과 죽음, 부활을 거쳐 변화된 이 세상이다. 이 주장을 공고히 하기 위해 그들은 요한복음을 샅샅이 살펴보았다. 요한복음은 네 개의 복음서 가운데 신비주의적인 경향을 가장 많이 띤다. 예수는 다음과 같이 말한다.

"나는 빛으로서 이 세상에 왔다. 그러므로 누구든지 나를 믿는 사람은 어둠 속에서 살지 않을 것이다." (요한복음 12장 46절)

2세기에 활동한 이집트 신학자 오리겐은 육체적 부활을 부정하고, 왕국의 도래를 영혼의 완벽을 추구하는 것에 대한 은유로서 기술했다. 주기도문에 대한 묵상에서 그는 '나라에 임하옵시고' 라는 구절의 의미를 논한다. 만약 죄 짓기를 거부하고 하느님의 뜻에 따라 스스로 완벽해진다면, 우리는 말 그대로 천국에 거하게 된다. 오리겐의 이야기를 더 들어보자.

"하느님의 나라는 눈에 보이는 형태로 오지 않습니다. 사람들은 천국이 '여기 있다' 혹은 '저기 있다'고 말할 수 없습니다. 하느님의 나라는 우리 안에 있습니다."

270년경, 이집트에 안토니라는 부자가 있었다. 스무 살 먹은 고아였던 그는 교회에 가서 다음 구절을 들었다.

"네가 완전한 사람이 되려거든 가서 너의 재산을 다 팔아 가난한 사람들에게 나누어주어라. 그러면 하늘에서 보화를 얻게 될 것이다."
(마태복음 19장 21절)

말씀에 감명을 받은 안토니는 집으로 돌아와 모든 재산을 팔았다. 그 다음 주에 안토니는 다음과 같은 말씀을 들었다.

"내일 일은 걱정하지 마라." (마태복음 6장 34절)

안토니는 코마라는 도시에 은둔처를 마련하고 그곳에서 15년간 금식하고 기도했다.

준비가 되었다고 생각한 안토니는 사막으로 들어갔다. 말 그대로 하늘과 땅이 만나는 곳으로 간 것이다. 사막에서는 하늘과 별, 행성과 달이 손에 잡힐 듯 가깝게 느껴졌다. 미국의 예수회 사제인 마크 그루버는 이집트 사막에서 1년을 지내면서 안토니의 발자취를 따랐다. 《에덴으로 돌아가는 여행: 사막교부들과 함께한 시간Journey Back to Eden: My Life and Times Among the Desert Fathers》이란 제목으로 출간된 일기에서, 그루버는 천국의 경이로운 편재성遍在性에 대해 쓰고 있다.

"내 모든 감각은 완전히 압도되었다."

그는 신에게 이렇게 고백한다.

"홀로, 가장 순수한 이 고독 속에서 당신은 내 가슴이 아리도록 지금 여기 계십니다."

4세기에 안토니의 전기를 쓴 아타나시우스에 의하면, 사막에서 '기어다니는 것들'로 가득한 동굴을 발견한 안토니는 그곳으로 거처를 옮긴다. 그는 거기서 영혼을 정화하고 신을 닮으려는 노력으로 마귀와 씨름하며 금식하고 기도한다. 안토니는 동굴 안 샘에서 물을 떠 마시고 친구들이 동굴 지붕에 난 구멍을 통해 내려주는 빵을 먹었다.

데살로니가전서에서 사도 바울은 기독교인들에게 "늘 기도하십시오"라고 권고한다. 안토니는 이 명령을 문자 그대로 받아들여, 심장 고동만큼이나 규칙적으로 기도했다. 기이할 정도로 거룩한 그의 행위에 대한 소문이 제국의 도시와 마을에 퍼져 나갔고, 순례자들이 무리를 지어 몰려왔다. 안토니는 그들을 모두 쫓아냈다. 그렇게 20년이 흐른 어느 날, 작정을 하고 찾아온 무리가 동굴 앞 입구를 막은 돌을 치웠을 때 그들은 눈앞의 광경에 놀라움을 금치 못했다. 아타나시우스의 전기를 인용해보자.

"안토니는 예전과 똑같은 모습이었다. 운동이 부족했음에도 살이 찌지 않았고, 금식하며 마귀와 싸웠음에도 야위지 않았다. 그의 영혼은 아무런 흠이 없었다. 슬픔 때문에 수축되지도, 기쁨으로 인해 늘어지지도, 웃음이나 낙담에 사로잡히지도 않았다."

안토니는 천국의 천사처럼 완벽해졌다.

안토니는 최초의 기독교 은둔자로, 여러 세대에 걸쳐 그를 모방한 사람들이 나타났다. 사막교부가 바로 그들이다. 많은 기독교인이 중동의 사막에 고립되어 자기 절제와 금욕의 기술을 선보였는데, 그 가운데 가장 유명한 사람이 시므온 스틸라이트다. 그는 안디옥 동쪽의 사막에서 기둥 위에 올라가 생활한 은둔자다. 그는 기둥 위에서 무려 36년을 살았다. 3세기에 안토니의 동료인 파코미우스는 사막에 공동체를 창시했는데, 그것은 함께 살며 정해진 시간에 기도하고 쉬고 일하는 남성들의 집단이었다(5세기 신학자 살미니우스 헤르미아스 소조멘에 따르면 파코미우스는 '천사들과 자주 교통'했다). 이것이 바로 초기 수도원이다.

사막교부들과 초기 은둔자들, 수도서들은 경구와 잠언이 담긴 작은 책들을 남겼다. 이들은 "당신은 언제 천국에 갑니까?"라는 물음에 곧 천국에 간다고 답했을 것이다. 에세네파처럼 멸망이 곧 닥칠 것이라고 굳게 믿었던 그들은 세상과 떨어져 지냈다. 4세기에 이집트의 사막에서 살았던 아마 테오도라는 이렇게 말했다.

"현 시대는 폭풍우와 같다."

동시에 그들은 이미 천국에 있는 것처럼 행동했다. 사막교부들은 인간이 천사와 같이 되기 위해 분투해봤자 소용이 없다고 생각했다. 그들이 생각하기에 인간이 할 수 있는 일은 끊임없이 신께 기도하고, 그의 뜻을 이루기 위해 최선의 노력을 다하는 것뿐이었다. 사막교부들에게서 나온 좀더 유명한 이야기를 예로 들어보자. 한 수도사가 다른 수도사에게 형제가 교회에서 졸다가 바닥에 떨어지는 것을 보면 어떻게 해야 하느냐고 물었다. 그를 깨우고 주의를 줘도 되냐는 물음이었다. 그러자 좀더 지혜롭고 나이 든 수도사가 이렇게 대답했다.

"아니라네. 나 같으면 졸고 있는 형제의 머리를 무릎 위에 눕히고 쉬게 하겠네."

이와 같은 관점에서 본다면, 천국은 역사 속에서 실제로 일어나는 일인 동시에 가끔씩 지구 상에서도 목격할 수 있는 어떤 순간이다. 마치 신이 인간을 사랑하듯 다른 사람을 완전한 친절과 관용, 애정, 열정을 지닌 채 사랑한다면 천국을 경험할 수 있다.

제롬 데이비드 샐린저의 《프래니와 주이》의 주인공 프래니 글래스를 기억하는가? 프래니는 중세 시대 순례자의 이야기에 감명을 받아 대학 대항 미식축구 경기가 열리는 주간 동안에 '예수기도문 Jesus Prayer(동방 그리스도교에서 마음으로 예수 그리스도의 이름을 부르는 기도로 끊이지 않고 거듭할 때 가장 효력이 있다고 여겨졌다-옮긴이)을 되뇌임으로써 영적인 깨달음을 얻으려 한다. 아름답고 총명한 대학 2학년생인 프래니는 "주님, 죄인인 제게 자비를 베푸소서"라는 문구를 반복하고 또 반복하다가 기절하고 만다. 신경쇠약에 걸린 그녀는 결국 뉴욕의 어퍼이스트사이드에 위치한 어머니의 아파트로 돌아간다. 거기서 그녀는 잠을 자다가 울음을 터뜨리고, 애완 고양이의 털에 얼굴을 파묻으며 괴로워한다. 그런 그녀에게 오빠 주이는 신성한 평화를 얻으려는 야심을 품는 것이야말로 평화를 얻지 못하게 하는 가장 확실한 방법이라는 사실을 일깨워준다.

"예수님은 인간의 마음속에 하느님의 나라가 있다는 사실을 아셨어. 하지만 인간은 너무나 바보 같고 감상적이며 상상력이 부족해서 그걸 발견할 수 없지."

주이는 이어서 이렇게 말한다.

"예수기도문에는 한 가지 목적밖에 없어. 바로 읊조리는 사람에게 예수 의식Christ-consciousness을 부여하는 거야."

주이는 프래니에게 세상에 나가 신이 주신 재능을 마음껏 펼치는 게 더 낫다고 조언한다. 아름다움의 추구와 겸손, 신의 은혜, 이것이 바로 천국이다.

수도원 공동체는 기독교인이 공동생활을 시작했음을 보여주는 예다. 그들은 지상에서 천국을 모방한 삶을 살기 위해 의식적인 노력을 기울였다. 이러한 급진적인 생활양식의 실험은 수세기 동안 지속되었다. 종교개혁가들은 "죽으면 어떤 일이 일어날까?"라는 질문을 둘러싼 논쟁을 계속했다. 루터는 죽음과 천국 사이의 상태를 '순식간에 지나가는 잠'으로 묘사했다. 그러나 칼뱅은 의식은 남아 있지만 육체는 없는 예수와 함께 있는 상태라고 주장했다. 칼뱅은 사람이 죽으면 천국에 간다고 말했고 다른 종교개혁가들 역시 이에 동의했다.

"믿는 자가 죽으면 곧장 예수께서 계신 곳에 간다고 우리는 믿는다."

1562년, 스위스 개혁주의 교회들을 위해 작성된 '제2스위스(신교도) 신앙고백'은 이렇게 기술한다. 이 고백은 유럽 전역의 개신교에 적용되었다. 그러나 종교개혁가들이 선사한 손에 닿을 수 없을 것 같은 장엄한 천국은 수많은 기독교인에게 이 땅 위에 천국을 창조하고자 하는 영감을 불어넣었다.

마크 할로웨이는 《지상의 천국: 1690~1880년 사이의 미국 이상주의 공동체들Heaven on Earth: Utopian Communities in America, 1680-1880》(1966)에서 미국은 본질적으로 천국을 실현할 집을 찾아 떠난 사람들에 의해 건설된 나라라고 주장한다. 초기 미국은 공동사회의 성격을 띠고 있었는데, 그것은 사도행전에 나오는 1세기 교회에 대한 설명에서 영감을 받은 것이었다.

"그 많은 신도들이 다 한 마음 한 뜻이 되어 아무도 자기 소유를 자기 것이라고 하지 않고 모든 것을 공동으로 사용하였다." (사도행전 4장 32절)

물론 청교도들은 위계를 중시했으며 독재적이었다. 그들은 권력을 가진 목회자들이 정한 엄중한 규율에 따라 생활했다. 교회는 가정생활과 사회생활의 중심이었다. 지옥의 형벌과 천국의 보상은 가장 으뜸가는 기준이어야 했다.

보스턴의 목사 코튼 매더가 1726년에 한 설교를 들어보자.

"진정한 종말은 영광스런 하느님을 예배하는 것이다."

그들은 자신들의 공동체를 기독교인의 삶과 헌신, 경건함의 모범적 예라고 여겼다. 매사추세츠 주의 첫 번째 주지사를 지낸 존 윈스롭이 "우리는 언덕 위의 도시처럼 될 것입니다"라고 했을 때, 그는 새 예루살렘을 염두에 두고 있었다.

한편 지상의 천국에 대한 더욱 개인주의적인 개념 또한 번성했다. 메노파에서 유래한 재세례 교파인 이미쉬Amish는 18세기 미국에서 자리 잡았다. 그들은 지상에서 최대한 성자처럼 살기 위해 현대성을 거부했다. 에프라타 클로이스터Ephrata Cloister는 1732년에 펜실베이니아 주의 황무지에 설립되어 채색 사본과 신비로운 시를 남겼다. 에프라타 클로이스터라는 이름은 구약성서에서 베들레헴을 일컫는 히브리어를 따서 지었다. 이 단체의 회원들은 매일 한밤중에 깨어나 두 시간 동안 예수의 재림을 기다렸다. 18세기 말에서 19세기 초에 뉴잉글랜드 지역과 켄터키 주에 걸쳐 공동체를 설립한 셰이커교도Shakers들은 극히 검소한 집에서 남녀가 따로 살았다. 섹스는 금지되었고 입양으로 자녀를 얻었다. 그들이 셰이커라고 불린 이유는 성령에 사로잡혀 기도할 때 격렬하게 몸을 떨었기 때문이다. 셰이커교도들은 너무나 섬세하고 아름다운 목재 가구를 만들었다. 1966년, 미국의 트라피스트Trappist 수도사 토마스 머튼은 이렇게 적었다.

"셰이커교도가 만든 의자 특유의 우아함은 어디에서 나오는 걸까? 천사가 내려와 그곳에 앉을 수도 있을 거라 믿는 사람의 손으로 만들었기 때문이리라."

업스테이트 뉴욕에 위치한 오나이더Oneida(북미 인디언 이로키지Iroquosi족의 하나) 공동체는 '복잡한 결혼'이라는 실험적인 제도를 시행했다. 공동체의 남녀는 정기적으로 돌아가면서 성관계를 가졌다. 그런 방식으로 상대에게 집착하는 것을 막음으로써 회원들이 전적으로 예수께 헌신할 수 있다는 생각에서였다.

1840년에 미국의 초월주의자 랄프 왈도 에머슨은 친구 토마스 칼라일에게 보낸 편지에서 미국이 유토피아적인 꿈을 좇는 이상주의자들에게 점령당했다고 불평한다.

"다들 겉옷 주머니에 새로운 공동체에 대한 밑그림 하나쯤은 넣고 있다. 어떤 사람들은 육식을 그만두었고, 어떤 이들은 동전 사용을 거부했다."

20세기에 월터 라우센부쉬와 라인홀드 니부어는 훗날 '사회적 복음'이라고 불리게 될 사상을 발전시켰다. 이들 자유주의적 개신교 개혁주의자들은 미국 사회에 만연한 파괴적 개인주의에 실망하고 산업화 초기 미국 도시 빈민의 열악한 생활과 노동 조건에 반대했다. 진보에 대한 믿음을 지니고 있던 그들은 "인간 사회가 완전해질 수 있다고 믿었으며, 인간이 하느님 나라를 초래할 수 있다고 확신했다." 그들은 이 땅에서 예수의 가르침대로 서로를 대할 때, 즉 서로 형제자매처럼 대할 때 천국이 임할 것이라고 주장했다. 하느님 나라에 대한 이러한 믿음은 진보적 성향의 신자들이 도시 빈민과 노숙자에게 음식과 집을 제공하고 병자를 간호하는 방식으로 구체화되었다. 1960년대의 민권 운동은 개념상 이러한 사회적 복음의 후계자다.

이 땅에서 천국의 삶을 실험하는 일은 끊임없는 호소력을 갖는다. 2003년, 오십 대의 교사 브렌 듀배이는 조지아 주의 해비타트 운동 현장에 학생들을 이끌고 견학을 갔다. 집에 돌아오기 위해 집을 싸던 중, 누군가 그녀에게 코이노니아Koinonia 농장에 들렀다 가라고 권했다.

"가보고 싶은 마음이 전혀 없었죠."

듀배이는 훗날 이렇게 말했다.

"할 일이 많았거든요. 하지만 저는 예의 바른 텍사스 사람답게 그러겠노라고 했어요."

1952년, 침례신학교를 졸업한 클라렌스 조단은 코이노니아 농장을 세웠다. 사도행전에 나타난 초기 기독교인의 이야기에 감명을 받은 그는 사랑과 기도, 형제애, 봉사라는 원칙에 입각한 기독교 공동체를 만들길 원했다. 천국의 이상은 조단의 마음속에 굳건히 자리잡고 있었다. 그는 '친교' 혹은 '공동체'를 뜻하는 그리스어 코이노니아를 '하느님의 나라에 대한 데몬스트레이션 플롯demonstration plot(새로운 씨나 재배 기술을 실험하는 작은 땅으로, 농부들은 이웃들을 불러 (실험) 결과를 보여주곤 한다-옮긴이)'이라고 불렀다.

농장의 규모는 크지 않았다. 포장되지 않은 길에서 조금 떨어진 몇몇 작은 집이 농장의 전부였다. 그곳에는 회합을 위한 좀더 큰 집과 약간의 동물, 닭장이 있었다. 공동체 구성원들은 형제애와 봉사를 강조하는 조단의 영향을 받아 처음부터 관습을 뒤집어버렸다. 인종 문제도 예외가 아니었다. 조단은 흑인 노예의 손자와 딸 그리고 여러 세대 동안 땅을 경작해온 소작인들에게 코이노니아에서 함께 일하고 경작물을 나누자고 청했다. 그의 죽마고우 콘 브라운은 이런 말을 했다.

"조단은 사회적 복음에 급진적으로 투신했습니다."

조단의 전위적인 사상에 놀란 가족들은 그를 정신병원에 보내야 하는지를 두고 고민했다. 하지만 조단과 비슷한 생각을 가진 여동생의 반대로 계획은 간신히 무산되었다.

코이노니아는 쿠클럭스클랜Ku Klux Klan(남북전쟁 후에 생겨난 백인 우월주의 인종차별주의적 극우 비밀 조직)의 타깃이 되었다. 회원들은 하루 밤에 몇 번씩 깨어서 집이 불타고 있는지 확인하곤 했으며 총에 맞는 일도 잦았다. 브라운은 이렇게 회상했다.

"어느 여름에는, 단 하루도 총성이 들리지 않은 날이 없었습니다."

조지 솔로몬은 당시 코이노니아 농장 근처에 살던 아이였다. 그녀가 코이노니아에 잠깐 들렀을 때 조단은 그녀에게 페칸(열매의 일종)을 주었다고 한다. 그녀가 자라 세 아이의 엄마가 되고 먹을 것이 없는 처지에 놓이자, 코이노니아에서 온 사람들이 집을 지어주었다.

공동체 회원들은 몇 해에 걸쳐 줄었다 늘었다를 반복했다. 1950년대에 60명의 회원으로 정점을 찍은 뒤, 1960년대에는 단 두 가정만이 남았다. 1976년, 코이노니아 농장은 작은 비영리 단체로 방향을 전환했다. 이것이 바로 해비타트다. 조단은 1979년에 사망했다. 오늘날, 스물다섯 명이 공동체에 살고 있다. 그들은 각각 다른 시기에 회원이 되었다. 듀배이 역시 그 가운데 한 명이다. 첫 번째 방문 이후 그녀는 조단의 이야기를 담은 책과 카세트테이프를 온라인으로 주문했다. 다음 해, 그녀는 다시 그곳을 찾았고 이번에는 일주일 동안 머물렀다. 2004년, 듀배이는 텍사스 주를 영원히 떠나 코이노니아 공동체의 디렉터가 되었다. 그녀는 수십 년간 이어진 안팎의 분쟁을 끝내고 코이노니아가 처음 설립했을 때의 원칙인 사랑과 공동체, 봉사의 가치를 회복해야 한다고 말한다.

"일요일마다 한 시간씩 교회에 가서 앉아 있는다고 해서 천국과 예수에 대해 알 수 있는 것도, 천국에 갈 수 있는 것도 아닙니다. 우리는 예수님이 명한 일을 지금 당장 해야 합니다. 수많은 사람들이 1년 내내 우리를 찾아옵니다. 그리고 이렇게들 말하지요. '아, 이곳은 마치 천국의 일부 같군요' 혹은 '마치 에덴동산 같은 곳이에요' 라고요. 그래요, 이곳에는 분명 뭔가 성스러운 데가 있습니다."

그녀는 회원들과 함께 공동체를 고쳐나가고 있다. 언제나 그랬듯이 코이노니아 사람들은 1100그루의 페칸 나무에서 나오는 열매로 돈을 번다. 추수한 열매를 한 주머니씩 팔거나 소금으로 간을 해 굽기도 한다. 파이나 과일케이크도 만든다. 듀배이는 말한다.

"비록 많은 돈은 아니지만 그것이 우리가 필요한 전부랍니다."

CHAPTER

4

푸르른 초원

HEAVEN

☆

미국 캘리포니아 주에 위치한 실리콘밸리의 기온은 화씨 80도에 이르렀다. 태양이 너무 뜨거워 아스팔트를 녹일 것만 같았지만 이슬람공동체협회 본부 안은 시원했다. 나는 각자의 분야에서 큰 성공을 거두고 있는 세 명의 남자와 함께 형광등 불빛이 빛나는 창문 없는 방에 앉아 있었다. 탁상 위에는 뷔페 스타일의 호화로운 음식들이 가득했다. 닭고기 케밥, 야채수프, 후머스(이집트콩을 삶아 양념한 중동 음식), 패스츄리, 달콤한 과일 샐러드, 차와 커피포트가 고급스럽게 놓인 상차림이었다.

나의 프로젝트에 대해 설명하자 그들은 진지하게 이야기를 경청했다. 라찌 모히우딘은 쉰 살에 가까운 인도 태생의 남자로, 아이언스피드라는 소프트웨어 회사의 회장이자 경영자다. 히샴 압달라는 25년 전, 이집트에서 미국으로 이민 온 오십 대의 남자다. 지금 그는 유럽의 다국적 제약 회사 로체의 임상 연구원으로 일한다. 모하메드나딤은 산호세에 있는 국립대학교에서 e비즈니스를 가르치고 있다. 이들이 여기 모인 이유는 무엇일까? 이들은 테러리스트와 이슬람 근본주의자들과 한통속으로 취급받고 싶어 하지 않는다. 그들은 오해를 풀기 위해 이곳에 모였다.

대부분의 미국인은 이슬람교에 대해 잘 알지 못한다. 그런 이유로, 지구 곳곳에서 테러를 일으키는 자들은 전 세계 수십억 이슬람교도 중 극히 일부이며, 나머지는 기독교인이나 유대교인과 비슷한 평범한 생활을 한다는 인식을 하지 못한다. 그렇지 않았다면 9·11 테러 이후 이슬람교도를 바라보는 경계의 눈빛이 조금은 누그러졌을 것이다.

미국에 사는 이슬람교도의 수는 조사 결과마다 다양한데, 20억에서 80억 명 사이로 추정된다. 그들 대부분은 남아시아, 아프리카, 중유럽, 중동에서 온 이민자와 그들의 자녀다. 그러나 최근에는 미국 흑인과 나날이 증가하는 중남미계 이주민 사이에서 상당한 수의 개종자가 나오고 있다. 9·11 테러 이전, 대부분의 미국 이슬람교도는 자신의 종교에 대해 거의 이야기하지 않았다. 그런 이야기가 고용주나 교사, 이웃과 긴장 관계를 유발할 수 있다는 사실을 알았기 때문이다. 그러나 이슬람이 테러라는 말과 연결된 이후, 미국의 온건 이슬람 세대가 목소리를 내기 시작했다. 라찌의 말을 들어보자.

"내겐 새로운 역할이 생겼습니다. 오늘날 사람들은 이슬람을 잘못 이해하고 있습니다. 사람들이 생각하는 이슬람과 실제 이슬람 사이에는 커다란 간격이 있어요. 나는 그 간격을 연결하는 다리 역할을 해야 합니다. 우리 아이들은 자라면서 정체성의 혼란과 위기를 겪게 될 겁니다. 그들은 미국인일까요? 아니면 이슬람교도일까요? 부모로서 우리는 그들의 정체성이 갈등이나 모순의 대상이 아니라는 사실을 확신시켜 줘야 합니다."

모하메드 아타는 쌍둥이 빌딩으로 향할 아메리칸 항공 비행기를 타던 날 아침, 렌트카 안에 자신의 결심을 장황하게 늘어놓은 쪽지를 남겼다. 어쨌거나 쪽지 덕분에 이슬람에 대한 일반인의 오해에는 천국에 대한 생각 또한 포함되었다. 순교자적 죽음을 확신하며 아타는 내세에서 받을 보상, 특히 매혹적인 여인들과 함께 하는 삶에 관해 썼다.

"너무나 아름다운 낙원의 정원이 당신을 기다리고 있다는 사실을 기억하라. 너무나 매혹적인 낙원의 미녀가 당신을 기다리며 '이리 오세요, 신의 친구여'라고 손짓할 것이다. 그녀들은 가장 아름다운 옷을 입고 있을 것이다."

당연히 미국의 언론 매체들은 성적인 부분에 초점을 맞추어 이슬람교의 천국관을 보도했다. 이 논의의 숨은 의미는 대체로 이런 것이었다. "과연 이 따위 것을 믿을 수 있겠는가?"

실제로 코란은 남성들에게 천국에 가면 아름다운 처녀를 맞게 된다고 약속하며 다음과 같은 장면을 묘사한다. 빈둥대기 좋은 편안한 의자와 용천수가 담긴 잔을 가져다주는 어린 시종들, 결코 취하지 않는 포도주가 담긴 화려한 술잔, 지상에서 행한 일에 대한 보상인 천국의 요염한 미녀!

여기서 말하는 미녀가 말 그대로 '처녀' 혹은 '소녀'를 의미한다고 믿는 학자는 거의 없다. 후기 이슬람 문서인 '하디스Hadith'는 마호메트의 발언에 관한 해설서다. 하디스는 이슬람 순교자에게 70명 혹은 72명의 처녀들을 약속한다. 하지만 이 믿음은 널리 신봉되지 않았다.

그러다가 1980년대에 벌어진 이란-이라크 전쟁 동안 72명의 처녀라는 이미지가 이슬람 세계에서 대중화되었다. 이란의 젊은이들에게 나눠준 병사 모집 팸플릿에 실린 요염한 아가씨들의 사진은 징병에 결정적인 역할을 했다.

온건한 학자들은 천국의 미녀를 천상의 숭고한 만족에 대한 은유로 해석한다. 온건한 기독교인들이 진주 문이나 황금 길을 해석하는 것과 같은 방식으로 말이다. 그러나 이러한 뉘앙스는 호색적인 어투로 이 문제에 접근할 때마다 사라져버리고 만다.

실리콘밸리에서 만난 세 명의 신사는 하나같이 나를 환영하면서도 경계했다. 나는 이해한다. 그들의 성스러운 믿음이 공공연히 비난받고 웃음거리가 되어왔다는 사실을 알기 때문이다. 그들은 부유한 종교 단체이자 사회적 공동체인 이슬람 대형 교회의 사려 깊은 구성원들이었다.

길 아래쪽에 정식 사원이 있지만 전에 휴렛팩커드의 소유였던 이슬람공동체협회의 빌딩에서는 신자들에게 다양한 서비스를 제공한다. 빌딩 안에는 남자와 여자를 분리해서 수용하는 푸른 카펫을 깐 예배당은 물론, 600명이 함께 앉아 식사를 할 수 있는 커다란 홀도 갖추어져 있다. 해마다 라마단 금식 기간의 마지막 날에 회원들은 이곳에 모여 함께 저녁을 먹는다. 개신교의 대형 교회가 그렇듯 이곳 또한 영적인 부분 외에도 회원들의 사회적, 육체적, 실질적 필요에 관심을 기울인다. 예컨대 이 빌딩 안에서 코란 공부 모임과 아랍어 강의, 킥복싱과 에어로빅, 무료 법률 상담과 주말 건강 진료와 같은 서비스가 제공된다. 400명의 아이들이 이 공동체에서 운영하는 초등학교에 다니며 가톨릭학교에서 볼 수 있는 것과 똑같은 교복을 입는다. 격자무늬의 소매 없는 모직 원피스에 청바지와 스니커즈 차림을 떠올려보라. 고학년 여학생들은 여기에 전통 히잡hijab(이슬람 여성들이 외출할 때 머리에 쓰는 가리개)을 쓴다.

금요일 오후마다 3000명의 남녀가 차를 끌고 와서 이곳의 드넓은 주차장을 가득 채운다. 프로그래머, 전문 기술자, 홍보 담당자, 화학자, CEO들이 잠시 일을 멈추고 기도를 드리기 위해서 이곳에 모인다. 전 세계 이슬람교도가 읊는 기도를 드리기 위해.

"알라 외에 다른 신은 없습니다."

지금과 같은 불경기에도 이슬람공동체협회는 여전히 미국에서 가장 성공적인 공동체다. 회원들은 한 해에 평균 1억 원을 벌며 대부분 야후나 썬마이크로시스템 그리고 다른 수많은 첨단 기술 업체에서 일한다. 그들은 인도, 파키스탄, 방글라데시, 이집트, 사우디아라비아, 베트남, 라오스, 카메룬, 보스니아헤르체고비나를 포함한 적어도 40여 개 나라에서 온 이민 첫 세대와 2세대다. 나이 든 세대의 상당수는 고되고 단순한 일로 생계를 꾸리며 살아왔다. 그들은 여관이나 작은 가게를 운영하면서 자식들을 하버드대학교나 컬럼비아대학교에 보냈다. 이 공동체는 새로운 아메리칸드림이다.

라찌 모히우딘은 이 공동체의 회장을 연속해서 두 번째로 맡고 있었다. 라찌는 캘리포니아 스타일의 우아함과 편안한 태도를 지닌 신사였다. 나는 그가 왜 두 번씩이나 회장직을 맡을 수 있었는지 한눈에 알 수 있었다. 그는 훤칠한 키에 다부진 몸, 시원한 미소, 숱이 많은 검은 머리와 코밑수염을 지닌 매력적인 남자였다.

라찌는 열여덟 살에 일리노이대학교에서 컴퓨터 과학을 전공하기 위해 모국인 인도를 떠나 홀로 시카고에 왔다. 중년의 나이와 경제적 풍족함은 라찌를 더욱 종교적인 사람으로 만들었다. 그는 코란의 명령대로 하루에 다섯 번씩 기도하며 자녀들을 회교사원에 있는 학교에 보낸다. 코란은 이자를 물고 돈을 빌리는 것을 금지하기 때문에 라찌는 현금을 주고 집을 샀다. 그는 부하직원보다는 상사가 되는 편이 신앙생활을 실천하는 데 훨씬 편하다고 덧붙였다. 라찌는 기도 시간을 전후해 약속을 잡는다. 그러나 이슬람 신앙의 실천자와 성공적인 소프트웨어 사업가라는 두 가지 정체성은 때때로 충돌한다. 예를 들어 판매 증진을 위한 파티를 열어야 할 때 그는 고민에 빠진다. 사람들은 맥주와 와인을 원한다. 코란은 알코올을 명백히 금지하고 있는데, 어떻게 이를 합리화할 수 있을까? 술을 곁들인 모임을 열면서도 그의 마음은 편치 않다.

"나는 당신과 저녁을 먹으면서 맥주 한잔을 살 겁니다. 하지만 그럴 때 마음이 조금 힘든 게 사실입니다."

라찌에게 천국이라는 개념은 늘 현재적이다. 그는 천국이 없는 삶을 상상할 수 없다. 대부분의 신실한 이슬람교도처럼 그는 신이 언제나 자신을 지켜본다고 믿는다. 아침에 일어나 손을 닦을 때부터 밤에 마지막 기도를 드릴 때까지 말이다. 또한 신의 천사가 모든 행동을 커다란 책에 기록하고 있다고도 믿는다. 코란에 의하면 각 사람의 행위는 천국에 아로새겨진다.

"당신이 하는 모든 행동이 천국의 커다란 책에 기록됩니다. 크고 작은 모든 문제가 빠짐없이 말이지요."

하디스는 책에 대해 묘사하며 좀더 살을 붙인다. 영혼이 육체를 떠날 때 그 책은 당신의 목에 단단히 고정된다. 심판의 날에 알라는 판결을 내리는데 결과에 따라 의인은 오른손에, 멸망에 처할 자는 왼손에 자신의 책을 받는다.

또한 코란은 거대한 저울인 미잔mizan에 대해서도 말한다. 미잔은 심판의 날에 각 사람의 선한 행위와 악한 행위의 무게를 잰다. 코란은 이렇게 말한다.

"저울이 무겁게 내려앉는 사람은 살 것이다. 반면 저울이 가벼운 사람은 영혼을 잃고 지옥에 떨어져 영원히 고통받을 것이다."

말하자면 기준에 미달되는 사람은 지옥에 떨어진다. 그곳에는 "타는 듯한 바람과 끓는 물, 검은 연기 그늘, 무정함이 가득하다." 반면 양의 대차대조표를 가진 이들은 천국으로 향한다.

라찌는 낙원에서 제공되는 환희에 대한 코란의 설명, 예컨대 안락한 쿠션을 댄 긴 의자와 잘 익은 과일, 샘솟는 물과 흐르는 강물, 아름다운 처녀를 있는 그대로 받아들이지만 그것이 천국의 핵심이라고 생각하지는 않는다. 신의 곁에서 기도하며 옳은 일을 하라. 사람들을 친절과 존경으로 대하며 옳은 일을 하라. 이것이 그가 생각하는 천국의 핵심이다.

라찌는 다음과 같은 이슬람 전통에 관해 이야기했다. 마지막 때에 당신은 생전에 잘못한 사람을 찾아가 용서를 빌 수 있다. 만약 상대가 용서하면 둘은 함께 천국에 간다. 라찌는 살짝 웃으며 이렇게 덧붙였다.

"심판을 기다리며 떼 지어 몰려 있는 지구 상에 살았던 모든 영혼들 가운데서 상대방을 찾아내는 일은 몹시 어려울 겁니다. 그러느니

Chapter 4. 푸르른 초원 | 145

지금 이 땅에서 사람들에게 잘 대해주는 편이 훨씬 쉽지 않을까요? 만약 잘못을 저질렀다면 그 자리에서 용서를 구해야 하고요."

그날 만남 이후 라찌는 내게 이메일을 보내 자신의 말을 다시 한 번 강조했다. 이메일에는 지역 뉴스 기사가 첨부되어 있었다. 로스앤젤레스에서 택시를 운전하는 한 이슬람 신자가 뒷좌석에서 3억 5000만 원 상당의 다이아몬드를 발견하고는 두고 내린 손님을 추적해 돌려주었다는 내용이었다. 택시 기사는 자신의 행동을 이렇게 설명했다.

"신이 위에서 항상 보고 계시거든요."

기원

이슬람교가 탄생한 사막은 성 안토니가 머물던 이집트 사막에서 약 750마일 떨어진 훨씬 더 혹독한 곳이었다. 그곳은 사우디아라비아 서쪽 해안의 히자즈Hijaz, 즉 끝없이 펼쳐진 모래벌판으로 무자비하게 뜨거웠다. 여름에는 낮 온도가 평균 화씨 113도에 이르렀다. 19세기 말, 영국의 탐험가 찰스 다우티는 이곳을 다음과 같이 묘사했다.

"이 황무지에 태양이 마치 압제자처럼 쳐들어와 타는 듯한 광선을 쏜다. 저녁 늦은 시간까지 태양은 기세를 꺾지 않는다."

6세기에 베두인족Bedouins이 이곳에 들어와 가축을 길러 가죽과 고기를 팔아 생활했다. 그들은 새로운 목초지를 찾아 끊임없이 거처를 옮겼고, 종종 갓 태어난 여자 아기를 산 채로 모래에 묻었다. 먹여 살릴 입을 하나라도 줄이기 위해서였다. 코란에서는 이러한 행위를 꾸짖고 있는데 덕분에 우리는 이런 일이 실제로 벌어졌다는 사실을 확인할 수 있다. 이곳 사막에서는 오직 생존만이 중요했고 안락함이란 없었다.

고대 베두인족의 종교적 관습은 엄격하지 못했다. 베두인족에게는 조직적인 종교가 없었다. 사람들은 종교에 그다지 흥미를 보이지 않았다. 의인에게 보상으로 주어지는 낙원이라는 개념은 그들에겐 웃음거리였다. 그럼에도 불구하고 베두인족 역시 선조들에게 물려받은 종교적 전통을 습관적으로 혹은 실용적인 목적을 위해 실천하고 있었다.

베두인족은 다양한 신을 믿었지만 조직적인 신전에서 위계질서에 의거해 신앙생활을 하지는 않았다. 그들에게는 장소의 신과 날씨의 신이 있었다. 나무의 신과 동물의 신, 돌의 신도 있었다. 고대 히브리인과 마찬가지로 아랍인 역시 제단 앞에 희생 제사를 지내고 그 고기를 먹었다. 그들은 힌두교도처럼 때때로 동물을—대체로 사랑하던 낙타를—산 채로 신들에게 바쳤다. 인간에게 생명, 구체적으로 고기와 우유, 이동 수단, 피난처를 제공하는 낙타를 신성하게 여긴 것은 당연한 일이었다. 그들은 낙타 무리 중에서 한 마리를 선별해 고된 일에서 벗어나 편히 쉴 수 있는 자유를 주기도 했다.

베두인족은 사람이 죽으면 어디론가 간다는 생각을 어렴풋이 지니고 있었다. 그러나 일반적으로 삶은 삶이고 죽음은 죽음이었다. 죽음은 필연적이며 슬퍼할 만하며 종종 불공평한 것이었다. 문맹에다 교육을 받지 못한 유목민들은 심장이 멎을 듯한 구전 시가들을 남겼다. 죽음을 노래한 시에서는 복수와 슬픔, 삶의 종말을 이야기한다. 그러나 천국에 대해서는 결코 노래하지 않는다.

"칼집에서 빼든 칼을 들고 난 당신을 위해 웁니다. 날카로운 기병도와 작살을 지닌 채 웁니다. 이것은 당신의 피를 위해 복수할 자가

들 무기입니다."

또 다른 시에서는 자식을 잃은 어머니가 다음과 같이 통곡한다.

"죽음은 어째서 우리를 이토록 괴롭힌단 말인가? 날마다 죽음은 부족에서 고결한 남자 한 명씩을 골라 가는구나. 죽음은 가장 훌륭한 아들만을 취한다네. 가장 덕망 있고 잘생긴 아들만을."

이것은 죽음 후 어떤 좋은 것도 바라지 않는 사람이 부를 만한 노래다.

이 사막 중간에 살기에 그나마 조금 나은 도시인 메카Mecca가 있었다. 그러나 10세기에 활동한 아랍의 지리학자 마끄디시에 의하면 이곳 역시 '숨 막힐 듯한 열과 끔찍한 바람'의 도시다. 여름이 되면 너무나 더운 나머지 사람들은 메카를 '불탄다'고 표현했다. 진흙과 지푸라기로 지은 한 무리의 집이 도시 중앙에 집중되어 있었는데, 집들은 결국 하천 유역의 수로 위에 위치한 셈이어서 맹렬하게 비가 퍼붓는 계절이 오면 늘 비에 쓸려 내려갔다.

메카의 가장 큰 볼거리는 카바Ka'aba였다(몇몇 현대 학자들은 카바가 메카의 유일한 볼거리라고도 말한다). 카바는 큰 시장에 근접한 구역의 중심부에 위치한 소박한 건물이다. 건물의 서쪽 구석에 운석으로 추정되는 커다란 검은 돌덩이가 박혀 있는데, 이 돌은 유목민들에게 오랫동안 종교적으로 중요한 의미를 지녀왔다. 메카의 주민과 북쪽으로는 팔레스타인, 남쪽으로는 예멘 그리고 홍해를 건너 서쪽으로는 이집트로 가는 길을 건너는 상인과 무역상에게도 마찬가지였다.

전해지는 이야기에 따르면, 히브리 족장 아브라함은 이스마엘을 만나기 위해 잠시 메카에 들렀다고 한다. 이스마엘은 아브라함이 정부 하갈과의 사이에서 본 아들이다. 이스마엘은 돌 주위에 최초로 허름하게나마 성전을 세운 인물이기도 하다. 메카는 두 가지 측면에서 유명해졌다. 그곳은 성지이면서 중립 지대였다. 서로 시기하고 미워하는 부족들이 무기를 내려놓을 수 있는 장소이자 모든 이들이 카바의 신 앞에 희생 제사를 지낼 수 있는 곳이었다. 그 신의 이름은 '알라'였다. 수세기 동안 순례자들은 기도를 드리기 위해 이곳을 방문했는데 이러한 의식을 하지Hajj라고 한다.

오늘날, 서구 학자들은 이슬람교를 탄생시킨 환경에 대한 사회적, 역사적 시각을 수정하는 중이다. 20세기의 후반 50년 동안, 이슬람학은 영국의 탁월한 학자인 몽고메리 와트가 주도했다. 주류의 관점으로 취급되는 그의 입장을 한번 들어보자.

6세기 말에 메카는 풍요롭고 인구가 많은 도시가 되었다. 메카는 상인들의 도시이자 금융업자와 채권자들의 도시였다. 또한 가죽과 향료, 금, 은, 곡물, 무기, 직물, 기름, 향수를 북쪽으로는 지중해까지, 남쪽으로는 예멘까지 나르는 대상隊商을 조직하고 이끄는 사람들의 도시였다. 그 무렵 부상하기 시작한 엘리트 계층은 경제적으로 상당히 여유가 있었다. 와트는 이 갑작스런 부가 아랍 사회의 성격을 바꾸어 놓았다고 주장한다. 혈연에 근거한 규범은 천박한 개인주의에 자리를 내주었고 공정하지 못한 사회체제가 나타났다. 가진 자들은 서로 특별 대우를 해주었고, 가난한 사람은 차별과 고통에 시달려야 했다.

코란과 이슬람교를 탄생시킨 환경은 구약성서의 다니엘서를 낳은 환경과 그리 다르지 않다고 주장하는 사람이 있을지도 모르겠다. 더불어 200년 후에 쓰여질 복음서를 탄생시킨 환경과도 말이다. 말하자면 극적인 사회적 대격변은 새로운 종류의 정의에 대한 갈망을 낳기 마련이다. 그러나 와트의 관점은 확인될 수 없었다. 6세기 아랍 세계에는 글을 쓸 줄 아는 사람이 한 명도 없었기 때문이다. 문서를 보존하거나 어떠한 형태로든 사적인 기록을 남기는 사람도 없었다. 역사가들은 오직 코란을 비롯한 초기 이슬람 문서에만 의존해야 했다. 거기에도 진실의 일부가 담겨 있긴 하겠지만, 새로 지배권을 얻은 종교에 유리하게 기술되었을 가능성이 높다.

이슬람 세계에서 코란이 차지하는 특별한 위치를 생각한다면 객관적인 연구는 더더욱 쉽지 않은 일이다. 예부터 신앙심이 강한 사람들은 코란에 어떠한 편집이나 번역, 해석, 경전화 과정도 가해지지 않았다고 믿어왔다. 그에 대한 반론은 학문적 불일치가 아닌 신성모독에 해당한다.

성서와 달리 코란에는 심리적으로 복잡한 인물이 거의 등장하지 않으며 이야기는 더더욱 없다. 코란은 신으로부터 직접 내려온 계시이며 그 자체로 성스러운 것이다. 그러나 서구의 신진 학자 집단들이 코란에 대한 좀더 객관적이고 냉정한 시각을 제기하기 시작했다. 그들은 신화에서 사실을 분리하려고 노력했다. 그들의 시각은 온건한 이슬람교도들마저 화나게 했다.

이 새로운 시각은 와트와 같은 결론, 즉 파괴적인 사회적 계층화가 발생하게 되었다는 주장을 낳는다. 이들의 생각을 좀더 들여다보자. 메카라는 도시가 두각을 나타낸 데는 메카를 지배하는 쿠라이시족 Quraysh에게 카바를 자본화할 방법을 찾아내는 정치적 감각이 있었기 때문이다. 그들은 먼 곳에 있는 상인과 무역상을 도시로 유인하는 법을 알았다. 메카는 그 자체로 북적거리는 중심지는 아니었지만 반드시 들러야 할 곳이었다.

이슬람 학자들은 메카가 '이방인들과 우상숭배자'들을 위한 도시였고, 이슬람교는 불경한 자들에게 유일신의 계시를 가져다 준 곳이라는 주장을 오랫동안 되풀이해왔다. 하지만 이러한 관점 역시 혁신의 대상이 되고 있다. 카바의 신 알라는 더욱 힘센 신으로 성장했고, 유대교와 기독교의 대표자들은 성지를 방문하기 위해 정기적으로 카바를 통과해야만 했다. 전승에 의하면 수많은 우상과 성상이 카바를 둘러싸고 있었는데, 거기에는 성모 마리아와 예수의 상도 포함된다. 카바의 안쪽 벽에 마리아와 예수의 그림이 그려져 있었다고도 한다.

카바에는 탄탄히 자리잡은 기독교와 유대교 공동체가 있었다. 그곳은 대담무쌍한 메카인들이 낙타를 타고 올 수 있을 정도로 메카와 가까웠다. 기독교인들은 히자즈의 남쪽, 예멘과 에디오피아, 시리아의 북쪽에 자리 잡았다. 불과 200여 마일 떨어진 곳에 위치한 미데나의 히자즈에는 유대 부족들이 강력한 세력을 형성하고 있었다. 그 가운데 하나인 퀘이누카Qaynuqa족은 700명의 남자를 전투에 배치할 수 있었고 그중 절반 가량은 완전무장이 가능했다.

유대교와 기독교가 충분히 유일신적이지 않다는 사실에 불만을 품은 메카 지역의 지성인들을 후나파Hunafa라고 부른다. 특히 그들은 기독교의 삼위일체에 의심의 눈길을 보내면서, '딘 이브라힘din Ibrahim', 즉 아브라함의 믿음이라고 불리는 신앙을 남몰래 지키고 있었다. 후나파는 이것이야말로 순수한 믿음이라고 믿었다. 말하자면 메카는 좁은 의미로 볼 때 이교도적이었지만, 유일신 사상의 씨앗은 사막의 뜨거운 공기 가운데 이리저리 부유하고 있었다. 뿌리를 내릴 비옥한 땅을 찾아.

마호메트는 570년 무렵에 메카 근처에서 태어났다. 그는 상인의 아들로 태어났으나 고아가 되었다. 삼촌이 그를 길렀는데, 하디스에 의하면 마호메트는 예민하고 내성적이며 영적인 아이였다고 한다. 약 열두 살 무렵 그는 삼촌과 시리아로 갔다. 그곳에서 마호메트는 금욕주의자인 기독교 수도사 바히라와 며칠 동안 깊은 대화를 나누었는데 이 경험은 그에게 큰 영향을 주었다.

청년이 된 마호메트는 메카를 떠나 많은 시간을 보냈다. 사막의 산지에서 홀로 기도와 명상을 하고 자신을 돌아보며 말이다. 그는 스물다섯 살에 카디자라는 이름의 부유한 미망인과 결혼했다. 전설에 의하면 그녀는 마호메트의 어머니뻘이었다고 한다. 하지만 그들 사이에 적어도 여섯 명의 자녀가 있었던 것으로 보아, 결혼할 무렵 카디자는 기껏해야 삼십 대였던 것으로 짐작된다. 와트는 생계 수단을 지닌 독립적인 여성 사업가였던 카디자가 마호메트의 경제적인 측면보다는 영적인 면에 이끌려 결혼했을 것이라고 추측한다.

서구 세계의 성스러운 문학에서 신적 계시에 대한 이야기는 반복적으로 등장한다. 모세와 밧모섬의 요한, 안토니는 모두 겸손했고, 신에게 선택될 것이라는 기대 따위는 해본 적도 없는 인물들이었다.

610년의 어느 날, 마호메트는 묵상을 위해 홀로 사막의 동굴에 들어간다. 위로부터 목소리가 들려왔을 때 그는 잠을 자고 있었다. 코란에서 처음 전송되고 하디스에서 정교화된 이 이야기는 이슬람 경전에서 가장 흥미로운 장면이다. 신의 천사인 가브리엘은 잠든 마호메트를 깨운 뒤 문서를 건네며 명령한다.

"암송하라!"

두려움과 혼란에 빠진 마호메트가 묻는다.

"무엇을 암송할까요(이 말은 코란의 신비로운 기원을 강조하기 위해 "하지만 전 글을 읽지 못합니다"라고도 해석된다)?"

질문에 대한 응답으로 천사가 목을 너무나 세게 조른 나머지 마호메트는 숨조차 쉴 수 없었다. 천사는 다시 명령한다.

"암송하라!"

마호메트가 다시 묻는다.

"무엇을 암송할까요?"

천사는 이렇게 말한다.

"주님의 이름으로 암송하라! 창조주의 이름으로! 그는 핏덩이에서 인간을 창조하셨다. 암송하라! 주님은 가장 은혜로우시다. 그는 펜으로 가르치신다. 그는 인간이 결코 알지 못할 일을 가르치신다."

마호메트는 천사가 알려준 대로 암송한다.

마호메트는 두려움에 사로잡혀 집으로 달려간다. 방금 겪은 일을 아내에게 전하며 마호메트는 자신이 미친 것 같다며 걱정한다. 그러나 카디자는 그를 믿었고, 최초의 개종자가 되었다. 나중에는 집안의 다른 친척과 메카의 주민들까지 알라야말로 유일신이며 선하고 자비로운 존재라는 마호메트의 메시지를 받아들이기 시작한다.

622년에 마호메트는 그를 따르는 작은 무리를 데리고 메디나로 간다. 그곳은 메카보다 좀더 살기 좋은 곳이었다. 우선 메디나에는 유대인이 더 많았는데, 그들은 마호메트의 유일신 사상을 비교적 잘 받아들였다. 610년부터 마호메트가 죽은 632년까지, 신은 정기적으로 선지자 마호메트에게 말씀을 전했고, 그는 히자즈의 아랍인들에게 신의 말씀을 전파했다. 그의 설교는 역사상 가장 감동적이고 서정적인 시다. 바로 그 구절들이 코란을 구성하는데, 전 세계 이슬람교도들은 이것이 진짜 신의 말씀이라고 믿는다.

코란은 이슬람교의 '다섯 기둥', 즉 신을 기쁘게 하기 위해 실천해야 할 다섯 가지 행위를 확립했다. 첫 번째 기둥은 성서의 첫 번째 계명과 유사하다. "알라 외에 다른 신은 없다." 더불어 마호메트를 신의 진정한 사자使者로 명명한다. 나머지 네 가지 기둥은 날마다 다섯 번 기도드리기, 가난한 사람에게 은혜 베풀기, 라마단 기간 동안 금식하기, (만약 가능하다면) 메카로 성지 순례가기다. 코란의 가장 중요한 메시지는 신을 기쁘게 하기 위해 반드시 올바르고 책임감 있게 행동해야 한다는 것이다. 개인적으로든 공동체 안에서든 말이다.

낙원

이슬람교의 자비롭고 선한 신은 신앙심 깊은 자에게 낙원을 보상으로 줄 것이다. 코란에서 묘사하는 낙원에는 사막 거주자들의 상상력이 반영되었다. 우선 코란의 낙원은 온대성 기후다. '푸르른 초장', '시원한 천막', '용솟음쳐 나오는 샘물'을 언급한 구절들을 보라. 메카와 주변 사막지대의 음식과 음료는 자주 상했다. 코란은 모든 먹을 것이 신선한 천국을 약속한다.

"그곳엔 소금기 없는 강이 흐른다. 또한 결코 상하지 않는 우유가 흐르는 강, 순수하고 맑은 꿀이 흐르는 강이 있다. 낙원에서 그들은 모든 종류의 과일과 신의 용서를 누릴 것이다."

이슬람교에서 말하는 천국은 어떤 모습일까? 천국의 주민은 다양한 과일과 '원하는 모든 가금류의 살코기'를 실컷 즐길 수 있다. 뜨거운 태양 아래 힘들게 일하며 작은 모래땅을 놓고 싸워야 했던 남자들은 낙원에서 금팔찌와 초록색 겉옷을 착용하고 편안한 의자에 눕는다. 시종들은 시원한 물과 포도주가 든 호화로운 잔을 계속해서 가져다준다. 낙원에서 사람들은 살람, 즉 '평화'라는 말로 서로를 반갑게 맞는다.

전승에 의하면 천국의 언어는 아랍어라고 한다. 10년 전에 펜실베이니아주립대학교에서 이슬람학을 강의하는 조나단 브로코프가 카이로에 있는 한 서점 안을 어슬렁거리고 있었다. 그때 길에서 그를 기다리고 있던 아내 파울라에게 흰 수염을 기른 나이 든 남자가 다가와 말을 붙였다.

"아랍어를 할 줄 압니까?"

"조금요."

파울라가 대답했다. (그녀의 아버지는 루터교회 목사였다.)

"다행입니다."

반쯤 놀리며 남자는 이렇게 덧붙였다.

"천국에 가게 되면 거기서 무슨 일이 일어나는지 정도는 알아야 할 테니까요."

그러나 천국에 가려면 먼저 이 세계가 끝나야 한다. 코란에 의하면 하늘에서 별이 떨어지고 태양이 더 이상 빛나지 않으며 바닷물이 끓어오를 날이 올 것이다. 그때가 되면 천국이 가까워진 것이라고 코란은 말한다.

알라는 죽은 자를 부활시킬 것이다. 맨 처음에는 아브라함과 모세와 마호메트를, 그 다음에는 모든 사람들을 부활시킬 것이다. 이 모든 이들은 나란히 신 앞에 서서 판결을 기다려야 한다. 신이 판결을 내리는 데는 얼마나 오랜 시간이 걸릴까? 전승에 따라 1000년 혹은 5만 년이라고 말한다. 벌거벗은 채 공포에 질려 땀투성이가 되어, 부활한 자들과 곧 심판을 받을 자들은 자신의 죄를 오랜 시간 동안 숙고한다.

이 모든 과정을 거친 뒤에야 판결이 내려진다. 코란에 의하면 신은 사람의 선한 행위를 저울로 재고, 그에 따라 선고를 내린다. 천국행 사람들은 자신의 삶이 기록된 책을 오른손에 받는다. 반면 지옥행 사람들은 왼손에 책을 받는다. 그러고 나서 모든 사람은 면도날만큼이나 좁은 다리를 건너야 한다. 이것은 아마도 조로아스터교에서 빌려온 개념일 것이다. 선한 자들은 신의 인도를 받아 다리를 지나 저 너머에 있는 천국의 정원으로 들어간다. 반면 저주받은 자들은 악취를 풍기는 더러운 구덩이에 빠진다. 구덩이는 "불의 옷이 재단되어 있고 머리 위로 타는 듯한 물이 떨어지며 그로 인해 내장과 피부가 녹아내리는" 곳이다.

마호메트가 천국과 지옥에 관한 메시지를 전하자 사람들은 코웃음을 쳤다. 실제로 코란은 부활과 내세를 의심하고 비웃으며 무시하는 사람들에 관해 묘사한다.

하버드대학교에서 이슬람학을 강의하는 제인 스미스 교수는 이본 하다드와 함께 쓴 《죽음과 부활에 관한 이슬람의 이해 The Islamic Understanding of Death and Resurrection》에서 다음과 같이 말한다. 내세에 관한 메시지와 함께 신과 공동체에 대한 개인의 책임감이라는 메시지가 강력해지면 어떤 일이 일어날까? 아랍인들은 신의 뜻에 따라 펼쳐지는 역사 속에서 자신들의 개인적, 집단적 역할에 가치를 두게 되었다. 냉담하고 무관심하며 잡다한 신들을 버리고 자비롭고 친절한 유일신 알라를 믿게 되면서, 초기 이슬람교도들은 자신이 속한 세계는 물론 주변 세계까지 발전시키려는 성향을 갖게 되었다.

전통적으로 이슬람교의 천국은 유대교나 기독교의 천국보다 더욱 물질적이고 생생하다. 이슬람교의 천국이 주는 기쁨은 좀더 육체적이다. 그러나 이슬람교에서 말하는 천국의 구체적인 특성은 그동안 좀처럼 논의되지 않았다.

어느 질척거리는 겨울 날, 나는 다트머스대학교의 이슬람 종교학 교수인 케빈 라인하르트를 방문했다.

"이슬람교도들에게 육체는 큰 문제가 되지 않아요. 지금 세계에서 일어나는 일들은 앞으로 올 세계의 예견입니다. 즐거운 대화와 친구들과 보내는 편안한 시간, 좋은 옷, 두통을 일으키지 않는 와인 같은 것들 말입니다."

모든 단순화가 그렇듯이 라인하르트의 주장 역시 진실이자 진실이 아니다.

할레드 아부 엘 파들은 자신의 임무를 다음과 같이 설명한다. 즉, 그는 10억 명의 이슬람교도가 하나같이 똑같은 신앙을 갖고 있다는 세계인의 잘못된 인식을 깨우치고 싶어 한다. 쿠웨이트에서 태어난 그는 예일대학교를 졸업하고 UCLA에서 법학을 가르치는 교수다. 중세 시대의 위대한 이슬람 지성들처럼 아부 엘 파들 역시 영향력 있는 진보적인 이슬람 싱크 탱크think tank 집단을 만들었다.

내가 찾아갔을 때 그는 대학원 학생들에게 둘러싸여 있었다. 거기엔 이슬람 신자와 비이슬람 신자, 미국인과 외국인이 모두 포함되어 있었다. 그들은 전통적인 이슬람의 가치에 대해 열띤 토론을 벌이며 다양한 의견을 개진하고 많은 논문을 발표한다. 아부 엘 파들은 미美에 대한 이슬람의 관점이나 이슬람 세계에서 여성에게 부여되는 역할 등을 주제로 책을 써왔다. 그의 부인인 그레이스 송은 가톨릭교에서 이슬람교로 개종했다. 대만 이민자의 딸인 그녀는 남편의 개인 필기사 겸 비서로서 전적으로 헌신하고 있다.

아부 엘 파들은 늘 몸이 아프며 운전도 하지 않는다. 심지어 시간과 요일조차 모를 때가 많다. 그는 진리를 밝히고 퍼뜨리는 데만 집중한다.

나와의 긴 전화 통화에서 그는 다음과 같이 말했다.

"이슬람교의 천국에 대해 미국인은 대단히 무지합니다. 너무나 많은 미국인이 이슬람교도를 나쁘게 생각하고 있어요. 한 무리의 처녀들과 섹스를 하며 방탕한 성적인 쾌락을 누리기 위해 스스로의 목숨을 포기하는 사람이라고 말이지요."

그러나 전 세계의 너무나 많은 이슬람 신자가 코란을 문자 그대로 읽고 해석한다는 사실에 그는 더 큰 불편함을 느낀다. 지난 100년, 특히 최근 30년 동안에 아부 엘 파들이 이슬람적 '청교도주의' 라고 부르는 것이 전 세계적으로 지배적인 종교 형태가 되었다. 그렇게 된 데는 사우디아라비아가 지원하는 풍부한 자금이 동원된 복음주의적 노력이 큰 역할을 했다. 이러한 와하비즘Wahhabism은 종교와 생활 규범의 엄격한 준수와 코란에 대한 신적인 믿음을 강조한다. 누구도 코란을 비판해서는 안 되며 어떠한 역사적, 문화적 문맥화도 허용하지 않는다. 그는 이러한 세계관이 전 세계적으로 계몽이나 진보에 반대하는 이슬람 공동체를 만들어내고 있다고 말한다.

"평신도들은 언론이나 공교육을 통해 이슬람을 배워 나갑니다. 물론 와하비 자체를 통해서도 알게 되고요. 미국에 사는 많은 수의 이슬람 대표자는 실상 이슬람 전통에 대해 아무것도 모릅니다. (…) 우리는 이슬람의 암흑시대에 살고 있습니다."

아부 엘 파들이 '걸음마 단계ABC level'에 있다고 여기는 이들 이슬람 신자들은 천국에서 받을 보상을 지상에서의 행위와 연관시킨다. 왜냐하면—아부 엘 파들의 표현을 옮기자면—그들은 다음과 같이 생각하기 때문이다.

"나는 내세에서 달콤한 사과를 먹고 싶거든요."

아부 엘 파들은 미국의 이슬람교도들이 세계를 대상으로 한 테러리즘에 일정 부분 책임을 져야 한다고 믿는다. 그는 실제로 9·11 테러가 일어난 다음 주에 〈로스앤젤레스타임스〉의 사설을 통해 그에 관한 많은 이야기를 했다. 전 세계에 전파된 청교도적 이슬람교의 내향적인 성격은 "자기비판과 내적 성찰을 회피하는 문화를 낳았고, 거의 판타지 수준의 확신과 교만을 수용했다."

위와 같은 발언 때문에 그는 동료 이슬람교도들에게 살해 위협을 받고 있다. 친구들은 이제 그에게 말도 걸지 않는다. 미국 내의 많은 이슬람 센터가 그를 배척한다. 어느 날, 나는 뉴욕대학교의 도서관에서 아부 엘 파들에 관한 자료를 찾다가, 페이스북을 통해 그를 뉴욕대학교로 초빙하자는 운동을 벌이고 있는 단체를 발견했다. 청원자들은 '우리 시대의 가장 중요하고 영향력 있는 이슬람 철학자'라고 치켜세우며 이슬람교도들 사이의 열린 대화를 고집하는 그를 칭송했다. 그러나 어떤 페이스북 회원은 "알라 외에 다른 권력이나 힘은 없다"는 비판적인 댓글을 남겼다.

아부 엘 파들은 천국에 대해 이야기하면서 과일, 섹스, 푸르른 초원과 같은 단어를 입에 담지 않는다. 대신 코란과 하디스에 있는 다른 구절들을 인용한다. 사실 그가 인용한 구절들은 수수께끼 같아서 해석하는 데 많은 노력이 필요하다. 코란에는 "신의 보좌가 물 위에 있다"는 구절이 나오는데, 이는 신이 세상의 안과 밖에 동시에 존재함을 뜻한다. 그는 종종 이 구절의 의미를 숙고한다. 또한 그는 "사람은 자신의 경정맥보다도 신과 더 가깝다"는 구절을 좋아한다. 다음은 아부 엘 파들이 특히 사랑하는 구절이다.

"신은 천국과 지구의 빛이다. 그의 빛은 등을 올려놓은 벽감niche 같다. 유리 속의 등불이여. 유리는 마치 가물거리는 별과 같구나. (…) 빛을 비춘 빛이여! 신은 택하신 자를 빛으로 인도하신다. 그리고 인류를 위해 비유로 말씀하신다. 신은 모든 것을 아신다."

그는 '빛을 비추는 빛'을 가리켜 참으로 아름다운 구절이라고 말했다.

"그것이 무엇을 뜻하는지는 모릅니다. 하지만 충분히 탐구할 가치가 있지요."

그는 천천히 말을 이었다.

"나도 다른 사람들처럼 천국이라는 개념과 싸웁니다. 하지만 내가 받아들이는 몇 가지가 있어요. 인간에게는 책임이 따른다는 것, 창조주가 계시다는 것, 의식과 기억이 있다는 것입니다. 나는 공간과 시간에 얽매이는 모든 개념에 대한 애착을 오래 전에 버렸습니다. 그것들은 철학적으로 전혀 말이 되지 않으니까요. 심지어 코란이라는 텍스트 역시 논리에 맞지 않아요. 코란에서 신은 계속 선지자를 보내 세상에는 물질 이상의 것이 있다고 말하게 하죠. 그러나 물질적 존재 이후에(죽음 이후에) 더욱 물질적인 존재가 나타납니다. 이것은 말이 되지 않아요. 나는 영혼의 세계를 믿습니다. 그것은 틀림없이 평온하고 평정한 세계일 것입니다. 반면 천국에 대한 온갖 물질적 묘사에 대한 확신은 오래 전에 힘을 잃었습니다."

나는 2007년에 출간된 폴 바렛의 《미국의 이슬람American Islam》에 등장하는 이미지를 결코 잊을 수 없다. 저널리스트인 바렛은 도시 근교에 위치한 아부 엘 파들의 조그마한 집을 방문했다. 화장실을 제외한 모든 방에는 바닥부터 천장까지 책이 쌓여 있었다. 기도 시간이 되자, 아부 엘 파들과—전처와의 사이에서 낳은—아들 그리고 아내 송이 기도를 위해 마련된 작은 양탄자 위에 어깨를 맞대고 섰다. 여기엔 성性의 구분이라곤 없었다. 그저 신 앞에 엎드린 세 사람이 있을 뿐이었다. 여자와 남자, 아이는 각각 지구의 다른 구석에서 왔지만 그 순간만은 함께 조용히 기도드렸다. 아랍어, 바로 천국의 언어로 말이다.

처녀들: 여성주의적 관점

이슬람교도들은—특히 아부 엘 파들처럼 미국 밖에서 태어난 이들은—이슬람교의 천국과 천국의 미녀들을 남자를 위한 섹스 파티와 관련시키는 미국인의 강박관념을 잘 이해하지 못한다. 그들은 미국인의 끈질긴 질문을 우스꽝스럽게 생각한다. 이 웃음은 성적 방탕으로 질퍽한 천국은 외부인에게만 문제가 될 뿐 그들의 고민거리는 아니라는 사실을 암시한다. 그러나 우리의 질문은 아직 만족스러운 답을 얻지 못했다.

"천국의 미녀들에 대한 믿음의 의미를 무시하는 사람들은 아마도 페미니스트와의 관계 따위는 안중에도 없을 겁니다."

밴더빌트대학교의 이슬람 역사학자인 레오르 할레비는 내게 보낸 이메일에 이렇게 적었다.

"그들은 이성애자 여성에 대한 성적 보상이 상대적으로 매우 부족하다는 사실을 전혀 생각하지 않았고, 천국의 물질적 환희를 대단히 은유적인 방식으로 해석합니다. 남녀 모두에게 동등하게 적용되는 영적 보상에 대한 상징적인 표지로 말이지요."

천국의 미녀들과 섹스 그리고 여성의 권리에 대한 의문 제기는 비단 21세기 미국인의 강박관념이 낳은 것만은 아니다. 그에 대한 증거로 할레비는 14세기에 쓰여진 페르시아의 시를 제시했다.

어느 날 한 사람이 복음을 전파하네
"아름다운 천국의 미녀들은
놀라운 기쁨을 선사할 것입니다.
남자들은 각각 스무 명의 미녀를 차지할 것입니다."

그때 한 늙은 여자가 자리에서 일어나 이렇게 묻네
"거기엔 미남들도 있나요?"

"당신이 천국에 들어가기만 한다면 그들은 당신을 결코 놓아주지 않을 겁니다."

설교자가 말하네

말하자면 남성과 여성 모두 천국의 감각적 기쁨을 누릴 수 있다.

랄레 바크티아르는 천국이 성과 무관한 곳이라고 생각하지 않는다. 그녀는 이란에서 태어나 로스앤젤레스와 워싱턴에서 성장했다. 홀로 그녀를 키운 어머니는 기독교인이었다. 바크티아르는 가톨릭 계통의 학교를 다녔고 로마 가톨릭 신앙을 갖게 되었다. 이십 대가 되어 아버지의 가족을 만나러 이란에 가기 전까지 그녀는 자신의 이슬람 뿌리에 그다지 관심을 갖지 않았다. 현재 칠십 대인 그녀는 이슬람 신자가 된 지 20년째를 맞았다. 그녀는 이슬람 전통 하에서 세 아이를 길렀고, 시카고대학교 루터신학교의 비교종교학과에서 5년 동안 이슬람학을 강의했다. 그녀는 이슬람에 관한 많은 책을 썼고, 특히 수피 전통 분야의 전문가다.

2007년, 바크티아르는 코란을 번역해 세계의 이목을 집중시켰다. 번역 작업을 하며 그녀는 상대적으로 명료하지 못한 부분 때문에 애를 먹었다. 그녀는 중성적인 언어로 코란을 번역했고, 남성 우월주의를 드러낸 구절들을 순화했다. 여기에는 대부분의 학자들이 아내 구타에 관용적인 입장을 보인 부분이라고 동의한 구절도 포함되는데, 그 구절은 다음과 같이 해석되기도 해 지금도 논쟁을 불러일으키고 있다. "아내들을 자리에서 내쫓고 때려라." 바크티아르는 그 부분을 이렇게 해석했다. "잠자리에서 아내를 외면하고 그녀에게서 멀리 떨어져라."《숭고한 이슬람Sublime Islam》의 서문에서 그녀는 자신의 번역이 특히 미국의 이슬람 여성들에게 도움이 되길 바란다고 썼다. 그녀들은 평생 보수적이고 전통적인 번역에 얽매여 살았고, 그 결과 여성을 2등 시민으로 만드는 데 영향을 주는 언어를 내면화해왔다.

남성은 1400년 동안 독점적으로 코란을 번역하고 해석했다.

"만약 여성이 코란을 해석하기 시작한다면 코란은 완전히 다른 모습을 띨 것이다."

전 세계의 이맘들Imams(이슬람 사회의 지도자와 율법학자를 이르는 말)은 바크티아르의 번역을 비난했고, 사원이나 회합에서 그 번역본을 사용하는 것을 금했다. 반대로 어떤 학자들은 그녀를 지지하는 성명의 초안을 작성했다. 역시 여성 개종자를 회장으로 둔 북미 이슬람협회는 바크티아르의 번역을 지지하며 다음과 같이 밝혔다.

"바크티아르는 아내 구타가 코란적이지 않다고 결론을 내린 최초의 해석가도, 유일한 해석가도 아니다."

이슬람교도들은 천국의 환희가 섹스를 맘껏 즐기는 남성만의 것이라는 주장에 헛웃음으로 응수한다. 바크티아르의 말을 들어보자.

"천국은 모든 이를 위한 곳입니다. 코란은 베개와 쿠션, 신선한 포도가 있는 장소를 묘사합니다. 그러나 그곳은 확실히 섹스를 위한 장소는 아닙니다."

나는 질문했다. 그렇다면 천국의 미녀들은 어떻게 되는 걸까? 보편적으로 미모의 섹스 파트너로 받아들여지는 젊은 처녀들 말이다. 바크티아르는 천국의 미녀라는 단어에는 성적인 뉘앙스가 없다고 주장함으로써 코란이 지닌 근본적인 남성 우월주의를 피해간다. 그녀가 번역한 코란에서는 천국의 미녀를 "사랑스런 검은 눈동자를 지닌 자여"라고 부른다. 그녀의 말을 더 들어보자.

"반드시 그들을 여성으로 생각할 필요는 없습니다."

그녀는 이렇게 덧붙였다.

"그밖에도 당신의 육체는 그곳에 없습니다. 우리는 완전히 다른 형태로 존재하게 됩니다. 천국에서 우리는 지금과는 다르게 느낍니다. 나는 천국에서 누릴 방탕한 성적 쾌락을 생각하지 않습니다."

말하자면 그녀는 은유적인 해석을 선호한다. 내세에 대한 그녀의 시각은 아부 엘 파들과 그리 다르지 않다.

"나는 세계와 우주를 비추는 빛의 일부가 되고 싶습니다."

섹스는 그녀가 생각하는 천국의 일부가 아니었다.

다시 어둑어둑한 실리콘밸리의 사무실로 돌아가보자. 세계적인 제약 회사 로체의 임상 연구원인 히샴 압달라는 이슬람교도가 천국에 가는 방법을 알려주었다. 아마도 세상에 존재하는 이슬람교도의 수만큼이나 다양한 천국이 존재하겠지만 보편적인 윤곽은 존재한다. 무덤에서 낙원의 정원에 이르는 여행이 그것이다. 압달라는 그 이유를 이렇게 설명했다.

"그것은 코란이 지도나 설명서에 해당하기 때문이지요."

독학으로 코란을 공부한 압달라는 입담 좋은 이야기꾼이다. 그는 이야기 중에 지옥의 불구덩이 위를 지나는 면도날처럼 가는 다리를 《반지의 제왕》에서 마법사 간달프가 빠진 좁다란 다리인 카자둠 Khazad-dûm과 비교했다. 압달라는 직접 가느다란 줄 위를 걷는 시범을 보였다. 코란은 환상적이고 영화적인 디테일로 천국을 묘사하지만 오직 단순한 사람들만이 이러한 설명을 문자적으로 해석한다는 사실을 보여주기 위해서였다.

그는 천국의 육체적 환희에 대한 믿음을 버리지 않는 것도 '틀린 것은 아니'라고 말한다.

"하지만 그것으로는 완전하지 못합니다. 그것들은 약속된 것이고 천국에 가면 우리를 기다리고 있겠지요. 그러나 우리가 아는 것은 그것들의 이름입니다. 어울릴 수 있는 친구나 연인, 과일이나 고기, 집처럼 말입니다. 내세에 관한 어떤 이야기를 듣더라도 당신은 그것의 진정한 성질을 결코 이해하지 못할 겁니다. 좀더 깊은 의미로 천국을 인식하는 것이 중요합니다. 단순히 환희에 대한 묘사로 천국을 인식하는 것보다는요."

그러므로 천국의 포도주는 우리가 지금 알고 있는 '포도주'와 아무런 상관이 없다. 재미를 느끼는 감각은 더 강화되겠지만 당신은 반드시 병뚜껑을 열거나 잔에 있는 술을 마실 필요는 없다.

"천국은 인간이 설명할 수 없는 새로운 존재 형태입니다. 현재의 우리보다 더욱 충만한 존재죠. 내세야말로 진정한 실재입니다."

압달라는 날마다 천국을 생각한다. 특히 아침에 잠에서 깬 직후에 말이다. 이슬람 문학에서 죽음은 종종 잠에, 내세는 잠에서 깨어나는 것에 비유된다. 매일 아침 그는 신에게 스스로를 의탁한다.

"만약 당신이 신을 기쁘게 하기 위해 모든 일을 한다면, 우리의 삶 자체가 내세에 관한 것이 됩니다."

소프트웨어 사업가인 라찌 모히우딘은 훨씬 직설적이다. 그는 천국이 무제한의 풍요를 제공하는 장소라고 진심으로 믿는다. 코란에 나타난 상징들, 예컨대 편안한 긴 의자와 젊은 여자, 포도주, 과일, 물이 치솟는 샘은 그에게 천국의 풍요를 떠올리게 한다. 최근의 경제적 고통은 천국을 향한 그의 열망을 더욱 강하게 만들었다.

"내겐 지금도 레스토랑에 갈 만한 충분한 돈이 있습니다. 하지만 나는 외식을 미룹니다. 대비해야 할 궂은 날이 있을지도 모르니까요. 그러나 천국에는 이러한 제한이 전혀 없습니다. 궁핍한 시기란 존재하지 않으니까요."

과일이 차려진 탁자를 사이에 두고 국가 원수들이 사진을 찍기 위해 포즈를 취하는 모습을 볼 때마다 라찌는 천국을 생각한다. 결혼식에 가서 신부의 부케를 볼 때에도 천국을 떠올린다. 이러한 작은 상징들이 이곳 너머에 있는 어딘가와 기도하고 자비를 베풀며 남에게 선을 행한 자에게 주어질 보상을 끊임없이 상기시킨다.

"천국은 내가 원하는 일을 어떤 형태의 벌도 받지 않고 효과적으로 할 수 있는 곳입니다. 그곳에선 모든 일이 가능하며 모든 것이 풍부합니다. 사람과 사물, 자연 사이에는 조화가 있습니다. 천국엔 궁극적인 마음의 평화가 있습니다."

이야기를 마치며 그는 공동체 센터의 열쇠를 주머니 안에 넣고는 휴대전화를 얼핏 살폈다. 그리고는 종종걸음으로 자신의 사무실로 돌아갔다.

CHAPTER

5

부활

HEAVEN

☆

2001년 9월 11일 아침, 벳시 파커 박사는 열쇠 수리공을 기다리고 있었다. 맨해튼의 최상류층 거주 지역에 있는 아파트의 문 열쇠를 고쳐야 했기 때문이다. 성공회 신부인 그녀는 안식년을 맞이해, 활발한 사회 활동을 하는 상류층 부인의 삶을 마음껏 누리고 있었다. 엘리베이터에서 내리는 열쇠 수리공의 얼굴을 보고 그녀는 큰일이 일어났다는 사실을 직감했다. 박사는 곧 신부복을 챙겨 입고 다운타운으로 가는 지하철을 탔다. 도움이 될 수 있는 일을 찾고 싶었기 때문이다.

그날 이후 몇 주 동안 파커 박사는 특별한 일을 했다. 병원 부검실에 임시로 마련된 시체보관소에 시신이 도착하면, 시신이 든 가방을 열고 손을 넣은 후 축복의 말을 했다. 공포스러운 임무를 수행하는 응급구조대원들의 긴장을 풀어주고 따뜻하게 위로하는 것도 그녀의 일이었다. 시신의 상태는 정말로 끔찍했다. 가방에 든 시신은 인간이라기보다는 어떤 찌꺼기를 닮은 경우가 더 많았다. 그녀는 수많은 바지

주머니를 뒤져 지갑이나 아이들의 사진을 발견했다. 밤이 되면 부검실 창 밖으로, 끝없이 이어지는 시체를 실은 앰뷸런스 행렬의 번쩍이는 불빛을 내다보았다. 역시 성공회 신부이자 동료인 찰스 플러드 박사는 약 100조각으로 나누어진 시신을 보기도 했다. 어떤 시신은 2에이커에 걸쳐 산산조각이 난 채 흩어져 있었다. 현대 DNA 테스트의 기적 덕분에 과학자들은 각 파편이 누구의 것인지 알아냈지만 조각난 시신을 다시 붙이지는 못했다.

그런 날 밤이면 파커 박사는 천국을 생각하곤 했다.

"나는 혼자 이렇게 중얼거리곤 했어요. 언젠가 나는 이 사람들을 다시 만날 수 있을 거야. 그들은 완벽해질 거야. 다시 부활의 때가 오면 육체는 영과 하나가 될 거야."

천국에서 당신의 몸은 어떻게 될까? 파커 박사처럼 당신은 육체적 부활을 믿는가? 말하자면, 마지막 날에 당신의 몸이 지금과 같은 상태로 영혼과 만나 영원히 살게 될 것이라고 믿는가? 이러한 질문들은 현대의 신앙인들을 시험에 들게 한다. 로마 가톨릭 신자인 20세기 시인 체슬라브 밀로즈는 부활을 이해하는 것이 얼마나 어려운 일인지에 관해 썼다.

"그래서 나는 예수가 죽은 자 가운데서 살아났다는 불합리를 믿는가? 이런저런 회피와 얼버무림 그리고 신학자들이 고안한 교묘한 속임수 없이 답하라. 믿는가, 믿지 않는가? 나는 믿는다고 답한다. 그리고 그러한 응답으로 죽음의 전능성을 무효화한다."

오늘날 사람들은 흡혈 거머리가 질병을 치료하고, 태양과 행성이 지구 주위를 돈다는 사실을 믿는다. 그럼에도 불구하고 신이 이미 부패한 시신을 사람의 형상으로 되돌린다는 사실을 믿는 것은 전혀 다른 문제다. 물질의 필연적인 부패와 죽은 자를 다시 살리는 일의 불가능성을 잘 알면서도 이러한 종류의 마법 같은 작용을 계속 믿는다는 것은 어려운 일이다.

내게 있어 천국을 믿는 데 가장 큰 걸림돌이 되는 것은 부활이다. 다시 아기가 되어 어린 육체의 즐거움과 정력을 되찾는다는 말을 나는 믿지 못하겠다. 인간은 늙고 닳아지며 결국 죽는다. 시간은 결코 거꾸로 흐르지 않는다.

나의 어머니는 최근 결장암 수술을 받았다. 수술 후 회복 중이던 어느 날 오후에 어머니는 자신의 몸을 찬찬히 살펴보았다. 그녀의 72년 된 육체는 한 번의 수술로 갑자기 쪼그라든 것만 같았다.

"도무지 내 몸 같지가 않구나."

아름다운 짙은 눈에 놀라움을 가득 담고 그녀는 이렇게 말했다.

젊은 시절의 어머니는 엄청난 미인이었다. 오십 대에 들어선 뒤에도 그녀는 레스토랑에서 남자들의 시선을 단번에 잡아끌었다. 어머니가 세상을 떠나 천국에 간다면, 나는 그녀가 1970년대의 모습을 되찾았으면 좋겠다. 윤기 나는 피부와 은빛 머리 그리고 깊고 빛나는 눈동자를 가지고 있으면서도 자신의 아름다움을 인식하지 않는 그런 여인으로 돌아갈 수 있다고 믿고 싶다. 하지만 그렇게 믿지는 못하겠다.

나 말고도 이러한 믿음을 갖지 못하는 사람은 많다. 1997년의 〈타임〉과 CNN 여론조사에 의하면 단 26퍼센트의 미국인만이 천국에서 육체를 가질 것이라고 믿었다. 만약 부활에 대한 믿음이 약해졌다는 더 많은 증거를 원한다면 2003년 해리스의 여론조사 결과를 참고하길 바란다. 응답자의 30퍼센트 가량이 윤회를 믿는다고 답했고, 스스로 기독교인이라고 밝힌 사람들 가운데서는 21퍼센트가 윤회를 믿었다. 윤회와 부활은 상호 배타적인 것이다. 정통적인 기독교인이라면 동료 기독교인이 다른 이의 몸을 빌려 이 땅에 되돌아오려는 소망을 남몰래 품고 있는 것에 대해, 논리에 맞지 않을뿐더러 이단적이라고 생각할 것이다.

미국에서 부활 신앙이 약화되고 있다는 가장 강력한 증거는 따로 있다. 바로 화장의 증가다. 30년 전만 해도 화장을 택하는 사람은 거의 없었다. 하지만 지금은 약 절반 정도의 미국인이 매장보다는 화장을 선호한다. 오랫동안 보수적인 종교계(예를 들어 몰몬교와 동방정교)는 화장을 반대해왔다. 신이 창조한 육체를 모독하고 부활을 부인하는 행위라는 이유에서였다. 평균적인 대중보다 종말이 가까웠다고 믿는 경향이 강한 남침례회 소속 교인들은 아마도 화장을 선택할 확률이 가장 낮을 것이지만, 2007년 북미 화장협회의 보고서에 따르면 남부침례교도의 16퍼센트가 화장을 선호한다고 밝혔다.

최근에는 로마 가톨릭교회마저 화장에 대한 입장을 바꾸었다. 가톨릭 신학에 의하면 인간의 육체는 성령을 담는 신성한 그릇이다. 그 때문에 장례미사는 성당 안에 놓인 관에 누운 본래의 육체에만 행해졌다. 그러나 1997년 이후, 경제 형편상 화장이 더 나은 선택 혹은 유일한 선택일 수 있다는 사실을 인식한 교황청은 북미 가톨릭 신자들에 대한 화장 제한을 철회했다. 바티칸은 온전한 시신에 대한 장례미사가 더 낫다는 입장은 유지했지만, 유사시에는 재에 대한 미사도 가능하다고 밝혔다.

유대교와 기독교, 이슬람교에서는 인간의 육체가 신성하다고 가르친다. 영혼과 더불어 육체는 우리 자신, 즉 신의 기적 같은 창조물인 개인을 형성한다. 이에 대해 창세기는 다음과 같이 말한다.

"야훼 하느님께서 진흙으로 사람을 빚어 만드시고 코에 입김을 불어넣으시니, 사람이 되어 숨을 쉬었다." (창세기 2장 7절)

그러나 오늘날 사람들은 이생의 완벽한 육체를 강조하는 반면 내세에서 육체가 어떻게 될지에 대해서는 별 관심을 기울이지 않는다. 미시간 주에서 장의 사업을 하는 시인 토마스 린치는 나와의 전화 통화에서 이렇게 말했다.

"예전 사람들은 천국에 가면 가장 아름다웠을 때의 모습을 되찾는다고 생각했습니다. 그러나 요즘 사람들은 비타민과 성형수술, 건강 관리 덕분에 이 땅에서 최고의 모습으로 살아가길 원합니다."

보스턴대학교의 종교학 교수이자 나의 친구인 스티븐 프로테로는 이 문제를 좀더 간결하게 표현한다.

"천국에서 육체를 지닌다는 생각은 터무니없고 비이성적이다."

사실 육체flesh 대 영spirit이라는 문제를 놓고 종교계는 항상 의견을 달리했다. 학자들은 이 질문을 '이것 아니면 저것' 이라는 틀, 즉 "부활이냐 아니면 영혼의 불멸이냐?"의 문제로 본다. 세 유일신교의 정통파는 부활을 주장한다. 그들의 말에 의하면 부활이라는 초자연적인 사건이 없다면 천국에 대한 믿음은 아이들 장난과 같다. 말하자면 천국이 신학적 진지성을 지니기 어렵게 된다. 진보적인 이들은 부활에 관한 질문에 우회적으로 접근한다. '이성적 종교'에 대한 열망으로, 그들은 부활이라는 단어가 우리의 생각과는 다른 것을 의미한다고 주장한다. 부활은 새로운 종류의 삶에 대한 은유라는 것이다. 그들은 다음과 같은 위대한 신학적 핑계를 대며 뒷걸음친다.

"우리는 하느님이 인간을 위해 어떤 것을 예비해두셨는지 알지 못한다."

사실 나는 정통주의의 부활에 대한 엄격한 믿음을 선호한다. 비록 그 믿음을 인정하고 받아들이지는 못하더라도 말이다. 천국을 믿는 가장 확실하고 직접적인 길은 육체를 소생시키는 신의 능력을 믿는 것이다. 천국을 보는 전통적 시각의 모든 훌륭한 점은 바로 여기서 나온다. 사랑하던 이들과의 재회, 천국의 잔치, 정원, 도시, 깨달음 그리고 사랑. 즐길 수 있는 육체가 없다면 이 모든 것이 과연 존재할 수 있을까?

부활은 기독교 이야기의 중심이다. 부활절이 기념하고 축하하는 것은 결국 육체의 부활이 아니던가? 이슬람교에서도 부활에 관한 믿음은 언제나 신앙의 기준이 되었다. 코란은 부활에 어떤 의심도 갖지 않는다.

정말로!
나는 부활의 때를 믿네!
정말로!
나는 영혼의 존재를 믿네!
이 뼈를 다시 맞추어낼 수 없다고 생각하는가?
정말로! 손가락 하나까지 다시 살릴 수 있네!

제인 스미스와 이본 하다드는 《죽음과 부활에 관한 이슬람의 이해》에서 다음과 같이 썼다.

"육체와 영혼은 마지막 때에 반드시 다시 만날 것이다. 완전하며 의식을 지닌 책임감 있는 사람으로서 말이다. 이러한 사실에 대해 코란이나 다른 어떤 이슬람 저술도 한 치의 의심을 내비치지 않는다."

이슬람의 천국이 약속하는 감각적인 희열, 곧 음식, 음료, 실크로 지은 옷, 금으로 만든 장신구, 좋은 대화, 편안한 가구, 섹스는 전적으로 육체가 있어야 즐길 수 있다.

정통파 유대교 역시 마지막 때에 육체의 부활이 일어난다고 주장한다. 20세기 유대 철학자인 모세스 마이모니데스는 신앙에 관한 결코 타협할 수 없는 열세 가지 교의의 마지막 항목으로 부활을 꼽는다. 또한 정통파 유대교도들은 매일 드리는 아니마아민Ani Ma'amin (나는 믿습니다)이라는 기도를 통해 부활을 믿고 있음을 확실하게 고백한다. 기도문의 내용은 이렇다.

"나는 하느님이 그리 하실 때 죽은 자가 다시 살아날 것이라는 사실을 전적으로 믿습니다."

소수의 신심 깊은 유대인들이 화장과 장기 기증을 금지하는 전통을 따르는 것도 이 때문이다. 그들은 부활의 때에 하느님의 일을 덜어주기 위해 온전한 상태로 매장되기를 원한다. 일부 정통파 유대교도들은 이스라엘에서 가져온 흙으로 사랑하는 이를 묻는다. 이것은 약속의 땅에서 메시아를 맞이하기 위해서이며 부활의 순간을 상징한다.

나는 이 장을 파커 신부와 9·11 테러의 희생자들에 관한 이야기로 시작했다. 그 사건 이후 유일신을 믿는 종교들이 부활에 관한 생각에 사로잡혔기 때문이다. 사실 그동안 이들 종교는 부활을 억지 해석하고, 고지식한 믿음을 강요한 면이 없지 않았다. 사자에게 먹히거나 수많은 전쟁에서 증발 혹은 가루가 된 인간의 조각조각을 신이 어떻게 다시 맞추느냐는 아주 중요한 질문이다. 만약 200조각으로 나눠진 인간을 신이 다시 완전하고 아름다운 모습으로 짜 맞추어 천국으로 보낼 수 있다고 생각한다면 당신은 전지전능한 신을 믿는 것이다. 이런 신앙을 가진 사람에게 천국은 아무런 고민거리도 되지 못한다. 그러나 나처럼 신을 좀더 추상적으로 생각하는 사람들에게 부활에 관한 회의는 신앙을 갖는 데 장애물로 작용한다.

유대교에서 말하는 부활

학자들은 바빌론 유수 시기에 쓰여진 에스겔서 37장을 두고 치열하게 논쟁해왔다. 에스겔서에서 에스겔 선지자는 마른 뼈로 가득한 계곡을 본다. 그때 하느님이 에스겔 선지자에게 묻는다.

"너 사람아, 이 뼈들이 살아날 것 같으냐?" (에스겔 37장 3절)

에스겔은 잘 모르겠다고 대답한다. 그러자 하느님은 뼈들을 일으키더니 원래의 모습대로 짜 맞추었다. 어린아이가 레고 조각을 맞추듯이 뼈와 뼈를 맞춘 것이다. 하느님은 뼈 위에 힘줄을 두고 이어서 근육을 입히고 살을 덮었다. 에스겔은 무척 강렬한 인상을 받았겠지만 완전히 놀라지는 않았을 것이다. 그것들이 여전히 죽어 있었기 때문이다. 이어서 하느님은 에스겔에게 다음과 같이 말하도록 지시한다.

"내가 너희 속에 숨을 불어넣어 너희를 살리리라." (에스겔 37장 5절)

에스겔이 명령을 내리자 놀라운 일이 벌어진다.

"그러자 모두들 살아나 제 발로 일어서서 굉장히 큰 무리를 이루었다." (에스겔 37장 10절)

하느님은 다시 이 기적이 무엇을 의미하는지 에스겔에게 질문한다. "너 사람아, 이 뼈들은 이스라엘의 온 족속이다. 뼈는 마르고, 희망은 사라져 끝장이 났다고 넋두리하던 것들이다. 이제 너는 이들에게 나의 말을 전하여라. '주 야훼가 말한다. 나 이제 무덤을 열고 내 백성이었던 너희를 그 무덤에서 끌어올려 이스라엘 고국 땅으로 데리고 가리라. 내가 이렇게 무덤을 열고 내 백성이었던 너희를 무덤에서 끌어올리면, 그제야 너희는 내가 야훼임을 알게 되리라. 내가 너희에게 나의 기운을 불어넣어 살려내어 너희로 하여금 고국에 가서 살게 하리라. 그제야 너희는 나 야훼가 한번 선언한 것을 그대로 이루고야 만다는 사실을 알 것이다. 야훼가 하는 말이다.'" (에스겔 37장 11-14절)

하느님은 이 장면에서 무엇을 말씀하고 있는 걸까? 그는 어떤 약속을 하고 있을까? 정통파 유대교인들은 이 구절이 부활에 대한 성서의 결정적인 증거라고 주장한다. 이 믿음은 유대 전통에서 너무나 중요해서 이 믿음 없이는 그 어떤 것도 유대적이 될 수 없을 정도다. 반면 진보적인 유대인들은 하느님이 비유적인 부활, 즉 개인이 아닌 민족과 부족, 국가의 부활을 이야기하고 있다고 주장한다. 바빌론 유수 동안 유대인들은 집에서 쫓겨나 성전과 조상이 묻힌 동굴에서 아주 멀리 떨어진 곳에서 살았다. 위의 구절을 통해 하느님은 그들을 생전에 다시 이스라엘 땅, 즉 신의 언약이 이루어지는 땅으로 돌려보내겠다고 약속한다. 진보적인 유대인들은 하느님이 말씀하고 있는 것은 마법이 아니라 이스라엘 민족의 집단적 운명이라고 주장한다.

존 레벤슨 교수는 첫 번째 입장을 지지하는 그룹에 속한다. 그는 트위드로 만든 모자를 쓰고, 나비넥타이를 맨 말쑥한 모습의 학자다. 하버드대학교의 신학대학에 위치한 그의 연구실 문에는 〈뉴요커〉에 실렸던 만화가 빈틈없이 그려져 있다. 《부활과 이스라엘의 회복 Resurrection and the Restoration of Israel》의 저자이자 전통을 준수하는 유대인인 레벤슨은 주류 유대교가 다시 육체적 부활 신앙을 가지기를 원한다. 너무나 많은 현대의 유대교도가 부활을 믿는 유대 전통을 쉽게 버리고 있다고 그는 주장한다.

2007년, 가을에서 겨울로 접어들 무렵의 어느 얼어붙을 듯이 춥던 날 아침에 나는 레벤슨을 만났다. 그는 약속에 늦었고 화가 난 상태였다. 추운 날씨에 보일러가 터져버렸는데 수리공이 아직 도착하지 않았기 때문이었다.

나는 산문적이고 현실적인 사람이기 때문에 그에게 논리적인 설명을 듣고 싶었다. 어떻게 쌍둥이 빌딩에서 완전히 으깨지거나 전쟁에서 불에 타고 조각난 사람을 부활시키는 신을 믿을 수 있는지 말이다. 더구나 그는 현대 물리학의 발견들을 충분히 알고 있지 않은가? 내 질문에 레벤슨의 깊고 짙은 눈동자가 반짝거렸다.

"합리주의자들의 의문에는 희망이 없습니다. 'MIT에 제 연구실이 있는데요, 어떻게 하면 죽은 육체를 부활시킬 수 있을까요?'라고 묻는 것은 아무 쓸모가 없어요. 부활에 대한 믿음은 좀더 근본적인 것입니다. 그것은 초자연주의적 사건이며 신이 베푸시는 아주 특별한 은혜와 자비의 행위입니다."

레벤슨의 주장은 아주 간단하다. 그는 성서에서 부활에 관한 유대적 믿음을 찾아볼 수 없다는 진보주의자들의 주장에 반박한다. 구약성서에는 부활과 관련한 온갖 종류의 힌트와 암시가 들어 있다는 것이다. 예루살렘 성전은 회복과 정화, 갱신의 장소다. 생명의 신이 인간을 다시 에덴동산으로 돌려보낼 것이라는 생각은 토라와 유대 전통에 대한 랍비들의 이해에 중요한 요소다. 다니엘이 천국을 약속한 제2성전 기간 동안, 유대인들은 신이 세상을 뒤집어놓을 것이라는 사실을 이해함과 동시에 부활을 믿게 되었다.

"이스라엘의 신은 생명의 편에 서 있다. 그의 능력은 세상에서 가장 자연스러운 일인 죽음조차 극복할 것이다."

예수의 탄생 이후부터 율법을 준수하는 유대인들은 날마다 '세상이 끝날 때 새로운 세계에서 육체를 입고 다시 살아날 것'이라는 내용의 기도를 드렸다. 가장 철저하게 율법을 준수하는 유대인들은 서기 70년에 로마가 예루살렘을 격파한 후 몇 십 년 안에 편찬되었을 아미다Amidah를 하루 세 번, 안식일에는 네 번씩 암송했다. 아미다는 전능하고 강력하며 '죽은 자를 다시 살리시는' 신을 찬양한다.

그러나 1824년, 사우스캐롤라이나 주 찰스톤에 위치한 시나고그synagogue(유대 예배당) 회원들은 공동체에 침투한 기독교 선교사들의 영향을 염려했다. 그들은 회의를 열어 미국 개혁주의 유대교의 성격을 규정했다. 회의 결과, 그들은 마이모니데스의 열세 가지 원칙을 수정해 육체적 부활에 대한 믿음을 '영혼의 불멸성'으로 대체했다.

60여 년이 지난 후, 이번에는 피츠버그에서 미국의 개혁주의 랍비들이 다시 만나 몇 가지 수정 사항을 추가했다. 거기엔 코셔Kosher 법에 대한 거부가 포함되었다. 랍비들은 그 법이 "현재 우리의 정신적,

영적 상태와 완전히 동떨어진 것"이라고 말했다. 또한 그들은 천국과 지옥, 부활에 대한 유대적 믿음을 버렸다. 영혼은 불멸하며 신이 주신 것이지만, "우리는 유대주의에 뿌리를 두지 않은 생각을 거부한다. 육체의 부활과 영원한 형벌과 보상이 주어지는 천국과 지옥이 그것"이라고 그들은 선포했다. 그 후 아미다의 표현 역시 변했다. 더 이상 개혁주의 유대교도들은 '죽은 자에게 생명을 주시는' 신을 찬양하지 않는다. 대신 '모든 이에게 생명을 주시는' 신을 찬양한다. 다시 말해 내세에 대한 현대의 개혁주의적 이해에서 부활을 지워버린 것이다.

2007년, 개혁주의 운동은 그들이 사용하는 시두르Siddur(일용 기도서)를 또다시 수정했다. 랍비들은 '모든 이에게 생명을 주시는' 이라는 구절에 대한 대안적 해석으로 부활에 관한 천명을 다시 집어넣었다. 이 결정을 두고 수년 동안 논쟁이 지속되었고, 그 일에 관여한 편집자 한 사람은 내게 이런 말을 했다.

"개혁주의 학자들과 랍비들은 합리주의에 대한 책임에서 후퇴한 것으로 비춰지길 원하지 않았습니다. 대부분의 개혁주의 유대교도들은 여전히 부활을 문자 그대로가 아닌 은유적인 것으로 보고 있으니까요."

내 친구 레베카에게는 현대 유대교에서 부활을 둘러싸고 벌어지는 이러한 논쟁이 생소하다. 몬트리올에 있는 유대교 소수민족 집단에서 성장한 레베카는 유대교 계열 고등학교에서 교육을 받았고, 여름에는 유대교회에서 주최하는 수련회에 참가하곤 했다. 그녀는 친구들 가운데 누구보다도 유대교 전통에 편안함을 느낀다. 어린 시절, 그녀의 부모는 정통주의 회당에 출석했다. 그녀는 대학에서 타나크

Tanach, 즉 정전으로 인정받은 모든 히브리 성서를 공부했다. 그녀는 자신이 받은 어떤 유대교 교육도 부활과 관련이 없었다고 말한다. 아무도 그 문제를 꺼낸 적이 없다는 것이다.

"유대 교육은 신이 인간에게 무엇을 줄 것인지 기대하는 바를 가르치지 않습니다. 우리는 천국과 지옥 그리고 죽은 후 어떤 일이 일어날지를 토론하지 않습니다. 심지어 우리는 영혼에 대해서도 그다지 많은 것을 이야기하지 않았습니다."

홍수는 이 땅에서 노아와 동물 한 쌍씩을 제외한 모든 생명을 말살했다. 이 사건으로 모든 것이 설명된다. 그녀의 말을 더 들어보자.

"유대 교육은 이 땅에서 우리가 할 수 있는 일이 무엇인지를 강조합니다."

레베카와 같은 유대인들에게 부활이 별다른 의미를 갖지 않는다는 사실은 레벤슨 교수에게 할 일이 아직 많이 남았음을 뜻한다.

고린도전서 15장

어떤 의미에서 기독교의 역사는 부활의 문자적 진실을 믿지 않는 자와 벌인 2000년간의 논쟁이라고 볼 수 있다. 기독교가 시작되었을 때부터 회의론자들은 또 다른 가설을 제기했다. '영혼의 불멸'은 육체의 소생 없이도 천국에서—어떤 형태로든—존재할 수 있다는 믿음에 길을 열어준다는 것이다. 기원전 4세기, 플라톤은 인간의 육체가 덫이며, 육체가 영혼을 지상으로 끌어내린다고 생각했다. 이 땅에서 영혼의 목적은 배고픔과 목마름, 갈망 같은 육체의 욕망을 다스려 지혜에 도달하는 것이다. 죽음은 영혼을 해방시키며 가장 지혜로운 영혼은 신과 함께 거하기 위해 천국의 가장 높은 곳으로 올라간다. 이처럼 플라톤은 신과 천국에 대한 질문에 합리적으로 접근했다. 이는 알렉산드리아의 클레멘트를 시작으로 모든 중요한 기독교 신학자에게 영향을 끼쳤다. 2세기 신학자이자 교육자인 알렉산드리아의 클레멘트는 그리스철학이 "신의 영감 아래 놓여 있다"고 말했다. 플라톤 덕분에 신비하고 추상적인 대상을 합리적인 방식으로 이야기할 수 있게 되었고, 그에 따라 신학은 철학의 진지한 한 분야가 되었다. 어거스틴은 다음과 같은 기록을 남겼다.

"소크라테스의 제자들 중에 너무나 걸출하게 빛난 나머지 다른 이들을 완전히 압도하는 이가 있었으니, 그는 두말할 나위 없이 플라톤이었다. 그는 아테네 태생으로 고향에서도 존경받는 신분이었다. 플라톤은 타고난 놀라운 재능으로 동료들을 멀찌감치 따돌리고 앞서 나갔다."

중세 시대, 토마스 아퀴나스와 동료 기독교 지식인들은 신과 악의 본성 그리고 내세에 관련된 복잡한 질문에 합리적 접근을 한 본보기로 플라톤과 아리스토텔레스를 꼽았다.

예수의 탄생을 전후해 대부분의 유대인은 넓은 의미에서 부활을 믿었다. 앞서 기술했듯이 에세네파는 세상의 종말이 임박했으며, 종말이 오면 부활 혹은 적어도 영혼의 승천이 가능하다고 믿었다. 또한 그들은 의롭고 믿음 깊은 유대인들이 천사처럼, 즉 살과 피로 이루어진 육체가 아니라 신과 함께 거하는 천상의 존재로서 하늘로 돌아갈 것이라고 상상했다. 랍비들의 선조라고 할 수 있는 바리새인은 예수의 가르침이나 파커 신부의 의견과 유사한 믿음을 가지고 있었다. 그들은 신이 인간을 창조했으며 죽음 이후 영혼과 육체가 다시 결합해 완벽해질 것이라고 생각했다.

예루살렘의 성전과 법정에 대한 지배권을 두고 바리새인과 경쟁한 사두개인만이 부활을 전적으로 부인했다. 그들은 권력을 쥔 제사장이자 엘리트였다. 복음서에는 그들이 예수를 조롱하는 내용이 실려 있다. 생전에 일곱 명의 남편을 둔 여자에 대해 다음과 같은 질문을 던지며 말이다. 그들 중 과연 누가 천국에서 그녀의 남편이 될 것인가? 이 질문은 만약 천국에서 육체를 갖는다면 배우자 또한 있을 것이며 이는 암묵적으로 배우자와 성관계를 맺음을 뜻한다. 예수는 크게 화를 내며 다음과 같이 말한다.

"너희는 성서도 모르고 하느님의 권능도 모르니 그런 잘못된 생각을 하게 되는 것이다. 사람이 죽었다가 다시 살아난 다음에는 장가드는 일도 없고 시집가는 일도 없이 하늘에 있는 천사들처럼 된다." (마가복음 12장 24-25절)

예수는 천국에 놀라운 것들이 예비되어 있으며, 성서를 읽기만 해도 그 사실을 알 수 있을 것이라고 덧붙인다.

알다시피 1세기의 유대인은 메시아를 기대했다. 구약성서 역대상과 역대하에 따르면 메시아는 다윗의 가문에서 나올 제사장이나 왕일 것이다. 예수는 이 예언에 들어맞는 인물이 아니다. 그는 다윗의 가문 출신도, 왕이나 제사장도 아니었다. 그저 갈릴리 출신의 목수에 불과했다. 그는 십자가에 못 박히고 조롱을 당하고 공개적으로 불명예스러운 죽음을 맞았다. 그러나 예수가 죽은 지 3일째 되던 날, 제자들이 무덤을 막고 있던 돌을 치웠을 때 예수의 시신은 그곳에 없었다. 제자들은 예수가 부활했다고 결론을 내릴 수밖에 없었다.

그렇다면 복음서 기자의 임무는 부활이 '실제로' 일어났음을 독자에게 확신시키는 것이다. 미래에 있을 부활을 믿는 것과 부활이 실제로 일어난 역사적 진실이라는 사실을 믿는 것은 매우 다른 문제기 때문이다. 예수의 부활은 은유가 아니다. 그는 단순히 사라진 것이 아니다. 예수는 육체적으로 다시 태어났다. 제자들은 다시 태어난 예수를 만난다. 복음서는 예수의 부활과 관련한 사건을 각기 다르게 다룬다. 마태복음에서 마리아와 여인들은 갈릴리로 향하는 길 위에서 예수를 만나고 그의 몸을 만진다.

"예수께서 그 여자들을 향하여 걸어오셔서 '평안하냐?' 하고 말씀하셨다. 여자들은 가까이 가서 그의 두 발을 붙잡고 엎드려 절하였다." (마태복음 28장 9절)

마가복음에서 부활한 예수는 세 번 모습을 드러낸다. 첫 번째는 막달라 마리아에게, 그 다음에는 두 명의 제자에게, 마지막으로는 부활을 믿지 못하는 열한 명의 제자 모두에게 나타난다(열두 명의 제자 중 가롯 유다는 예수를 팔아먹었다는 죄책감으로 자살했다 – 옮긴이). 누가복음에서도 예수가 제자들 앞에 나타난다. 하지만 제자들은 그를 알아보지 못한다. 예수는 그들과 함께 집으로 향한다. 빵에 축복하고 제자들에게 나누어준 뒤(보라, 그는 확실히 육체를 가지고 있다) 예수는 자신의 정체를 드러낸다. 물론 요한복음에서 예수는 궁극적인 증거를 보인다. 그는 옆구리에 난 못 자국에 손을 갖다 대고 이렇게 명령한다.

"의심을 버리고 믿어라."

특히 사도 바울은 강하게 부활을 변호했다. 그는 부활을 비상식적인 웃음거리로 여기는 회의적인 이방인 독자의 의견에 반박한다. 지금의 그리스에 해당하는 고린도에 있는 사람들에게 보낸 편지에서, 바울은 예수에게 일어난 일의 중요성을 이해하기에는 이방인들이 너무나 우둔하다고 주장한다.

"'죽은 사람이 어떻게 다시 살아나며 어떤 몸으로 살아나느냐?' 하고 묻는 사람이 있을지도 모릅니다. 어리석은 질문입니다. 심은 씨는 죽지 않고서는 살아날 수 없습니다." (고린도전서 15장 35-36절)

바울은 육체가 씨앗이라고 설명한다. 내세에서는 육체의 고유한 성질이 지금과 똑같으면서 완전히 다를 것이다.

"죽은 자들의 부활도 이와 같습니다. 썩을 몸으로 묻히지만 썩지 않는 몸으로 다시 살아납니다. 천한 것으로 묻히지만 영광스러운 것으로 다시 살아납니다. 약한 자로 묻히지만 강한 자로 다시 살아납니다. 육체적인 몸으로 묻히지만 영적인 몸으로 다시 살아납니다. 육체적인 몸이 있으면 영적인 몸도 있습니다." (고린도전서 15장 42-44절)

이 새로운 육체는 강력한 힘을 지닌다. 부활의 기적은 죽음과 육체의 부패를 정복한다.

"이 썩을 몸이 불멸의 옷을 입고 이 죽을 몸이 불사의 옷을 입게 될 때에는, '승리가 죽음을 삼켜버렸다. 죽음아, 네 승리는 어디 갔느냐? 죽음아, 네 독침은 어디 있느냐?' 한 성서 말씀이 이루어질 것입니다." (고린도전서 15장 54-55절)

이것은 아마도 육체적 부활에 대한 설명 가운데 가장 유명하고 자주 인용되는 성서 구절일 것이다.

그런 다음 바울은 슬픔에 빠진 수많은 사람을 위로해줄 약속을 전한다.

"내가 이제 심오한 진리 하나를 말씀드리겠습니다. 우리는 죽지 않고 모두 변화할 것입니다. 마지막 나팔 소리가 울릴 때에 순식간에 눈 깜빡할 사이도 없이 죽은 이들은 불멸의 몸으로 살아나고 우리는 모두 변화할 것입니다." (고린도전서 15장 51-52절)

우리는 그곳에 있을 것이며 변할 수 있다. 이것은 신비. 나는 또다시 내 아름다운 어머니를 생각하고 기대해본다.

짐 캐럴리는 너무나 많은 슬픔을 겪었다. 그 비극적인 사건이 일어난 지 30년이 지났음에도 캐럴리는 그 일을 떠올릴 때마다 울음을 터뜨린다. 컬럼비아대학교 근처에 위치한 연구실에서 그는 나를 만나주었다. 고린도전서 15장이 어떻게 그의 삶을 구원했는지 설명하기 위해서였다.

1979년 7월, 캐럴리의 열아홉 살 먹은 아들 크리스토퍼는 산악 등반 사고로 실종되었다. 그는 성미가 급하고 카리스마 넘치는 청년이었다. 그해 여름에 크리스토퍼는 캐나다의 남서쪽에 위치한 거대한 빙하 지대인 글레이셔 국립공원에 친구들을 만나러 간다고 부모에게 거짓말을 했다. 그는 국립공원으로 향하는 대신 공원 관리소에서 만난 두 명의 프랑스 등산객에게 장비를 맡기고 혼자 길을 떠났다. 그는 아다바스카 산과 안드로메다 산의 정상까지 재빨리 오른 후 짐을 찾으러 오겠다고 말했다. 일주일 후, 프랑스 등산객들은 관리소에 실종 신고를 했다. 관리소는 수색에 나서는 한편 실종자의 가족에게 연락했다.

뉴욕에 있던 크리스토퍼의 아버지가 전화를 받았다. 정치학을 가르치는 젊은 교수였던 캐럴리는 아테네 여행에서 막 돌아온 후였다.

"지금 내 아들이 죽었다는 말씀입니까?"

캐럴리는 산림 감시원에게 한 말을 지금도 기억하고 있다. 산림 감시원은 아직 확실하지는 않다고 대답했다. 그는 곧장 앨버타로 날아갔고, 수색 헬리콥터에 자신도 동승하게 해달라고 강력하게 요청했다.

"나는 산맥의 정상과 협곡, 빙하를 보았습니다. 그 모습은 정말이지 공포스러웠습니다. 누구라도 그곳에서 기어올라 살아 돌아올 것이라고 믿기 힘들었으니까요."

크리스토퍼의 시신은 결국 발견되지 않았다. 그해 여름이 지나고 나서 캐럴리는 신문에 아들의 사망 기사를 실었다.

캐럴리는 성서를 읽기로 했다. 슬픔과 고뇌에만 빠져 있을 수는 없었기 때문이다. 그리스에서 미국으로 이민을 온 부모에게서 태어나 그리스정교회에서 세례를 받은 그는, 그리스어 원문으로 신약성서를 읽는 데 전념했다. 그러나 신약성서의 어떤 구절도 그를 위로하지 못했다. 고린도전서 15장을 읽기 전까지는 말이다. 어찌된 일인지 그는 바울의 설명을 들은 뒤 아들이 천국에서 육체를 가질 것이라고 믿게 되었다. 나아가 죽은 후 천국에서 아들을 만나면 서로 알아볼 수 있으리라는 믿음 또한 생겼다. 원래 합리주의자였던 그는 바울의 가르침에 특히 민감한 반응을 보였고, 슬픔과 분노에 휩싸인 자신을 바울 사도가 내려다보고 있다고 느꼈다. 바울은 그에게 부활이 기적이라는 사실을 가르쳐주었다.

"나는 그 사실을 믿었습니다. 그렇지 않았다면 난 미쳐버렸을 겁니다. 아마 산맥의 나무를 모조리 베어버리도록 인부들을 고용했을 거예요."

바울의 가르침을 온몸으로 받아들이면서 캐럴리는 평정을 되찾았다. 크리스토퍼가 죽은 지 1년 후 그는 보스턴에서 뉴욕으로 가는 비행기를 탔다. 비행기가 너무나 심하게 흔들려서 승객들은 복도로 나와 머리를 숙이고 엎드렸고, 옆자리에 앉은 여성은 웅얼거리며 기도를 했다. 하지만 그는 평온했다. 만약 비행기가 추락하면 천국에서 아들을 만날 수 있으리라는 사실을 알고 있었기 때문이다.

레벤슨은 내가 합리론적 의문을 곱씹기를 바라지 않을 테지만, 사실 그러한 의문은 수세기 동안 신학자들을 사로잡았다. 초기 기독교 철학자들은 이런 질문을 던졌다. 신은 정확히 어떤 방식으로 인간을 부활시킬까? 부활할 때 어떤 일이 벌어질까? (3세기 이후 널리 퍼진 전설에 따르면, 기독교 순교자 퍼피튜아는 남동생 디노크라테스가 입은 육체적 손상이 다음 생에서 완전히 사라진 환상을 보았다고 한다.) 천국에서 사람들은 어떤 모습일까? 어떤 신체 기관을 갖게 될까? 사람은 몸의 어떤 부분을 사용하게 될까? 이러한 질문들은 특히 교부들을 괴롭혔다.

교부들이란 기독교의 처음 400백 년 동안 훗날 로마 가톨릭교회의 교리가 될 철학적, 개념적 토대를 놓은 사람들을 말한다. 초기 기독교 순교자들은 특히 까다로운 문제를 제기했다. 순교한 남녀들은 종종 9·11 테러의 희생자들처럼 갈기갈기 찢긴 채 죽었기 때문이다. 불타거나 반으로 쪼개지고, 때로는 동물에게 먹혀 소화되기도 하면서 말이다. 교부들은 상세한 부분들에 대해 고뇌했다. 2세기 저술가 터툴리안은 다음과 같은 질문을 제기했다. 만약 동물이 순교자를 먹고 인간이 그 동물을 먹는다면 신은 어떻게 순교자의 입자들을 찾아내 다시 조합할까? 만약 어떤 사람이 식인종에게 잡아먹혔다면 신은 희생자의 세포를 식인종의 세포와 어떻게 구별할까?

사람이 부활해서 천국에 가면 몇 살일까? 그는 성性을 지닐까? 머리카락과 턱수염, 손톱을 가질까? 몸이 성장할까? 생식기와 소화기관은 어떻게 될까? 1995년에 출간된 불후의 저서 《서구 기독교가 말하는 육체의 부활The Resurrection of Body in Western Christianity》에서 프린스턴대학교의 캐롤라인 워커 바이넘은 터툴리안의 생각을 이렇게 요약한다.

"천국에서 입은 더 이상 먹지 않을 것이며 생식기는 성교하지 않을 것이다."

음식물의 섭취와 출산은 결국 썩어 없어질 생물학적 변화 과정의 일부기 때문이라고 바이넘은 썼다.

"천국에서 입은 신을 찬양하기 위해 노래하고, 생식기는 아름다움을 위해 보존될 것이다. 천국에서 우리는 음식을 씹지 않지만 치아를 갖게 될 것이다. 치아가 없으면 우스꽝스러워 보일 것이므로."

히포의 감독

육체적 부활의 현대적 이해에 가장 큰 영향을 준 사람은 어거스틴이다. 4세기, 아프리카 히포Hippo의 감독이었던 어거스틴은 거의 혼자서 서구 교회의 신학적 기초를 놓았다. 기독교인 어머니와 이방인 아버지 사이에서 태어난 그는 거칠고 천방지축이었던 젊은 시절을 보내다가 마흔두 살에 회심했다. 그 후 어거스틴은 조약과 서신, 책을 통해 정력적으로 기독교 사상을 정의했다. 최소 500편의 설교를 포함한 50억 개의 단어가 필경사에 의해 쓰여졌고, 그것들 중 대부분은 오늘날까지 남아 있다. 걸작 《신국론》은 어거스틴이 죽기 불과 몇 년 전인 426년에 마무리되었다. 《신국론》은 부활의 진실성을 확언하고, 부활한 육체의 특징을 매우 자세하게 기술한다.

회심한지 얼마 되지 않은 젊은 성직자로서, 어거스틴은 다른 많은 지식인처럼 그리 내키지 않는 마음으로 부활을 받아들이고 있었다. 젊은 시절 방황할 때, 그는 너무나 많은 시간을 마니교도 사이에서 보냈다. 마니교는 플라톤적인 이원론을 중심 사상으로 삼는 이단적 기독교 종파로, 육체는 불필요하며 영혼은 죽음의 순간에 육체의 사슬을 끊고 해방된다고 주장한다. 회심한 지 1년 후인 387년, 어거스틴은 죽음 이후 영혼은 '육체로부터 날아올라 탈출하기를 갈망'한다고 적었다.

그러나 시간이 지나면서 어거스틴의 사상은 변했다. 현장에서 활동하는 성직자로서 더 이상 추상적인 주제로만 설교할 수 없었기 때문이다. 어거스틴은 자신의 양 떼를 위로해야 했다. 그들은 죽음을 두려워하는 현실 속의 사람들이었다. 그러나 그가 변화한 더 중요한 이유는 복음서 기자들이나 사도 바울과 마찬가지로, 부활의 진실성을 의심하는 사람들을 확신시켜야 했기 때문이었을 것이다. 그가 살았던 로마제국 쇠퇴기에 북아프리카에 거주한 사람들 중 절반은 이방인이었고, 그들에게 부활은 웃음거리에 불과했다.

보스턴대학교에서 어거스틴을 연구하는 파울라 프레드릭센은 나와 전화상으로 수차례 이야기를 나누었는데 그중 한 번은 특유의 사랑스럽고 활기찬 목소리로 《신국론》에서 어거스틴은 "불가능한 일을 시도했다"고 말했다. 어거스틴은 시간이 종말을 향해 직진하며 종말

이후에도 계속된다는 역사에 대한 유대적 이해와 영혼은 신을 향해 수직으로 올라간다는 플라톤의 이해를 혼합했다. 그는 인간이 죽으면 육체는 이 땅에서 썩지만 영혼은 위로 올라간다고 주장했다. 영혼이 올라가는 장소는 지상에서 보낸 삶과 관련이 있다. 신에 대한 믿음과 의로움, 선함, 지혜 등 땅에서 행한 모든 행위가 천국에서 어떤 자리를 차지할 것인지 결정하는 데 중요한 역할을 한다. 종말의 때에 육체와 영혼이 다시 하나가 되는 심판이 기다리고 있을 것이다. 부활은 실재한다. 천국에서 육체는 완벽해질 것이다.

회의론자를 향한 어거스틴의 주장은 나를 향한 레벤슨의 주장과 같다. 신은 믿음이 깊었던 죽은 자를 부활시킬 것이다. 잔인한 방법으로 죽어 형체를 알아볼 수 없게 된 자들, 예컨대 "짐승에게 먹히고 불에 타거나 난파되거나 익사해 다른 형체가 되어버린 사람들, 그래서 육체가 액체 상태로 부패한 사람들"까지 말이다. 신은 기적을 행하신다. 신은 신이기 때문이다.

어거스틴은 내세에 관한 역사상 가장 유쾌한 구절이 포함된 《신국론》 22권에서 합리론의 질문들과 씨름한다. 그는 사람들이 서른 살의 모습으로 부활할 것 같다고 썼다. 서른 살은 예수가 죽은 나이다. 만약 어떤 이가 지나치게 살이 쪘었다면 날씬해질 것이다. 반대로 너무 말랐었다면 살이 좀 붙을 것이다. 만약 어떤 사람의 신체가 태어날 때부터 혹은 사고로 변형되거나 비율이 맞지 않는다면 그는 가장 아름다운 모습을 회복할 것이다. 그러나 예수가 제자들에게 못 자국을 보여준 것처럼, 순교자들 역시 영예로운 징표로서 수난의 흔적을 간직할 것이다. 세례를 받은 아기는 어른이 되었을 때의 모습으로 부활할 것이다(어거스틴은 가장 큰 논란의 대상이 된 글 중 한 편에서, 세례를 받지 않은 아기는 지옥에 갈 것이라고 말한다. 비록 지옥에서 당할 고통이 너무나 경미해서 거의 아무것도 느끼지 못할 것이지만 말이다). 여성은 여성으로, 남성은 남성으로 부활할 것이다. 여성은 이 세상에서보다 훨씬 더 아름다운 모습으로 부활할 수 있다. 그러나 아름다움은 욕정을 유발하지 않는다. 천국에는 섹스나 음식 그리고 예수가 구체적으로 언급했듯이 결혼도 없을 것이다. 영혼은 세상에서 맛본 육체의 즐거움을 기억하면서도 그에 대한 후회나 유혹을 느끼지 않는다. 어거스틴은 이 상태를 다음과 같이 묘사한다.

"(천국에서) 육체가 결코 썩지 않게 되면, 지금 육체를 위해 기능하는 모든 신체 기관은 신을 찬양할 것이다. 그때에는 육체가 필요 없어지고, 충만하며 확실하고 안전하며 영원한 지복만이 존재할 것이기 때문이다."

그렇다면 이 완벽한 육체는 천국에서 무엇을 하게 될까? 심지어 육체는 눈을 감고도 신을 볼 것이다. 완전해진 육체는 새보다 민첩해서 영혼이 원하는 곳 어디라도 갈 것이다. 완전해진 육체는 죄 없는 존재다. 시간은 마치 하나의 연속된 안식일처럼 펼쳐질 것이다.

"우리는 천국에서도 여전히 볼 수 있다. 우리는 보고 사랑하고 찬양할 것이다. 종말에 어떤 일이 일어날지, 혹은 종말이 없다면 어떻게 될지 주시하라. 영원한 왕국에 다다르기 위해 우리는 어떤 종말을 기대해왔는가?"

플로리다 주 탐파에 위치한 미국 재향군인관리국 병원 소속 교회에서 만난 웨인 리즐리는 비록 어거스틴의 신학에 대해 한 번도 들어

본 적이 없었지만, 천국에 가면 완벽한 몸을 되찾을 것이라고 확신했다. 현재 그의 몸은 그다지 완벽하지 않다. 1967년, 베트남에서 한밤중에 순찰을 돌 당시 그는 십 대의 해병대원이었다. 갑자기 박격포가 날아와 종아리를 거의 다 날려버렸고 허벅지에서도 쇠고기 구이 한 조각만한 크기의 살점을 앗아갔다.

"나는 박격포에 맞았습니다. 폭발 때문에 다리가 찢겨 나갔죠."

리즐리는 신체적으로 불구가 되었을 뿐 아니라 정신적으로도 손상을 입었다. 최신식 의족을 착용하지만 때때로 엄청난 고통을 느낀다. 난간이나 지팡이를 잡거나 균형을 유지하기 위해 옆으로 천천히 걷지 않는 한, 그는 내리막길을 내려갈 수 없다. 탐파의 한 패밀리 레스토랑에서 나는 리즐리와 그의 친구들 그리고 재향군인관리국 목사와 점심을 먹기로 했다. 리즐리는 한 시간 늦게 약속 장소에 나타났다. 자동차 소음 때문에 방향감각을 상실하고 길을 잃었기 때문이다. 약속 장소에 도착한 그가 너무나 길게 해명을 늘어놓는 바람에 우리는 한동안 이야기를 나누거나 음식을 주문할 수 없었다.

리즐리는 그날 신이 목숨을 구해주었다는 사실을 잘 안다. 잘생긴 얼굴에 미소를 띠며 그는 이렇게 말했다.

"나는 늘 하느님을 믿었습니다. 나는 하느님과 친해요. 그는 내 편이죠. 천국에서 내 두 다리는 아주 멀쩡해질 거예요. 하느님은 기적을 행하시고 내 머리도 고쳐주실 거라고 난 확신해요. 그는 전능한 신이니까요."

친구 에드 시튼도 리즐리의 말에 동의했다.

"자네는 새 몸을 갖게 될 걸세. 나는 더 이상 절뚝거리지 않을 테고 말이야."

1968년 8월의 어느 날 밤, 시튼은 강 위를 순찰하고 있었다. 그때 그를 비롯한 열 명의 동료가 탄 보트가 적의 공격을 받았다.

"나는 우리 모두가 목숨을 잃을 거란 사실을 알았죠. 논리와 상식에 의하면 적의 숫자가 우리 편보다 너무나 많을 때 살아남기란 힘드니까요."

운 좋게도 혹은 신의 도움으로 시튼은 죽지 않았다. 그러나 발목은 산산조각이 나 남은 평생을 절뚝거리게 되었다. 외상 후 스트레스로 인한 마비 증상도 겪어야 했다. (나중에 다시 연락을 취하려 했을 때, 목사는 그가 탐파를 떠났다고 알려주었다. 친구들은 그가 사우스캐롤라이나 주의 숲 속에서 자급자족 생활을 한다고 생각한다.)

시튼과 리즐리는 온종일 신을 찬양하는 어거스틴의 천국에는 아무런 관심이 없었다. 리즐리는 다리를 되찾아 야구를 하고, 또한 이기고 싶어 했다. 시튼은 수줍은 태도로 아마도 천국에서는 남을 이길 필요가 없을 거라는 사실을 지적했다. 그곳에는 경쟁이 없을 것이기 때문이다. 리즐리는 친구의 이의 제기를 듣고 싶어 하지 않았다. 한번 해병은 영원한 해병이므로. 그리고 해병은 이기기 위해 싸우니까. 그는 웃으며 이렇게 말했다.

"미안하네, 친구!"

CHAPTER

6

구원

HEAVEN

☆

 2008년 이른 여름, 버락 오바마는 미국에서 가장 유력한 보수주의 노선 목회자와 지도자 몇몇을 초대해 시카고에서 모임을 열었다(당시 그는 옛 담임 목사였던 제레마이어 라이트가 반권위주의의 좌파 성향을 띤 떠버리라는 뜻밖의 사실 때문에 정치적으로 타격을 입은 상태였다). 오바마로서는 반드시 거쳐야 할 외교적 숙제인 셈이었다. 오바마는 보수 인사들에게 자신이 대통령이 되기에 적합하지 않을 정도로 지나치게 급진적이지는 않다는 사실을 확신시켜야 했다. 빌리 그레이엄의 아들 프랭클린 그레이엄과 보수 기독교 출판계의 서물 스티븐 스트레인지 그리고 폭넓은 인기를 얻고 있는 흑인 설교가 T. D. 제이크도 그 자리에 참석했다. 뉴스 보도에 따르면, 프랭클린 그레이엄은 보수적인 복음주의자를 다른 집단과 구별하는 노골적인 질문을 던짐으로써 다음 번 민주당 대통령 후보가 될 확률이 높은 오바마의 종교적 입장을 파악하고자 했다.

 "당신은 예수님을 하느님께로 가는 유일한 길이라고 생각합니까,

아니면 다른 많은 길 가운데 하나라고 생각합니까?"

대통령이 되는 데 대단히 결정적인 질문을 받았다는 사실을 인식한 오바마는 조심스럽게 대답했다.

"내게 예수님은 유일한 길입니다. 그러나 나는 다른 사람을 판단할 입장에 있지는 않습니다."

그 해 늦여름, 나와 동료 리처드 울프가 〈뉴스위크〉의 인물 기사를 쓰기 위해 오바마를 인터뷰했을 때, 우리는 결국 그 주제로 돌아왔고 이번에 그는 좀더 폭넓은 입장을 보였다. 오바마는 천국에 이르는 길이 하나뿐이라고 믿지는 않는다고 말했다. 그렇지 않다면 불가지론자였던 사랑하는 어머니가 천국에 가지 못할 테니 말이다.

"예전에도 말한 적이 있지만 나는 이런 입장이 몇몇 복음주의자에게 의문을 불러일으키리라는 사실을 압니다. 어머니는 내가 아는 한 결코 정식으로 기독교를 받아들인 적이 없습니다. 그러나 나는 어머니가 지옥에 갔다고 믿지 않습니다."

그리고는 재빨리, 자신에게는 예수가 유일한 길이라고 덧붙였다. 그는 예수를 통해 구원받았다고 믿는다. 그러나 천국에 가려면 이 땅에서의 행위 역시 중요하다고 생각한다.

"나는 말뿐 아니라 행위와 실천을 통해 예수님을 믿어야 한다고 확신합니다."

오바마는 이러한 관점이 어떤 사람에게는 정통적으로 보이지 않을 수도 있음을 잘 안다.

"나의 믿음은 다른 기독교인과 완벽하게 일치하지 않을 수도 있습니다."

구원은 신앙인들 사이에서 가장 중요하고 결정적인 문제다. 당신은 어떻게 천국에 갈 것인가? 이것은 이중의 질문이다. 첫째, 당신이 선택한 길이 구원을 향한 유일한 길이라고 믿는가? 프랭클린 그레이엄은 그렇다고 생각한다. 바로 그 점이 오바마를 향한 그의 의문이 잠재적 폭발력을 갖는 이유다. 둘째, 천국에 가려면 어떤 종류의 기독교인, 이슬람교도, 유대교도가 되어야 하는가? 정통파 유대인은 천국에 가지만 비유대교도와 결혼한 사람은 가지 못할까? 수니파 이슬람교도는 낙원에 가지만 시아파는 갈 수 없을까?

당신은 '좋은 사람'이 되면 천국에 갈 수 있다고 믿는가? 혹은 이 땅에서의 행위와 상관없이 신의 신비로운 의지에 따라 천국에 갈 수 있다고 믿는가? 신학자들은 이것을 행위 대 은혜 논쟁이라고 부르며, 세 주요 유일신교 모두 이 문제에 대해 각자 논쟁해왔다. 그 해답은 이웃들 사이의 관계부터 세계 평화에 이르기까지 모든 일에 직, 간접적으로 영향을 끼쳐왔고, 여러 시대에 걸쳐 운동가와 순교자, 금욕주의자와 사회 개혁론자를 낳았다. 이 문제는 오늘날 미국에서 벌어지는 문화 전쟁의 핵심에 놓여 있다. 신의 뜻을 안다는 주장은 파괴적인 결과를 낳을 수 있다.

그러나 어떤 대답도 완전히 만족스럽지는 않다. 당신이 만약 '행위'를 중시하는 진영에 속한다면 과연 어떤 행위와 얼마나 많은 행위가 유효할까? 남이 나에게 해주길 바라는 만큼 남에게 해주면 충분할까? 부모를 공경하고 이웃의 배우자를 탐내지 않으면 될까? 아니면 교회에 반드시 출석하고 특정한 방법으로 기도하며 가난한 이들을 위해 돈과 시간을 써야 할까? 앞서 말한 모든 요구 사항을 충족했다면 무단횡단을 하거나 저녁 식사 때 와인을 네 잔이나 마셔도 될까? 이러한 딜레마는 개신교 종교개혁가들을 자극했고, 미국 문화 속에는 그들을 소재로 한 유머가 끈질기게 남아 있다. 한 남자가 성 베드로 앞에 서서 자신은 평생 한 번도 교회에 가지 않았으며 자선을 베푼 일도 없다고 말한다. 말하자면 그는 철저하게 자기중심적인 삶을 살았다. 성 베드로는 격앙된 목소리로 물었다.

"살면서 어떤 선한 일도 하지 않았단 말이냐?"

남자가 대답했다.

"글쎄요. 한 번은 노파의 지갑을 훔치려는 폭주족을 봤어요. 그들이 노파의 몸을 밀려 할 때 내가 끼어들었죠. 그리곤 가장 비열한 폭주족의 멱살을 잡고는 정말 야비한 놈이라고 욕하면서 그의 얼굴에 침을 뱉었어요."

"오! 그게 언제 일어난 일인가?"

"약 2분 전에요."

'행위'를 중시하는 관점의 약점은 한 영혼의 영원한 운명을 개인의 손에 전적으로 맡긴다는 점이다. 사실 이 관점은 세상에 대한 경험이 아주 조금이라도 있는 사람에게는 웃음거리가 되며, 마틴 루터가 이미 발견했듯이 가장 악랄하게 악용될 수 있다. 15세기 말까지만 해도 로마 가톨릭교회의 평신도는 자신과 사랑하는 이들의 빠른 구원을 확신하고 싶어 했고, '면죄부'를 받는 대가로 교회 지도자들에게 돈을 건넸다. 그것은 빠르고 안전하게 천국을 보장받는 길이었다.

오늘날, 구원에 대한 집착은 중동 지역에서 특히 두드러진다. 이슬람 테러 단체를 위해 목숨을 바치는 '순교자'들은 시한폭탄으로 가득 찬 배낭을 매는 대가로 천국을 보장받는다. 그들 자신뿐 아니라 부모와 형제자매의 천국까지 말이다. 한편, 2006년 이스라엘에서는 극우파 정당인 샤스Shas를 지지하는 랍비 한 명이 TV 광고를 제작했는데, 광고에서 천사는 한 남자에게 천국에 가게 될 것이라고 말한다. 그가 샤스 당에 투표했기 때문이다. 결국 그 광고는 금지되었다.

그러나 만약 당신이 '은혜'를 지지하는 진영에 속한다면 윤리와 개인적 책임에 대해 어떤 입장을 취할까? 신의 은혜는 '어떠한' 죄도 극복할까? 예수를 구주로 받아들이면 살인자도 천국에 갈 수 있을까? 사형이 집행되기 몇 개월 전, 오클라호마시티 폭탄 투하범 티모시 맥베이를 맡아 목회한 론 애쉬모어 신부는 그가 천국에 갈 수 있으리라 믿었다. 2001년, 사형이 집행되기 전에 행한 부활절 설교에서 애쉬모어 신부는 사건의 희생자들이 천국에서 맥베이를 환영하는 모습을 꿈꾸었다고 말했다. 희생자들은 맥베이에게 이렇게 말했다고 한다.

"당신을 기다렸습니다. 당신을 천국에서 볼 수 있어 참 기쁘군요."

우리는 그밖에도 많은 의문을 제기할 수 있다. 부모에게 함부로 대해도 될까? 이웃의 아내와 불륜을 저질러도 될까? 무고한 아이들을 죽이거나 선량한 시민의 권리를 빼앗기 위해 전쟁을 일으켜도 될까? 만약 오직 예수를 통해서만 은혜를 얻을 수 있다면, 선택에 의해서든 혹은 잘못된 시대나 장소에서 태어났기 때문이든 예수를 따르지 않는 사람은 환희에 찬 영생에서 제외된다고 믿는가?

개신교의 행위 대 은혜 논쟁이 가장 강력하고 잘 알려진 예긴 하지만 유대교와 이슬람교 역시 같은 주제로 논쟁한다. 사실 지난 수세기 동안 지속된 다툼인, 현재 이라크에서 벌어지고 있는 수니파와 시아파의 갈등은 이슬람 전통과 구원에 대한 해석을 둘러싼 이데올로기 전쟁이 되었다. 온라인의 이슬람 관련 게시판에는 서로를 향한 욕설이 난무한다. 2009년, 이라크에서 시아파 사원이 상대 분파의 폭탄 공격을 받았을 때, 시아파 지도자는 이런 방식으로 응답했다.

"그들이 우리를 죽이도록 내버려둡시다. (…) 우리는 그들이 무엇을 원하는지 알고 있지만 그저 인내합시다. 그들은 지옥에 떨어질 것입니다."

웨스트뱅크에서는 극도로 종교적인 유대교도들이 그다지 종교적이지 않은 사람들을 처벌했다. 정숙함과 관련된 율법을 어기고 세속문화에 굴복했다는 이유 때문이었다. 2008년, 근처에 위치한 가전제품 상점의 주인은 한 기자에게 이렇게 말했다. 풍속 감시 경찰이라고 자처하며 지역을 배회하는 극렬 유대교도 무리가 정기적으로 가게에 침입해 MP3 플레이어를 박살내며 이렇게 소리를 지른다는 것이다.

"이 가게는 영혼을 불태우는 곳이네!"

자신의 종교가 구원을 가져다준다고 확신하는 사람들 사이에서는 실재하는 장소로서의 지옥, 예컨대 불덩이로 가득한 뜨겁고 악취가 풍기는 구덩이에 대한 믿음이 번성한다. 2008년, 종교와 공공 생활에 대한 퓨포럼의 여론조사에 의하면 미국에서 지옥을 믿는 비율은 복음주의 기독교인과 흑인 교회 신자 그리고 이슬람교도 사이에서 가장 높았다. 그들 가운데 80퍼센트 이상이 지옥의 존재를 믿었다. 이들은 신에게 가는 올바른 길과 잘못된 길이 있다고 생각한다. 만약 천국이 의로운 신자를 위한 실재하는 보상이라면 지옥은 실재하는 형벌이다. 반대로 구원의 법칙은 불가지한 것이라는 입장에 서 있는 사람들 사이에서는 지옥에 관한 믿음이 약해지고 있다. 단 56퍼센트의 주류 개신교도만이 지옥의 존재를 믿는다. 유대교도 사이에서 그 수치는 22퍼센트로 떨어졌다.

그보다 좀더 온건한 세력 역시 힘을 뻗치고 있다. 점점 더 많은 미국인이 자신이 믿는 종교를 선호하기는 하지만 다른 길로도 구원에 이를 수 있다고 생각한다. 2008년에 실시된 여론조사에서 퓨포럼은 이 문제에 관해 질문했고 놀라운 결과를 얻었다. 56퍼센트의 복음주의 기독교인을 포함한 70퍼센트의 사람들이 '그렇다'고 대답한 것이다. 당연히 이 결과는 큰 화제가 되었다. 배타성은 언제나 복음주의자들의 신앙 근저에 놓여 있었기 때문이다. 남침례신학교의 믿음에 관한 조항이 천명하고 있듯이 '정의와 영생을 위한 믿음'은 오직 예수를 향한 것이어야 했다.

퓨포럼은 곧바로 행위 대 은혜에 관한 여론조사를 실시했다. 그 결과는 개신교 개혁주의를 낳은 근본적인 갈등이 여전히 해결되지 않았다는 사실을 확실히 보여주었다. 미국 기독교인의 약 3분의 1이 '좋은 사람이 되는 것'으로 천국에 갈 수 있다고 믿었고, 또 다른 3분의 1은 '예수를 믿는 것'으로 천국에 갈 수 있다고 응답했다. 약 5분의 1은 천국을 믿지 않거나 잘 모르겠다고 응답했다.

복음주의 설교가 빌리 그레이엄마저 2006년에 있었던 한 인터뷰에서 "선량한 유대교도와 이슬람교도, 힌두교도 혹은 불교도가 천국에 들어갈 수 없느냐"는 질문에 놀라운 답변을 내놓았다.

"그것은 주님만이 내리실 수 있는 결정입니다. 누가 천국에 가고 누가 못 가는지 깊이 생각하는 건 제게 있어 어리석은 일입니다. (…)

나는 하느님의 절대적인 사랑을 믿습니다. 하느님은 온 세상을 위해 그의 아들을 내어주셨습니다. 나는 하느님이 어떤 꼬리표를 단 사람이든 사랑하신다고 믿습니다."

복음주의자들은 온라인상에서 그레이엄의 진술에 격렬하게 반응했다. 세계에서 가장 유명한 개신교 복음주의자에게 배신자라는 비난이 쏟아졌다.

악인이 성공하고 선한 사람이 고통받는 불공평한 세상에서, 지상에서의 행위가 죽음 이후의 행선지와 아무런 관련이 없다는 생각은 보편적인 인간 정서에 실망을 가져다준다. 그러나 이것은 독일의 성직자 마틴 루터와 프랑스의 평신도 존 칼뱅이 이끈 16세기 개신교 종교개혁가의 시각이다. 종교개혁 이전 세기에 팽배했던 역겨운 방탕에 질린 루터와 칼뱅은 기독교인이 해야 할 최선의 행위이자 '유일한' 행위는 신 앞에 무릎을 꿇고 그의 자비를 구하는 것이라고 적었다. 칼뱅의 후계자인 스위스인 홀드리히 츠빙글리는 전염병으로 앓아누워 있으면서 다음과 같은 절박한 기도문을 썼다.

"내겐 부족함이 없으므로 당신 뜻대로 하소서. 나는 당신의 토기이니 회복시키시거나 깨뜨려주소서."

칼뱅의 신앙을 이어받은 학자들은 츠빙글리의 생각에서 한 발짝 더 나아갔다. 전능한 신은 사람의 출생 이전부터—심지어 세상이 창조되기 전부터—누가 구원받고 누가 멸망할 것인지 미리 결정해놓았다는 것이다. 따라서 그들은 구원을 위해 세상에서 할 수 있는 일은 아무것도 없다는 주장을 내놓았다.

이것을 예정론이라 부르는데, 예정론은 미국 청교도주의와 일부 유대교와 이슬람 전통 속에 여전히 살아 있다. 여호와의 증인은 세상이 멸망할 때 단 14만 4000명의 영혼만이 신과 함께 거하기 위해 하늘로 올라간다고 믿는다. 그밖의 모든 사람은 새로워진 이 땅에 머물게 된다. 계시록에 등장하는 14만 4000명은 하느님이 선택한 영혼의 수다. 선택받은 자는 신의 선택에 대해 왈가왈부하거나 참견할 권리가 없다. 어떤 이슬람 경전에 따르면 알라가 보낸 천사가 어머니의 자궁에 흙을 뿌린다고 한다. 그 흙은 자궁에서 태어날 자가 죽을 장소에서 가져온 것이다. 말하자면 태어나기도 전에 신은 그가 언제 어디서 죽을지 알고 있다. 대제일 동안 유대교도는 기도문을 읊는데 기도문에는 삶을 신에게 양도한다는 내용이 포함된다. 신은 "누가 살고 누가 죽을지 (…) 누가 칼에 찔려 죽고 누가 짐승에게 잡아먹힐지 (…) 누가 교살을 당하고 누가 돌로 쳐 죽임을 당할지" 아시는 분이다.

그러나 본능적으로, 우리는 이 문제에 대해 무엇인가 더 말하고 싶다. 우리는 자신과 사랑하는 이들을 위한 정의를 원하며, 적이 고통받기를 바란다. 우리는 스스로에게 이렇게 말하곤 한다.

"세상에서는 선한 이에게 나쁜 일이 생기지만, 천국에 가면 하느님이 모든 것을 고쳐주신다."

의미론적으로 '정의'와 관련이 있는 히브리어의 난어는 쩨데크 tzedek다. 히브리어 성서에서 '의로운' 사람은 하느님의 율법에 따라 윤리적이고 도덕적으로 행동하는 이를 가리킨다. 다니엘의 관점에서 '의로운' 유대인은 주류 헬레니즘 문화의 한복판에서 유대적 관습과 믿음을 지키는 사람이다. 그와 유사하게 요한계시록은 '의로운' 기독교인이란 로마 황제에게 제사를 지내거나 다른 우상에게 절하지 않는 사람이라고 가르친다. 코란에서 알라는 "이 땅을 내 의로운 종들에게 물려주리라"고 약속한다. 세 유일신 사상의 모든 경전에서 천국은 궁극적인 정의의 장소다. 그렇다면 '의로움'을 향한 투쟁은 다음 질문에 다다른다. 신이 인간에게 원하는 것은 과연 무엇일까?

순교자들

세 주요 유일신 사상에서 가장 의로운 자는 늘 순교자들이었다. 즉, 믿음을 위해 목숨을 버리면 천국행 비행기의 일등석을 확보할 수 있다고 인식된다. 순교자들은 신의 보좌 곁에 곧장 거할 수 있다. 나는 암살당한 미국의 저널리스트 대니 펄과 조금 안면이 있다. 우리는 〈월스트리트저널〉에서 함께 일했다. '파키스탄의 주권 회복을 위한 전국적 운동'을 한다고 자칭하는 무리의 손에 대니가 목숨을 잃은 후, 나는 루바비치파 랍비인 매니스 프리드먼을 인터뷰하면서 다음과 같은 질문을 던졌다.

"당신은 대니가 천국에 있다고 믿습니까?"

대니는 생전에 율법을 준수하는 유대교도가 아니었다. 내 질문에 랍비는 아주 명쾌하고 긍정적인 대답을 했다. 프리드먼의 관점에서 대니는 순교자였다. 끔찍한 죽음을 맞기 바로 전에, 자발에서였는지 강요에 의한 것이었는지는 결코 알 수 없지만 대니는 이렇게 선언했다. (우리는 비디오테이프를 통해 그 모습을 보았다.)

"나는 캘리포니아 엔리코에서 온 유대계 미국인이다. 나의 아버지는 유대교도이며 나의 어머니도 그렇다. 나 역시 유대교도다."

프리드먼은 이렇게 말했다.

"그것이 바로 천국에 들어갈 수 있는 입장권입니다."

음식에 관한 율법을 저버리라는 로마제국의 명령을 거부했다는 이유로 에세네파 신자들은 모진 고문을 당하고 목숨을 잃었다. 1세기 유대계 역사학자 요세프스는 그 장면을 다음과 같이 묘사한다.

"그들은 단 한 번도 박해자를 향해 움찔하거나 눈물을 흘리지 않았다. 고통 속에서 미소를 띠우고 자신을 고문하는 자를 향해 살짝 비웃음을 보이며 그들은 용감하게 신에게 영혼을 반납했다. 그것을 곧 되찾을 수 있으리라 확신하면서."

그들은 곧장 천국에 올라갔을 것이다.

예수 탄생 이전 수세기 동안 예루살렘의 유대인들은 희생 제사를 드려 신을 향한 헌신을 보여주었다. '의로움'은 제단 앞에서 염소와 양, 새를 죽이는 행위와 연관되었다. 유대인들은 정기적으로 적절한 희생 제사를 지내면 신이 지속적인 호의를 보장해줄 것이라고 믿었다. 레위기의 많은 장은 동물을 죽이는 방식을 설명하는 데 할애된다. 초기 기독교인은 예수의 처형이 궁극적인 희생 제사라는 사실을 이해했다. 요한복음에서 예수를 '하느님의 어린 양'이라고 표현한 것은 그런 이유에서였다. 기독교 신학자들은 십자가에 못 박힘으로써 전적인 인간이자 전적인 신인 하느님 자신이 죽었다고 말한다. 그는 부활했고, 사람들은 예수가 죽음 자체를 극복했다는 사실을 알게 되었다. 예수의 희생은 기독교인에게 구원에 대한 단 하나의 영원한 상징이 될 것이다.

유대 세계에서 천국행을 보장하는 확실한 입장권으로 인식된 순교는 기독교적 맥락에서 보면 기쁨과 축하 가운데 죽는 방법이다. 로마제국의 박해 아래서 믿음을 부인하지 않고 죽음의 고통을 선택한 기독교인은 순교자였다. 순교에 해당하는 그리스어 μάρτυς 는 '증거'를 뜻한다. 순교는 말 그대로 믿음의 증거다. 107년을 전후해 안디옥의 감독 이냐시오는 트라야누스 황제 앞에서 기독교를 변호했다는 죄목으로 사형을 선고받았다. 사자의 먹이가 되기 위해 로마로 압송되어 오는 길에 그는 편지를 썼다.

"불에 타고 십자가에 못 박히자. 칼에 찔리고 짐승에게 먹히자. 찢기고 부서지고 뼈들은 탈구되자. 형제들과 헤어지자. 조각조각 몸을 찢기자. 그리고 악한 자의 모든 무시무시한 고문이 나를 덮치게 하자. 그러나 오직 나를 예수 그리스도에게만 이르게 하소서."

사자가 이냐시오를 거의 남김없이 먹어버린 탓에 남은 것은 아주 작디작은 조각뿐이었다. 초기 기독교의 처음 몇 세기 동안 순교자 이야기는 대단히 인기가 있었고, 복음 전파의 강력한 도구가 되었다. 교부 터툴리안은 다음과 같이 적었다.

"순교자의 피는 교회의 씨앗이다."

그러므로 313년, 로마의 콘스탄티누스 황제가 기독교로 개종하고 기독교가 법적인 인정을 받자 기독교인은 자신의 정체성에 대해 다시 생각해야만 했다. 더 이상 박해받는 소수가 아니었기 때문이다. 그들은 이제 스스로의 목숨을 바치는 희생 제사로 예수를 모방할 수 없었다. 대신 전례와 예배를 통해 자신과 순교를 연결시켰다. 성찬에 포도주와 빵을 포함시킴으로써 구세주가 흘린 피와 자신을 연결시켰다. 성찬은 최후의 만찬과 관련된다. 최후의 만찬은 예수가 잡히기 전날에 제자들과 나눴던 유월절 음식이다. 복음서에는 모든 기독교인이 거의 외우다시피 하는 구절이 나온다.

"그들이 음식을 먹을 때에 예수께서 빵을 들어 축복하시고 제자들에게 나누어주시며 '받아먹어라. 이것은 내 몸이다' 하시고 또 잔을 들어 감사의 기도를 올리시고 그들에게 돌리시며 '너희는 모두 이 잔을 받아 마셔라. 이것은 나의 피다. 죄를 용서해주려고 많은 사람을 위하여 내가 흘리는 계약의 피다.'" (마태복음 26장 26-28절)

이어서 예수는 낙원에서 제자들을 다시 만날 때까지 포도주를 마시지 않겠다고 말한다. 일부 기독교 공동체는 금욕주의나 독신, 가난, 끊임없는 기도를 통해 스스로를 예수의 삶과 죽음, 부활과 연결한다. 말하자면 수도사들은 현대판 순교자가 되었다.

530년을 전후해 이탈리아의 수도사인 베네딕트는 수도원 생활에 관한 원칙과 규율을 담은 안내서를 작성했다. 이것은 지금도 전 세계 가톨릭 수도원에서 사용된다. 베네딕트는 수도원 생활에 관한 가장 세세한 부분까지 적어 내려갔다. 하루에 몇 번 기도할 것인가, 어떻게 옷을 입을 것인가, 얼마나 많이 먹을 것인가, 언제 웃을 것인가. 이 책자는 특히 죽음과 신의 심판 그리고 천국의 관점에서 기술되었다. 베네딕트는 이렇게 썼다.

"성스러운 열망으로 영원한 삶을 간절히 바라라. 날마다 자신이 죽을 수밖에 없는 존재라는 사실을 떠올려라. 매시간 당신의 모든 행동을 주의 깊게 살펴라. 어디에 있든 하느님의 눈길은 항상 당신을 향해 있다."

베네딕트의 관점에서 보면 수도사들은 언제나 이미 천국에 거하고 있는 듯이 사는 것을 목표로 삼아야 한다.

도미니크 웨드비 신부는 트라피스트 수도사다. 그는 엄격한 체제를 자랑하는 시토수도회에 소속되어 있다. 시토수도회는 11세기에 프랑스에서 베네딕트가 내세웠던 기본 정신으로 돌아가자는 취지로 설립되었다. 도미니크 신부의 설명처럼 수도사는 그리스도의 가르침대로 살려고 노력하는 보통 사람이다. 수도사가 하는 일은 전 세계 모든 영혼의 구원을 위해 끊임없이 기도하는 것이다. 공동체와 찬송, 의복, 숙소의 디자인을 통해 트라피스트 수도사들은 의식적으로 천국의 거울상을 창조하려고 애썼다.

나는 날씨가 너무나 좋았던 7월의 어느 날, 매사추세츠 주 스펜서에 위치한 성 요셉 대수도원에서 그를 만났다. 수도원은 언덕 위에 있었는데 화창한 날이면 코네티컷 주와 매사추세츠 주, 뉴햄프셔 주가 한눈에 보였다. 돌로 만든 나지막한 건물들은 마치 땅에서 자라난 자연물처럼 느껴졌다. 내가 방문한 날, 수도원의 잔디는 물결처럼 흔들렸고 멀리서 들려오는 잔디 깎는 소리와 매미 울음소리로 공기는 가늘게 떨렸다. 나이 든 관광객들은 구부러진 돌길을 따라 손에 손을 잡고 이리저리 걸어 다녔다. 과실나무에는 꽃이 만발했다. 창문을 통해 나는 흰옷을 입은 한 수도사가 하프를 연주하는 모습을 보았다.

예순 살의 도미니크 신부는 주름 하나 없는 얼굴을 하고 있었다. 머리카락은 여전히 금빛이었고 눈동자가 맑았다. 그는 긴 흰색 수도복에 갈색 가죽 허리띠를 매고 샌들을 신고 있었다. 신부는 쉴 새 없이 이야기했는데 그것은 당연한 일이었다. 그는 지난 26년 동안 70명의 형제 수도사들과 함께 지내왔는데, 그들 모두는 말을 하지 않기로 서원했다. 아주 드문 몇몇 경우를 제외하고는 말이다. 수도사들은 어떤 재산도 가질 수 없으며 1년에 단 네 번만 가족을 만날 수 있다. 그들은 성무일과 때만 소리를 낼 수 있고, 짧은 잠을 청하기 전까지 하루에 일곱 번 찬송을 읊조리고 다시 찬송하기 위해 일어난다. 이곳 수도원의 대외 담당자인 도미니크 신부는 대수도원장으로부터 나와 이야기할 수 있는 허가를 받았다.

시토수도회의 창시자들은 중세 수도원의 부패와 물질주의에 대한 반발로 새로운 수도회를 설립했다. 시토수도회에 속했던 가장 유명한 수도사 가운데 한 명은 클레르보의 버나드였다. 그는 천국을 얻기 위해 스스로를 희생하라고—문자 그대로는 전쟁터에서, 비유적으로 해석하면 수도원에서—기독교인 남성들을 열정적으로 북돋았다. 1146년, 제2차 십자군 원정이 시작될 때 그는 병사들에게 이렇게 설교했다.

"상복을 입지 마라. 대신 튼튼한 방패로 몸을 감싸라. (…) 불신자와 싸워 승리함으로써 속죄하라. 회개에 대한 상으로 성소를 되찾으라. (…) 썩어질 것을 버리고 사그라들지 않을 찬송을 모으라. 그리고 영원한 왕국을 정복하라."

그리스도를 위해 죽으면 당신은 천국을 얻을 것이다.

사람들은 시토수도회 수도사들이 천국에서 특별한 자리를 차지한다고 생각했다. 중세 시대에는 수도사들에게 돈을 주고 죽은 가족이나 친지를 위해 기도해달라고 부탁하는 일도 흔했다. 수도사들의 기도가 죽은 자를 좀더 빨리 연옥에서 낙원으로 옮겨준다고 생각했기 때문이다. 이제는 기도에 대한 금전적 대가를 받지는 않지만, 성 요셉 대수도원의 수도사들은 죽은 자를 위해 항상 기도한다. 모든 예배와 식사의 마지막과 미사 시간 내내 말이다.

이곳 수도원 생활의 가혹함은 무자비할 정도다. 도미니크 신부는 그에 대한 애처로운 농담을 잔뜩 알고 있다. 그들은 오직 채소만 먹으며 모든 것을 공유한다. 심지어 셔츠와 속옷까지 함께 입는다. 일상의 모든 행동에 대한 규정이 존재하며 수도사들은 그에 맞춰 움직인다. 교회에서 무릎을 꿇거나, 복도에서 동료 수도사를 만나 고개를 까닥하며 인사를 하거나, 도서관의 낮은 책장에서 책을 뽑아들 때에도 그들은 규정대로 행동해야 한다.

일부 수도사들은 잼과 젤리를 만들어 전국에 판매한다. 다른 수도사들은 의복이나 제단을 덮는 천을 만든다. 메릴랜드 주에서 의사의 아들로 태어나 그 자신도 의사가 되어 가정을 꾸리길 꿈꾸었던 도미니크 신부는, 열광적인 목소리로 성탄절 다음 날 개최되는 '파티'에 대해 이야기했다. 그것은 아마도 대부분의 사람들이 그저 점심 식사라고 부를 만한 모임이었다. 수도사들은 악기를 꺼내와 실내악을 연주하고 캐럴을 부르며 크림치즈를 바른 샌드위치와 감자칩, 절인 야채를 먹는다.

동료 수도사가 아프거나 세상을 떠나면 다른 수도사들은 외부의 도움 없이 할 수 있는 모든 노력을 기울여 그를 보살핀다. 수도원 한가운데 위치한 묘지 안의 49개의 나무 십자가 아래 잠든 형제들은 살아 있는 수도사들과 마찬가지로 수도원의 일부다. 얼마 안 있어 죽은 수도사의 수가 살아 있는 수도사의 수를 넘어설 것이다. 도미니크 신부는 이렇게 말했다.

"이곳에서는 인간의 유한함이 추상적인 이야기가 아닙니다."

공동체 생활에 대한 이러한 급진적 실험의 목적은 구성원 개인이 천국의 자리를 확실하게 보증받기 위해서만은 아니다. 그들은 세상의 모든 영혼이 천국에 갈 수 있도록 끊임없이 기도한다.

다른 모든 친밀한 집단과 마찬가지로 수도사들 사이에서도 승강이가 벌어지고 서로 잘난 척을 한다. 대화를 나눌 수 있는 아주 짧은 기회라도 주어지면 누군가를 깎아내리는 말을 하고, 수도원장에게 서로를 고자질하기도 한다. 나는 도미니크 신부에게서 깊은 인상을 받았는데, 그는 명석하고 스스로를 잘 알았다. 극단적인 환경에 처해 있음에도 불구하고 그는 마치 보통 남자 같았다.

대화의 마지막에 가서야 도미니크 신부는 자신이 수도원에서 해야 하는 일이 무엇인지 말했다. 하느님을 바라보고 인류를 대표해 매순간 끊임없이 기도하는 것이 그의 임무였다.

"수도원 생활을 포기하려는 젊은 수도사들은 내게 다가와 이렇게 말하곤 합니다. '나는 깨달았죠. 수도사들은 영원히 기도만 하고 있구나. (…) 그것 말고 여기서 할 수 있는 게 뭐지? 젤리 만들기? 세상에나!' 나는 그들에게 이렇게 말해줍니다. '기도에 계속 힘쓰고 낙심하지 말게나. 기도가 영생을 향한 문을 열어준다네.'"

도미니크 신부는 우리 모두가 하나라고 믿는다. 그렇기 때문에 모두가 천국에 갈 수 없다면 아무도 천국에 갈 수 없다고 생각한다. 그는 26년 동안 이 특별한 삶의 방식을 유지해왔다. 하지만 여전히 그는 지상에서 놓친 것들을 생각하며 슬퍼한다. 돈 잘 버는 직업, 자신만의 가족, 조카들에게 좋은 삼촌이 될 수 있는 기회까지 말이다. 이상하게 들리겠지만, 도미니크의 (현대판) 순교는 나를 위로했다. 일과 가족, 출퇴근길, 장보기 목록에 너무나 정신이 팔린 나머지 나는 정작 관심을 기울여야 할 영혼의 운명에 대해서는 소홀했다. 도미니크 신부의 조용한 기도의 삶은 내게 편안함과 희망을 주었다. 만약 누군가의 기도가 나를 천국에 이르게 해준다면 나는 그것이 도미니크의 기도일 것이라고 진심으로 믿는다.

행위 대 은혜

수도사나 순교자가 될 수 없다면 적어도 옳은 일을 하라. 4세기에 기독교인들은 죄와 그에 관련한 해결책 목록을 작성했다. 이것을 하고 저것을 하라, 그러면 구원은 너의 것이리라. 당시의 헬레니즘 수도사인 폰투스의 에바그리우스는 여덟 가지 치명적인 죄의 목록을 확립했다. 그로부터 200년 후에 그레고리 대교황은 이를 일곱 가지로 줄였다. 자만, 시기, 성냄, 감상에 젖음, 탐욕, 과식, 욕정이 그것이다. 그는 교만이 이 모든 악의 뿌리라고 주장했다.

초기 기독교 공동체에서는 속죄가 공적으로 이루어졌다. 사순절(성회일부터 부활절 전날까지의 기간으로, 이 40일 동안 기독교인들은 광야의 그리스도를 기념하기 위해 단식과 참회를 한다-옮긴이)의 첫날인 성회일 Ash Wednesday(참회의 상징으로 머리에 재를 뿌린 관습에서 유래한 이름이다-옮긴이)에 간음이나 살인과 같은 중대한('용서받지 못할 mortal'이나 '용서받을 수 있는 venial'과 같은 용어의 세분화는 아직 이루어지지 않은 상태였다) 죄를 저지른 사람들은 '참회자'가 되곤 했다. 그들은 특별한 옷을 입고 교회에 모여 앉았으며, 성찬에 참여할 수 없었다. 만약 독신이라면 그는 평생 결혼할 수 없었으며 결혼했다면 가정을 떠나야 했다. 이렇듯 가혹한 요구 때문에 많은 죄인이 죽음에 임박해서야 참회자가 되었다. 6세기에 아를르의 카에사리우스는 너무나 많은 죄인이 참회자가 되는 일을 미룬다고 불평했다.

"사람들은 이렇게 말한다. '좀더 나이가 들면 그때 참회하겠습니다. 늙어 죽을병에 걸리면 그때 회개를 구하겠습니다.'"

5, 6세기에 몇몇 주교들이 죄와 그에 상응하는 벌을 기록한 안내서인 고해규정서Penitentials를 편찬하기 시작했다. 이러한 고해서들은 특히 유럽과 영국의 작은 섬에서 널리 읽혔다. 천국에 관한 세 권의 책을 집필한 캘리포니아주립대학교 산타바바라 캠퍼스의 명예교수 제프리 버튼 러셀은 이렇게 말한다.

"교육받은 성직자들은 이렇게 주장했습니다. '그리스도는 모든 사람이 구원받기를 원하신다. 그는 우리 모두를 위해 죽으셨다.' 하지만 빵 한 조각을 훔치는 것과 당신의 장모를 살해하는 게 과연 동일한 죄일까요?"

고해규정서의 저자들은 죄를 분류하고 경중을 매길 때 매우 세세한 부분까지 구별해서 기술했다. 예를 들어 성직자를 살해한 사람은 형제자매를 살해한 사람보다 더 많이 참회해야 했다. 근친상간, 남색, 수간, 간통을 한 자는 당연히 참회를 했는데, 키스를 한 성직자나 수녀는 그들과 같은 정도 혹은 그 이상으로 참회해야 했다. 말고기를 먹은 자와 부적이나 신비의 약을 제조한 자, 죽은 혼을 불러내는 자에게도 벌을 내렸다.

겁쟁이거나 나약한 자는 참회자가 될 수 없었다. 가장 흔한 벌은 기도와 금식(소문에 의하면 기도와 금식을 하다가 때때로 죽기도 했다)이었지만, 물속이나 쐐기풀 위 혹은 견과류 껍질 위나 무덤에서 시체와 함께 잠드는 벌도 있었다. 어떤 주교들은 육체적으로 힘이 드는 동작을 취하게 했다. 참회자들은 신에게 찬양을 드리는 동안 팔을 펼친 채 서 있거나 몸을 구부리고 손을 위로 뻗은 채 기도했다. 7세기 중엽, 아일랜드에서는 모든 종류의 악행과 무례한 행동에 대해 속죄를 해야 했다. 거기에는 성수에 침을 뱉는다든지(40일간의 속죄), 상처의 딱지나 이(곤충의 한 종류) 혹은 자신의 '배설물'을 먹는 행위가 포함됐다. 이 마지막 행위에 대해 속죄하려면 '1년 내내 빵과 물만 먹어야' 했다.

토마스 아퀴나스는 지상에서의 특정한 행위가 죽은 후 가게 될 장소와 밀접한 연관이 있다는 생각을 법전화해 대단한 명성을 얻었다. 그는 용서받지 못할 죄, 곧 고백을 하거나 면죄를 받지 못하면 신과 영원히 분리되어 결코 천국에 들어갈 수 없는 죄와 용서받을 수 있는 죄를 구분했다. 아퀴나스는 또한 위계질서가 존재하는 천국을 상상했다. 물론 천국에 있는 모든 사람은 자신의 상태에 만족하지만, 몇몇 사람은 다른 사람보다 신의 보좌에 더 가까이 앉는다.

"누군가는 신의 사랑을 더 많이 받을 것이며, 더욱 완전히 신을 볼 것이며, 더 많은 축복을 받을 것이다."

아퀴나스가 쓴 《신학대전》에는 다음과 같은 대목도 나온다.

"축복받은 모든 자는 최고의 진리를 볼 수 있지만 각기 다른 정도로 볼 것이다."

아퀴나스는 신이 예수를 통해 세상을 구원한 동시에 인간에게 자유의지를 주었다고 말한다. 이 자유의지를 어떻게 사용하느냐에 따라 구원의 여부가 결정된다.

아퀴나스가 활동하던 무렵 유대 세계에서는 의사이자 철학자인 모세스 마이모니데스가 죄를 분류하고 경중을 매기는 작업에 한창이었다. 유대 전통은 신이 유대적 삶의 모든 측면을 기술한 613 미쯔바를 따르라고 명령했다고 오랫동안 주장해왔다. 기도의 때와 횟수에서부터 음식에 관한 율법에 이르기까지 말이다. 그러나 그 율법은 정확히 어떤 것일까? 랍비들은 이 문제를 끊임없이 토론하고 지속적으로 입장을 수정했다.

1168년 무렵, 마이모니데스는 유대 법전인 미쉬네 토라를 집필하면서 열세 가지의 보편적 원칙을 제안했다. 이 원칙은 유대교 예배의 핵심적인 부분이 되었고, 유대 정통주의자들은 지금도 아침마다 기도를 드릴 때 이를 낭송한다. 마이모니데스의 원칙에는 다음과 같은 믿음이 포함된다. 신은 육체를 갖지 않았으며 토라는 신에게서 왔다. 메시아가 도래하면 인간의 육체는 다시 부활할 것이다. 이 원칙에 이의를 제기하는 유대인은 내세에서 제 몫을 차지할 수 없다. 마이모니데스를 연구하는 예시바대학교 교수 데이비드 버거는 다음과 같이 말한다.

"마이모니데스는 아주 날카롭게, 그 누구보다도 날카롭게 말했습니다. 만약 믿지 않는다면 내세에서 어떤 몫도 얻지 못할 거라고 말입니다."

뉴욕 퀸즈에 위치한 유대인을 위한 식당에서 아침을 먹으면서, 버거는 마이모니데스가 기독교인이 말하는 행위와 은혜를 포함한 구원의 관점을 허용했다고 설명했다. 유대인은 신이 모든 행위를 지켜보며 율법의 준수 여부를 계산해 기록한다고 항상 믿어왔다. 그러나 마이모니데스는 다음과 같이 주장했다.

"개인의 선함 혹은 정의로움은 선한 행위의 횟수가 아니라 무게로 측정된다."

그러나 어떤 행위가 신의 계산에서 가장 큰 무게를 차지하는지 결코 알 수 없는 인간은 자선과 선행을 통해 신을 만족시키기 위한 노력을 계속해야 한다. 버거가 정확히 이런 방식으로 말하지는 않았지만, 신의 초자연적인 계산 체계는 '유대교식 은혜'라고 볼 수 있다. 실제로 현대 유대인은 신성 주간 동안 기도를 드릴 때 신의 은혜를 바라고 구한다.

"우리는 아무것도 할 수 없습니다. 자비와 친절을 베푸사 우리를 구원하소서."

여기서 다음 사실을 짚고 넘어가야 할 것 같다. 마이모니데스는 생의 대부분을 이슬람교를 믿는 스페인 지역에서 보냈다. 그리고 말년은 이집트에서 보냈는데, 그곳에서 술탄(이슬람교국의 군주)의 주치의로 일하기도 했다. 학자들은 그의 철학으로 인해 기독교와 유대교 학자들이 이슬람교에서 얼마나 많은 영향을 받았는지 지금도 논쟁을 계속하고 있다. 그러나 이슬람교가 영향을 주었다는 사실 자체는 의심할 여지가 없다.

하디아 무바락은 젊은 이슬람계 미국인 운동가이자 조지타운대학교의 대학원생이다. 그녀는 천국에 들어가는 방법에 대해 마이모니데스와 대단히 비슷한 방식으로 말한다.

"이슬람교에서 모든 행동 뒤에 있는 동기는 천국의 획득입니다. 그러나 당신은 어떤 행위를 해야 천국에 갈 수 있는지 알지 못합니다. 어떤 자선 행위에도 특별한 가치가 부여되지 않습니다."

무바락은 열두 살이 되었을 때 신심 깊은 이슬람 여성이 착용하는 전통적인 머리 가리개인 히잡을 쓰기로 결정했다. 그녀는 플로리다 주 파나마시티에 위치한 이슬람계 중학교에 입학했고, 사춘기에 들어서자 함께 어울리던 다른 많은 소녀들처럼 머리를 가렸다.

"그것은 아주 자연스러운 일이었습니다."

그녀의 부모는 이 결정에 대해 분노하지 않았다. 요르단 출신의 어머니와 언니 역시 히잡으로 머리를 가렸다. 그러나 몇몇 친구들은 부모의 반대와 싸워야 했다. 부모들 세대에서 히잡을 벗어던지는 것은 해방과 자유의 상징이었다.

"아주 친한 친구 가운데 몇몇은 대학에 들어간 후 히잡을 쓰기로 결정했고, 부모들은 아주 화를 냈습니다. 부모들은 자식이 모든 기회를 내팽개쳤다고 느꼈습니다. 자식을 위해 그토록 열심히 일해서 얻은 기회를요. (…) 부모들은 사람들이 히잡을 보고 자식을 판단할 거라 생각했습니다. 그러면 직장에서 결코 공정한 기회를 얻지 못할 거라고요."

이제 스물일곱 살이 된 무바락은 결혼해서 두 살 난 아이의 엄마가 되었다. 그녀는 전 미국에 걸쳐 지부를 둔 '전국 이슬람학생연합' 최초의 여성 회장이다. 이 단체에 속한 많은 이들은 거침없이 이스라엘에 반대하는 입장을 취한다. 조지타운대학교에서 무바락의 연설을 들었을 때, 나는 그녀의 수사학적 재능에 놀랐다. 그녀의 연설에는 또래에게서 좀처럼 보기 힘든 확신과 열정이 있었다. 무바락은 9·11 테러 이후 미디어와 주변 사람들이 이슬람계 미국인을 대하는 태도에 격노했다.

그러나 무바락의 외모는 사뭇 다른 분위기를 풍긴다. 작은 체구에 깊은 눈을 한 가녀린 그녀는 신발까지 내려오는 긴 치마와 몸을 가리는 스웨터를 입고 미소를 띠고 있었다. 그 모습은 마치 순종과 굴복의 초상처럼 보인다. 그녀 안에서 여자다움에 대한 관습과 종교 행위의 준수 그리고 문화적, 윤리적 정체성은 급진적으로 재정의되고 있었다.

우리는 천국에 관한 이야기를 나누기 위해 조지타운대학교의 커피숍에서 만났다. 무바락은 수업 중간에 겨우 짬을 내어 나를 만났다. 커피숍 안은 사람들로 너무나 붐벼서 이야기를 나누기가 쉽지 않았다. 그러나 이 모든 상황 속에서도 그녀는 평온해 보였다. 우리는 곧장 천국을 주제로 대화를 시작했는데, 그녀는 거의 즉각적으로 행위 대 은혜 논쟁에 관해 이야기했다.

"누가 천국에 들어갈까요? 평생 하루에 다섯 번씩 기도한 사람일까요? 길에서 할머니에게 도움을 준 사람일까요? 이 문제는 금요일 설교에서 수없이 반복됩니다. 당신이 얼마나 선하든 그것으로 천국을 얻을 수는 없습니다."

그럼에도 불구하고 여전히 그녀는 천국에 갈 수 있을 만한 모든 행위를 한다. 히잡을 쓰고 매일 다섯 번 기도하며 자선을 베풀고 코란의 명령에 따라 금주한다. 이자가 붙는 빚 또한 지지 않는다. 그녀는 하디스에 나오는 천국에 간 의인 이야기를 들려주었다. 그는 수많은 선행을 축적했으며 날마다 자선을 베풀고 기도를 드렸다. 그러나 천사들이 그의 모든 행위를 신이 주신 은혜인 시력과 함께 저울에 올려놓자 저울추는 압도적으로 신의 은혜 쪽으로 기울었다. 이것이 바로 신의 자비다.

후에 나는 그녀에게 다시 질문했다.

"당신의 힘으로 천국을 얻을 수 없다면 어째서 그토록 열심히 노력합니까? 왜 당신의 운명을 신께 맡기지 않죠?"

이에 대한 답으로 무바락은 다음과 같은 내용의 이메일을 보냈다.

"확실히 행위는 중요합니다. 코란에서 신은 그 사실을 명백하게 밝히고 있습니다. 그러나 지상에서 할 수 있는 어떤 일도 신이 주신 것들에는 미치지 못합니다. 이것이 신의 자비입니다. 신의 은혜는 어떤 선한 행위로도 메울 수 없습니다. 그러므로 신의 자비를 통해 천국에 들어가기를 바라야 하지요. 행위나 믿음을 통해서가 아니라요. 내 이야기가 이치에 맞나요?"

무바락은 신이 경건한 신앙심에 대한 보상을 해줄 것이라고 믿었다.

"누구도 제한된 삶을 즐기지는 않아요. 나 역시 머리에 스카프를 두르지 않거나 다른 방식으로 옷을 입으면 훨씬 더 예뻐 보일 거라는 걸 압니다. 옷차림에 관한 이슬람교의 규정을 받아들이는 것은 어떤 여성에게든 엄청난 희생이지요. 하지만 그것은 신을 기쁘시게 하는 일이자 신을 위한 일입니다. 천국에서 신은 어떤 제한도 없는 삶으로 보상해주실 겁니다."

연옥

12세기까지, 로마 가톨릭의 위계질서는 죄를 세거나 죄의 무게를 재고 지상에서 죄를 청산할 수 있다는 생각을 어떤 종교보다 철저하게 확립시켰다. 첫 번째 단계는 세례였다. 초기 기독교인들조차도 세례란 아담이 남긴 오점인 원죄를 영혼에서 제거해 천국으로 가는 문을 여는 의식이라고 이해했다. 그러므로 아기들은 되도록 빨리 세례를 받아야 했다. 여기서 거의 즉각적으로 다음과 같은 질문이 튀어나온다. 그렇다면 세례를 받기 전에 죽은 아기들은 어떻게 되는 걸까? 그들의 영혼은 어디로 가는 걸까?

초기 기독교 교부들은 이 문제에 교묘한 방법으로 접근했다. 4세기 주교인 나지안주스의 성 그레고리는 다음과 같이 말했다.

"(세례를 받지 않은 아기들은) 심판에 의해 영광을 받지도 형벌을 받지도 않는다. 그들은 거의 삶을 살아보지 못했으며 악하지도 않고, 죄를 범하기보다는 오히려 고통을 받은 인간이다. (…) 형벌을 받을 만큼 충분히 악하지 않은 모든 이가 영광을 받을 만큼 충분히 선하지는 않기 때문이다."

다른 말로 세례를 받지 않은 아기들은 오늘날 우리가 '림보Limbo(지옥의 변방)'라고 부르는 '경계'의 장소에 가게 될 것이다. 이에 대한 어거스틴의 반응은 냉엄했다. 그는 세례를 받지 않은 아기에게도 원죄가 있기 때문에 지옥에 간다고 주장했다. 418년, 카르타고 회의에서 어거스틴은 '세례를 받지 않은 채 세상을 떠난 아기들이 행복하게 살 수 있는 중간 장소 혹은 다른 어떤 곳들'에 대한 개념을 맹비난했다. 그러나 그는 아기들을 위한 지옥은 불행의 강도가 훨씬 약한, 그리 나쁘지 않은 곳이라고 덧붙였다. 형벌은 아기들이 거의 알아차리지도 못할 정도로 가벼울 것이다.

지금도 그렇지만 갓 태어난 아기를 향한 그 같은 선고는 많은 이들을 당황시켰다. 12세기 프랑스의 철학자이자 신학자인 피에르 아벨라르는 림보에 있는 아기들은 어떠한 신체적 고통도 당하지 않으며, 그저 신과 영적으로 분리되어 있을 뿐이라고 주장했다. 세례를 받지 않은 아기들이 어떠한 종류든 형벌을 받는다는 생각을 무효화시킨 이는 토마스 아퀴나스였다. 그는 림보가 행복한 장소라고 말했다. 림보는 천국이나 신의 실제적 영역이 아니지만(우드스턱신학교의 연구원인 토마스 리즈 신부의 말을 빌리자면 그곳은 '열등한 천국'이다) 그것은 문제가 되지 않는다. 아기들은 자신이 무엇을 상실했는지 알지 못하기 때문이다.

이러한 개념은 가톨릭학교로 진학한 나의 친구들이 수녀들에게서 배운 내용이다. 림보는 세례를 받지 못한 아기들을 위한 장소이며 신과 분리되어 있지만 어쨌든 만족스러운 곳이다. 만화가들은 하늘을 떠다니는 날개 달린 아기를 그리곤 한다. 나는 유산하거나 출생 시 아기를 잃은 많은 가톨릭 여성이 이 가르침을 단호하게 거부한다는 사실을 안다. 내 친구 중 한 명 역시 이렇게 말했다.

"내 아기는 천국에 있어. 난 그걸 알 수 있어."

2007년, 교황 베네딕토 16세의 지시 아래 바티칸 학자들은 41쪽짜리 보고서를 발간했다. 보고서에는 림보에 관한 가르침을 그만두라는 권고가 담겨 있었다. 이 결정은 환영을 받았다. 리즈 신부의 이야기를 들어보자.

"사람들은 세례를 받지 않은 아기들이 림보에 간다는 사실을 불편하게 느껴왔고, 선한 삶을 살았거나 죄를 짓지 않은 이들이 천국 밖에 머물러야 할 이유가 없다고 느낍니다."

이와 비슷한 정서 때문에 초기 기독교 종교개혁가들 역시 영아세례를 구원의 필수 조건으로 보던 생각을 버리기 시작했다. 1536년, 예정설의 아버지 존 칼뱅은 이렇게 썼다.

"신은 태어나기도 전에 이미 아기들을 자녀로 삼아주셨다고 선언하셨다."

오늘날 대부분의 개신교 종파는 (림보의 필요성을 미연에 방지하면서) 세례를 받지 않은 아기들이 곧장 천국에 올라간다고 가르친다.

연옥은 림보와는 다르다. 중세 시대에 세례는 단지 천국에 가기 위한 첫 단계였다. 공적인 속죄는 고해성사에 거의 자리를 내주었고, 평신도들은 천국에 가기 위해 영혼을 깨끗이 해야 한다는 생각에 사로잡혔다. 지상에서의 행위가 천국에서 차지할 자리와 관련된다고 교회에서 가르쳤기 때문이다. 1380년에 쓰여진 《켄터베리 이야기》에서 저자 제프리 초서는 '저속한 노래나 호색적인 인물'을 포함한, 죄가 될 만한 모든 행위에 대해 신의 용서를 구한다. 그는 이렇게 말한다.

"이 땅에서 진정한 참회와 고해성사, 속죄를 할 수 있는 은혜를 내리소서. 왕 중의 왕이신 당신의 자비로운 은혜를 통해!"

그리스인에게 영감을 받은 유럽의 학자들과 지식인들은 유일신적 전통에서 오랫동안 존재해온 개념인 연옥을 혁신함으로써 천국에 이르는 과정을 새롭게 정의했다. 그들은 합리적인 신학을 발전시키고 싶어 했다.

랍비들은 기원후 200년까지 '경계'에 위치한 장소라는 개념을 공식화했다. 그곳은 완전히 선하거나 완전히 악하지 않은 영혼이 천국에 올라갈 수 있을 정도로 정화되기 전까지 머무는 장소다. 기원후 1세기 말에 랍비들이 작성한 조약에는 세 가지 종류의 영혼이 나온다. '진정 신성한 영혼', '진정 악한 영혼', '그 중간에 있는 영혼'이 그것이다.

"세 번째 집단은 한동안 지옥에 내려간 뒤 다시 올라올 것이다."

1200년까지 문상객의 기도로 사용된 카디쉬 기도문은 영혼이 정화 과정을 거쳐 천국에 올라가는 것을 도와준다. 유대교 전통은 가까운 친척이 12개월 동안 카디쉬 기도문을 읊어야 한다고 가르치지만, 대부분의 문상객은 11개월 동안만 기도를 드린다. 가장 악질적인 죄인에게만 12개월간의 기도가 필요하다. 12개월이 지나면 가장 죄 많은 영혼마저도 신에게 갈 준비를 마친다. 천국에 들어가는 것이 완전히 금지된 영혼은 거의 없다.

어느 일요일, 나는 친구의 소개로 브루클린에서 에릭 프레스를 만났다. 그는 전통적인 유대교 회당에 출석하는 유대인으로, 어머니를 위해 카디쉬 기도문을 읊어야 했던 1998년의 한 달에 관해 이야기했다. 전에 한 번도 카디쉬 기도문을 읊어본 적이 없었던 그는 언제 기도를 멈춰야 하는지 알지 못했다. 한 랍비가 예정된 11개월에서 한 주가 모자란 날에 기도를 멈추라고 조언해주었다. 에릭은 이렇게 기억했다.

"11개월 내내 기도한다면 사람들은 어머니가 '정말로' 나쁜 사람이었다고 생각할 테니까요."

이슬람교에서도 '바르자크'라고 불리는 '경계'에 있는 장소를 이야기한다. 그곳은 죽음과 부활 사이에 자리한다. 이슬람 전통에 의하면, 사람이 죽으면 두 명의 심문관 천사(어떤 이야기 속에서 그 천사들은 초록빛 눈과 검은 피부, 초자연적으로 긴 송곳니를 가지고 있다)가 그의 무덤으로 들어간다. 천사들은 죽은 영혼을 깨워 믿음의 정도를 알아낼 수 있는 질문을 던지고, 그 대답에 근거해 최후의 심판 전까지 영혼이 어디에 머물지 결정한다.

11세기에 활동한 페르시아 신학자 아부 하미드 알 가잘리에 의하면 영혼은 네 부류로 나뉜다. 최상의 믿음을 가진 영혼은 무덤에 난 창을 통해 낙원을 본다. 두 번째로 믿음이 두터운 영혼은 창문을 통해 지옥을 보지만 천사들은 그를 안심시킨다(그들은 지옥에 가지 않을 것이다). 질문에 명확한 답을 하지 못한 세 번째 부류의 영혼은 매를 맞게 되고 무덤은 불에 탄다. 마지막 부류인 악한에게는 자신의 악행이 들짐승으로 되살아나 무덤을 찾아온다.

이슬람 전통은 이 잔인한 질문과 답의 시기가 지나면 영혼은 심판의 날까지 잠을 잔다고 주장한다. 그런데 여기에는 몇 가지 변형된 설이 존재한다. 알 가잘리는 저주받은 영혼이 잠을 이루지 못한 채 지상을 떠도는 반면 축복받은 영혼은 아주 짧은, 아마도 약 한 달간의 기다림 끝에 낙원에 들어간다고 주장한다.

눈발이 흩어지던 어느 겨울 오후, 나는 조지타운대학교에서 이슬람학을 강의하는 존 볼 교수를 만났다. 그는 민속 문학을 살펴보면 잠에서 깨어난 후 모든 것이 달라져 있었다는 이야기가 가득하다고 설명했다. 그러한 이야기는 중세 중동 지역의 모든 종교 집단에서 인기를 누렸던 장르다. 〈립밴윙클〉(미국의 작가 워싱턴 어빙의 단편집 《스케치북》에 실린 단편소설로 긴 잠에서 깨어난 한 남자의 이야기를 담고 있다―옮긴이》과 파킨슨병에 걸려 몸이 마비된 환자가 정상적 삶의 감각적 활기를 짧은 시간 동안 경험하는 이야기를 다룬 영화 〈깨어남〉은 모두 이러한 주제의 변주다. 이 이야기들에서 '천국'은 잠에서 깨어난 후 모든 것이 예전보다 더욱 실감나고 생생하다는 사실을 알게 해주는 장소다.

죽음과 천국 사이에 위치한 대기 장소 혹은 절차라는 개념은 유일신 종교에서 수백 년 동안 있어왔다. 12세기에 이르러 연옥에 대한 관심과 믿음은 최고조에 달했다. 프랑스의 신학자 피터 캔터의 다음 글은 연옥에 대한 당시 대중의 이해를 반영한다.

"정화될 것이 없는 선한 영혼은 곧장 천국에 올라간다. '용서받을 만한' 정도의 죄가 있을 경우 먼저 연옥에 들른 후 낙원에 가기도 한다. 곧장 지옥으로 떨어질 악한 영혼을 위한 특별한 대기 장소는 없다."

피터 캔터에 의하면 연옥은 실재하는 장소다. 그곳에서 보내는 시간의 양과 경험하게 될 공포는 죄의 강도와 지상에서 얼마나 속죄했느냐에 달려 있다.

중세 기독교는 연옥을 매우 생생하게 묘사했는데, 그곳은 지옥과 흡사했다. 유일한 차이점은 연옥에서 겪는 고통에는 끝이 있다는 사실이다. 토마스 아퀴나스는 《신학대전》에서 이렇게 썼.

"일부 사람들은 연옥의 영혼이 너무나 심한 고통을 당하는 나머지 그곳에서 풀려날 거라는 사실을 알지 못한다고 말한다."

하지만 아퀴나스는 꼭 그런 것은 아니라고 덧붙인다.

연옥에 있는 죽은 영혼에게는 이 땅에서 기도해줄 사람들이 필요하다. 연옥을 다룬 이야기는 일종의 오락 수단이자 도덕적 억제물로 기능했다. 이야기에서 묘사하는 연옥의 고통은 너무나 공포스러워서 정신이 번쩍 들 정도였다. 12세기에 가장 인기를 끈 이야기 중 하나는 〈성 패트릭의 지옥의 전설〉이다. 이 이야기는 오웨인이라는 기사가 연옥의 환상을 본 후 삶을 신에게 바치기로 결심하는 내용을 담고 있다.

전설에 의하면 아일랜드에 있는 커다란 호수의 중간에 위치한 스테이션 섬에는 구덩이가 하나 있다고 한다. 아일랜드 사람들을 개종시킬 때 성 패트릭은 이 구덩이를 이용했다. 성 패트릭은 이방인 한 명씩을 구덩이 안에 밤새 가두었고 이방인은 밤새 연옥의 공포스러운 환영을 견뎌내야 했다. 아침이면 그는 죽거나 신심 깊은 기독교인이 되어 있었다.

〈성 패트릭의 지옥의 전설〉은 가엾은 오웨인이 땅속에 머물면서 본 연옥의 환영을 묘사한다. 그는 불타는 못으로 땅에 못 박히는 사람, 오븐에 구워지는 사람, 지글지글 타는 사람, 뜨거운 불에 용해된 금속에 던져지는 사람, 쇠고리에 목매달아 죽는 사람, 두꺼비와 뱀에게 잡아먹히는 사람을 본다. 마침내 신을 만나러 간 그는 불의 강을 지나는 다리 위에 선 자신을 발견한다. 지상과 하늘의 낙원을 포함한 경이로운 장면 또한 목격한다. 연옥의 환영에서 살아남은 그는 예루살렘으로 속죄의 순례를 떠나고 그곳에서 대수도원의 설립을 돕는다. 오웨인이 밤을 새웠다고 알려진 구덩이는 1790년에 봉해졌고, 그 위에는 예배당이 세워졌다. 오늘날, 성 패트릭의 연옥이라고 불리는 그곳에는 해마다 3만 여 명의 방문객이 찾아온다.

연옥의 고통이 이토록 극심하다면, 기독교인들은 연옥에 머무는 기간을 줄이거나 연옥에 가는 것 자체를 피하기 위해 어떤 일이라도 할 터였다. 11세기 말까지 교황은 돈을 받고 면죄부, 즉 가톨릭교회가 발행하는 연옥에 머무는 시간을 단축해주는 공적인 증명서를 팔았다. 1095년에 교황 우르반 2세는 지금의 터키에 해당하는 지역인 아나톨리아로 십자군 원정을 떠나는 남자들에게 면죄부를 수여했다. 1215년에 개최된 제4회 라테란 공의회에서 주교들은 교황의 약속을 재확인했다. 돈을 주고 사람을 사 보내는 대신 자비로 십자군 원정에 '직접' 참여하는 남자들은 모든 죄를 깨끗이 씻어 없앨 수 있을 뿐 아니라 마치 의로운 순교자들처럼 죽어서 곧장 하늘로 올라간다는 내용이었다. 1300년에 교황 보니파세는 예루살렘뿐 아니라 로마 순례에서 살아남은 모든 이에게 면죄부를 발행했다. 나중에 그는 순례 중에 죽은 사람에게도 혜택을 주었다.

사람들은 교회에 돈을 바치는 것만으로 천국에 더 빨리 갈 수 있다고 믿지는 않았다. 그들은 특별한 기도와 특별한 사람이 드리는 기도 또한 효력을 발휘한다고 믿었다. 15, 16세기에 영국에서 작성된 유언장에는 가족 구성원과 지역 성직자에게 내리는 자세한 지시가 가득하다. 언제, 어디서, 어떻게, 얼마나 자주 죽은 영혼을 위해 기도해야 하는지 적어놓은 것이다. "만가(죽은 자를 위한 기도)는 죽은 후 가능한 한 빨리 불러라"라고 지시한 남자가 있는가 하면 "죽은 시점부터 매장할 때까지 30일간 연속 위령미사를 드리라"고 주문한 남자도 있었다. 사람들은 가난한 자의 기도가 부자의 기도보다 효력이 있다고 믿었다. 가장 호화로운 장례식에서 가난한 사람들은 수의를 입고 촛불을 든 채 미사를 드리는 내내 시체를 에워싸고 있었다.

그렇다면 가톨릭의 구원 신학은 지금과 별반 다르지 않다. 가톨릭 신자들은 믿음을 고백한 죄인에게 내리는 신의 신비로운 은혜가 천국 문을 연다고 믿었다. 그러나 구원은 은혜에 믿음의 행위를 더한 삶에서 나온다. 교회는 세상에 신의 사랑을 내려주는 통로이자 일종의 매개체로, 말하자면 은행에 비유할 수 있다. 죄인이 기도와 속죄라는 형태로 이 땅에서 지불을 하면 내세에서 면죄부라는 이름으로 돈을 찾을 수 있다. 종교개혁이 일어나기 전 수세기 동안, 은행으로서의 교회의 역할은 은혜의 통로로서의 역할을 압도했다. 중세 시대 가톨릭 신자들은 그런 식으로 영원한 운명을 계산하고 통제하려 했다.

그렇다면 연옥이 종교개혁을 초래했다고 말할 수도 있다. 루터와 칼뱅을 격분시키고 "기독교인이 된다는 것은 과연 무엇인가?"라는 질문을 제기하게 한 요인은 두 가지였다. 면죄부의 악용과 인간이 구원에 영향을 끼칠 수 있다고 상상한 가톨릭의 기계적인 방식이 그것이다. 루터와 칼뱅은 제도적인 교회의 은행원과 같은 역할을 비판하고 거부하면서 예수에 대한 믿음이 구원을 위해 필요한 모든 것이라고 말했다.

그러나 연옥에 대한 믿음은 지속되었다. 1960년대에 개최된 제2회 바티칸 공의회는 연옥을 지지했다. 가톨릭교도, 특히 전통적인 가톨릭교회에 대한 향수를 간직한 사람들 사이에서 연옥에 있는 영혼을 위한 기도는 지금도 중요하게 여겨진다. 가톨릭의 민간 전통에 따르면 성 거트루트에게 드리는 특별한 기도는 연옥에 있는 1000명의 영혼을 한 번에 풀어준다고 한다. 조지아 주에 근거지를 둔 '텅 빈 연옥을 위한 사명'이라는 단체는 연옥에 갇힌 '모든' 영혼을 풀어주기 위해 가능한 한 많은 기도자를 모으려고 애쓴다. 뉴욕의 브루클린과 미시시피 주의 잭슨을 포함한 미국의 많은 가톨릭 교구들이 신자들을 붙잡고 교회를 떠난 이들을 불러 모으기 위한 노력의 일환으로 면죄부를 부활시키고 있다. 토마스 리즈 신부는 이렇게 말했다.

"면죄부는 사람들에게 속죄의 중요성을 일깨워주는 방법입니다. 좋은 소식은 더 이상 교회가 돈을 받고 면죄부를 팔지 않는다는 것입니다."

몰몬교에서는 '의롭다'는 말 대신 '가치 있다'라는 표현을 쓰지만 이는 결국 같은 뜻이다. 1830년에 수차례의 환영을 본 후 조셉 스미스가 설립한 말일성도 예수그리스도의 교회는 인간의 삶이 시험, 즉 '가치 있음'을 테스트하는 과정이라고 믿는다. 심판의 날에 사람들은 자신의 모든 행위를 기억해낼 수 있다. 신이 가치 있다고 여기면 그는 신과 함께 살며 신과 같은 존재가 된다. 몰몬교 신학에서 모든 사람은 다음의 세 가지 천국 가운데 하나에 간다. 첫 번째는 천상의 천국으로 몰몬교 정전의 일부인 '교리와 서약'에 의하면 '태양과 같은 신과 동등한 영광'을 누리는 곳이다. 두 번째는 지상의 천국으로 이곳의 영광은 달과 같다. 마지막으로 가장 낮은 단계의 천국이 있다.

거의 신에 가까운 사람은 천상의 영역으로 올라갈 것이다(신앙심 깊은 몰몬교 신자들은 이 범주에 들어간다). 밴더빌트대학교의 종교학 교수인 캐슬린 플레이크는 다음과 같이 설명한다.

"그러나 당신이 미식축구 경기에나 정신을 파는 얼간이었거나 주변 사람을 괴롭히며 살아온 사람이더라도 여전히 얼마간의 영광 속에서 부활할 것입니다."

마가렛 토스카노는 어릴 때부터 매사에 바르게 행동하려고 애썼다. 그녀의 집안은 6대째 몰몬교를 믿어왔으며 어린 시절부터 일요일에는 거의 온종일 교회에서 지냈다. 또한 그녀는 일주일에 한 번씩 청소년 집회에 참가했다. 월요일 밤이면 아버지는 가정예배를 인도했는데, 이는 몰몬교 가정의 전통이었다. 아버지는 성서와 몰몬교 성전을 읽힌 후 여덟 명의 자녀에게 토론을 시켰다. 다른 몰몬교 아이들처럼 그녀 역시 열 살 무렵 교회에서 '대리 세례'를 받기 시작했다. 세례 집도자가 죽은 사람의 이름을 큰소리로 부르면 그녀는 뒷걸음질을 쳐서 커다란 물탱크 속으로 들어갔다. 이 의식을 통해 몰몬교 신자가 아니었던 죽은 영혼은 천상의 낙원에 들어간다. 토스카노는 스물한 살에 교회에서 직분을 받았고, 개인을 신과 결속시키는 비밀스런 의식에 참여했다. 그녀는 물과 기름으로 부음받았고, 교회로부터 항상 입어야 하는 속옷과 특별한 교회 예식을 할 때 입는 겉옷을 받았다.

토스카노는 2년마다 '성전 권고 사항'을 갱신했다. 그것은 마치 운전면허증처럼 가치 있음을 증명하는 공식적인 증명서다. 이 증서를 획득하기 위해 그녀는 지역 주교와 면담을 해야 했다. 면담에서 주교는 성적 순결성(미혼일 때는 처녀성, 기혼일 때는 정조)과 십일조 납부, 음식에 대한 규정 준수 여부(담배, 술, 커피, 차는 금지된다), 정직성, 교회 원로들에게 순종하는지와 관련한 질문을 던졌다.

그녀는 모든 시험을 통과했고 자신의 종교를 사랑했다. 하지만 우울함과 답답함을 느꼈고 무엇인가 꽉 막혀 있는 듯했다. 첫 번째 남편과 세속 예식으로 결혼했던 그녀는 2년 만에 이혼했다. 스물아홉 살에 그녀는 가톨릭에서 개종한 성실한 몰몬교도 변호사와 재혼했다. 식은 교회에서 거행되었다. 그녀와 남편은 "영원히 맺어졌다." 그들은 이제 천국에서 영원히 함께 사는 것을 기대할 수 있었다. 그들의 자녀(둘 사이에는 네 명의 딸이 있었다) 역시 신성한 가족의 일부가 될 것이었다.

그러나 토스카노와 남편 폴은 몰몬교에서 가하는 여러 가지 제약에 짜증이 나기 시작했다. 그녀는 대학원에서 고전학을 전공하면서 페미니즘을 연구했다. 폴은 여섯 명의 몰몬교 지식인과 함께 몰몬교회의 권위주의에 반대하는 논의를 시작했고 1993년에 교회에서 제명되었다. 토스카노는 몰몬교의 창시자 조셉 스미스가 성직에서 여성을 배제해야 한다고 말한 적이 결코 없으며, 여성 또한 교회에서 최고의 지위와 권력을 가질 수 있다는 내용을 담은 일련의 논문을 썼다. 물론 교회는 그 사실을 알게 되었다.

2000년 11월 30일, 마흔여섯 살의 토스카노는 교회 당국의 청문회에 출두했다. 교회 지도자들은 그녀에게 지금까지의 작업을 스스로 부인할 것을 요청했다. 그녀는 요구에 따르지 않았고, 결국 교회에서 공식적으로 제명당했다. 이미 몇 해 동안 스스로 교회에서 모습을 감추긴 했지만 말이다. 그녀는 더 이상 신성한 속옷을 입지 않으며, 심지어는 가끔씩 와인도 마신다. 그녀는 이렇게 기억한다.

"첫 잔을 마셨을 때 내 자신이 오염된 듯한 기분이 들었어요. 몰몬교도로서 늘 남보다 깨끗하다는 생각을 하고 있었거든요."

토스카노에게 천국은 여전히 중요하다. 아직 교회에 속해 있는 가족들에게는 천국이 너무나 중요한 문제기 때문이다. 그녀가 성장한 전통에서는 천국에서 가족이 함께 살게 된다고 가르친다. 그러나 교회에서 제명된 토스카노는 이제 천상의 낙원에 들어갈 수 없다. 몰몬교의 교리에 의하면 이는 그녀가 다른 두 자매들과 함께 할 수 없음을 뜻한다(두 자매 중 한 명은 이미 세상을 떠났다). 그녀는 이 가르침을 믿지 않는다.

"나는 하느님이 서로 사랑하는 사람들을 갈라놓지 않을 거라고 믿습니다."

그러나 어린 시절에 받은 교육과 훈련의 영향은 너무나 강력했다. 토스카노와 독실한 몰몬교 신자인 그녀의 언니는 천국에 관한 농담을 하며 함께 웃는다. 만약 그렇지 않으면 함께 울어야 할 것이므로. 어쩌면 분리된 천국 사이에는 유리벽이 있어서 서로 얼굴을 바라보거나 전화로 이야기를 나눌 수 있을지도 모른다.

"모든 율법을 다 지키며 살다 보면 은혜를 구할 수밖에 없습니다."

자신의 영적 영웅 가운데 한 명인 마틴 루터를 거론하며 그녀는 이렇게 말했다.

"몰몬교회의 '사람을 미치게 만드는 율법주의'는 나를 '은혜로 이끌었'습니다."

몰몬교를 떠난 후 그녀는 어떤 교회에도 출석하지 않고 있다.

종교개혁가들

"만약 수도사 중 천국에 갈 수 있는 자가 있다면 나는 분명 그들 중 하나일 것이다. (…) 나는 예수를 나의 구주이자 위로자로 붙드는 대신 내 불쌍한 영혼을 닦달하는 무시무시한 심판자로 만들어버렸다."

이 고뇌에 찬 글은 1500년대에 마틴 루터가 쓴 것이다. 어거스티니안 수도원의 수도사로 지내던 시절, 마틴 루터는 율법에 순종하기 위해 애썼다. 그는 금식을 하면서 스스로를 채찍질했지만 어떤 율법으로도 신과 가까워지지 못했다. 주변에서 흔히 목격되는 율법의 오용은 그를 역겹게 했다.

15세기에 교황들은 돈이나 값비싼 물건을 받고 부자들에게 면죄부를 배부했다. 1517년, 교황 레오 10세는 산피에트로 대성당 재건 기금을 모금할 사람을 고용하기로 한다. 그는 요한 테첼이라는 도미니카 수도원의 수도사에게 유럽을 돌며 면죄부를 팔라는 지시를 내린다. 타고난 장사꾼이었던 그는 다음과 같은 슬로건을 내세웠다.

"장식함 속의 반지가 나오면 구원받은 영혼이 천국에 들어가리!"

테첼은 죄와 죄를 용서받기 위해 필요한 금액을 적은 목록을 가지고 다녔다. 일설에 의하면 그는 자신의 면죄부가 성모 마리아를 강간한 사람의 영혼까지 구원해줄 수 있다고 말했다고 한다.

루터는 테첼에 반대하는 설교를 했고 테첼은 루터가 이단이라고 몰아세웠다. 1517년 10월 31일, 루터는 독일의 위텐베르그 성당 문 앞에 '95개조 반박문'을 게시했다. 그중 마지막 두 개 항목은 천국과 관련된다.

"기독교인은 열심히 그리스도를 따라야 한다. (…) 그럼으로써 천국에 들어갈 것을 확신해야 한다."

루터는 기독교인이 해야 할 일은 오직 믿는 것뿐이라고 말했다. 기독교인은 더 이상 죄를 세거나 재고, 면죄를 받기 위해 돈을 내거나 기도할 필요가 없다고 말이다. 루터와 존 칼뱅의 관점에 따르면 천국은 하느님 외에 다른 권위자가 존재하는 계층화된 장소가 아니다. 루터는 다음과 같이 썼다.

"우리는 사도 바울과 베드로, 성모 마리아 그리고 모든 성자들과 동등한 영광과 존귀를 입을 것이다."

개신교 종교개혁가들은 모든 구원받은 이에게 동등한 조건의 천국을 돌려주었다. 그러나 이것은 (논란의 여지는 있지만) 천국을 덜 재미있는 곳으로 만들었다. 종교개혁가들이 생각한 천국에 관한 이미지, 즉 신과 친히 교제하는 영혼들과 찬양과 노래로 가득한 영원한 시간은 화려하고 반짝이며 붐비는 가톨릭의 천국과 비교해 조금은 밋밋했다. 종교개혁 이후 개신교 목회자들은 교인들이 (가톨릭에서 말하는) 성자와 순례자로 가득한 천국과 거리를 두게 하려고 노력했다. 심지어 그들은 그러한 장면을 묘사한 교회 벽화에 회칠을 해버리기도 했다. 그러나 (적어도 미국에서) 얼마 지나지 않아 사람들은 천국에 그 이상의 무엇인가가 있기를 바라기 시작했다.

CHAPTER

7

환상가들

HEAVEN

☆

　1989년 1월의 비 오는 어느 날이었다. 돈 파이퍼는 휴스턴 근처에 위치한 자신의 교회에서 열린 모임을 마치고, 빨간색 포드 자동차를 몰고 집으로 향하는 길이었다. 짙은 안개 때문에 좁다란 다리 옆에 붙은 표지판이 잘 보이지 않자 그는 속도를 늦췄다. 그때 대형 트레일러트럭이 중앙선을 넘어와 그의 차와 충돌했다. 사고 현장에 도착한 응급구조 팀은 생명을 잃은 채 쓰러진 파이퍼를 발견했다. 그의 왼팔은 몸 뒤쪽에서 달랑거렸고, 왼쪽 다리는 산산조각이 났다. 의사는 사망진단을 내렸고, 구조대원들은 다른 부상자들을 돌보는 데 집중했다. 이때가 세 아이의 아버지이자 침례교 목사인 서른여덟 살의 돈 파이퍼가 천국에 다녀온 순간이다.

　그의 이야기―저서 《기적의 90분》과 미 전역에서 벌인 간증―는 친숙하고 감동적이다. 파이퍼는 자신을 에워싼 빛과 강렬한 기쁨의 감정을 기억한다. 화려한 문 앞에 도착한 순간과 익숙한 사람들― 할아버지, 고등학교 시절 친구, 생전과는 달리 완벽한 치아를 가진 증조모—의 환대 또한 생생히 떠올릴 수 있다. 자신의 경험을 상세히 설명하면서 그는 이렇게 말한다.

"그래요. 이 이야기들을 시간 순서에 맞게 말해야 한다는 건 알지만, 사실 천국에서는 시간이 아무런 의미가 없습니다."

파이퍼는 자신이 본 것을 묘사하려 노력하지만 사실 그것은 묘사할 수 없는 성질의 것이라고 주장한다. 점점 더 강해지지만 눈을 멀게 하지 않는 빛을 본 경험에 대해서도 증언한다.

"나는 빛의 강렬함이 계속해서 더해지는 걸 보고 깜짝 놀랐다. 멀리 걸어갈수록 빛은 더 밝아졌다. 빛은 나를 압도했고, 나는 하느님 앞으로 인도되고 있다는 느낌을 받았다. 지상에서 우리의 눈은 빛과 어둠에 점차 익숙해진다. 하지만 천국에서 내 눈은 그런 변화에 아무런 문제없이 곧장 적응했다."

그러고 나서 음악소리가 들려왔다. 처음에는 고향 아칸소 주에서 자주 듣던 새의 날갯짓 소리처럼 들렸지만, 그것은 천사의 날갯짓 소리였다.

"천국의 소리는 이전에 들었던 어떤 소리와도 달랐다."

각기 다른 세 장의 CD가 동시에 돌아가고 있었지만, 모든 소리가 섞여 기쁨에 넘치는 하나의 소리가 되었다. 지금도 잠자리에 들 때면 천국의 소리가 그의 귓가에 울린다.

파이퍼는 마침 사고 현장에 나타난 동료에 의해 정신을 차렸다. 동료는 기도를 드리기 위해 파이퍼의 차 뒤쪽으로 올라갔다. 그가 '예수 안에서 우린 얼마나 좋은 친구인가'라는 찬송을 부르자 파이퍼는 곧 노래를 따라 불렀다. 동료는 구조대원에게 달려가 소리쳤다.

"그가 살아 있어요!"

파이퍼는 서른네 번에 걸쳐 수술을 받았다. 그는 느리게 회복했으며 육체뿐 아니라 정신적으로도 부상을 입었다. 처음에 그는 분노와 우울증, 자살 충동으로 고통받았다. 하지만 가까운 친구들과 오랜 대화를 나누면서 자신에게 닥친 재난이 신의 메시지라는 사실을 깨달았다. 그는 자신이 본 것을 전파하는 데 헌신하기로 했다.

천국은 실재한다. 파이퍼는 한 달 동안 조지아 주, 텍사스 주, 캘리포니아 주, 플로리다 주, 앨라배마 주 등 전국을 돌아다녔다. 교회와 은퇴자 공동체를 대상으로 간증하기 위해서였다. 그는 여전히 아프다. 집회가 잡히면 계단을 오르내릴 필요가 없도록 1층에 머물게 해 달라고 주최자에게 부탁해야 한다.

"사람들은 하느님이 기도에 응답하시는지 그리고 여전히 기적이 일어나는지 알고 싶어 합니다."

2005년에 출간된 《기적의 90분》은 2년이 넘도록 베스트셀러 목록에 올랐으며, 2007년에는 속편 《천국은 진짜다 Heaven is Real》가 출간되었다.

돈 파이퍼는 괴짜 혹은 떠돌이 이야기꾼일까? 아니면 선지자일까? 예수 탄생 이전의 환상가들에게도 그런 의문은 줄곧 따라다녔다. 파이퍼는 천국을 여행했다는 사람들의 계보를 잇는다. 그들은 대체로 사고를 당한 후 천국에 갔다가 변화된 상태로 돌아온다. 천국을 믿지 않는 세상을 향해 진실을 외치기 위해서 말이다. 야곱의 환상과 에녹서 그리고 요한계시록은 이러한 경험과 관련한 초기 유일신교의 선

구적 실례다. 물론 그밖의 다른 예들도 존재한다. 4000여 년 전에 쓰여진 메소포타미아의 길가메시 전설은 영생의 비밀을 발견하기 위해 신들의 빛나는 정원을 여행한 한 영웅의 여로를 그리고 있다. 길가메시는 영생의 비밀은 없다는 사실을 배운다. 그의 안내자는 내세란 존재하지 않으므로 현생을 완전히 받아들이라고 충고한다. 여신 시두리Siduri는 이렇게 말한다.

"삶을 즐겨라. 네 손을 잡고 있는 아이들을 사랑하라. 네 품에서 아내가 즐거움을 느끼게 하라."

그는 불멸을 얻지 못한 채 인간 세계로 돌아왔지만, 지상의 삶이 얼마나 아름다운지 깨닫는 축복을 받았다. 호머의 《오디세이》는 부분적으로 길가메시의 영향을 받았다고 알려진다.

왕좌가 놓인 방, 연회, 노래하는 천사, 정원과 강, 달콤한 향이 나는 꽃, 번쩍이는 도시와 보석이 박힌 벽, 황금 길, 하프, 구름, 눈부신 빛, 함께 예배하는 성자들과 순교자들… 우리가 마음속에 품고 있는 모든 천국의 이미지는 직접 천국에 다녀온 사람들의 이야기에서 나왔다. 시간이 지나면서 이미지들은 진화했고 강조점 역시 변했다. 천국을 여행한 사람들은 주로 처음에는 신의 보좌를, 다음으로 성자들과 순교자들을, 또 그 다음에는 역사적 인물을, 마지막으로는 신의 법정과 화려한 정원을 보았다. 시대가 바뀌면서 오늘날의 천국 여행자들은 할아버지나 고등학교 시절 풋볼 코치를 만난다. 이 장에서 나는 예술가(작가, 화가, 영화감독) 역시 환상가에 포함시켰다. 천국에 대한 상상적 표현 또한 천국의 개념을 형성하는 데 어느 정도 영향을 끼쳤기 때문이다.

중세의 환상

초기의 묵시문학에서 환상가들은 천국에 직접 가서 구경을 하고, 이 땅의 운명에 대한 신의 교훈을 가지고 돌아온다. 이러한 환상에서 천국은 공포스러운 신의 보좌가 있는 심판의 자리다. 결코 아름답거나 편안한 장소가 아니라는 이야기다. 수백 년에 걸쳐 다수의 저자에 의해 쓰여지다가 기원후 2세기에 완성된 에녹1서는 토라의 율법을 따른 자와 그렇지 않은 자에게 닥칠 일을 암시한 유대인의 묵시록이다. 책의 화자는 마치 어린 소년이 유령 이야기를 하는 식으로 천국을 자세하게 설명한다. 천국에 가는 길에는 안개가 가득 끼여 있고 곧이어 번개가 친다.

"나는 벽 가까이 갈 때까지 계속해서 걸었다. 벽은 얼음덩어리로 지어졌고 불의 혀가 둘러싸고 있었다. 나는 공포를 느꼈다."

여기서 우리의 영웅 에녹은 그만 기절하고 만다.

프린스턴신학교 교수인 제임스 찰스워스는 나와의 전화 인터뷰에서 이렇게 말했다.

"에녹 이야기의 교훈은 명확합니다. 하느님은 천국이라 불리는 다른 영역에 살고 있습니다. 그리고 에녹은 혼자서 그곳에 갈 수 있었습니다. (…) 에녹은 선한 자와 고통받는 자가 보상을 받을 거라 전하고 있습니다."

계시록의 저자 요한은 천사의 안내를 받아 천국에 간다. 그는 바로 보좌 앞에 당도한다.

"옥좌 둘레에는 또 높은 좌석이 스물네 개 있었으며, 거기에는 흰 옷을 입고 머리에 금관을 쓴 원로 스물네 명이 앉아 있었습니다. 그

옥좌에서는 번개가 번쩍였고 요란한 소리와 천둥소리가 터져 나왔습니다. 그리고 옥좌 앞에서는 일곱 횃불이 훨훨 타고 있었습니다. 그 일곱 횃불은 하느님의 일곱 영신이십니다." (요한계시록 4장 4-5절)

요한은 사탄과 벌이는 대전투와 지구의 멸망, 마침내 도래한 '새 하늘과 새 땅'을 보고, 마지막 단락에서 예수와 이야기를 나눈다. 예수는 모든 것을 '뒤엎어버릴' 혹은 '제대로 돌려놓을' 자가 바로 자신이라고 주장한다.

"나는 알파와 오메가, 곧 처음과 마지막이다." (요한계시록 21장 6절)

요한은 자신이 본 모든 것이 사실임을 맹세하며 이야기를 맺는다. 이 이야기에 어떤 것이라도 더하거나 빼는 사람은 지옥에 갈 것이라고 요한은 경고한다.

사도 바울은 닥쳐올 미래에 대한 질문을 비켜갔다. 연약한 인간의 마음이 상상하기에 그것이 너무나 엄청나다는 것이 이유였다.

"그러나 성서에는, '눈으로 본 적이 없고 귀로 들은 적이 없으며 아무도 상상조차 하지 못한 일을 하느님께서는 당신을 사랑하는 사람들을 위하여 마련해주셨' 라는 말씀이 기록되어 있지 않습니까?" (고린도전서 2장 9절)

그러나 바울은 천국이 어떤 곳인지 알고 있었다. 고린도후서에 따르면 바울은 천국에 다녀온 적이 있다. 그는 이렇게 말한다.

"몸째 올라갔는지 몸을 떠나서 올라갔는지 나는 모릅니다. 그러나 하느님께서는 알고 계십니다." (고린도후서 12장 2절)

천국은 어떤 모습이었을까? 바울은 이렇게 말할 뿐이다.

"그는 낙원으로 붙들려 올라가서 사람의 말로는 표현할 수 없는 이

상한 말을 들었습니다." (고린도후서 12장 4절)

　수세기 동안 기독교 목회자들은 천국의 경이로움을 말로 표현할 수 없다고 설교할 때 바울의 말을 인용했다.

　그러나 어떤 사람들에게는 바울의 이야기가 너무 감질나는 것이었다. 자연히 거기에 살을 붙이려고 노력하는 이야기꾼이 나타났다. 《바울의 묵시록The Apocalypse of Paul》은 4세기 베스트셀러로 거의 모든 유럽어로 번역되었다. 잘 알려지지 않은 저자가 쓴 이 책은 바울의 천국 여행에 관한 이야기를 담고 있다.

　바울은 천사의 안내를 받아 선한 자와 악한 자의 영혼이 육체를 떠나는 모습을 지켜본다. 안내하는 천사는 선한 영혼을 키스로 환영한다. 한 천사는 그들의 육체를 기억해둔다. 세상이 끝날 때 육체가 다시 필요하기 때문이다. 영혼과 천사는 함께 신의 보좌로 올라가 심판을 기다린다. 천사가 영혼을 변호해주고 신이 판결을 내린다.

　"그가 너를 위해 슬퍼하지 않았으니 나 또한 그들 위해 슬퍼하지 않겠다. 그가 나를 가엾게 여기지 않았으니 나 또한 그를 가엾게 여기지 않겠노라."

　천사들과 천사장, 아기 천사들이 노래를 부른다.

　세 번째 천국에서 바울은 엄청나게 멋진 금으로 만든 문과 '금빛 글자가 가득 쓰인 황금 기둥'을 본다(그 글자는 선한 자들의 이름이다). 천사는 바울에게 살아 있는 자들의 운명도 천국에 기록되어 있다고 말한다. 바울은 한 늙은 남자를 보게 되는데 "그의 얼굴은 마치 태양처럼 빛났다." 둘은 서로 껴안는다. 그 남자는 자신을 에녹이라고 소개한다.

다음 단계는 세상의 종말 앞에 오는 천국이다. '약속의 땅'이라고 불리는 이곳은 많은 사람이 상상하는 천국의 모든 특징을 갖추었다. 젖과 꿀이 흐르는 강 근처 언덕에는 달마다 과실을 맺는 나무가 자란다. 그곳 전체는 '은보다 일곱 배 더 빛나는' 빛으로 반짝인다. 이곳에서 영혼은 육체 없이 지낸다. 그 다음에 천사는 바울을 금빛 배 위로 안내한다. 그 배는 3000명의 천사를 싣고 그리스도의 도시를 향해 항해한다. 성자들과 순교자들 그리고 구약 시대 족장들이 도시에서 예수의 재림을 기다린다. 그곳에는 계시록에 나오는 열두 개의 문과 네 개의 강이 있는데, 양손에 시편과 하프를 든 다윗 왕이 노래를 부르며 구세주 그리스도의 귀환을 기다리고 있다. 이 장면에서 유대인은 예수를 찬양하고 있는 셈이다.

이슬람 시인과 이야기꾼 역시 이슬람교가 발생한 지 불과 몇 십 년 뒤부터 천국에 다녀온 경험을 이야기하기 시작했다. 확실히 이것들은 환상이 아니다. 단지 코란의 제17장 '밤의 여행'을 재진술한 것으로 메카에서부터 지금의 바위 사원(유대인의 성전이 서 있었다고 알려진 예루살렘에 위치한 동산)에 걸친 여행을 다루고 있다. 전통적으로 이슬람교도는 마호메트가 신을 만나기 전까지 예루살렘으로부터 일곱 단계의 천국을 거쳤다고 이해한다.

이야기는 이렇게 전개된다. 가브리엘 천사가 동굴에서 잠을 자던 마호메트를 깨운다. 가브리엘은 당나귀보다 크고 노새보다 작은, 날개 달린 흰 말과 함께 나타났다. 그들은 예루살렘까지 밤새 날아간다. 예루살렘에 도착은 그들은 금과 은으로 번갈아 만든 계단을 따라 천국에 오른다. 첫 번째 천국에서 마호메트는 아담을 본다. 두 번째 천국에서 그는 예수와 세례 요한을, 세 번째 천국에서 요셉을 본다. 네 번째, 다섯 번째, 여섯 번째에서는 각각 에녹과 아론, 모세를 본다. 마침내 일곱 번째 천국에서 마호메트는 (이슬람 세계에서도 존경받는) 족장 아브라함을 보게 된다. 커다란 나무 한 그루가 나비 떼에 뒤덮여 있고, 천사들은 날마다 천국의 집에서 악기를 연주한다. 그들은 집 안에 들어갔다 나오는데, 아마도 바울은 부활의 날까지 결코 그 집에 가지 않을 것이다.

마호메트는 천국 너머의 낙원에도 들어간다. 몇몇 전승에서는 마호메트가 그곳에서 아름다운 여인들과 금과 은으로 된 쟁반을 든 천상의 하인들을 보았다고 전한다(한 사람당 1만 명의 하인이 시중을 든다). 마침내 마호메트는 신의 보좌를 본다. 그것은 초자연적으로 거대하며, 천국 자체보다도 커서 모든 천국을 뒤덮고 둘러쌀 정도다. 마치 바다가 겨자씨 하나를 덮듯이 말이다. 보좌는 앉기 위한 곳이 아니다. 그것은 신의 힘을 상징한다.

중세 시대 동안 토마스 아퀴나스와 같은 기독교 신학자들은 죄인과 의인을 다양한 범주로 구분했다. 기독교 환상가들의 천국은 더욱 계층화되었다. 바울이 말한 세 개의 천국은 12세기 전설 《턴데일의 환상The Vision of Tundale》에서 끝없이 분할된 구역과 각각의 하위 구역의 연속으로 나타난다. 《단테 이전의 천국과 지옥의 환상The Vision of Heaven and Hell Before Dante》이라는 전집의 편집자 에일린 가디너는 다음과 같이 말한다.

"턴데일의 이야기는 굉장히 인기가 있었습니다. 수세기 동안 사람들은 그것을 교화를 위한 종교적 이야기로서뿐 아니라 즐거움을 주는 책으로 여기고 즐겼습니다."

이야기의 화자는 뇌졸중으로 쓰러진 후, 천사의 안내로 겹겹의 천국과 지옥을 방문한 기사다. 위로 올라갈수록 턴데일은 더 많은 의인을 만난다. 지옥의 환상에서 1000개의 손을 가진 괴물인 루시퍼와 우연히 만난 후, 턴데일과 천사는 위로 오르기 시작한다. 맨 처음에 그들은 '아주 악하지는 않은 자'를 위한 장소에 당도한다. 지옥의 악취가 사라진 그곳에서 사람들은 배고픔과 목마름, 슬픔을 느꼈지만 고통이 극심하지는 않았다. 그 다음에 그들은 '아주 선하지는 않은 자'를 위한 장소를 통과한다. 그곳에서 그들은 "향기로운 꽃이 만발한 밝고 즐거운 들판과 그 안에 거하는 셀 수 없을 정도로 수많은 영혼"을 목격한다. 다음으로 믿음 깊은 부부들을 위한 장소에 다다른 턴데일은 그곳의 너무나 달콤하고 즐거운 향기에 취해 제발 머물게 해달라고 애원한다. 그러나 턴데일을 안내하는 천사는 순교자와 성적으로 순결한 자, 수도사, 교회를 세운 자들을 위한 더 높은 차원의 천국으로 그를 이끈다.

수도사와 덕망 있는 자를 위한 천국에서 턴데일은 내가 가장 좋아하는 천상의 이미지를 본다. 그곳에는 회색과 보라색 실크로 만든 큰 천막이 가득 세워져 있다. 턴데일은 천막 안에서 흘러나오는 현악기와 오르간, 드럼과 치터의 섬세한 선율을 듣는다. 머리 위에는 금으로 만든 튼튼한 줄이 하늘에서부터 내려와 있다. 줄에는 화려한 술잔과 향기로운 꽃, 종, 황금색 지구본이 달려 있다. 천상을 날아다니는 천사들은 "가장 부드럽고 달콤한 노래를 부른다."

겹겹의 천국을 방문한 그는 이야기의 마지막 부분에서 천국 전체를 보게 된다. 마치 우주선에서 지구를 바라보듯이 그는 흰옷을 입고 주를 찬양하는 한 무리의 동정자들과 순교자들을 한눈에 본다. 천사의 도움으로 혼수상태에서 깨어난 턴데일은 모든 재산을 가난한 사람에게 나누어주고 수도원에 들어간다.

20년 동안 중세 시대의 환상에 대해 연구한 학자인 가디너는 맨해튼에서 직접 작은 출판사를 운영한다. 그녀는 내게 중세의 환상들과 초기 유대교와 기독교 환상들이 파이퍼의 책처럼 실화로서 쓰여진 것이라는 사실을 알려주었다. 그것들은 정교한 은유가 아니다. 거기엔 '만약 ~라면'은 존재하지 않는다. 그 환상들은 화자가 실제로 일어났다고 주장하는 사건에 대한 강력하고 직접적인 설명이다. 사람들은 그런 이야기를 통해 이곳 너머에 있는 세계의 실체를 이해했다. 돈 파이퍼는 정확히 이런 종류의 환상가다. 그는 천국을 정말로 보았고, 그것이 진짜라고 믿는다. 그리고 변화된 상태로 이 땅에 돌아와 자신이 본 것을 사람들에게 전파하기로 결심하고 복음 전도자가 되었다.

천국

단테는 게임의 규칙을 바꾸어버렸다. 그의 역작 《신곡》은 실화인 동시에 예술 작품이다. 지옥과 연옥 그리고 천국에 이르는 여행을 떠나는 순례자는 바로 단테 자신이다. 그는 일인칭시점으로 이야기를 전개하며 자신의 실제 이름을 사용한다. 다른 중세 환상가들은 턴데일의 경우처럼 뇌졸중이나 사고로 인한 임사 체험에 의해 천국에 당도한다. 그러나 단테의 환상은 홀로 버려진 것 같은 심한 우울증에서 비롯된다. 시인 버질이 나타나 우울증에 빠진 그를 지옥과 연옥으로 안내한다. 단테는 시종 자신의 이야기가 진실이라고 주장한다. "이것이 실제 일어난 일임을 나는 맹세한다"와 같은 문장을 사용하면서 말이다. 확실히 당시 독자 중 일부는 저자가 실제로 지옥과 천국에 다녀왔다고 생각했을 것이다. 조반니 보카치오는 거리에서 단테를 알아본 베로네의 여인들 사이에서 오간 다음과 같은 대화를 전한다. 누군가 이렇게 묻는다.

"저기 지옥에 내려갔다 다시 올라온 남자를 보았수? 지옥에 관한 소식도 많이 듣고 왔다는데…."

그러자 여인 중 한 명이 순진한 어조로 대답한다.

"당신 말이 맞아요. 저 남자를 봐요. 수염도 주름지고 지옥의 열과 연기 때문에 피부가 그을렸잖아요."

《신곡》은 출간되자마자 큰 반향을 불러일으켰다.〈지옥〉은 1315년까지,〈연옥〉은 1320년까지 널리 읽혔다.〈천국〉은 단테가 죽은 1321년에 완성되었다). 턴데일이 자신이 목격한 것을 알리려는 목적으로 책을 썼다면, 단테는 거기에 예술적인 목적을 더했다. 그럼으로써 천국에 대한 상상적인 이야기를 펼칠 수 있는 길을 다음 세대에게 열어주었다. 많은 독자들이 단테가 이룩한 가장 놀랄 만한 혁신으로 천국 안내자의 창조를 꼽는다. 성서에 나올 법한 천사 대신 아홉 개의 천국에 걸쳐 단테를 안내한 이는 베아트리체라는 이름의 젊은 여성이다. 베아트리체라는 이름은 단테가 플로렌스의 거리에서 언뜻 본 소녀의 이름에서 따왔다고 알려진다. 이야기는 이렇게 전개된다. 그들은 서로 미소를 주고받았지만 그녀는 이미 다른 사람과 결혼한 몸이었다(단테 역시 마찬가지였다). 베아트리체는 젊은 나이에 세상을 떠났고, 단테의 사랑은 미완으로 끝난다. 《서양의 정전The Western Canon》에서 문학비평가 해럴드 블룸은 이렇게 말한다.

"야훼스트(구약성서 중 신을 야훼라고 기록한 부분의 저자)에서 호머를 거쳐 조이스와 베케트에 이르는 길고 긴 시간 동안, 서구 문학에서 베아트리체에 대한 단테의 격상만큼 지고하게 터무니없는 것은 없었다. (…) 베아트리체는 단테의 가장 야심적인 창조물이었고, 기독교의 구원 시스템 안에 그녀를 의기양양하게 위치시킨 것이야말로 그 작품의 가장 대담한 행위였다."

〈천국〉은 천국에 대해 지금 우리가 품고 있는 이미지를 형성하는 데 요한계시록만큼이나 큰 영향을 끼쳤다. 비록 지금은 일반 독자들이 오락 삼아 읽는 책이 아니라 대학원생에게 주어진 읽기 과제가 되었지만 말이다. 〈천국〉은 천국에 대한 사람들의 생각에 지대한 영향을 주었다. 위대한 시인과 화가, 작가들이 서구 예술의 위대한 업적들 가운데 특히 〈천국〉을 풍부한 영감의 원천이자 걸작으로 여겼다. 그러나 문학과 역사 그리고 성서에 대한 암시적인 언급으로 가득 찬, 신의 본성에 관한 얽히고설킨 신학적 대화를 담은 테자 리마terza rima(내적인 운율 구조의 세 줄짜리 운문을 말한다 – 옮긴이)를 이해하기란 참으로 어려운 일이다. 내가 가지고 있는 판版에는 원래 시의 세 배나 되는 분량의 주석이 실려 있다. 현재 〈천국〉이 대학원 수업 시간에만 읽혀진다는 사실은 전혀 놀랍지 않다.

미켈란젤로는 단테를 숭배해 "단테는 살아 있는 자를 일으켜 세워 신을 뵙게 했도다"라는 내용의 소네트를 썼다. 언어로 인간적이면서 신적이고, 거대하면서 계층화된, 유명인과 보통 사람이 함께 사는 천국과 지옥을 창조해낸 단테의 노력은 200년 후 미켈란젤로에게 영감을 불어넣었다. 미켈란젤로는 로마에 위치한 시스티나 성당의 벽과 천장에 단테의 천국과 비슷한 세계를 그렸다.

같은 시기에 성적인 매력이 넘치는 이방 여신의 그림으로 잘 알려진 또 다른 플로렌스 출신의 화가 산드로 보티첼리가 단테의 환상과 초기 르네상스 사이를 좀더 확실하게 연결했다. 그는 위대한 예술 후원자 로렌조 드 메디치를 위해 《신곡》을 묘사한 수백 점의 그림을 그렸는데, 그것들은 단순하면서도 매우 정교한 아름다움을 뽐낸다. 마치 현대에 그려진 스케치 같은 느낌을 주는 한 그림에서 단테는 안내자 베아트리체가 신의 빛, 즉 아홉 개의 별로 이루어진 궤도에 둘러싸인 태양을 가리키자 눈을 가려버린다.

1667년에 존 밀턴은 천국에 관한 대서사시 《실낙원》을 출간했다. 1820년대, 영국의 시인이자 화가인 윌리엄 블레이크는 죽기 전 몇 해 동안 《신곡》의 삽화를 그렸다. 헨리 롱펠로우, 제임스 조이스, 미스터리 작가 도로시 세이어즈, 희곡작가 사무엘 베케트, 현대 시인 시머스 히니. 이들 모두는 단테를 사랑하고 영감의 원천으로 꼽았다. 앞장에서 언급한 성 패트릭의 연옥의 위치에서 제목을 따온 〈스테이션 아일랜드〉라는 시에서 히니는 현대의 혼탁한 언어 대신 〈천국〉에 나타난 빛의 환영을 불러일으키기 위해 테자 리마를 사용한다.

　만화경의 프리즘처럼
　나는 흙탕물이 담긴 통 속에 거꾸러졌네

그리고 경이로운 등대선처럼 물을 뒤집어썼네

나는 뉴저지 주 프린스턴에 위치한 진 홀랜더의 집 부엌에서 그녀와 남편 로버트 그리고 천방지축인 애완견 조시와 자리를 함께했다. 내가 방문하기 불과 몇 주 전에 홀랜더 부부는 함께 〈천국〉의 번역본을 출간했다. 프린스턴대학교 교수인 로버트는 〈천국〉의 구절구절을 자기 이름만큼이나 잘 안다. 출처와 역사, 학문적 논쟁점, 〈천국〉에 사용된 언어인 중세 이탈리아 방언까지 말이다. 아내 진은 현대 시인이었다. 둘은 오늘날의 독자가 〈천국〉의 아름다움을 발견할 수 있도록 수많은 주석을 달고, 섬세하고 시적인 번역을 해냈다. 내가 가장 좋아하는 구절은 단테가 선한 행동을 중단하고 다른 사람에게 선행을 대신하게 해도 여전히 구원받을 수 있냐고 베아트리체에게 물어볼 때 등장한다.

> 베아트리체가 나를 쳐다보네,
> 사랑과 신성 그리고 빛이 가득한 눈으로
> 그것은 나를 압도해 내 시력은 점점 흐려져가네,
> 눈을 떨구며 나는 거의 감각을 잃어간다네

진은 단테를 존경하지만, 그가 제시한 환상은 그녀에게 천국에 가고 싶은 마음을 불러일으키지는 않는다.

단테가 말하는 천국은 빛과 달콤한 향기, 음악이 있는 곳이다. 〈천국〉의 처음 부분에서 빛은 대기의 일부인 공기와 같다.

"마치 구름 속에 있는 것 같다네. 빛나고 견고하며 손상되지 않은, 마치 천둥에 맞은 다이아몬드와 같은."

단테는 베아트리체의 안내로 천국의 여러 단계를 거쳐 올라가면서 성자들과 순교자들, 지상에서 알았던 사람들, 역사 속 인물들을 만난다. 빛은 점점 밝아지고 마침내 최고천Emyprean heaven에 이르자 베아트리체는 안내자의 역할을 그만두고 자리에 앉는다. 단테는 그 빛을 직접적으로 진술한다. 소문자로 쓰여진 대기 중의 빛atmospheric light은 대문자화되어 신의 '빛' the 'Light' of God이 된다. 단테는 그 빛을 들여다보며 마침내 도착했다고 선언한다.

"나는 영원한 선함goodness에 이르렀다."

그 빛 안에서 단테는 우주 속의 모든 것이 사랑으로 묶여 있음을 보고 만물이 하나임을 깨닫는다. 그런 다음 빛의 색깔이 변하고 세 개의 원이 생기는데, 이는 삼위일체를 뜻한다. 단테는 그것이 '인간의 형상으로 그려졌음'을 보게 된다. 그것은 빛이자 색깔이며 세 개이면서 하나이고 우리를 닮았다. 자신이 본 광경을 이해하려 애쓰던 단테는 마침내 "원하던 깨달음을 내려준 번쩍하는 번개에 맞는다." 신적인 무언가를 깨달은 것이다. 하지만 단테 역시 바울처럼 자신의 경험을 말로 표현할 수 없으며 그것을 기억하려는 일은 간밤에 꾼 꿈을 기억하려는 것과 같다고 주장한다. 깨달음의 충격은 단테를 변화시킨다. 그는 이제 더 이상 우주에서 소외된 존재가 아니다. 우주와 하나가 되었기 때문이다. 집으로 돌아온 그는 이렇게 말한다.

"나의 뜻과 바람은 태양과 다른 모든 행성을 움직이는 사랑과 함께 회전하고 있다."

로버트 홀랜더는 단테가 자신의 삶을 구원했다고 말하곤 하는데 이는 과장이 아니다. 로버트가 치명적인 뇌졸중으로 쓰러졌을 때, 그와 진은 〈지옥〉과 〈연옥〉의 번역을 완성하고, 〈천국〉의 번역을 거의 마쳐가고 있었다. 처음에 그의 뇌는 이탈리아어는 물론 영어의 어떤 단어도 생각해내지 못했다. 회복 단계의 몇 주 동안 진은 〈천국〉의 번역본을 병원에 가져왔다. 로버트는 단어 하나하나, 시행 한 줄 한 줄을 붙들고 다시 작업을 시작했다.

　"마치 진흙 위에서 왈츠를 추는 것 같았습니다."

　그러나 그들에게 《신곡》의 번역은 일생의 역작이 되었다. 로버트는 젊은 시절에 컬럼비아대학교에서 조교로 일하며 단테와 사랑에 빠졌고, 결코 거기서 빠져나올 수 없었다. 〈천국〉은 40여 년 동안 그의 자양물이자 영감이었다. 비록 로버트는 내세를 믿지 않았지만 내세를 믿었으면 하고 바랐다. 만약 그가 내세를 믿는다면 그것은 단테가 묘사한 천국과 아주 똑같은 모습일 것이다.

　〈천국〉의 23편에서는 단테 앞에 성모 마리아가 나타난다. 머리에 사파이어 왕관을 쓴 그녀는 소용돌이치는 음악과 불길에 둘러싸여 있다. 단테는 그녀를 향해 "젖을 마신 후 엄마를 향해 팔을 뻗는 아이처럼" 다가간다. 흰옷을 입은 성자들 역시 노래를 부르며 그녀에게 다가간다. 보이지는 않지만 이 모든 것을 주재하는 이는 예수다. 로버트의 몸은 의자 위에 축 늘어져 있었지만 깊은 눈만은 지성과 사랑으로 불타올랐다.

　"만약 내가 언젠가 회심을 한다면 그건 순전히 〈천국〉의 23편 때문일 겁니다."

화가들의 환상

단테 덕분에 다음 세대의 화가들은 자신이 원하는 대로 천국을 상상할 수 있었다. 그러나 단테의 죽음 이후 수세기 동안, 이탈리아의 화가들은 단테와 똑같이 천국을 상상했다. 플로렌스 산타 마리아 노벨라에 위치한 스트로치 대성당의 벽화 〈최후의 심판〉은 《신곡》의 천국과 지옥을 묘사한다. 그림에는 행복한 표정의 성자들이 줄지어 앉아 있는데, 거기에는 단테도 보인다. 1300년대 초반에 이탈리아의 귀족 엔리코 스크로베니는 화가 지오토에게 아레나 성당 벽에 최후의 심판 장면을 그려달라고 의뢰했고, 지오토는 이 작업에 《신곡》의 이미지들을 사용했다. 그리스도를 응시하고 있는 성자들은 이번에도 역시 층층이 배치되었고, 빛이 그들을 둘러싸고 있다. 엔리코 자신이 그림 아래쪽에서 성당을 바치며 성모 마리아 앞에 무릎을 꿇고 있는 것은 우연이 아니었다. 단테는 엔리코의 아버지 레지날도를 일곱 번째 지옥에 넣었다. 그가 고리대금업을 했기 때문이었다. 엔리코는 벽화 제작비를 후원함으로써 아버지의 죄를 씻고 명성을 회복시키려 애썼다.

르네상스 시대가 만개하면서 화가들은 좀더 자유롭게 상상의 나래를 펴기 시작했다. 나는 맨해튼에 위치한 성서 미술 박물관에 있는 사무실에서 에나 헬러를 만났다. 그곳의 책임자인 그녀의 전문 분야는 초기 르네상스 예술이다. 어느 날 아침, 우리는 커피를 마시며 컴퓨터 모니터에 뜬 그림 한 점을 감상했다. 1440년 무렵에 라인 지방 출신의 무명 화가가 그린 이 작품은 천국을 묘사한, 그녀가 가장 좋아하는 그림 중 하나다. 그림에는 과일나무와 붓꽃, 수선화가 만발한 정원을 둘러싼 낮은 돌담이 나오며, 새들은 덤불 사이로 날아다닌다. 성모 마리아와 성자들이 풀밭 위에 앉거나 서 있고, 아기들은 수금을 연주한다.

"르네상스 시대에 이르러 천국의 이야기는 더 자세하고 복잡해졌습니다. 중세 시대에 요구되었던 엄격한 기준에서 많이 벗어났고요."

그녀는 또 다른 그림을 모니터에 띄웠다. 이번 것은 16세기에 몰도바에 위치한 한 교회 외벽에 그려진 프레스코로 백발과 흰 수염을 한 노인인 아브라함이 등장한다. 그는 흰옷을 입은 아주 작은 몇몇 영혼을 가슴에 안고서 달래고 있다.

헬러는 종교개혁과 함께 천국과 성자들, 천사들의 이미지가 교회 벽에서 사라졌다고 설명했다. 특히 칼뱅은 그 어떤 상상적인 표현도 허용하지 않았다. 그림과 프레스코, 타일로 만든 작품, 스테인드글라스는 사람들을 타락시키는 것으로 간주되었다.

"신과 인간은 이미지가 아니라 말씀으로 연결되어야 했어요. 오직 성서를 읽기만 하면 됐지요. 성서의 장면을 상상하는 일도 금지되었습니다."

동방정교회 전통에서 성장한 헬러는 바닥에서 천장까지 금빛 아이콘(성화상, 성상)으로 가득 찬 교회에서 자랐다. 그녀는 처음 스위스에 있는 개신교교회를 방문했을 때를 회상하며 이렇게 말했다.

"나는 거기 서서 생각했습니다. '여기 사람들은 어떻게 기도를 드리지?' 나는 이미지 없는 의식은 상상할 수 없었습니다. 그림이 그려지지 않은 벽은 제게 참으로 이상한 것이었죠."

종교개혁이 낳은 엄격함에 대한 반발은 반反종교개혁을 낳았고, 로마 가톨릭교회의 음악과 문화에 대한 재평가가 이루어졌다. 오늘날 우리가 감상하는 천국에 대한 많은 이미지들은 이 시기에 그려졌다. 페테르 루벤스의 16세기 작품 〈성모 승천〉에서는 분홍빛의 살찐 얼굴을 한 천사들이 깃털 달린 날개를 매달고, 치맛자락을 휘날리며 공중에 뜬 채 미소를 짓고 있는 성모 마리아 주위를 빙빙 돌며 획획 지나간다. 위에서는 마치 어서 오라고 손짓하듯 광선이 빛난다. 이러한 이미지는 크리스마스카드나 현대인의 상투적인 상상 속에 등장하는 천국이다. 헬러는 100년 후, 교회가 예술을 후원하는 것을 중지한 계몽주의 시대 동안 천국에 대한 대중들의 상상이 멈췄다고 설명했다. 적어도 그림에서는 말이다.

"그 후로는 정말로 독창적인 무언가가 나오지 않았습니다. 이러한 이미지들이 그토록 영속적인 힘을 갖는 이유는 그 때문입니다. 대체할 수 있는 게 아무것도 없었으니까요."

오늘날, 예술적인 환영은 색다른 것을 추구하는 경향이 강하다. 1990년에 출간된 독일의 현대 작가 안젤름 키퍼의 책 《천국과도 같은 곳: 머카바The Heavenly Place: Merkaba(초기 유대교 신비주의의 한 학파. 이 학파에 속한 환상가들은 천국에 올라갔다가, 목격담을 가지고 다시 이 땅에 돌아왔다고 전해진다)》에는 일련의 흑백사진이 가득하다. 처음에 그는 파편으로 뒤덮이고 군데군데 기둥이 놓여 있는 지하실을 연상시키는 황량한 장소를 보여준다. 뒤로 갈수록 이미지들은 점차 황홀경과 공포로 인해 울부짖는 여인으로 분해된다. 조각 작품인 〈날개로 만든 책〉은 양쪽에 매달린 거대한 천사의 날개 덕분에 이제 막 날아오를 것처럼 보이는 성서들이다. 물론 모든 종교적 전통에서 경전은 그 자체로 천국과 연결되는 문이다. 신비주의자들에게 주문과 기도, 반복해서 경전을 읽는 행위는 신에게 가까이 가는 방법이었다. 로마 가톨릭 전통 속에서 성장한 키퍼의 내세에 대한 관심은 카발라Kabbalah(중세 유대교의 신비주의)와 다른 형태의 신비주의로 넘어갔다. 2007년, 영국판 〈타임〉에서 그는 이렇게 말했다.

"천국은 우리 몸의 작은 생기 하나하나에 들어와 있습니다."

작가들 역시 계속해서 천국이라는 주제를 다루고 있다. 1946년에 C. S 루이스는 《천국과 지옥의 이혼》이라는 환상적 여정을 다룬 책을 썼다. 거기서 그는 단테가 명확하게 해석하지 않은 채 남겨둔 문제들에 대해 명료하게 말한다. 그러나 신앙인들은 가장 높은 성취를 이룬 문학조차도 천국에 관한 많은 것을 알려주지 못한다고 말한다. 앨리스 세볼드와 미치 앨봄은 다음과 같은 진술에 동의한다.

"꿈속의 환영이 알려줄 수 있는 것 이상을 꿈속의 환영에게 요구하지 말라."

그러나 중세학자 가디너는 가장 흥미로운 결과물이 공상과학 소설 분야에서 나오고 있다고 주장한다. 어슐러 르 귄의 단편집 《세계가 탄생한 날Birthday of the World》에 실린 〈실낙원〉은 2009년에 아카데미상을 받은 애니메이션 영화 〈월-E〉의 서사 구조와 비슷하다. 우주선을 타고 200년 동안 여행을 하면서 승객들은 자신이 천국에 있다고 믿게 된다. 지구 상의 어떤 문제도 그들에게 영향을 미치지 않는다. 그곳에는 배고픈 사람이 없다. 우주선의 승무원들이 승객에게 필요한 모든 것을 끊임없이 제공해주기 때문이다. 질병과 전쟁도 없다. 목적지에 도착하자 승객들은 우주선에서 내릴지 아니면 계속 머물지 결정해야 했다. 그때 한 사람이 묻는다.

"조상들이 우리를 지옥에서 또 다른 지옥으로 보낸 건가요? 천국을 경유해서?"

오늘날 대중을 위해 영속적이고 두드러진 천국의 이미지를 만들려면 영화를 제작하는 것이 가장 좋은 방법이다. 1991년, 알버트 브룩스 감독은 〈영혼의 사랑〉에서 내세에 관한 20세기의 가장 독창적인 비전 가운데 하나를 창조해냈다(비록 1998년에 나온 영화 〈천국보다 아름다운〉이 뛰어난 특수 효과로 세간의 호평을 받았지만 말이다). 브룩스 감독 자신이 직접 분한 주인공 다니엘 밀러는 갑작스러운 사고로 목숨을 잃고 천상의 중간 역에 올라간다. 밀러는 법정 같은 장소에서 자신의 삶을 변호해야만 하며, 판결에 따라 최종 목적지가 결정된다. 그는 보수주의자로서 두려움과 걱정에 사로잡힌 그저 그런 평범한 삶을 살아왔다. 돌이켜 봤을 때 참으로 후회스러운 삶이었다. 하늘에 올라간 그는 용감하고 멋진 삶을 살아온 줄리아(메릴 스트립 분)를 만난다. 밀러와 달리 그녀는 불타는 건물에서 아이들과 애완동물을 구해내는 류의 사람이었다. 둘은 사랑에 빠지고, 밀러는 사랑의 힘으로 용감해진다. 결국 그는—몰몬교도의 표현을 빌리자면—다음 단계의 천국에 올라갈 수 있을 만큼 '가치 있게' 된다.

〈영혼의 사랑〉은 단테의 〈천국〉처럼 내세에 관한 상상적인 환영이다. 브룩스가 창조한 새로운 세계에서 전기 열차는 죽은 사람을 태우고 법정과 호텔 사이를 왕복한다. 식당에서는 주문이 채 끝나기도 전에 음식이 나오는데 모든 음식이 매우 맛있다. 그곳 사람들은 모두 투파tupa라고 불리는 흰옷을 입는데, 이 옷은 병원 가운과 토가toga

를 합친 것처럼 생겼다. 브룩스 감독은 심지어 죽은 자들을 위한 오락거리도 상상해냈다. 이생에서의 삶을 되돌아볼 수 있는 쇼를 포함해 다양한 볼거리가 준비되어 있다.

어느 날 저녁, 나는 브룩스 감독과 전화로 이야기를 나눴다. 20년이 지난 지금도 그는 여전히 〈영혼의 사랑〉을 대단히 자랑스럽게 여긴다.

"지금도 나는 밀러가 자기 인식과 진정한 용기에 도달하는 장면을 보면서 눈물을 흘립니다. 만약 '심판의 도시'를 아주 세밀하게 묘사했다면 영화는 분명 큰 성공을 거두었을 겁니다. 그곳이 정확히 어떻게 생겼으며 어떻게 돌아가는지 보여줬더라면 말입니다."

브룩스는 말을 이었다.

"정말 오랜 시간에 걸쳐 많이 생각해야 했어요. 촬영장 곳곳에 온갖 표들을 붙여놓고 모든 규칙을 고안했습니다. 예컨대 '사람들은 얼마나 오래 여기 머물까?' 같은 것들 말입니다. 여기서 사람들은 원하는 모든 것을 먹을 수 있는데 그건 도대체 어떤 원리로 가능한 걸까? 법정에서 사람들은 자신을 얼마나 변호할 수 있을까? 나는 일단 생각나는 대로 마구 메모를 했어요. 사람들은 어떤 감정을 느끼고, 어떤 감정을 느끼지 않을까? 만약 그곳 사람들에게 의식이 있다면 그것은 어떠할까? 사람들이 입는 투파는 도대체 어떻게 생겼을까? 이 모든 것을 일일이 생각해야 했어요. 의상 감독을 고용해 '〈타이타닉〉에서 했던 대로 해'라고 말할 수는 없었으니까요."

브룩스는 단테의 책을 읽지 않았지만 죽음과 정의, 죽음 이후의 심판의 가능성에 대해 단테와 비슷한 생각을 지니고 있다. 그는 유대인이다. 바르미츠바 의식(열세 살이 된 소년을 위해 치르는 유대교의 성인식)을 치렀고 대제일마다 회당을 찾으며 부모나 가까운 친척을 기억하며 촛불을 켠다(유대 민족은 부모나 형제 혹은 가까운 친척이나 사랑하던 이의 기일 전날 밤에 24시간 동안 촛불을 켜둔다 - 옮긴이).

"내가 유대주의에서 대단히 좋아하는 게 한 가지 있습니다. 유대주의에서 얻은 최고의 교훈이기도 한 그것은 바로 '황금률'입니다. 나는 다른 사람에게 비열하게 굴고 싶지 않습니다. 그들이 내게 비열하게 굴기를 바라지 않으니까요."

브룩스 역시 다른 많은 미국인처럼 천국에 대해 이중적인 마음을 품고 있다. 그가 열두 살 때 아버지는 세상을 떠났다.

"사람들은 죽으면 모든 게 끝이라고 합니다. 우리는 날마다 잠자리에 들어 때론 꿈도 꾸지 않고 누워 있습니다. 그런 상태가 영원히 지속되는 게 죽음일 수도 있습니다. 하지만 나는 그건 모르는 일이라고 말하고 싶습니다. 만약 내 영화가 사실이라면 참으로 멋질 겁니다. 하늘에서 누군가 내게 이렇게 말하는 거죠. '당신은 여전히 겁쟁이군. 하지만 그 사실을 이제 알았으니 나와 함께 천국에 가세.' 만약 내 생각이 맞다면 나는 하늘에서 노벨 유머상을 받고 싶어요. 아, 부상으로 무료 주차권도요."

임사 체험

캐롤 잘레스키는 현대 천국 연구의 어머니다. 활발한 신앙생활을 하는 가톨릭 신자인 그녀는 어린 시절부터 천국에 매료되었다. 그녀는 내게 다음의 내용을 담은 이메일을 보낸 적이 있다.

"천국은 상상할 수 있는 최고로 완벽한 장소입니다. 누구나 천국을 생각하고 싶어 합니다."

스미스대학교에서 종교학을 가르치는 그녀는 남편과 함께 천국에 관한 많은 저서를 출간했다. 이 책을 위한 자료 조사와 연구를 하면서 내가 무척이나 자주 뒤적거린 《천국의 책The Book of Heaven》이라는 명시 선집과 기도에 관한 책도 거기에 포함된다. 그러나 지금까지 출간된 책 중 가장 흥미로운 것은 그녀 자신의 하버드대학교 박사학위 논문을 바탕으로 쓴 《내세 여행: 중세와 현대의 임사 체험 이야기 Otherwordly Journeys: Accounts of Near-Death Experience in Medieval and Modern Times》(1986)다. 이 책에서 그녀는 조심스러운 해석의 필요성을 덧붙이면서 고대와 중세 시대에 인기를 끈 환상들을 임사 체험이라는 동일한 범주에 두고 설명한다. 어떤 이들은 이러한 분석을 못마땅하게 여긴다. 그녀의 해석이 자신이 겪은 일의 진실성을 훼손한다고 느끼기 때문이다. 돈 파이퍼는 자신의 경험을 단지 임사 체험이라고 말하는 사람들을 비난한다. 《천국은 진짜다》에서 그는 이렇게 썼다.

"내가 겪은 건 임사 체험이 절대 아니었다. 순식간에 살아난 나는 천국의 문 앞에 서 있었다."

그럼에도 불구하고 임사 체험은 연구해볼 만한 가치가 있다.

이 책의 작업을 위한 연구를 막 시작할 무렵의 어느 겨울 날 오후에 나는 매사추세츠 주 노샘프턴의 한 카페에서 잘레스키를 만났다. 크리스마스가 얼마 남지 않았고, 거리는 온통 질퍽한 눈에 뒤덮여 있었다. 소란스러운 카페 안에서 그녀는 침착하고 평온했으며 나는 그 모습에 깊은 인상을 받았다. 마치 그녀 자신이 천국에 직접 다녀온 후 변화된 것만 같았다. 뒤에서 설명하겠지만 어떤 의미에서 그 말은 사실이다.

잘레스키는 맨해튼의 유대인 가정에서 자랐다. 그녀의 집안은 유대교의 관습과 규례에서 자유로운 분위기였다. 잘레스키는 대도시의 커다란 빌딩 숲에서 (자신의 가정처럼) '부활절 저녁에 칠면조 대신 햄을 먹는' 이웃들 사이에서 자랐다. 그러나 공식적으로 종교적인 훈련을 받지 않았다는 이유로 그녀는 삶의 한 부분을 상실한 것만 같은 허전함을 느꼈다. 이 허전함을 달래기 위해 그녀는 많은 노력을 기울였다. 할머니가 남겨주신 윌리엄 버틀러 예이츠와 앨런 긴즈버그의 시집을 읽었으며, 다운타운에 있는 가톨릭 단체에서 자원봉사를 했다(도로시 데이가 설립한 사회정의 실현을 위한 단체였다). 잘레스키는 매사추세츠 주 북쪽에 위치한 베네딕트 수도원의 수사들과 친구가 되었다.

1991년, 마흔 살의 나이에 그녀는 정식으로 로마 가톨릭교회의 신자가 되었다. 수십 년의 저항 후에 온 길고도 느린 과정을 통한 개종이었다. 잘레스키는 자신의 뿌리를 배신하고 싶지 않았다. 그녀는 천국을 믿었고, '지금 이 세상보다 더 의미 있는 완벽한 삶'을 제공하는 천국을 사랑했다. 자신이 가장 좋아하는 천국의 모습을 단테의 〈천국〉이 담고 있다고 그녀는 스스럼없이 말한다.

미국에서는 죽기 직전의 환자를 소생시키는 기술의 발전으로 임사 체험을 한 사람의 숫자가 놀랄 만큼 증가하고 있다. 영국의 의학 전문지 〈란셋Lancet〉의 2000년도 기사에 따르면 죽음 직전까지 간 환자의 9에서 18퍼센트가 임사 체험을 했다고 한다. 임사 체험에 관한 조사들을 살펴보면 각각의 케이스가 세세한 부분까지 서로 유사해서 놀라움을 안겨준다. 종교적 환상을 본 몇몇 사람들처럼 임사 체험을 한 환자들은 터널과 빛, 문, 육체가 이탈하는 듯한 느낌, 지인 혹은 이름을 들어본 이들과의 만남, 신과의 조우와 되돌아옴 그리고 변화를 묘사한다. 비록 다르게 해석될지라도 이러한 체험은 여러 문화와 종교에 걸쳐 공통적으로 나타난다. 잘레스키는 그들의 환상을 지나치게 문자 그대로 받아들이지 말라고 경고하면서 가톨릭교도들이 말하는 '분별력', 즉 신의 도움으로 무엇이 참인지를 결정하는 과정에 관한 감동적인 이야기를 들려주었다.

"그들의 말이 진짜라는 것을 증명할 만한 많은 단서들이 있습니다. 나는 이런 질문을 하고 싶어요. '그 경험이 당신에게 깨달음을 주나요? 그 경험 때문에 더 많은 사랑을 품게 되었나요? 그 경험에 현실성이 있었나요? 그 경험이 당신과 당신이 소중하게 여기는 것을 연결해주나요?' 위 질문들에 그렇다고 대답한다면 나는 이렇게 제안할 겁니다. 그럼 그 경험이 진짜라고 받아들이고 살아가세요. 하지만 그렇다 하더라도 그것에 지나치게 몰두해선 안 됩니다."

회의론자들은 임사 체험의 진실성을 의심하곤 한다. 그 환상은 죽음의 화학적, 생리학적 과정을 통해 설명될 수 있는가? 임사 체험을 한 사람은 실제로 어떤 특별한 의식의 여행을 한 걸까? 이처럼 임사 체험은 연구하기 쉽지 않은 분야다. 죽음의 과정 중에 있는 대부분의 사람은 극적으로 깨어나지 못하고 그대로 죽는다. 생존자들은 교통사고나 뇌졸중 혹은 심장마비와 같이 각기 다른 방식으로 죽음의 순간에 처하며, 그들의 경험을 과학적으로 비교하는 것은 불가능하다. 그러나 수년 동안 과학은 천국의 환상과 죽음이 발생할 때의 화학적, 물리적 과정 사이의 연결에 관해 수많은 이론을 축적했다.

앤드류 뉴버그는 펜실베이니아대학교의 방사선학과 조교수다. 그는 묵상할 때 황홀경을 경험하는 수녀들과 수도사들의 뇌를 스캔한 연구 결과로 명성을 얻었다. 그는 '터널'과 '빛' 현상이 쉽게 설명될 수 있다고 믿는다. 뉴버그는 시력이 희미해지면 말초신경부터 잃게 된다고 가정한다.

"그런 이유 때문에 터널이 보이는 겁니다."

만약 밝은 빛이 보인다면 그것은 가장 마지막에 닫히는 시각 체계의 중심부일 것이다.

그는 단지 추측임을 강조하며 다음과 같은 시나리오를 내놓았다. 사람이 죽을 때, 서로 반대로 작용하던 뇌의 두 부분이 협력해서 움직인다. 교감신경계(척수를 따라 흐르다가 인체의 모든 기관으로 퍼지는 신경과 뉴런의 망)의 작용으로 자극이나 흥분이 발생하고 행동할 준비를 하게 된다. 교감신경과 뒤얽힌 부교감신경이 흥분을 가라앉히고 기력을 회복시킨다. 살아 있을 때는 둘 중 하나가 가동되면 나머지 하나가 작동을 멈춘다. 그러나 임사 체험을 할 때와 (아마도) 실제로 죽을 때 인간 뇌의 교감신경과 부교감신경은 모두 완전히 작동한다. 덕분에 환자는 기력을 잃으며 '몸에서 이탈해 나가는 듯한' 느낌을 받는 동시에 중요한 사람이나 사건의 기억을 포함해 사물을 아주 생생하게 볼 수 있다. 그렇다면 뉴버그는 천국의 환영을 단지 화학신경학적 사건이라고 믿는 것일까? 그는 긴장을 숨기지 못한 채 이렇게 말하며 웃었다.

"글쎄요. 아직 뭐가 맞다고 말할 수 있는 충분한 증거가 없습니다."

1980년대까지만 해도 과학자들은 임사 체험이 일종의 심리학적 자기방어 기제로서 발생한다고 주장했다. 트라우마 때문에 발생한 손상으로부터 자신을 보호하기 위해 뇌가 보호 기능이 있는 화학물질을 내보내는데, 이 물질이 강력한 환각을 유발한다는 것이다. 종종 환각 파티에서 사용되는 말을 위한 안정제인 케타민ketamine을 다량 복용하면 사실상 임사 체험의 모든 특성, 즉 터널을 빠져나가는 느낌, 육체에서 이탈한 듯한 감각, 영적인 경외감, 시각적 환각, 강렬한 기억과 같은 현상을 재생할 수 있다는 사실이 밝혀지면서 이 이론은 과학자들의 지지를 받았다. 2000년에는 정신과 의사인 칼 얀센이 《케타민: 꿈과 현실Ketamine: Dreams Realities》을 펴냈다. 책에서 그는 흥분제로 케타민을 복용하는 사람을 여러 명 인터뷰했다. 그들 중 한 명은 약을 복용한 후 겪은 일을 이렇게 설명한다.

"나는 황금색 빛 가운데로 들어갔습니다. 그곳에서 나는 빛과 말로 설명할 수 없는 교감을 나눴는데, 나는 그것이 신이라고 믿습니다. 나는 원래 신을 믿지 않았기 때문에 그 경험은 더욱더 놀라웠습니다. 그 후 나는 몇 시간 동안 집 안을 돌아다니며 이렇게 말했습니다. '내 눈이 구주의 실재를 보았노라'고요."

일부 사람들은 천국을 임종 시 뇌에서 일어나는 사건으로 설명하는 것에 만족한다. 내 친구 크리스토퍼 디키 역시 그런 사람 중 한 명이다. 그의 아버지인 작가 제임스 디키는 천국에 관한 반복되는 꿈을 꾼다고 한다. 아버지의 꿈속에서 천국은 친구들과 둘러앉아 담소를 나누는 수영장과 같은 곳이다. 크리스토퍼는 《구원의 여름: 아버지와 아들의 회고Summer of Deliverance: A Memoir of Father and Son》에서 이렇게 쓰고 있다.

"수영장 자체에는 특별한 점이라곤 없다. 물 위를 걷는 사람도 없다. 아버지는 함께한 친구들이 누구인지 결코 말씀해주시지 않았다. 아버지가 꿈에서 본 것은 어떠한 만족감이었다. 자신과 세상에 대해 느끼는 어떤 편안함 말이다. 그는 마치 천국의 예고편을 본 것만 같았다. 아버지는 그곳을 '행복한 수영장'이라고 불렀다."

크리스토퍼는 달콤한 미소를 띠며 이 일화를 이야기해주었다. 그러고는 이렇게 덧붙였다.

"나는 사람들이 천국에 대해 안다고 생각하는 모든 것이 결국 죽음 직전에 일어나는 일이라고 생각해. 그 후엔 아무것도 존재하지 않을 거야."

그러나 어떤 사람들은 그러한 설명에 만족하지 않는다. 에밀리 윌리엄 켈리는 버지니아대학교에서 지각을 연구하는 심리학자다. 그녀는 임사 체험을 과학의 한 분야로서 다룬다. 그녀의 이력은 인상적이다. 켈리는 듀크대학교와 버지니아대학교, 에든버러대학교에서 각각 학위를 땄다. 이들 대학은 초자연적이거나 불가사의한 대상을 연구하는 일과는 잘 어울리지 않는 교육기관이다. 그녀는 (그녀의 표현을 빌자면) '뇌와 정신의 접점'을 주로 연구해왔고, 죽어가는 사람을 인터뷰해 그들의 경험에 내재한 패턴과 유사점을 찾으려 노력한다. 켈리는 임사 체험이 뇌가 기능을 멈춘 이후에도 의식이 존재한다는 사실을 입증한다고 믿는다. 이것은 과학의 한계 너머에 있는 내세를 설명하는 가설이다.

"만약 의식이 순전히 뇌에 의존한 것이라면 내세는 존재할 수 없습니다. 뇌가 기능을 멈추면 정신도 기능을 잃을 테니까요. 하지만 문제는 그리 간단하지 않습니다. 사실상 뇌가 멈춘 후에도 사람들은 이러한 경험(임사 체험)을 하니까요."

그녀는 무슨 말을 하고 싶은 걸까? 실제로 사람들이 죽을 때 다른 영역으로 들어간다는 사실을 과학이 증명할 수 있을까? 켈리는 어깨를 으쓱하며 말했다.

"임사 체험을 한 사람들은 우리에게 마음을 열고 생각해보라고 말합니다. 마음과 정신에는 훨씬 더 많은 일이 일어날 수 있다고 말입니다. 나는 거기까지 연구를 진행하고 싶습니다. 그들이 정말로 천국에 다녀왔는지에 대해서는 저는 뭐라 말할 수 없습니다. 그건 나의 연구 영역을 벗어나는 일입니다. 어쨌든 뇌의 작용에 관한 최근의 모형은 내게 답을 주지 못합니다."

켈리는 이렇게 덧붙였다.

"임사 체험자의 증가와 그들의 공통된 경험은 다음과 같은 가능성을 열어줍니다. 그들이 말하는 경험이 실제 일어났으며 과학은 그것을 진지하게 받아들여야 한다는 가능성을요."

아마도 맬리 콕스 챔프먼은 켈리의 말에 동의할 것이다. 우리는 코네티컷 주의 하드포드에 위치한 그녀의 넓고 편안한 집의 부엌에서 마주 앉았다. 그녀는 인간의 한정된 정신이 천국을 어떻게 생각하는지 설명했다. 챔프먼은 테이블 위에 주먹 쥔 손을 올려놓고 그것을 '입체 벌레'라고 불렀다. 다른 한 손은 손바닥이 아래를 향하게 해 쫙 폈다. 그것은 '평면 벌레'다. 둘은 나란히 돌아다니다가 장애물(커피잔)에 직면한다. 2차원 평면 벌레는 장애물을 어떻게 비켜나야 할지 모른다. 그는 오직 2차원적으로 밖에는 생각할 수 없기 때문이다. 그러나 입체 벌레는 장애물을 폴짝 뛰어넘는다. 그는 공간 속에 존재한다. 콕스 챔프먼은 큰소리로 물었다.

"영혼이 다른 차원을 발견한다는 걸 상상하는 게 그렇게 어려운 일일까요?"

독실한 기독교인인 그녀는 신에 의해 창조된 초자연적인 차원의 존재 가능성을 알리려고 했다.

콕스 챔프먼은 임사 체험자들을 인터뷰한 내용을 모은 1995년 작 《천국에 다녀온 사람들 The Case for Heaven》의 저자다. 그녀는 다른 세계에 다녀온 수만 명의 사람이 신앙의 주장을 확증한다고 말한다. 임사 체험자들의 증언에 의하면 그들은 변화된 상태로 돌아왔으며 믿지 않던 사람들은 믿음을 발견했다. 임사 체험의 기억은 결코 희미해지지 않으며 몇몇 사람은 전에 알지 못하던 내세에 관한 비밀을 알게 되었다. 콕스 챔프먼은 일종의 문이나 울타리가 존재하며 그곳을 통과하면 천국에 도달한다고 믿는다. 그곳은 임사 체험자들의 증언대로 사랑과 빛, 압도적인 기쁨으로 충만하다. 그녀가 1996년 NBC(미국의 방송사)의 〈데이트라인〉에 출연했을 때 시청률은 급상승했다.

그녀 자신도 1983년에 (그녀의 표현을 빌리자면) '임사 체험에 가까운' 경험을 했다. 당시 그녀는 어둠과 비를 뚫고 필라델피아의 스퀼킹 강 근처에서 운전을 하고 있었다. 차가 미끄러지면서 회전하기 시작했고 곧이어 강을 향해 질주했다. 그 순간 차광판 근처 어딘가에서 소리가 들렸다.

"놀라지 마라. 지금은 네가 죽을 때가 아니다."

콕스 챔프먼은 마음을 진정시키고 핸들을 돌렸다(나는 이 부분에서 2005년에 캐리 언더우드가 부른 컨트리 송 '주님, 운전대를 잡아주세요!'를 떠올렸다. 그 노래의 가사에는 이와 유사한 상황이 나온다). 강을 코앞에 두고 순식간에 차가 멈추었다. 그녀는 완전히 침착한 상태로 아무런 부상도 입지 않고 차에서 내렸다.

이 사건과 기적적인 구출의 기억은 그녀를 떠나지 않았다. 10년 후 콕스 챔프먼은 수십 개의 사례를 모아 임사 체험에 관한 책을 쓰기 시작했다. 주장에 신뢰성을 더하기 위해 그녀는 자신이 상당한 엘리트라는 사실을 반복해서 주지시켰다. 그녀는 예일대학교를 나왔고 명성 있는 외과의사와 결혼했으며 수년간 프리랜서 저널리스트로 일했다. 그녀는 불안정한 정신 상태에 있지 않다는 사실을 내게 확신시키려 했지만, 자신이 본 것이 논란의 여지가 없는 명백한 증거라는 사실을 논리적으로 입증하지는 못했다. 책의 첫 장에서 그녀는 방광암 수술 도중 천국에 다녀온 패션 디자이너 매리 둘리의 사례를 소개한다. 수술 도중 둘리는 육체에서 이탈해 밝은 빛을 목격한다. 그녀는 선글라스를 가져오지 않은 것을 후회한다.

"그러나 내가 빛 자체에 이르렀을 때, 눈은 더 이상 시리거나 부시지 않았고 빛에 완전히 적응되었습니다. 빛은 극심하게 밝았지만 동시에 엄청나게 부드러웠습니다. 어루만지는 것 같았다는 표현이 적절할 정도로요."

얼마 후에 둘리는 신의 존재를 느낀다. 그녀는 이렇게 말한다.

"신의 빛이 어디에나 충만했습니다. 신은 바로 빛 자체였습니다."

나는 콕스 챔프먼의 부엌에 걸린 어린아이가 그린 듯한 오래돼 우주의 그림을 뚫어지게 바라보았다. 나는 또다시 "나는 무엇을 믿는가?"라는 질문에 직면하고 이렇게 말했다.

"나는 믿는 자들의 말을 믿습니다. 나는 그들이 보았다고 주장하는 것을 믿습니다. 그러나 그들의 주장은 천국이 실재한다는 증거가 되지 못합니다. 나는 천국을 증명의 문제가 아닌 믿음의 문제로 보는 쪽이 더 편합니다."

나는 사도 바울의 말을 되풀이한 마이모니데스의 말을 떠올렸다.

"앞으로 올 세계에서 영혼이 누릴 복된 상태에 대해 설명하거나 이해시킬 방법이 이 세상엔 없다."

나는 그렇게 그녀를 실망시켰다.

CHAPTER

8

재회

HEAVEN

☆

일레인 해슬튼은 단정한 외모를 한 오십 대 중반의 여성이다. 그녀는 솔트레이크시티에서 말일성도 예수그리스도의 교회에 소속된 5층짜리 연구 센터인 '가족사 도서관'의 홍보 사무실을 운영한다. 다른 많은 미국인처럼 그녀 역시 죽은 후 사랑하는 가족과 다시 만날 것이라고 믿는다. 그러나 해슬튼이 말하는 '가족'은 함께 살거나 명절 때마다 방문해야 하는 사람들만이 아니다. 그녀에게 가족은 죽은 사람을 포함한 열두 세대에 걸친 모든 친척을 뜻한다. 그들은 두 대륙에 걸쳐 흩어져 있는데, 주로 노르웨이와 미국 미네소타 주에 산다. 그녀의 가족에는 1500년대에 노르웨이에 살던 여러 음악가와 칠쟁이 그리고 농부가 포함된다.

1972년에 브리검영대학교를 졸업한 이래, 그녀는 열한 차례 노르웨이를 방문했고 셀 수 없이 많은 사촌의 행방을 추적했다. 그중에는 1793년까지 동일한 조상을 가졌던 이들도 포함된다. 그녀는 사망 기사들을 조사해 최근 자신의 증조모, 곧 노르웨이에 살던 재단사의 아내였던 헨리에타 크로그스태드의 친척들을 미네아폴리스에서 찾아냈다. 이 발견이 특별한 행운인 이유는 헨리에타의 남편 잉게브레 크로그스태드가 다섯 세대에 걸친 해슬튼의 가계도에서 빠진 유일한 인물이었기 때문이다. 해슬튼은 새로 찾은 가족들이 재단사의 사진을 가지고 있을 것이라고 기대했다. 결국 사진을 얻지는 못했지만 어찌됐든 그녀는 증조부의 얼굴을 천국에서 알아볼 수 있으리라 믿는다.

몰몬교도들은 의인이라면 천국에서 여러 세대에 걸친 많은 씨족들과 함께 살 수 있다고 믿는다. 자녀와 사촌, 고모와 삼촌, 조부모, 증조모와 더불어 배우자와 함께 살게 된다고 말이다. 결혼 전에 전쟁터에서 죽은 젊은이들은 영계the spirit world에서 결혼한다. 그곳은 모든 가족이 함께 천국에 올라가기 직전, 즉 부활 전에 잠시 머무르는 곳이다. (자신의 잘못 없이) 결혼을 하지 않고 아이도 남기지 않은 채 죽은 여성은 천국에서 배우자와 친척을 얻는다. 몰몬교의 표현대로 모든 사람은 '세대의 사슬' 속에 하나로 묶인다. 몰몬교 성전과 다른 신성한 장소들은 '천국의 가족들'의 사진으로 장식되어 있다.

아이다호에 위치한 성전의 '천상의 방'에는 흰옷을 입은 남자와 여자가 어슬렁거리거나 서 있는 그림이 있는데, 그들은 마치 금빛 잔디 위에서 소풍을 즐기는 것처럼 보인다. 그들 뒤로는 보라빛 산이 펼쳐져 있다. 독실한 몰몬교도들은 자신과 후손들에게 이런 일이 일어나기를 간절히 바라는데, 이는 조상을 찾으려는 그들의 강박적인 노력을 설명해준다.

물론 가장 높은 단계의 천국에 들어가려면 몰몬교도가 되어야 한다. 말하자면 몰몬교의 창시자 조셉 스미스가 신의 선지자라는 사실과 1820년대에 업스테이트 뉴욕에서 천사가 그에게 나타난 사실을 믿어야 한다. 그렇다면 조셉 스미스가 활동하던 시대 이전에 살았던 사람들은 어떻게 되는 걸까? 그들은 아직 살아 있는 몰몬교도의 인도로 천국에 들어올 수 있다. 이런 이유로 솔트레이크시티에 있는 말일성도 예수그리스도의 교회는 세계 최대 규모의 족보를 보유하고 있다. 교회에는 출생과 사망, 결혼 기록은 물론 110개국으로부터 온 서류가 정리되어 있는데, 그중에는 수백 년 전의 것도 있다. 살아 있는 몰몬교도들은 죽은 영혼들의 이름을 모아 천국에 이르도록 돕는다.

이름을 발굴하는 것은 첫 번째 단계에 지나지 않는다. 몰몬교도들은 이름을 성전에 가져가 주인을 대신해 세례식과 사후 결혼식 같은 신성한 의식을 거행한다. 최근 몇 십 년 동안 천국으로 영혼을 안내하려는 몰몬교도들의 열의는 자신의 조상뿐 아니라 세상에 태어났던 모든 이를 향해 확장되었다. 1990년대에 말일성도 예수그리스도의 교회는 홀로코스트에서 목숨을 잃은 유대인을 위한 사후 세례식을 열었다.

최근 솔트레이크시티를 방문했을 때, 나는 죽은 친척을 찾아보라는 그들의 강력한 권유에 저항했다. 친척을 위해 세례를 베풀어야 한다는 생각은 이상하게 느껴졌다. 결국 호기심을 이기지 못한 나는 '가족사 도서관'의 한 구석에 앉아 외할아버지 마르셀 골드먼츠의 이름을 컴퓨터에 입력했다. 1911년에 벨기에의 부유한 유대 가정에서 장손으로 태어난 외할아버지는 2000년 8월에 뉴욕에 있는 자신의 침실에서 세상을 떠났다.

나는 먼저 외할아버지의 사망증명서를 찾아냈다. 곧이어 1941년에 리스본에서 뉴욕으로 항해한 배의 승객 명단을 발견했는데, 그 배에는 외할아버지와 세 살 먹은 나의 어머니가 타고 있었다. 나는 어머니에 대한 다음의 기록을 발견했다.

눈 색깔: 갈색, 인종: 유대인

1년간의 운전과 여행, 은신 끝에 그들은 무사히 뉴욕에 도착했다. 나는 외할아버지의 혜안과 용기 그리고 가진 것을 모두 버리고 떠나기로 한 1940년 5월 어느 날 아침의 결단을 보여주는 수많은 증거를 발견했다. 외할아버지는 가족의 목숨을 구하기 위해 익숙한 모든 것을 떠났다. 말일성도 예수그리스도의 교회 지하실에서 두 명의 친절한 몰몬교 여인이 지켜보는 가운데 나는 그만 평정을 잃고 심한 마음의 동요를 느꼈다.

해슬튼은 후에 내게, 몰몬교도들이 임의로 내 외할아버지의 이름을 세례식에 사용하지 않을 것이라고 확인시켜 주었다. 덧붙여 죽은 자를 대신한 의식은 구속력이 없다는 사실도 알려주었다. 영혼들은 여전히 천상의 영역에 들어갈지 여부를 선택할 수 있다. 사실 그녀는 자신의 가족을 모으는 일만으로도 충분히 바빴다. 그녀는 단지 자신의 '모든 친척'을 위해 이곳에서 일한다고 말했다.

"그래도 여전히 할 일이 아주 많습니다. 시간을 내기가 힘들어요."

천국에서 우리는 누구를 만나게 될까? 천국을 가정과 비슷하지만 그보다 더 좋은 장소, 말하자면 다툼이나 걱정, 갚아야 할 은행 빚, 이혼, 암 등이 없는 곳으로 인식하는 사람들은 비단 몰몬교도만이 아니다. 많은 사람에게 천국은 '영원한 함께함'이다. 천국에서 우리는 인생에서 너무나 빠르고 쉽게 상실되는 가족과의 시간을 보상받는다. 그 안에서 아이들의 부드러운 머릿결을 다시 만지고, 남편의 웃음소리를 듣는다. 사랑하는 사람들과 재회하고 싶은 인간의 열망은 대단히 강력하다. 1982년에 갤럽에서 실시한 여론조사에 의하면 절반 이상의 미국인이 다음 세상에서 가족과 친구를 만날 수 있다고 믿었다. 이것은 죽음이나 내세에 대해 묻는 아이들에게 어른들이 흔히 해주는 이야기다. 기독교와 이슬람교, 유대교의 장례식 설교에서 상투적으로 쓰이는 이야기기도 하다. 얼마 전 세상을 떠난 전 상원의원 에드워드 케네디는 독실한 가톨릭 신자였다. 너무나 많은 친척을 잃었던 그는 조카 존 F. 케네디 주니어의 장례식에서 다음과 같이 말했다.

"조카 존과 그의 신부는 천국에 계신 아버지와 어머니의 품으로 갔습니다. 그곳에서는 가족 간의 사랑이 결코 끊어지지 않을 겁니다."

이는 천국에서 가족을 다시 만날 것이라는 현대 미국 사회의 믿음을 보여주는 대단히 강력한 증거다. 하지만 여기 그보다 더한 증거가 있다. 〈심슨네 가족들〉의 열여섯 번째 에피소드에서 호머 심슨은 다음과 같이 말하며 어리석은 페르소나persona를 벗어 던진다.

"가족이 거기 없다면 천국은 천국이 아닙니다."

성공회 사제인 로저 페를로가 엮은 《천국에서In Heaven》(2007)는 열 명의 저명한 혹은 무명의 기독교인이 각자가 생각하는 내세를 묘사한 에세이를 모은 책이다. 각각의 묘사는 다양하지만 한 가지 공통점이 있다. 열 명의 저자 모두 사랑하는 이들, 그리고 몇몇은 개인적으로 영웅으로 삼고 있는 이들과의 재회를 열망한다. 기독교 회고록 작가인 바바라 브라운 테일러는 이렇게 쓰고 있다.

"루시 할머니의 무릎에 다시 한 번 머리를 누이고 싶다. 패니 벨과 함께 완두콩 껍질을 까고 얼과 함께 슈베르트 연주를 듣고 싶다."

독설가로 유명한 미국의 라이든 존슨 전 대통령은 천국에서 다시 부모를 만날 것을 염려했다. 마이클 더피와 낸시 깁스가 쓴 복음주의 설교가 빌리 그레이엄의 전기 《설교가와 대통령들The Preacher and the Presidents》의 한 일화에서, 존슨 대통령은 세상에서 가장 유명한 목사에게 고민을 털어놓는다. 둘은 존슨의 텍사스 농장을 향해 가고 있었다. 존슨은 그늘진 떡갈나무 아래, 부모가 묻힌 지점 옆에 차를 세웠다. 그리고는 그레이엄 목사 쪽으로 몸을 돌려 (많은 의미가 담긴 잠깐의 침묵 후에) 이렇게 물었다.

"목사님, 내가 언젠가 아버지와 어머니를 다시 만나게 될까요?"

그레이엄 목사는 이렇게 답했다.

"글쎄요. 만약 대통령께서 기독교인이고 부모님 역시 그렇다면 여러분은 언젠가 즐겁게 재회할 겁니다."

신앙인들은 천국에서 가족과 확실히 재회할 수 있다는 사실에 엄청난 위안을 받는다. 몇 해 전, 나는 노스캐롤라이나 주 킨스톤에 위치한 바바라와 워렌 페리의 집을 방문했다. 워렌이 췌장암으로 시한부 인생을 선고받은 지 얼마 되지 않은 때였다. 페리 부부는 복음주의 계열의 기독교인들로 빌리 그레이엄의 딸 앤 그레이엄 롯츠와 친하게 지냈다. 노스캐롤라이나 주에서 앤을 만났을 때, 앤이 내게 페리 부부에게 연락을 해보라고 제안했다. 전화를 하자 바바라는 바로 나를 초대했다. 우리는 볕이 잘 드는 집의 현관 앞에 나와 앉아 칠면조 수프와 치즈 샌드위치로 점심 식사를 하면서 이야기를 나눴다. 나는 워렌과 바바라, 딸 베티 블래인과 손녀 휘틀리에게 천국에 대해 어떻게 생각하느냐고 물었다. 그러자 그들 모두는 울기 시작했고, 곧이어 천국에서 워렌을 다시 만날 수 있을 것이라고 대답했다. 점심 식사가 끝나고 워렌이 낮잠을 자러 2층으로 올라가자 손녀 휘틀리는 천국에 가고 싶다는 열망을 털어놓았다(그녀는 진한 아이라인을 그린 금발의 사랑스러운 십 대 소녀였다). 가족들뿐 아니라 사도 바울을 만날 수 있으리라는 것이 이유였다.

"사도 바울을 만나는 건 정말 멋진 일일 거예요."

워렌은 6개월 후 세상을 떠났고, 바바라는 결코 재혼하지 않겠다고 맹세했다. 나와의 전화 통화에서 바바라는 이렇게 말했다.

"난 워렌을 다시 만날 거라는 사실을 압니다. 우린 정말이지 멋진 결혼 생활을 했어요. 워렌과 나 사이의 신뢰를 망치고 싶지 않아요."

가족과의 재회는 천국에 대한 현대적 개념에서 너무나 핵심적인 부분이어서, 사실 그것이 최근에야 발전된 개념이라는 사실은 매우 놀랍다. 천국에서 가족을 다시 만난다는 생각은 불과 지난 200년 동안에 널리 퍼졌다. 고대인들도 사랑하던 사람과 천국에서 함께 살 수 있을 것이라고 믿었을 수 있다. 그러나 그 사실을 특별히 강조하지는 않았다. 친밀하고 익숙한 관계들은 천국에서 더 이상 존재하지 않을 것이다. 예수 자신도 다음처럼 말하지 않았는가?

"천국에서는 장가가거나 시집가지 않을 것이다."

앞 장에서 살펴보았듯이 천국은 항상 사람들로 넘쳐왔다. 기독교 환상가들은 다양한 천국의 단계들을 차례로 경험하면서, 성자와 순교자 그리고 성서 속 인물들을 보았다. 물론 성모 마리아 역시 아들 예수를 포함한 의인들과 함께 천국에서 살고 있다. 마치 직접 관찰하기라도 한 것처럼, 13세기 독일의 신비주의자 멕틸드 마그데부르그는 천국에서 예수를 만나는 성모 마리아를 묘사했다.

"예수는 마리아를 그의 신적인 팔로 감싸 안았다. 아버지와 같은 손길로 그녀의 가슴에 손을 대고 얼굴을 바라보았다. 예수의 키스를 받으며 성모 마리아는 천사들의 합창 속에 승천했다."

이슬람 전통에 의하면 하늘을 여행한 마호메트는 그곳에서 모세와 에녹 그리고 예수를 만났다.

고대와 중세의 신앙인들은 천국에 있는 친척을 상상했다. 10세기, 바그다드에 살던 유대 철학자 사아디아 가온은 유대인들이 천국에서 다시 만날 것이라는 믿음을 확실히 밝혔다.

"누군가 또다시 가족과 친척이 부활한 사람을 알아볼 수 있는지 그리고 그들이 서로를 알아볼 수 있는지 묻는다면 나는 이렇게 답할 것이다. 오랜 숙고 끝에 확실한 결론에 도달했노라고."

성 어거스틴은 《고백론》에서 천국에 있는 부모를 위해 기도해달라고 독자들에게 부탁한다. 히포의 주교가 된 이후에는 다음 생을 약속하는 편지로 슬픔에 빠진 과부를 위로했다.

그러나 어거스틴은 천국에서 사람들이 서로에게 집중하는 대신 신에게 집중할 것이라고 주장했다. 행복한 재회와 개인의 고독과 슬픔은 천국에서 전혀 핵심적인 부분이 아니다. 과부에게 보낸 편지를 보자.

"슬픔 뒤에야 진정한 위로가 오는 것입니다."

고대 기독교인의 관점에서 천국은 모든 신앙인이 함께 영원히 신의 영광을 찬양하는 장소(혹은 시간)였다. 토마스 아퀴나스는 만약 천국에 단 하나의 영혼만 살고 있다 해도 "그 영혼은 행복할 것이다. 사랑할 이웃이 없어도 마찬가지다"라고 천명했다.

단테의 〈천국〉은 학자들이 '신본주의theocentricism'라고 부르는 것에 대한 최고의 모범으로 인식된다. 천국에서 그는 성자와 순교자, 어린 시절 알았던 사람들 그리고 역사적 인물들과 함께 섞여 산다. 하지만 더 이상 인간관계는 중요하지 않다. 〈천국〉의 32장에서 단테는 천국을 사람들로 가득 찬 경기장으로 묘사한다. 영혼은 줄지어 배치되는데 가장 거룩한 영혼이 제일 좋은 자리, 즉 빛과 가장 가까운 곳을 차지한다. 가장 덕이 없는 영혼은 빛에서 가장 멀리 떨어진 곳에 자리 잡는다. 그러나 서열에 상관없이 모든 영혼은 만족한다. 그들 모두가 천국의 활동에 참여하고 있기 때문이다.

그러나 예일대학교 신학대학에서 종교와 문학을 강의하는 피터 호킨스 교수는, 이 장면에서 단테가 오늘날 상상하는 친밀한 천국을 향한 문을 아주 조금 열어놓았다고 주장한다. 어느 늦은 오후, 보스턴에 위치한 그의 아파트에서 나는 호킨스를 만났다. 저무는 해를 등지고 우리는 함께 와인을 마셨다. 호킨스는 〈천국〉의 32장에서 모든 영혼이 신을 바라보고 있다는 사실에 동의했다. 한 사람을 제외하고서 말이다.

> 베드로 건너편에 앉은 애나를 보라
> 딸을 바라보는 것만으로도 지극한 행복을 느끼는,
> 찬양을 드리면서도 딸에게서 눈을 떼지 못하는

호킨스는 신이 나서 설명했다. 애나는 전혀 신을 바라보지 않는다. 성모 마리아의 어머니는 사랑스러운 딸에게서 눈을 떼지 못한다. 호킨스는 흥분해서 외쳤다.

"그녀는 자신의 딸자식을 보고 있습니다. 자신의 아이를요!"

단테의 천국에서, 적어도 한 사람은 신을 숭배하는 것보다 개인적인 인간관계를 더 중요하게 여겼다. 나는 이 사실에 조금도 놀라지 않았다. 그 사람이 누군가의 어머니였기 때문이다.

단테 이후 천국에 대한 묘사는 좀더 인간 사회와 비슷해졌다. 확실히 더욱 계급화되기는 했지만 모든 종류의 사람이 천국에 갈 수 있었다. 귀족과 성직자, 상인 그리고 다양한 전문직 종사자들까지 말이다. 르네상스 시대의 화가들은 고대 그리스인에 대한 존경의 마음을 담아 모든 사람들, 심지어 천국에 있는 이들까지 사실적으로 그리려고 노력했다. 라파엘로의 1505년 작품인 〈초원의 마돈나〉에서 아름다운 머리채를 늘어뜨린 성모 마리아는 이탈리아의 귀부인처럼 보인다. 두 명의 벌거벗은 아기(예수와 세례 요한)를 달래면서 금빛 초원에서 노니는 그녀는 단순한 옷을 입고 있다. 그림의 배경을 이루는 호수로부터 안개가 아른거리고, 교회의 첨탑은 담청색 하늘을 찌를 듯 높이 솟아 있다. 1445년 무렵에 그려진 조반니 디 파올로의 〈천국〉에서는 성자와 천사 그리고 평범한 사람들이 꽃으로 만발한 정원에서 함께 어울린다.

콜린 맥더넬과 버나드 랭이 함께 쓴 《천국: 역사, 2000년에 걸쳐 변화해온 기독교적 천국 개관》에는 다음의 대목이 나온다.

"축복받은 영혼들은 영적인 공적과 지위에 상관없이 정원의 여유로운 분위기 속에서 자유롭게 어울리고 있다. 화가들은 평범한 사람들이 살 수 있는 하나의 천국을 묘사했다."

이 그림에서 천국은 인간 사회를 반영한다. 아직 가족이나 가정의 즐거움을 묘사하지는 않았지만, 그것은 지상에서의 삶을 닮은 다가올 세계의 모습이었다.

그러나 16세기에 일어난 종교개혁과 함께 천국에 대한 묘사는 다시 후퇴한다. 런던에 위치한 킹즈대학교의 신학자 알리스터 맥그라스는 나와의 전화 인터뷰에서, 종교개혁가들이 "천국을 정화했다"고 설명했다. 그들의 천국에는 "신을 바라보는 영혼 외에는 아무것도 없다."

청교도주의가 지배했던 미국의 뉴잉글랜드 지역에서는 무도회와 같은 모임을 천국에서 열 수 있다고 상상하는 것조차 불가능했다. 사회생활은 교회를 중심으로 이루어졌지만, 사람들은 그곳에서 주로 공포스러운 내용의 설교를 들었다. 삶은 죄악과 유혹에 저항하는 끝없는 수고와 투쟁이었다. 천국은 이 땅에서의 삶과는 완전히 다른, 저 먼 미래에 존재하는 추상적인 곳이 되었다. 하버드대학교에서 미국 종교사를 강의하는 데이비드 홀 교수는 청교도들의 마음가짐을 이렇게 설명했다.

"그들은 터덕터덕 걷습니다. 한없이 터덕터덕, 터덕터덕. 그러다 하늘을 쳐다보고 앞으로 받을 상을 생각하죠. 하지만 그것은 너무나 멀리 있습니다."

매사추세츠 주 캠브리지에서 행한 한 설교(설교의 내용은 1677년에 책으로 출간되었다)에서 청교도 목사 조나단 미첼은 극적인 효과를 거두기 위해 다음과 같은 엄격한 그림을 제시했다.

"천국은 죄와 유혹을 비롯해 세상을 비참한 곳으로 만드는 혼란과 무질서, 불편함이 없는 곳이다. 천국은 거룩하기 때문에 행복한 곳이다."

이들 뉴잉글랜드 지역 사람들에게 더 이상의 구체화는 불필요했다.

18세기 중엽에 일어난 '제1차 대각성운동'은 영국에서 대서양을 건너 뉴잉글랜드까지 이동한 한층 강화된 종교적 열정의 물결이었다. 이 운동은 영국인 조지 윗필드를 위시한 설교자들에 의해 시작되었다. 그는 누구나 예수와 개인적인 관계를 맺을 수 있으며, 글을 읽고 쓸 줄만 알면 성서의 진리에 접근할 수 있다고 가르쳤다. 부흥의 시기에 설교가들은 회심을 강조했으며, 영혼 구원을 위한 그들의 기도는 감정적이고 열광적인 호응을 이끌어냈다. 이러한 대중적인 메시지와 함께 천국은 점점 가까운 대상이 되었다. 설교가들은 영원하고 달콤한 재회에 대해 이야기하기 시작했다. '하느님의 진노에 붙잡힌 인간'과 같은 가혹한 설교로 유명한 뉴잉글랜드 지역의 청교도 목사 조나단 에드워드는 이렇게 말했다.

"거기엔 결코 이별이 없는, 사랑하는 사람 사이의 기쁨이 있을 것이다. 세상에서 우리가 사랑했던 사람들은 천국에서 이루 말할 수 없이 더욱 사랑스러울 것이며 한없는 사랑을 보여줄 것이다."

스웨덴의 환상가

《천국: 역사, 2000년에 걸쳐 변화해온 기독교적 천국 개관》에서 콜린 맥더넬과 버나드 랭은 죽은 친척과 친구와 함께 가정의 행복을 누리며 살 것이라는 현대판 천국의 뿌리를 18세기에 활동한 스웨덴의 신비주의자 임마누엘 스베덴보리에게서 찾을 수 있다고 주장한다.

이 주장은 학계에서 논쟁의 대상이 되고 있다. 예컨대 하버드대학교의 데이비드 홀 교수는 천국에 대한 현대인의 생각이 다른 뿌리, 특히 미국 사회가 청교도주의의 엄격한 금욕주의를 벗고 성숙해지는 과정에서 발생한 미국인의 욕망으로부터 나왔다고 믿는다.

그러나 스베덴보리가 몇몇 영향력 있는 미국인들에게 깊은 영향을 끼친 것은 사실이다. 따라서 스베덴보리가 생생하게 들려주는 천국은 오늘날 우리가 이야기하는 천국을 묘사한 초기 형태라고 볼 수 있다. 보스턴대학교의 종교학 교수인 스티븐 프로테로는 스베덴보리가 18세기의 오프라 윈프리였다고 말한다. 스베덴보리는 오늘날 우리가 뉴에이지라고 부를 만한 것과 천국은 그저 이 땅보다 조금 나을 뿐 별반 다르지 않다는 생각을 탄생시켰다.

조나단 로즈는 7대째 내려오는 스베덴보리주의자다. 이는 그의 선조가 19세기 초에 개종한 최초의 미국인 스베덴보리주의자 가운데 한 명이라는 사실을 뜻한다. 그는 영국과 캐나다의 작고 고립된 스베덴보리 공동체에서 자랐고, 후에 미국 펜실베이니아 주에 위치한 브린 아신의 산골짜기로 이사했다. 당시는 스베덴보리주의자가 외부인과 데이트를 하면 징계를 받던 시절이었다. 그는 지금도 브린 아신에 살고 있다. 키가 크고 아주 가는 몸을 한 그는 사람들이 흔히 "예민하게 생겼다"고 할 만한 얼굴을 지닌 사내다. 로즈는 전 세계 약 2만 명의 스베덴보리주의자 가운데 한 명이다(그 가운데 5000명 정도가 미국에 산다).

목사이자 학자인 로즈는 때때로 일요일마다 브린 아신에 있는 큰 교회당에서 설교를 한다. 또한 그는 라틴어로 쓰인 스베덴보리의 방대한 저작들을 읽기 쉬운 영어로 번역하는 일에 헌신하고 있다. 로즈는 잘 알려지지 않은 한 사람의 종교적 비전을 사람들에게 설득시키는 것이 얼마나 어려운 일인지 토로한다. 그러면서도 자신은 운 좋은 사람이라고 덧붙인다. 독실한 스베덴보리주의자였던 스코틀랜드 출신의 미국 산업가 존 핏케언이 로즈의 교회에 재산을 남겼기 때문이다. 로즈는 2001년까지 브린 아신대학의 종교학 교수로 일했다. 그 학교는 150명의 학생과 2000억 원의 기부금을 보유한 작은 규모의 스베덴보리 계열 대학이다. 현재 그는 핏케언의 아들 중 한 명의 소유였던 웅장한 엘리자베스 시대풍의 대저택에서 스웨덴보리의 저작물을 새롭게 번역하고 편집하는 일을 한다.

임마누엘 스베덴보리는 1688년에 스톡홀름의 부유한 집안에서 태어났다. 그는 과학자이자 공학자가 되었고, 사실 노년에 이르기 전까지 종교에 큰 관심이 없었다. 그러다 예순 살이 되기 얼마 전에 그는 환상을 보고 천사의 소리를 들었다. 그 소리는 27년 후, 죽음을 맞을 때까지 멈추지 않았다. 깨어 있는 상태에서 처음 환상을 본 것은 1745년의 일이었다. 구석에서 어떤 그늘진 물체를 보았을 때 스베덴보리는 런던에서 혼자 식사를 하고 있었다. 그는 물체가 예수라는 사실을 곧 깨달았다.

"너무 많이 먹지 말거라."

예수가 말했다. 그 첫 번째 환상 이후 스베덴보리는 언제나 천사의 소리를 들었다. 잠을 자거나 깨어 있을 때, 사람들로 붐비는 파티장에 있을 때도 말이다. 천사는 그를 천국에 데려가 구경시켜 주었다. 스베덴보리는 천국에 간 사람들이 육체를 입진 않지만 음식과 섹스를 포함한 육체의 즐거움을 누리는 천사가 된다고 믿었다. 로즈는 이렇게 말했다.

"천국은 자신이 죽었다는 것을 깨닫지 못할 정도로 이 세상과 구별되지 않습니다."

천국에는 천사들의 집이 있는데 "그것은 더욱 아름답다는 점을 제외하면 이 땅에서 우리가 집이라고 부르는 주거지와 비슷하다. 그 집에는 많은 방과 스위트룸, 침실이 있다. 또한 그곳에는 마당이 있는데, 마당은 잔디와 꽃들로 꾸며진 정원으로 둘러싸여 있다."

스베덴보리의 천국은 다양한 사람과 건물, 풍경과 소리로 가득한 곳이다. 로즈는 그에 대해 이렇게 말했다.

"천국은 마치 맨해튼과 비슷합니다. 열심히 일하고 좋은 것을 소비하는 문화에 뿌리를 둔 곳이니까요. 천사들은 어디에나 있고 모든 이들이 한데 섞여 삽니다."

천국에 도착하기 전, 로즈가 '용광로 지역'이라고 부르는 곳에서 사람들은 각자의 취향에 따라 분리된다. 스베덴보리는 그곳에서 마틴 루터를 만난 이야기를 전한다. 둘은 루터의 사상에 대해 토론했는데, 루터는 자신의 개혁주의 신학을 부인했다고 한다. 스베덴보리는 천국에서 키케로도 만난다. 키케로는 선량한 로마 시민이라면 죽은 후 천국에 올라가 사랑하던 이들은 물론 다른 로마 시민들을 만날 것이라고 쓴 적이 있다. 로즈는 웃으며 이렇게 말했다.

"스베덴보리와 위대한 인물들이 이야기를 나누는 동안, 다른 기독교인들의 영혼이 그들을 아주 귀찮게 했습니다. 스베덴보리는 짜증이 나고 곤란해졌지요. 아마도 내가 파리에 머물 때 다른 미국 관광객들이 나를 곤란하게 했던 것과 비슷한 기분을 느꼈을 것 같아요."

스베덴보리는 천국에서도 결혼이 유지되며 죽은 영혼은 일종의 평행우주parallel universe에서 살아 있는 배우자 가까이에 머문다고 믿었다. 로즈는 서른여덟 살에 첫 번째 아내를 잃었다. 그러나 교회에서 말한 것만큼 아내의 현존을 느낄 수 없다는 사실에 깊이 실망했다.

"스베덴보리는 이렇게 말했지요. 진정한 사랑이 있다면 한 사람이 죽는다고 해서 교감이 깨지지는 않는다고요. 하지만 앤이 죽었을 때, 그녀는 그냥 사라져버린 것만 같았어요. 그것은 정말이지 커다란 충격이었습니다."

그는 삶에서 그녀가 송두리째 사라졌다는 느낌 때문에 종교에 의문을 제기하거나 그녀에 대한 사랑을 의심하지는 않았다.

"그러나 때때로 나는 이런 걱정을 했습니다. 나와 앤은 그렇게까지 친밀하지는 않았던 걸까? 그녀와 좀더 친밀한 경험을 나누었어야 했는데!"

아내가 세상을 떠난 지 몇 해가 지난 후에 그는 꿈속에서 그녀를 만났다. 둘은 함께 음악을 연주하고 있었다. 앤이 살아 있을 때, 그들은 종종 음악을 연주하곤 했다. 그 꿈은 로즈에게 커다란 위로가 되었고, 그는 깊은 안도감을 느꼈다. 그리고 스베덴보리의 저작을 계속해서 연구하면서 그는 자신의 실수를 깨달았다. 스베덴보리는 살아 있는 자와 죽은 자가 접촉하지 않는 것이 결혼의 질과 관련이 있다고 말한 적이 결코 없었다. 그 사실을 깨달은 후 로즈는 기쁜 마음으로 재혼했다. 천국에서 둘 중 누구와 함께하게 될 것 같으냐는 내 질문에 그는 이렇게 답했다.

"그건 주님만이 아실 일이지요."

몰몬교도와 마찬가지로 스베덴보리는 천국에 간 사람들이 지구와 닮았지만 지구보다 모든 면에서 더 나은 커다란 공동체를 이루어 함께 살 것이라고 믿었다. 그러나 몰몬교와 달리 이 스웨덴의 환상가는 사람들을 묶는 끈이 혈연에 의한 것이 아니라고 믿었다. 스베덴보리의 천국에서는 서로 마음이 맞는 사람들끼리 함께 산다. 로즈는 인터넷을 스베덴보리적인 지상의 천국으로 여겼다. 인터넷은 같은 관심사를 가진 전 세계 사람들을 연결해주기 때문이다. 그의 사무실에서 스베덴보리의 천상의 동호회에 대해 토론할 때, 로즈의 목소리는 벅찬 감정 때문에 강한 어조를 띠었다.

"스베덴보리는 천국에서 사람들이 서로를 알아볼 수 있을 거라 말합니다. 영적인 가족을 알아보는 것이지요. 그곳에서 만날 사람들은 아주 아름다울 것입니다. 마치 평생 알아온 영원한 단짝과 같은 사람들일 거예요."

로즈는 다음과 같은 요지의 말을 덧붙였다. 지구에서 살아갈 때, 사람들은 자신과 닮지 않은 사람들과 너무나 많은 시간을 보내느라 끊임없이 경계하며 피곤한 시간을 보내야 한다. 그러나 천국에서는 완벽한 편안함과 안전함을 누릴 수 있다.

스베덴보리주의자들은 그들 종교의 창시자가 실로 대단한 영향력과 파급력을 지닌다고 주장한다. 윌리엄 제임스와 헨리 제임스의 아버지인 신학자 헨리 제임스 경은 열렬한 스베덴보리주의자였다. 1927년에 저서 《나는 신비주의자입니다》에서 스베덴보리주의를 극찬한 헬렌 켈러는 다음과 같은 선언을 한 적이 있다고 전해진다.

"스베덴보리가 내게 너무나 좋은 일을 해주었기 때문에 나는 가는 곳마다 그의 가르침을 전파할 것입니다."

　1850년에 출간된 에세이에서 랠프 에머슨은 이 스웨덴의 신비주의자를 '숭고한 천재'라고 불렀다. 미국에서 종교의 열풍은 유행처럼 왔다가 사라지곤 한다. 나는 과연 어떤 종교가 가장 큰 돌풍을 일으키고 있는지 알고 싶었다. 그러나 종교의 역사와 신자 수는 종교운동의 진실을 측정하는 알맞은 잣대는 아닌 것 같다. 그런 점에서 로즈가 대대로 내려온 전통을 고수하는 방법은 존경스러우면서도 달콤씁쓸하게 느껴진다. 마치 조지아 주에서 걸러어Gullah(사우스캐롤라이나 주 해안의 흑인들이 사용하는 언어. 영어와 여러 서아프리카 언어가 혼합된 형태다-옮긴이)를 사용하는 최후의 한 사람을 보는 느낌이라고나 할까?

　1800년대 초까지 미국인은 지구와 '가까운' 천국, 즉 더 친밀하고 위안을 주는 천국을 준비했다. 하버드대학교의 홀 교수는 '인간화된' 천국이 다음 두 가지 사건과 나란히 전개되었다고 주장한다. 즉, 미국 전체를 사로잡은 복음주의적 열기인 제2차 대각성운동과 (공개 태형과 공개 처형, 학교 체벌 그리고 노예제도에 대해 반대를 선언한) 다른 시민운동이 그것이다. 라이먼 비처와 찰스 그랜디슨 피니와 같은 개혁주의자들은 특히 칼뱅의 예정설에 반대했다. 그들은 다른 피조물을 위해 노력하면 천국에서 신의 보상을 받을 것이라고 주장했다. 대각성운동 덕분에 여성들은 목회 사역과 복음화를 위해 일할 기회를 얻었는데, 여성들은 사랑하는 아이들을 차갑고 비인간적이며 공포스러운 천국에 둘 수 없다며 목소리를 높였다.

　1832년, 헨리 롱펠로우는 아이를 잃은 어머니를 위로하기 위해 〈추수자와 꽃들〉이라는 시를 썼다. 이 시에서 추수자는 지구에 내려와 눈물을 글썽이며 가장 아름다운 꽃을 꺾어 가져간다. 사실 추수자는 천사이며 가장 아름다운 꽃은 죽은 아이의 영혼이다.

그리고 어머니는 눈물과 고통 속에 주었네,
그녀가 가장 사랑하던 꽃을
어머니는 그것들을 다시 찾으리란 사실을 아네,
저 위에 있는 빛의 초원에서

그 후 수세기에 걸쳐 천국이란 가족들이 재회하는 장소라는 개념이 만개했다. 몰몬교의 창시자 조셉 스미스는 죽은 영혼을 안내하는 이는 천사가 아니라 천국에 가 있는 가족이라고 믿었다. 1842년, 한 장례식 설교에서 그는 이렇게 이야기했다.

"나는 실제로 무덤으로부터 하늘로 올라간 사람들을 보았습니다. 그들은 마치 천천히 잠에서 깨어나는 것 같았습니다. 그들은 서로서로 손을 잡고 이야기를 나눴습니다. '내 아버지, 내 아들, 내 어머니, 내 딸, 내 형제자매여.' 하늘로부터 내려온 소리가 죽은 자를 일으켜 세울 때 영혼은 무엇을 가장 기뻐했을까요? 아버지와 어머니, 형제자매를 만나는 것이었습니다. 우리는 서로를 끌어안았습니다."

1년 후에 행한 설교에서 스미스는 다음과 같이 말했다. 예수가 다시 오시면 사람들은 육체를 입고 부활할 것인데, 그때에도 이 땅에서 맺은 사회적 관계는 유효할 것이다.

"지금 여기에 존재하는 교제는 하늘에서도 여전할 것입니다. 단지 영원한 영광이 동반될 거라는 사실만 다를 뿐이지요."

가까이 다가온 천국

남북전쟁으로 미국 인구의 2퍼센트가 목숨을 잃었다. 이 통계에는 많은 슬픔이 담겨 있다. 사망자들의 아내와 어머니, 딸, 누나와 여동생, 연인은 산산조각 난 미래를 생각하며 울었다. 그러나 엄격하고 빛나는, 충만한 신성과 결핍된 인간성을 지닌 설교단 위의 천국은 사람들을 위로하지 못했다. 콜린 맥더넬과 버나드 랭은 《천국: 역사, 2000년에 걸쳐 변화해온 기독교적 천국 개관》에서 '가정과 같은 천국'이라는 개념이 대중의 상상력을 장악한 시점이 바로 이때였다고 주장한다. 1868년, 스물네 살의 엘리자베스 스튜어트 펠프스는 《약간 열린 문들The Gates Ajar》을 출간했다. 이 소설은 오늘날의 《다빈치 코드》에 해당하는 반응을 이끌어냈다. 어떤 사람들은 이 소설이 이단적이라며 비난했다. 그런가 하면 어떤 이에게 이 책은 계시로 다가왔다. 《약간 열린 문들》은 전쟁에서 오빠 로이를 잃고 세상에 홀로 남은 한 젊은 여인에 대한 이야기다.

'총에 맞아 사망함'이라는 내용의 전보를 받고 여주인공 메리는 슬픔의 구렁텅이에 빠진다. 그녀는 사람들을 만나려 하지 않았고, 신과 단절되었다고 느낀다. 마을의 나이 든 완고한 목사는 그녀를 꾸짖기만 할 뿐 어떤 위로도 주지 않는다.

그때 소녀 시절 이후 한 번도 만난 적이 없었던 위니프레드 고모가 메리를 찾아온다. 알고 보니 위니프레드 고모는 동화 속에 나오는 대모, 더 정확하게는 천사였다. 그녀는 성서를 배우고 열심히 연구했으며 슬픔이라는 감정을 깊이 이해했다. 젊었을 때 병으로 남편을 잃었기 때문이다. 위니프레드 고모는 그녀의 어린 딸 페이스와 함께 지상의 즐거움과 친구들로 가득한 천국을 보여준다. 그녀는 천국이란 '일몰에 볼 수 있는' 산들과, '6월의 오후, 바람이 스치며 바스락 소리를 내는' 나무들, 꽃과 친구들로 가득 찬 어여쁜 집들이 가득한 곳이라고 가르친다. 영국의 낭만주의 시인 찰스 램의 시를 인용해, 위니프레드 고모는 메리에게 천국은 '여름날의 휴일, 초원의 푸르름, 고기와 생선의 달콤한 즙, 촛불, 벽난로가에서 나누는 대화, 순결한 화려함' 같은 것이라고 말한다.

"로이는 아름다운 햇빛과 꽃을 통해 네게 말을 걸려고 한단다. 너를 도와주려 하고, 물론 너를 사랑하고 있지."

위니프레드 고모의 말에 의하면 메리는 천국에서 로이를 다시 만나 그의 반짝이는 눈을 보고 농담과 웃음 섞인 목소리를 들을 수 있다. 물론 만지거나 키스하는 것도 가능하다. 때때로 이러한 가르침이 이단적인 것이 아닌지 묻기를 주저할 때마다, 위니프레드 고모는 아무 말 없이 웃기만 한다. 《약간 열린 문들》은 18세기 말까지 미국에서 8만 부 가까이 팔렸는데, 이것은 성서와 해리엇 비처 스토의 《톰 아저씨의 오두막집》을 제외하면 가장 높은 판매고였다.

이렇듯 천국이 좀더 가까운 것이 되면서 미국인들은 사랑하는 이들을 확실하게 다시 만나기 위해 관습적인 기독교의 틀을 넘어서기 시작했다. 일부는 보편 구제설 신봉자Universalist가 되었다(그들은 모든 사람이 결국 천국에 가게 될 것이라고 믿었기에 이런 이름이 붙었다). 보편 구제설은 칼뱅의 예정론에 대한 반발로 유럽에서 맨 처음 시작되었고 18세기 중엽에 번성했다. 보편 구제설을 신봉하는 사람들은 피니와 비처가 이끈 사회 개혁에 찬성했고 제2차 대각성운동의 지도자들과 연합했다. 그러나 그들은 기독교인만이 구원받을 수 있다는 생각을 거부했다. 그들의 정의에 따르면 보편 구제설 신봉자들은 '사랑의 하느님이 한 영혼이라도 영원한 지옥에 처넣을 것이라고 믿지 않는' 기독교인이었다. 1961년에 보편 구제설의 신봉자들은 유니테리언교도Unitarians(삼위일체의 신을 믿지 않는 기독교 종파)와 연합해 하나의 교파를 이루었다.

보편 구제설을 신봉하던 사람들 중 일부는 죽은 자들과 이야기하기 시작했다. 강신론spiritualism은 1850년에 유행처럼 시작되어 남북전쟁 기간 동안 전성기를 맞았다(교회 권력은 강신론을 인정하지 않았다). 초기 강신론자 가운데 가장 유명한 인물은 마가렛 폭스와 케이트 폭스 자매다. 뉴욕 로체스터에 살고 있던 자매는 죽은 자들이 무언가를 두드리거나 건드려 자신들에게 말을 건다고 주장했다.

어느 날 저녁, 자매의 어머니는 누군가가 그들이 사는 작은 시골집의 벽을 두드리는 이상한 소리를 들었다. 그녀는 집에 귀신이 들었다고 생각해 소리를 질러댔다. 이때가 자매의 특별한 재능이 처음 발견된 순간이다. 두드리는 소리가 계속되자 소녀들은 죽은 영혼을 향해 질문을 던졌고, 곧이어 영혼은 (두드리는 소리를 더 많이 내면서) 그들에게 이야기하기 시작했다. 유령은 살해되어 머리가 잘려진 채 이 집 아래 묻힌 한 유대인 행상이었다. 폭스 자매는 떼 지어 몰려든 이웃들에게 이 이야기를 전했다. 자매는 곧장 유명세를 탔다. 어느 날 밤에는 수백 명의 사람이 유령과 대화하기 위해 집 앞에 몰려왔다고 전해진다.

곧 두 소녀는 극장 등에서 죽은 영혼과 접촉하는 공연을 했고, 가정집에서 강령회를 열었다. 국회의원인 호러스 그릴리는 폭스 자매의 천재적 재능에 대한 확신을 천명했다.

"의심 없이 그들의 완벽한 고결함과 신실한 믿음을 확신한다고 말하지 않는 자들은 비겁하다."

작가 제임스 페니모어 쿠퍼는 죽기 전 병상에서 다음과 같은 말을 남겼다.

"덕분에 이 순간을 준비할 수 있었다고 폭스 자매에게 전해주시오."

폭스 자매는 30년 동안 미국과 유럽을 돌아다니며 영혼에 관심 있는 사람들을 상대로 입장료 수익을 챙겼고, 많은 모방자를 낳았다. 강신론자들은 천국과 지옥에 대한 전통적인 생각을 거부했으며 결국에는 모든 사람이 구원받을 것이라고 믿었다.

그러나 1888년의 어느 날 밤에 놀라운 일이 일어났다. 마가렛 폭스가 강신론을 전면적으로 거부한 것이다. 뉴욕의 한 대학 강당에 모인 군중을 앞에 두고 그녀는 '이 모든 것의 전말'을 밝히겠다고 맹세했다. 그리고는—이 일을 보도한 〈뉴욕트리뷴〉에 따르면—신발을 벗고 양말만 신은 채 사운딩 보드(소리를 확대시키는 나무 판) 위에 발을 올려놓고 발가락 관절을 꺾어 소리를 내기 시작했다.

"관중들은 '탁-탁-탁-탁-탁' 하고 이어지는 소리를 들었다. 희미한 소리는 점점 또렷해졌고, 강당의 벽을 타고 올라간 소리는 천장에 이르렀다."

강신론자들은 이 날의 공연이 무효라고 주장했지만 돌이키기엔 너무 늦어버린 듯했다. 1893년에 〈뉴욕타임스〉는 마가렛의 부고 기사를 내면서 그녀가 '가난과 무명 속에' 죽었다고 썼다.

특히 남북전쟁 기간 동안 강신론에 대한 뜨거운 관심이 널리 퍼졌다. 링컨 대통령의 부인 메리 토드 링컨은 강신술에 빠져 백악관에서

만 적어도 여덟 차례 강령회를 열었다. 어린 시절 병에 걸려 세상을 뜬 아들 에디와 윌리를 만나고 싶은 열망 때문이었다(링컨 대통령이 얼마나 자주 그 집회에 참석했으며 그것을 얼마나 진지하게 받아들였는지에 대해서는 확실하게 알려지지 않았다). 스스로 최면 상태에 들어갈 수 있었던 링컨 부인은 이복 누이에게 다음과 같이 선언했다.

"윌리는 살아 있어. 그 아이는 밤마다 나를 찾아와 예전처럼 아름다운 미소를 짓곤 하지. 때때로 꼬마 에디가 윌리와 함께 있어."

남북전쟁 동안 플랑셰트planchettes(두 개의 작은 고리와 연필이 하나 달린 심장 모양의 판이다. 손가락을 얹어 생긴 모양이나 글자로 잠재의식, 심령 현상 등을 읽어내는 데 쓰인다-옮긴이)가 대량생산에 들어갔으며, 1864년에는 최초의 '전국 강신론자 집회'가 개최되었다.

그러나 20세기가 시작되면서 분위기는 또다시 달라졌다. 다윈과 마르크스, 프로이트의 영향을 받은 새로운 종교적 엘리트들은 너무나 순진하고 단순하며 지나친 종교성에 짜증을 느꼈다. 그들은 다시 천국에서 사람들과 마을, 방과 정원을 몰아냈다. 대신 지적인 부분이 지나치게 강조된 반면 감정적으로는 텅 빈 내세에 대한 개념을 제시했다. 20세기 신학자 폴 틸리히는 천국의 '실제' 이미지에 의존하는 것을 '신경증적 결과를 가져오는 직해주의의 왜곡literalistic distortion'이라고 표현했다. 미국의 주류 목회자들 역시 반드시 필요한 경우가 아니라면 천국에 대한 언급을 피했으며 천국을 지나치게 '실제적으로' 묘사하지도 않았다.

1997년, 감리교 목사 필립 보그먼은 〈타임〉 기사에서 다음처럼 말했다.

"나는 천국의 건축물이나 지리적 위치를 묵상하는 것에는 별 관심이 없습니다. 우리는 너무나 깊이 그런 문제에 열중해왔습니다. 그러나 나는 이제 신을 믿는 것에 관해 설교합니다."

그러나 사랑하는 이들, 특히 가족과 함께하기를 원하는 인간의 근본적인 열망은 틸리히의 조소와 엄격한 합리성을 거부했다. 그리고 이미 세상을 떠난 사랑하는 이들을 다시 만날 것이란 믿음은 온라인상에서 일종의 가내공업을 출범시켰다. 사별한 이들이 사랑하는 망자를 추억할 사이트의 개설을 도와주는 수많은 소규모 회사가 생긴 것이다. 페이스북과 유사한 이러한 사이트에는 친구들과 친척들이 고인을 추모하고 위로하는 글을 올릴 수 있다. 버지니아 주에 살던 은퇴한 전기 기술자 새미 힉스는 2009년 2월에 세상을 떠났다. 그의 자녀들은 한 사이트ChristianMemorial.com에 홈페이지를 개설했다.

"아버지, 당신은 위대한 남자였습니다. 아버지가 무척이나 그리울 거예요. 당신에 대한 기억은 결코 사라지지 않을 것입니다. 천국에서 다시 만나요."

같은 달에, 역시 버지니아 주에 거주하던 조니 레인 파커 경이 울혈성 심부전증으로 세상을 떠났다. 그의 친구 토니 주니어는 밸리오브라이프ValleyOfLife.com라는 사이트에 추모의 글을 올렸.

"많은 이들이 그를 그리워할 것이다. 그러나 영혼은 계속해서 살아 있다. 우리는 그를 다시 만날 거라 믿는다."

독일 출신의 루터교 신자인 앤 포레스트는 뉴욕 서쪽에 위치한 세인트보나벤처대학교에서 컴퓨터 과학과 신학을 강의하는 교수다. 또한 그녀는 MIT에서 '신과 컴퓨터'라는 프로젝트를 진행하고 있다.

그녀의 관심사는 컴퓨터가 종교적 믿음에 대한 인간의 생각을 반영하고 변화시키는 방법이다. 포레스트는 추모 사이트의 융성이 사람들에게 의미 있는 천국을 제공해주지 못한 주류 개신교회의 실패를 반영한다고 믿는다.

"지적인 개신교도들이 출현해 신학을 합리적인 것으로 만들려는 시도를 하고 있습니다."

어느 날 아침, 나와의 전화 인터뷰에서 그녀는 이렇게 말했다(나는 그녀와 정기적으로 전화 통화를 한다). 우리는 세 살 무렵부터 나와 타인이 다르다는 사실을 이해하기 시작하고, 아주 먼 옛날부터 내려오는 (타인과) 동떨어진 느낌을 극복하려는 열망을 지닌 채 살아간다. 우리는 결혼과 일, 우정을 통해 나와 타인 사이의 간격을 좁히기 위해 끊임없이 노력한다. 천국에서 가족을 다시 만난다는 생각은 인간 본연의 고독을 해결하는 방법이다.

"우리는 가족들과 친밀합니다. 서로 닮기도 했고요. 그러나 동시에 거기엔 격렬한 감정도 존재합니다. 부정적인 감정을 포함해서요. 만약 당신이 형제자매와 크게 싸운다 해도 가족은 결국 우리가 결코 버릴 수 없는 대상이지요."

포레스트는 인터넷에 대해 이렇게 말했다.

"인터넷은 서로 동떨어져 있다는 느낌이 사라진 서로가 함께할 수 있는 공간을 창조해냈습니다."

추모 사이트 자체는 조악하며 지나치게 감상적으로 보일 수도 있다. 그러나 그것을 만들어낸 인간의 열망은 결코 무시할 만한 것이 아니다.

"천국에서 사랑하던 애완동물과 다시 만나 즐거운 시간을 보낼 수 있을까?"

이 질문은 온라인상에서 엄청난 정서적 반응을 불러일으켰다. 2001년, ABC 뉴스와 한 인터넷 사이트 BelifNet.com(이곳은 전 세계 모든 종교인과 영적인 문제에 관심이 많은 사람들을 위한 사이트다)가 공동으로 실시한 여론조사에 의하면 43퍼센트의 사람들이 천국에서 애완동물을 다시 만날 것이라고 굳게 믿었다.

한 애완동물 추모 사이트 Critters.com의 관리자는 애완견을 잃은 사람들을 위로하기 위해 '무지개다리' 라는 제목의 산문시를 올렸다. 무지개다리는 죽은 애완동물들이 주인을 기다리는 장소다. 그곳에서 죽은 애완동물은 잃었던 원기와 건강을 회복한다. 그들은 "갑자기 멈춰서 저 멀리 다가오는 누군가를 바라보는 날이 올 때까지 다른 동물들과 어울려 즐겁게 지낸다. (…) 그날이 오면 그의 몸은 강렬한 전율로 떨린다. 갑자기 무리에서 달려 나와 푸른 잔디 위를 날아오를 듯 달리는 그의 다리는 점점 더 빨라진다. 당신을 발견하고 (…) 기쁨으로 재회하며 끌어안는다."

이 산문시는 사람들의 심금을 울렸다. 또한 이 사이트는 세상을 떠난 개와 고양이, 망아지와 이구아나, 앵무새에게 가슴 저미는 애도를 표하는 수백 개의 홈페이지 주소를 정리해두었다.

여전히 미국인들은 그리 멀지 않은 곳에서 죽은 자들이 자신을 기다릴 것이라고 믿는다(아마도 무지개다리에서 말이다). 2005년에 실시된 갤럽 여론조사에 의하면 21퍼센트의 사람들이 죽은 영혼과 대화할 수 있다고 믿었다. 진눈깨비가 흩날리던 어느 회색빛 저녁에 나는 글렌 클라우스너를 방문했다. 그는 평판이 좋은 영매로 나는 친구에게서 그를 소개받았다. 클라우스너는 뉴욕 브루클린에서 성장한 삼십대 중반의 남자다. 그의 아파트는 맨해튼 어퍼이스트사이드의 고급 주택가와 아파트 사이에 있다. 하지만 그의 아파트는 무척 검소했고 수리가 필요할 정도로 낡아 보였다.

그 작은 아파트는 그의 일터기도 했다. 클라우스너는 거실에서 죽은 영혼들과 대화를 나누는데, 그곳은 가구나 다른 장식이 거의 없는 것으로 유명하다. 거실에 있는 것이라고는 가죽 소파와 두어 개의 식물, 매끄러운 검은색 탁자뿐이다. 그의 외양은 어딘지 모르게 중성적이었고, 젊은 시절의 폴 매카트니를 연상시키는 윤기 나는 숱 많은 검은 머리를 제외하고는 이렇다 할 성적인 특징이 없었다. 그렇다고 괴상해 보이지도 않았다. 그는 마르고 창백했으며 청바지와 추리닝 상의를 입고 왼쪽 귀에 아주 작은 은 귀걸이를 하고 있었다.

클라우스너는 어린 시절부터 죽은 영혼들과 이야기를 나눴고, 전화벨이 울리면 누가 전화를 걸었는지 바로 알 수 있었다고 한다. 1995년부터 그는 직업적인 영매로 일했다. 그는 일주일에 4일 일하며 전화나 방문을 통해 한 달에 약 40명의 고객을 만난다. 고객의 대부분은 최근에 사랑하는 이를 잃은 사람들이다. 그는 고객들에게 시간당 350달러를 받는다.

우리는 탁자에 마주 앉았다. 그는 내게 물 한 잔을 건네며 말했다.

"사실 천국은 하늘 위나 땅 밑에 있는 것이 아닙니다. 천국은 우리 주변 어디에나 있습니다. 육체를 벗어나는 게 어떤 것이냐고 물으면 영혼들은 이렇게 대답하지요. 그건 정말 아무것도 아니라고요. 마치 부엌에서 거실로 걸어가는 것과 같습니다."

또한 클라우스너는 영혼이 스스로의 욕망에 따라 자신만의 천국을 디자인할 수 있다고 말했다. 영혼은 기호에 따라 맨션이나 고층 아파트 혹은 전원풍의 단독주택에서 살 수 있다. 그들에게는 한순간에 전 세계를 일주할 수 있는 능력이 있어서 서로의 거처를 자유롭게 오간다.

나는 클라우스너에게 천국에는 정말로 질병과 화, 질투가 없느냐고 물었다.

"천국엔 의료보험이나 금전과 관련된 분쟁이 없습니다. 말기 암 환자도 천국에서는 건강해집니다."

뒤이어 나는 천국에서 영혼은 어떤 육체를 입게 되는지 물었다. 그는 다음과 같은 방식으로 설명했다.

"그들은 영적 세계의 육체를 갖게 됩니다. 만약 당신에게 딕 반 다이크를 닮은 삼촌이 있다고 칩시다. 나는 그의 모습을 볼 수 있습니다. 영혼들은 자신의 성품 그대로를 지닌 채 나를 찾아옵니다. 그렇지만 그들은 일단 되돌아갑니다. 그리곤 최고의 모습을 하고 다시 나타나죠. 그들은 서른 살 때의 모습을 하고 나를 다시 찾아옵니다."

나는 뭐라고 이야기해야 할지 몰랐다. 나를 위해 누군가의 영혼을 불러줄 수 있느냐고 묻자 클라우스너는 특정한 사람의 영혼을 불러내는 일은 하지 않는다며 거절했다. 자신은 단지 영계와 접촉할 뿐이고 스스로 찾아오는 영혼과 이야기한다는 것이다. 나는 그가 리타 할머니를 찾아주길 바랐다. 어린 시절, 그리고 삼십 대가 되었을 때까지 나는 할머니에게 너무나 많은 위안을 받았다. 빈털터리 상태로 커다란 야망을 품고 처음 뉴욕에 왔을 때, 할머니와 할아버지는 내게 빈 침실을 내주셨고, 그 후 수년 동안 작지만 결정적인 방식으로 나를 돌봐주셨다. 할머니는 나와 함께 버스를 타고 브롱스에 위치한 대형 의류 할인 매장에 가주셨다. 나를 위해 요리를 하셨고, 소파에 누워 있을 때면 머리를 어루만지셨다. 우리는 함께 스카치를 마시고 TV로 테니스 경기를 보았다. 나는 할머니를 항상 그리워했는데 대제일에는 더욱 그랬다. 할머니가 종교적인 사람이어서가 아니라 요리를 너무나 잘하셨기 때문이다(우리는 함께 회당에 간 적이 한 번도 없었다).

10년이 넘도록 할머니와 할아버지, 나 이렇게 셋은 할머니 댁 부엌의 작고 둥근 식탁에 앉아 로쉬 하샤나Rosh Hashana(유대교의 신년제)를 지냈다. 할머니는 내 왼쪽에 앉으셨고, 나는 할아버지와 마주 앉았다. 나는 장황하게 내 말만 늘어놓거나 그렇지 않을 때는 뚱하고 변덕스러운 맏손녀였지만 할머니와 할아버지가 나를 얼마나 사랑하는지 잘 알고 있었다. 냅킨꽂이에는 꽃무늬 냅킨이 꽂혀 있었고, 은쟁반에는 늘 무교병과 크래커가 놓여 있었다. 할머니는 유대 전통 요리와 수프를 만들어주셨고, 거기에 소 가슴살과 쿠스쿠스 그리고 도저히 흉내낼 수 없는 맛있는 소스가 곁들여졌다. 후식으로는 설탕에 절인 자두가 나왔다. 나는 내 딸에게 사진 속 리타 할머니의 소녀 시절 모습이 얼마나 아름다운지 이야기하곤 했다. 나는 엉덩이까지 내려오는 적갈색의 머리를 땋아 리본으로 묶은 그녀의 모습을 보고 또 보았다.

클라우스너가 찾은 영혼은 불행히도 겉으로 보아서는 누군지 알 수 없었다. 그에 따르면 그 영혼은 대머리였고 머리의 가장자리에만 머리카락이 나 있었다. 그는 영혼이 누군가의 아버지 같으며 영화배우 에드워드 애스너를 닮았다고 했다. 나는 누군지 모르겠다고 말했다. 혹시 시아버지가 아니냐고 클라우스너가 물었다. 시아버지는 내가 남편을 처음 만난 바로 전 해 여름에 돌아가셨다. 따라서 나는 시아버지를 한 번도 뵌 적이 없다. 하지만 사진으로 본 모습을 토대로 생각했을 때, 그 영혼은 남편의 아버지가 아닌 것 같았다. 클라우스너는 다시 한 번 내게 확인하면서 때때로 살아 있을 때와 다른 모습으로 영혼이 나타나기도 한다고 설명했다. 그는 영혼이 하는 이야기에 귀를 기울였다. 남편의 말에 따르면 시아버지는 무뚝뚝한 사람이었다. 클라우스너는 그 영혼의 성질이 급하다고 말했다. 에드워드 애스너를 닮은 이 영혼은 더 좋은 아버지가 되어 주지 못하고 아들의 말에 귀를 기울이지 않은 것을 사과하고 싶다고 말했다. 그러한 사과가 감정적이며 상투적이라는 사실을 충분히 알았음에도 불구하고 내 눈에선 눈물이 솟구쳤다(사실 그것은 어떤 부모 자식 관계에서도 적용될 수 있는 말이었다).

그 후 이야기는 다소 이상한 방향으로 흘렀다. 클라우스너는 나의 시아버지가 모종의 불법적인 행위에 관련되었으며, 집에 돈을 숨겨두었다고 전했다(시아버지는 범죄자가 아니었다). 또한 그는 시아버지가 맑은 술을 즐겼다고 했다. 이번에도 틀렸다. 그는 버번을 무척이나 좋아했다. 또한 그는 내세로부터 앨리스와 로슬린, 도로시, 루스의 안부를 전해주었다. 처음 들어보는 이름들이었다. 나중에 확인해보았을 때, 찰리 역시 그들이 누구인지 몰랐다. 이쯤 되자 나는 클라우스너가 당장 현실로 돌아와주길 진심으로 바랐다. 하지만 그는 이미

Chapter 8. 재회 | 307

너무 멀리 가 있었다. 에드워드 애스너를 닮은 인물은 아내가 너무나 많은 양의 신경안정제를 복용한다고 염려했다. 그 순간 그나마 남아 있던 일말의 신뢰감마저 사라졌다. 시어머니는 여든여덟 살이고 약간 건망증이 있으며 예전처럼 빨리 걷지는 못하시지만, 신경안정제를 복용하지 않으며 여전히 무척이나 정정하시다.

나는 내세가 존재할 것이라는 가능성을 배제하지는 않겠다. 하지만 내가 생전에 결코 만난 적 없는 시아버지가 에드워드 애스너의 모습을 한 채 영계에서 나를 내려다보고 있으며, 글렌 클라우스너가 그와 접촉했다는 생각 따위는 완전히 버릴 것이다. 클라우스너는 무척이나 좋은 사람처럼 보였다. 그는 자신의 이야기가 진실이라고 믿을 것이다. 그러나 나는 의심을 버릴 수 없다. 후일 나와의 전화 통화에서 그는 자신이 하는 일의 진실성이나 다른 많은 이에게 준 위로와 관련된 질문에 대해 답변하기를 거부하며 이렇게 말했다.

"나는 수년에 걸쳐 많은 실적을 쌓아왔고, 엄청난 일들을 해냈습니다. 모든 경우에 아주 정확히 들어맞을 순 없지만요. 나는 늘 정직했고 돈을 지불할 용의가 있는 사람을 상대로 일했습니다. 만약 헛다리를 짚었다면 나는 한 푼도 받지 않습니다. 그것으로 내 정직성을 입증할 수 있습니다."

나는 클라우스너가 슬픔을 미끼로 밀거래를 한다고 생각한다. 만약 그가 정말로 영혼과 접촉할 수 있다면 돈을 받지 않고 그 재능을 써야 할 것이다.

CHAPTER

9

천국은 지루한 곳일까

HEAVEN

☆

　대학 시절 내내 나는 밴드 '토킹 헤즈Talking Heads'의 음악과 함께했다. 그중에서도 내가 가장 좋아한 노래는 '헤븐'이었다. 밴드에서 작곡과 노래를 담당한 데이비드 번은 로드아일랜드 디자인학교RISD를 졸업한 움푹 팬 볼과 짙은 눈동자를 지닌 예술가다. 그는 이상한 기분이 들 정도로 달콤한 목소리로 노래를 불렀다. '헤븐'의 후렴구는 이렇다.
　"천국은, 천국은 아무것도, 아무 일도 일어나지 않는 곳이라네."
　대학 시절 친구들은 이 노래를 책에 반드시 넣으라고 요청했다. 그 말을 하면서 친구들은 약속이나 한 듯 이 부분을 흥얼거리곤 했다.
　〈영혼의 사랑〉과 《러블리 본즈》와 마찬가지로 '헤븐' 역시 우리 시대의 문화적 시금석이 되었다. 번을 만나기에 앞서 나는 노래의 가사를 다시 살펴보았다. 노래의 첫 소절은 천국을 묘사하는데, 그곳에서는 언제나 가장 좋아하는 음악이 연주된다. 두 번째 소절은 천국을 파티로 묘사한다. 파티장에는 즐거움만 넘칠 뿐 불쾌한 일은 일어나지 않는다.

"모든 사람이 정확히 같은 시간에 파티장을 떠나리."

그러나 내가 가장 좋아하는 소절은 마지막 부분이다. 마지막 소절은 아마도 멋진 키스를 묘사하고 있는 듯한데, 그 키스는 같은 장면이 반복되는 필름처럼 영원히 계속된다.

키스가 끝나면 또다시 시작되리,
이전의 키스와 하나도 다르지 않은, 완전히 똑같은 키스가
이보다 더 흥분되는 것, 이보다 더 재미있는 걸
상상하기란 쉽지 않지

번은 뉴욕의 소호지구에 위치한 작업실에서 일하는데, 작업실 벽은 온통 그의 사진으로 덮여 있었다. 현재 그는 공연가이자 비주얼 아티스트로 활동 중이다. 그러나 왕년에 잘나가는 락스타였음을 증명하는 유물들이 집안 여기저기에서 보였다. 앨범 〈네이키드Naked〉의 재킷에 실린 원본 그림(붉은색 배경 앞에서 웃고 있는 침팬지)이 사무실 입구에 걸려 있었고, 또 다른 앨범 〈방언으로 말하다Speaking in Tongues〉의 재킷 디자인을 위한 밑그림이 책상 위에 올려져 있었다(그 앨범 재킷은 번이 직접 디자인했다). 번은 종교에 대해 깊고 지적인 관심을 기울이며, 아이러니와 단절의 전달자답게 기독교를 비롯한 종교의 관습을 완전히 뒤집는 예술 작품을 계속해서 만들어내고 있다. 2001년에 그는 《새로운 죄들The New Sins》이라는 작은 책자를 제작

했다. 이것은 국제 기드온협회(성서의 전 세계적인 출판과 보급을 지향하는 국제단체)에서 나누어 주는 성서와 아주 똑같은 모양과 느낌의 책이다. 번은 국제 기드온협회에서 하는 것처럼 전국의 호텔과 모텔에 익명으로 그 책을 배포했다. 이것은 하나의 예술 프로젝트였다. 번은 아방가르드 문학 애호가이자 사업가인 데이브 에거스와 '천국을 향해 분투하는 해방된 사람들'이라는 이름 아래 공동 작업을 진행했다. 그들은 지혜의 전파를 목적으로 모였다. "죽으면 어떤 일이 생기는가?"라는 장 제목 아래에는 "천국과 지옥은 둘 다 은유에 불과하다"는 내용이 실려 있다.

조나단 드미가 제작한 토킹 헤즈의 콘서트 실황 필름에서 번은 거대한 흰색 수트를 입고 마돈나처럼 땀을 흘리며 춤을 추고 있다. 그것이 내 마음속에 자리 잡은 번의 이미지다. 결과적으로 직접 만났을 때 그는 내 기대보다 조금 작아 보였고 몸집이 호리호리했다. 그는 조용한 말투로 이야기했으며 질문에 대한 답을 정리하느라 말을 멈출 때면 내 눈을 피해 다른 곳을 응시했다. 번은 실로 짠 모자와 추리닝 바지, 스니커즈 차림이었다. 유명한 광대뼈는 여전했지만 예전처럼 튀어나와 보이지는 않았다.

작은 사무실에 마주 앉아 이야기를 나누면서 나는 '천국'의 가사를 쓸 때의 상황을 기억하느냐고 물었다. 그는 부드럽게 대답했다.

"'천국'은 아주 드문 작품이었어요. 대대로 내려오는 기독교의 전통적 이미지 속에서 천국은 모든 사람이 아무 일도 하지 않는 곳입니다. 사람들은 따분한 하프 연주 같은 걸 들으며 구름 위에 여기저기 누워 있지요. 특히나 열반과 같이 좀더 동양적인 개념에서도 마찬가지입니다. 결국 천국은 해야 할 아무런 중요한 일이 없는 상태를 의미합니다. 인간은 어떤 일과도 무관해지며 시간은 그 상태로 멈춰버린 것 같죠. 천국의 목적은 마치 아무 일도 일어나지 않는 상태를 얻으려는 것처럼 보일 정도입니다. 정서적인 의미를 띤 어떤 일도 절대 일어나지 않을 것이며 그것은 선한 일에도 적용됩니다. 이 말 그대로 옮겨놓는다면 글쎄요, 천국이 그리 좋은 곳처럼 여겨지지 않습니다.

그래서 난 이런 생각을 했어요. '그래, 좋아. 내 지금의 생활을 이런 식으로 표현해보자.' 파티에 가고 바에 가고 클럽에 가는데, 그게 결코 끝나지 않는 거예요! 자꾸자꾸 반복되는 거지요. 나는 마치 그것이 아주 바랄 만한 것, 진짜 천국과 같은 모습인 양 묘사했어요. 사실 난 이런 내용을 조금 우스꽝스럽게 들리도록 썼어요. 노래를 부를 때 목소리에는 감정적인 열망이 가득했고요. 상당히 우스워 보이긴 했지만 사람들은 더없이 좋아했죠."

하지만 나는 '헤븐'을 변호했다. 젊은 시절이었다면 나 역시 이 노래가 천국을 조롱했다는 말에 동의했을 것이다. 눈을 뜰 때마다 똑같은 일이 기다리고 있는 삶을 누가 바라겠는가? 그러나 이제, 삶에 지치고 나이가 들자 즐거운 일이 끝없이 반복되는 천국의 삶이 매력적으로 여겨진다. 그는 나를 쳐다보았지만 아무런 말도 하지 않았다.

나는 마침내 그에게 천국의 존재를 믿느냐고 물었다. 번은 웃으며 이렇게 답했다.

"오, 아니오. 물론 나는 업보에 따른 징벌이나 신의 정의처럼, 천국이 암시하는 어떤 것은 믿고 싶습니다. 새치기를 하는 사람은 그에 합당한 벌을 받는다고 믿고 싶고요. 하지만 뭐 실제로 그런 일이 일어날 것 같지는 않습니다."

그러나 번은 노래를 통해 현대인의 천국에 관한 모든 질문 가운데 가장 끈질기게 제기되는 문제에 손을 댄다. 천국의 어떤 점이 그토록 훌륭한 걸까? 전쟁과 불경기에도 불구하고 21세기의 미국은 성서나 코란을 낳은 세계(중동 지역을 말한다-옮긴이)와 비교했을 때, 거의 천국이나 마찬가지다. 사실 지구 상 어느 곳과 비교해봐도 그렇다. 현대인은 고대의 천국에 관한 약속을 반신반의하는데, 학자들은 우리가 누리고 있는 물질적 풍요가 그 같은 태도의 원인 중 하나라고 주장한다.

2009년, 피터 호킨스는 《아직 발견되지 않은 나라: 다가올 세계를 상상하다Undiscovered Country: Imagining the World to Come》에서 다음과 같이 썼다.

"아무도 우리에게 깨달음이나 영감을 주는 말을 요구하지 않는다. 종교에 대한 것이라면 사람들은 어깨를 으쓱하며 온화하게 말한다. '솔직히 난 잘 모르겠어.'"

목사들은 더 이상 천국에 대해 자주 설교하지 않는다. 심지어 기독교의 가장 핵심적인 몇몇 이미지를 낳은 원천인 현대의 찬송가들마저 "내세나 천국에 대한 것보다는 예수와 구원 그리고 신에 대한 일반적인 찬양에 초점을 맞추는 경향이 있다"고 베일러대학교의 교회음악과 교수인 데이비드 뮤직은 말한다.

오늘날 천국에 대한 성서의 약속 중 많은 부분이 실현되었다. 반짝이는 도시와 샘솟는 분수가 있는 꽃이 만발한 공원, 온갖 언어로 쓰인 갖가지 책이 구비된 도서관 그리고 정의와 평등에 입각한 만인을 위한 정부를 생각해보라. 또한 육체를 젊게 유지시켜 주는 헬스클럽과 필라테스 수업, 주름을 제거해주는 보톡스를 떠올려보라. 부동산 시장의 거품이 최고조에 이르렀을 때에도 70퍼센트에 가까운 미국인이 집을 소유하고 있었다. 심지어 주택 가압류 위기 때에도 예수가 약속한 '많은 맨션들'이 미국에 실재했다. 슈퍼마켓에 가면 잘 익은 과일을 계절에 상관없이 살 수 있다. 우유와 질 좋은 꿀도 풍부하다. 심지어 슈퍼마켓에서는 코란에서 약속한 취하지 않는 와인과 맥주까지 판다. 좀 독하게 표현하자면, 이생에서 원하는 모든 것을 살 수 있는 사람들에게 모든 것을 풍부하게 누릴 수 있는 내세를 믿으라고 설득하는 건 어려운 일이다.

지루한 천국에 대한 염려는 갑자기 생겨난 현상이 아니다. 그것의 기원을 찾으려면 산업혁명이 막 시작된 무렵으로 거슬러 올라가야 한다.

"영원토록 찬송하며 야자수 잎이나 흔들고 있는 것은 설교로 들을 때만 좋게 느껴진다."

1909년, 마크 트웨인은 《스톰필드 선장의 천국 방문기》에서 이렇게 썼다.

"하지만 그것은 보잘것없는 일이라서 인간의 귀중한 시간을 쏟을 필요가 없다."

현대의 유대인들은 내세에 대한 확실하고 생생한 이미지의 부재를 고통스러워한다. 2006년, 토라 연구를 위한 호프버거재단의 방문 연구원인 랍비 데이비드 포르만은 이 문제에 관해 다음과 같이 썼다.

"예를 들어 당신이 유람선 여행을 무척이나 좋아한다고 치자. 누군가 다가와 공짜 알래스카 유람선 여행을 제의한다. 만약 그 여행이 영원히 지속된다면 어떨까? 매해 똑같은 빙하와 똑같은 고래를 봐야 한다고 상상해보라."

이 '지루한 천국' 문제에는 신학적 뿌리가 있다. 특히 20세기 목회자들의 설교에서 천국은 극적이고 자세한 세부 묘사를 잃었다. 천국에 대한 지나친 이미지화는 주류 개신교에서 세련되지 못한 믿음의 표시로 통했다. 버락 오바마의 전 담임목사인 제레마이어 라이트는 1990년, 시카고에 위치한 자신의 교회에서 행한 설교에서 이를 불평했다. 그는 '교육을 잘 받은 친구들'은 천국에 대해 너무 많이 설교하지 않기를 바란다면서 그 이유에 대해 "아시다시피 그건 너무 원시적이잖아"라고 말한다고 전했다. 라이트 목사에 의하면 그들은 천국에 관한 이야기가 복음의 진짜 메시지인 정의에 대한 관심을 분산시킨다고 생각한다. 그러나 라이트 목사는 천국이 기독교 신앙의 중심에 놓여 있다고 주장한다. 그의 설교 일부를 들어보자.

"만약 내가 천국을 빠뜨린다면 나는 성서의 첫 구절 또한 빠뜨리게 될 것이다. 만약 내가 천국을 빠뜨린다면 나는 십계명의 두 가지 계명 또한 빠뜨릴 수밖에 없다. 만약 내가 천국을 빠뜨린다면 나는 주기도문의 '하늘에 계신 우리 아버지'라는 부분을 빠뜨려야 한다. (…) 만약 내가 천국을 빠뜨린다면 나는 재림과 무관한 사람이 되며, 성령강림절 또한 삭제해야 할 것이다. 또한 성서에서 요한계시록을 제외해야 한다. (…) 제발 천국을 빠뜨리라고 하지 마라."

마틴 마티는 라이트 목사의 오랜 친구로 미국 종교사 분야의 가장 뛰어난 학자다. 그는 35년간 시카고대학교에서 강의했고 수많은 책을 펴냈다. 베스트셀러인 《그들 땅의 순례자들 Pilgrims in Their Own

Land)(1984) 역시 그의 저서다. 올해 여든두 살인 그는 사랑스러운 아내 해리엇과 함께 루프 지구(시카고의 상업 중심지)의 현대식 고층 아파트에 살며, 같은 건물의 낮은 층에 있는 작은 아파트는 사무실로 사용한다. 네브래스카 주의 루터교 집안에서 성장한 그는 교회에서 천국에 관한 설교를 거의 들은 적이 없다. 그는 다음의 장면을 지금도 잊지 못한다고 말한다.

"목사님은 이렇게 말씀하곤 했어요. '어딘가 높이와 길이, 폭이 1마일인 산이 있을 겁니다. 수백 년 동안 새들은 그 산에서 먹이를 쪼아 먹고 날아갔을 것입니다. 그 산이 사라지면 영원 가운데 1초가 지나가는 것입니다.' 그러면 난 이렇게 투덜거렸지요. '그건 내가 원하는 게 아니야. 너무나 지루하다고.'"

마티는 20세기 초와 중반에 교회에서 제시한 천국은 너무나 따분한 것이었다고 강조한다.

텅 빈 공간으로서의 천국은 수많은 풍자가들에게 상상의 여지를 제공했다. '지루한 천국'에 관한 농담은 미국 문화의 일부가 되었다. 오랫동안 〈뉴요커〉에서 만화 면을 담당해온 편집자 로버트 맨코프는 어느 날 오후, 그의 사무실에서 이렇게 말했다.

"천국은 나와 함께 일하는 만화가들에게 무인도 다음으로 인기 있는 배경입니다. 기본적으로 부조화는 웃음을 유발합니다. 왜 사람이 구름 속에 있어야 하죠? 어쩌면 어떤 천사에겐 광장공포증이 있을지도 몰라요. 천사들은 하프를 가지고 있지 않을 수도 있고요. 대신 아이패드나 대형 휴대용 카세트를 가지고 다닐지 누가 알아요."

아키 벙커Archie Bunkers(완고하고 독선적인 백인 노동자를 이르는 말)보다 더욱 영속적인 미국적 전형이 된 〈심슨네 가족들〉의 우스꽝스러운 인물들조차도 천국에 가서 무엇을 해야 할지 종종 고민한다. 어떤 에피소드에서 바트와 호머는 로마 가톨릭으로 개종하려고 하고, 호머의 아내 마지는 개신교의 천국이 가톨릭의 천국보다 지루할까봐 걱정한다. 영국의 유명한 코미디 집단 몬티 파이튼Monty Python은 1983년, 영화 〈의미 있는 삶〉에서 천국을 다뤘다. 여기서 천국은 라스베이거스 스타일의 클럽으로 거기엔 '천국의 크리스마스'라는 노래를 부르는 가수가 등장해 다음과 같이 노래한다. "정말 멋지고 따뜻해. 모든 사람이 말쑥하게 넥타이를 매고 있네."

독실한 신자에게 이런 종류의 유머는 위기나 다름없다. 천국의 약속을 진지하게 받아들이는 사람은 그렇지 않은 사람과 매사에 충돌하기 마련인데, 최근에는 종이컵을 둘러싼 사건이 세간에 알려졌다. 시애틀에 기반을 둔 커피 회사인 스타벅스는 커피를 담는 종이컵에 생각할 거리를 주는 경구를 넣곤 하는데, 2007년에 다음과 같은 문구가 적힌 종이컵을 내놓았다.

"우리는 천국을 과식해왔다. 그곳은 구름과 하프 연주를 듣는 사람들이 존재하는 지루한 장소 같다. 천국은 가고 싶어 못 견딜 것 같은 곳이 되어야 한다. 마치 고급 호텔처럼 말이다. 17세기 사람들이라면 푸른 하늘과 부드러운 음악에 혹했겠지만 지금은 사정이 다르다. 천국은 단지 지옥보다 낫다는 이유 때문에 선택된다."

이 문구는 〈로스앤젤레스타임스〉의 젊은 칼럼니스트인 조엘 스타인의 글에서 인용한 것이다. 그는 이전에 〈타임〉에 기고했고 사람들 사이에서 앙팡 테리블enfant terrible(범상치 않은 사고와 행동으로 세상 사람들을 놀라게 하는 성공한 젊은이)로 알려져 있다. 보수적인 기독교 단체들은 강하게 반발했다. 그 반발은 스타인보다는 스타벅스를 향한 것이었다. 심지어 몇몇은 보이콧을 주장하기도 했다. 다섯 명의 사람이 스타인에게 랜디 알콘의 《천국》을 보내주었다.

알콘은 오리건 주 포틀랜드 근처에 사는 복음주의 개신교 목사로 천국 전문가이기도 하다. 그는 20여 년 전에 암으로 죽어가는 어머니의 병상을 지키고 앉아 요한계시록을 읽어주었는데, 그때 천국이 실재하는 장소임을 깨달았다. 당시 알콘은 기독교 계통의 대학과 신학대학원까지 졸업한 상태였다. 그러나 그는 "그 기간 내내 나를 따라다닌 생각은 천국이란 영혼들이 둥둥 떠다니는 육체와 분리된 영적 영역이라는 것이었다"고 고백한다. 어머니의 죽음 이후 그는 다시 성서를 읽으며 내세를 연구했고 그 결실로 《천국》을 완성했다.

"이 책은 내 힘으로 쓴 것이 아닙니다. 이것은 성서가 말하는 천국을 내가 어떻게 이해했는지 보여주는 책입니다."

천국은 새로워진 이 땅 위에 임할 것이다.

"천국에는 해야 할 일과 가야 할 곳, 만나야 할 사람들이 있을 겁니다. (…) 성서는 새 예루살렘에 대해 이야기하고 있습니다. 천국은 새로워진 포틀랜드, 새로워진 보스턴이 될 것입니다."

알콘은 천국에 강과 아름다운 공원, 박물관, 경기장이 있을 것이라고 말한다. 천국의 도시에는 쓰레기나 범죄가 없을 것이다. 알콘은 2004년에 《천국》을 출간했다. 그는 맡고 있는 교회가 없으며, 자신이 운영하는 비영리 단체인 '영생 선교회'를 통해 천국을 전하고 있다.

세속 학계에서는 사실상 알려지지 않은 책이지만, 《천국》은 독실한

복음주의 기독교인들의 필독서다. 캘리포니아 주 오렌지카운티에 위치한 새들백교회의 카리스마 넘치는 목사 릭 워렌은 약 5년 전에 그 책을 내게 추천했다. 그는 《천국》의 표지에 다음의 추천사를 남기기도 했다.

"지금껏 읽은 천국에 관한 책 중 최고다."

알콘은 천국에 대한 확고한 비전이 없다면 기독교에는 아무런 희망이 없다고 믿는다. 알콘의 책을 우편으로 받아본 스타인은 그에게 전화를 했고 둘은 예의를 갖춘 대화를 나눴다. 스타인은 알콘과 관련한 칼럼을 썼고, 알콘은 스타인에 대한 게시물을 블로그에 올렸다. 두 글 모두 정중한 어투로 쓰여진 것이었다. 스타인은 칼럼에서 그에게 책을 보낸 사람 중 한 명인 쉘리 밀리아치오에 대해 이렇게 썼다.

"그녀가 생각하는 천국에서 색채는 더욱 빛나며 우리에겐 모두 천직이 있다. 아무도 거짓말하지 않으며 뉴스에서 보는 끔찍한 일도 일어나지 않는다. 나 역시 적어도 아주 잠시 동안 그녀의 천국을 믿었다."

천국의 귀환

천국의 생생한 이미지를 되찾아오기 위한 싸움은 두 진영 사이에서 발생했다. 한쪽은 뒤에서 더 논의할 보수적인 신앙인들이며 다른 쪽은 '구도자seeker'들이다. 구도자들은 스스로 '영적이기는 하나 종교적이지는 않다'고 말하는 약 30퍼센트의 사람들이다. 그들은 교리에 근거한 천국을 그리지 않는다. 대신 영화나 TV에서 보았거나 책에서 읽은 것들을, 부모에게 들은 이야기나 주일학교에서 배운 내용 그리고 무엇보다 초월에 대한 자신의 경험과 대충 꿰어 맞춘 천국상을 가지고 있다. 그들이 생각하는 천국은 등산과 박물관 견학, 심야 음악회, 친구와의 저녁 외출과 같은 것이다. 이들은 자신의 가장 강렬한 열망을 아무런 제약 없이 실현할 수 있는 곳을 천국이라고 생각하는 경향이 있다.

이들에게 천국은 원하는 어떤 것이든 될 수 있다. 어니스트 헤밍웨이는 1925년에 스콧 피츠제럴드에게 보낸 편지에 다음처럼 적었다.

"내게 천국은 두 개의 좌석이 놓인 투우장과 아무도 낚시할 수 없는 송어가 살고 있는 개울 그리고 읍내에 있는 두 채의 아름다운 집입니다. 한 채에는 아내와 아이들이 사는데, 나는 아내에게 충실하며 가족들을 진정으로 사랑합니다. 그리고 다른 한 채에는 아홉 명의 아름다운 정부가 각기 다른 아홉 개의 층에 살고 있습니다."

컨트리 가수인 행크 윌리엄스 주니어는 '만약 천국이 딕시Dixie(미국 동남부의 여러 주를 가리킴)와 같지 않다면'이라는 노래를 불렀는데, 제목대로라면 결코 그곳에 가고 싶지 않다고 주장한다. 이러한 이미지들은 아이러니하며 심지어 우스꽝스러울 수도 있지만 핵심을 잘 짚고 있다. 많은 미국인에게 천국은 궁극적으로 개인 성취의 왕국이다.

이 개인주의적인 비전의 가장 충격적인 예는 〈뉴욕타임스〉 베스트셀러 목록에 78주나 오른 《러블리 본즈》로, 이 책은 무려 500만 부나 팔렸다. 이 엄청난 성공은 이 책의 끔찍한 소재(화자는 무자비하게 살해당한 열네 살 소녀 수지 살몬이다)와 자세하고 개인적인 천국의 비전에 힘입은 것이다. 《러블리 본즈》에서 모든 사람은 개인에게 딱 맞춘 천국에 살고 있으며, 각자의 천국은 다른 사람의 천국과 서로 겹친다. 투포환 선수와 투창 선수가 수지의 천국에 있는 들판에서 함께 어울려 경기를 하지만, 해가 지면 각자의 천국으로 돌아간다. 수지에게는 함께 페퍼민트 아이스크림을 먹으며 수다를 떠는 가장 친한 친구가 있는데, 그녀는 밴드에서 색소폰을 연주하기 위해 몇 시간 동안 수지 곁을 떠나 있다. 수지의 천국에는 정자가 하나 있으며, 그곳에서 수지는 비행기에 타고 있는 것처럼 지구 전체를 내려다볼 수 있다. 또한 그녀는 마치 한 방에 있는 것처럼 가족과 친구를 가까이서 볼 수 있다. 그들은 수지의 죽음으로 인한 비통함으로 힘들어하다가 서로를 끌어안고 울음을 터뜨리곤 했다.

천국에는 눈물이 없을 거라는 요한계시록의 약속과 달리 수지는 여전히 슬펐다. 수지는 천국의 기쁨을 마음껏 느끼지 못했다. 자신을 살해한 사람에게 불타는 분노와 복수심을 느꼈으며, 또래의 사춘기 소년 소녀들이 느끼는 고독과 단절감에서 비켜나지 못했다. 수지는 성 경험을 하지 않은 것을 후회했고, 사랑하던 소년이 그녀를 잃은 충격을 극복하는 모습을 지켜보았다. 다시 말해 그녀는 지상에서 살았을 삶과 매우 비슷한 삶을 천국에서 살았다. 책의 결말 부분에서 수지는 마침내 세상의 걱정을 떨쳐버릴 새로운 세계로 '이동'한다. 기독교인들은 수지의 천국에 하느님이 존재하지 않는다는 사실을 발견했다. 그들은 《러블리 본즈》에 천국을 보는 전통적인 기독교의 관점이 가져온 폐해를 고발하려는 의도가 담겨 있다는 사실을 감지했는데, 그것은 올바른 진단이었다. 노스캐롤라이나 주 브레버드에 위치한 성 티모시 미美 감리교회의 목사인 마크 랄스는 《크리스천 센추리Christian Century》에 다음과 같이 썼다.

"소설과 TV 프로그램, 대중가요가 교회의 설교보다 천국을 더 많이 이야기한다면 기독교인들은 죽음 이후 삶의 비전에 하느님을 포함하지 못한 것에 대한 비난을 감수해야 한다."

나는 일전에 앨리스 세볼드를 인터뷰했는데, 그녀는 이 점에 수긍했다. 성공회 신자로 자라난 그녀는 수지의 천국이 교회에서 배운 천국과 아주 다르다고 말했다.

"나는 늘 구원과 내세의 개념에 너무나 많은 규율과 금지 목록이 있다고 느꼈어요. 거기엔 나 자신도, 친구들도 없었죠. 내가 생각하는 천국의 기본 원리는 필요한 모든 것이 있어야 한다는 겁니다. 천국은 당신의 모든 욕망을 채워주는 곳이죠."

세볼드는 천국이 완벽한 장소이기를 바라지 않았다.

"행복하려면 약간의 고뇌가 필요합니다. 적어도 내게는 말이에요."

모든 사람이 원하는 모든 것을 완벽하게 얻을 수 있는 천국에서 각기 다른 사람들의 욕망은 어떻게 공존할 수 있을까? 2007년, 보스턴 대학교에 개설된 스티븐 프로테로 교수의 종교학 입문 수업을 수강한 학부생들은 바로 이 문제에 직면했다. 프로테로 교수는 조를 나누어 종교를 고안하게 하고는 최고의 종교를 선정하는 투표를 했다.

내가 〈뉴스위크〉의 인물 탐구 기사에 썼듯이, 프로테로는 '다시 대학 시절로 돌아가고 싶게 만드는' 교수다. 키가 크고 금발에 군데군데 무성한 턱수염을 기른 그는 마치 젊은 시절의 빌리 그레이엄처럼 보였다. 만약 빌리 그레이엄이 복음 전도자가 아닌 세계종교를 가르치는 교수였다면 그와 꼭 닮았을 것이다. 그의 강의는 이제 막 사춘기를 벗어난 학생들의 정신에 즐거운 자극을 주었다.

프로테로의 강의는 힌두교와 도키티즘docetism(예수의 육체는 환영에 불과하다는 주장), 소크라테스, 디즈니월드에 이르기까지 다양한 화제 사이를 종횡무진한다. 그는 학생들이 지나치게 정치적 정당성political correctness(차별적인 언어 사용이나 행동을 피하는 원칙)에 집착해 타인에게 불쾌감을 일으킬 수 있는 어떤 종교적 신념도 분명히 표현하길 거부한다고 불평했다. 보스턴대학교처럼 다양한 환경에서, 정치적 정당성은 프로테로 교수가 가장 흥미롭고 도발적인 아이디어라고 믿는 것들을 억압한다. 종교, 특히 천국을 화제로 삼는 것은 위험한 일이 되어버린다.

학생들이 뽑은 가장 인기 있는 천국은 즐거움을 위해 디자인된 곳으로 그것은 J-주의J-ism라고 불렸다(프로테로 교수와 학생들은 이것을 'huh-ism'이라고 발음했다). 이 종교의 선지자는 1996년, 갱들 간의 다툼으로 총에 맞아 사망한 래퍼 투팍이다. J-주의에 따르면 투팍은 저승에서 깨달음을 얻고 위대한 음악 석학이자 모든 음악과 리듬, 춤의 천상적 구현자로 진화했다. 인간의 삶은 '파티'라고 불린다. 사람들은 일생에 걸쳐 춤을 추며 리듬을 느끼고, 일주일에 한 번 디제이들이 있는 '뮤직 돔'에 간다. 디제이가 목사를 대신한 셈이다. 죽은 후 신자들은 '파티 이후The After Party'에 올라가며(만약 그들이 나쁜 삶을 살았다면 영원한 침묵이 지배하는 '숙취'라는 곳으로 가게 된다) '파티 이후'에서 사람들은 지상에서의 모든 꿈을 이루며 산다. 그들은 스카이다이빙을 하고 최고급 레스토랑에서 밥을 먹는다. 세볼드의 천국처럼 이곳에선 누구의 꿈도 다른 이의 꿈에 지장을 주지 않는다.

J-주의의 천국에서 사람들은 각자의 바람에 따라 육체를 가질 수도 있고 그렇지 않을 수도 있다. 그곳에는 신이 존재하지 않는다. 이

종교의 창시자 중 한 명인 아담 그린필드는 이렇게 말한다.

"우리의 천국은 전통적인 내세가 아닙니다. 좀더 현대화된 내세입니다."

프로테로 교수는 젊은 사람들 사이에서 '내세란 (미리 세심하게 계획한 것이 아니라) 나중에 급하게 덧붙이는 생각'이라며 유감스러워한다. 프로테로 교수 자신은 성공회에 다니며 성장했고, 잠시 복음주의적 기독교에 관심을 가졌다. 젊었을 때 그는 진정으로 천국을 열망했다. 내가 만난 다른 많은 사람처럼 (그리고 나 자신처럼) 그는 전통적인 천국이 사라진 것에 애도를 표한다. 2007년 출간된 《종교를 이해하는 능력Religious Literacy》은 그러한 실망감을 담은 책이다. 너무나 많은 사람이 자신이 속한 전통의 경전에 대해 무지하다고 그는 말한다. 다른 문화권의 경전은 말할 것도 없다. 그들은 자신이 무엇을 믿고 있는지 알지 못하며, 불쾌감을 불러일으킬까 두려워 종교에 대한 생각을 공적으로 밝히기를 꺼린다.

해결책은 무엇일까? 정통 유일신교도들은 그들 종교의 신비를 끌어안고 전통적인 천국의 믿음을 부활시키려고 노력해야 한다. 천국이 어떤 모습일지는 정확히 알 수 없지만 우리의 상상을 뛰어넘는 멋진 곳임에는 틀림없다고 그들은 말한다. 천국은 지루하지도 우스꽝스럽지도 않은 곳이다. 《엉뚱한 곳에 놓인 천국Paradise Mislaid》과 《천국의 역사: 노래하는 침묵A History of Heaven : The Singing Silence》에서 신학자 제프리 버튼은 전통적인 기독교의 관점과 부합하는 동시에 현대 독자들의 관심을 끌 만한 천국을 재창조했다.

"내가 생각하는 해결책은 딱딱하거나 고정되지 않은 정의를 내리는 것입니다. 경계가 좀 애매하긴 하지만 그것은 지난 2000여 년의 전통을 반영합니다."

그가 말하는 천국은 급진적으로 역설적이다. 천국에는 구원받은 사람뿐 아니라 '모든' 사람이 있다. 천국은 시간 안에 존재하는 동시에 시간 밖에 거한다.

"그것은 움직임이면서 정지 상태입니다. 침묵이면서 노래고요."

그리고 무엇보다 천국은 신의 사랑이다.

"그러므로 우리는 전혀 알지 못했던 사람, 나와 다투었던 사람, 내가 미워했거나 나를 미워한 사람도 사랑하게 됩니다. 왜냐하면 그들 안의 모든 악이 씻겨 나갔기 때문이죠. 남은 것은 오직 신이 창조한 순수한 신성, 완전한 사랑뿐입니다."

그곳에는 현대적 천국의 우스꽝스러운 부분, 예컨대 아이스크림이나 강아지는 존재하지 않는다.

현대 신학자들은 천국을 믿는 것이 왜 비웃음을 당할 만한 일인지 질문한다. C. S. 루이스의 《예기치 못한 기쁨Surprised with Joy》을 본떠 제목을 지은 최신작 《예기치 못한 희망Surprised by Hope》에서 영국 성공회 신학자인 톰 라이트는 기독교 독자들에게 천국에 대한 애매한 문화적 개념을 버리고 초기 기독교의 시각을 되찾으라고 촉구한다. 모든 것의 끝에서 하느님은 마침내 새로운 창조를 행하실 것이다.

"그것은 지금의 세계와 비슷하지만 훨씬 더 좋다. 물질성은 더욱 실감나고 아름다움은 한결 생생해진다. 천국의 약동하는 삶은 강렬한 것이지만 동시에 더 깊고 풍부한 평화를 느끼게 한다."

기독교인은 다음과 같은 사실을 염두에 두고 살아야 한다. 예수의 부활 이후 "하느님의 통치는 세상 속에서 다시 태어났다."

일상의 차원에서 이 말은 신앙인이라면 끊임없이 아름다움과 정의의 천국적 이상을 마음에 품고 살아야 한다는 뜻을 담고 있다. 천국은 변화와 구원, 완전한 탈바꿈, 새로운 가능성에 대한 실재하는 희망이다. 이 책 5장에서 살펴보았듯이 전통 유대교 학자인 존 레븐슨은 부활과 내세의 완전한 그림을 현대 유대인들에게 돌려주기 위해 헌신하고 있다. 나와의 인터뷰에서 그는 이렇게 말했다.

"천국은 세상의 모든 것이 완벽해진 상태 그리고 그 이상의 무언가로 인식되어야 한다."

UCLA의 법률학자 칼레드 아부 엘 파들은 합리적이면서도 신비롭게 코란식 천국을 해석했다.

"천국은 빛이자 깨달음입니다. 인간은 신을 알아야 진정으로 평안해질 수 있습니다. 일단 신이 물질에 대한 관심을 거두어가면 그 이후엔 지적이며 영적인 모험이 펼쳐집니다."

하느님의 얼굴을 볼 것이요

정통주의자들은 번과 세볼드, 미치 앨봄, 보스턴대학교의 학부생들이 핵심을 놓치고 있다고 주장한다. 천국에서 "우리는 하느님의 얼굴을 볼 것이다." 사도 바울은 희미하게 볼 수밖에 없었던 이 땅에서와는 달리 천국에서는 하느님을 '얼굴을 맞대고 볼' 것이라고 약속한다. 요한1서는 천국에서 '우리가 있는 그대로의 신의 얼굴을 보게 될 것'을 약속한다.

하지만 신을 본다는 건 과연 어떤 의미일까? 예수가 죽은 후 몇 세기 동안 활동한 저술가이자 철학자였던 교부들은 이 문제를 밝히려고 애쓰면서 로마 가톨릭의 기초를 형성한 신학에 대해 기술했다. 이미 죽은 인간의 눈으로 하느님을 보게 될까? 부활한 육체의 눈으로 볼까? 혹은 영혼의 상태, 즉 초월적 눈으로 보게 될까? 어거스틴은 천국에서 하느님은 어디에나 계시며 어디서든 모든 이에게 보일 것이라고 말한다.

단테는 신과 마주하는 행위를 대단히 밝고 모든 것을 아우르는 빛을 쳐다보는 행위로 상상했다. 그 빛은 사랑과 완전한 지식을 구현한다.

내 눈이 점점 정화되며,
빛을 따라 점점 더 높은 곳을 바라보네
그 자체가 바로 진리인 너무나 거룩한 빛을 향해

이러한 상상 속에서 단테는 토마스 아퀴나스의 신학에 시적인 형식을 부여했다. 중세의 수도사였던 아퀴나스는 신을 알고 신을 만나는 것이야말로 인간이 바랄 수 있는 최고의 상태라고 주장했다. 아퀴나스는 인간의 궁극적 운명은 "우리의 영혼이 신과 완벽히 결합하는 것, 그의 신성을 완전히 즐기면서 바라보며 사랑하는 것"이라고 말했다. 마치 데이비드 번의 불평을 예상하기라도 한 듯이 그는 이렇게 덧붙였다.

"모든 것을 경이로움 가운데 묵상하기 때문에 지루할 겨를이 없을 것이다."

그러나 다른 기독교인들에게 이러한 비전은 너무나 추상적이다.

중세 시대에 단테가 천국을 순수한 빛과 완벽한 지식으로 충만한 장소로 만드는 동안, 종교적 신비주의자들은 신과의 완벽한 결합이라는 아이디어를 들고 나왔다. 그들은 은유를 이용해 신과 함께하는 일이 얼마나 숭고한지 말했다.

"불멸하는 생에서 우리는 황홀한 풍요로움에 압도당할 것이다. 그리고 신랑은 친구들을 흠뻑 취하게 할 것이다. 우리는 술에 취해도 정신이 멀쩡할 것이니, 이는 포도주가 아니라 진리에 취했기 때문이다. 우리는 포도주에 흠뻑 젖는 대신 불멸하는 신과 함께 취할 것이다."

13세기 독일의 수녀 헬프타의 거트루드는 예수와의 결합을 성적인 것으로 상상했는데, 그것은 또한 완전히 순결하기도 했다. 3인칭으로 기술된 환상 가운데 하나에서 "주님은 그녀를 팔에 안았다. 지체 없이 껴안으며 부드럽게 어루만졌다. (…) 눈과 귀, 입, 가슴과 손 그리고 발에 입을 맞췄다." 그녀는 천국에서 신과 완벽하게 결합하기를 바랐다.

"부부 간의 사랑과 포옹 속에서 당신의 위대함을 보여주소서. (…) 달콤한 키스가 나를 당신의 것으로 만들어 아름다운 신방으로 데려갑니다."

그녀와 신의 교감은 개인적이면서도 공적인 것이었다. 아마도 예수에게 헌신한 대부분의 처녀들이 이런 방식으로 천국을 경험할 수 있었으리라.

유대주의에서 신은 육체를 지니고 있지 않지만, 유대 신비주의는 죽음 이후의 삶을 신과의 결합이라고 상상했다. 그들은 때때로 그 결합을 육체적인 용어로 묘사했다. 제2성전 시기에 머카바 신비주의자들은 구약의 에스겔서에 나오는 하늘로 오르는 전차의 환상을 묵상함으로써 황홀경에 도달했다. 머카바 문학에 따르면 그러한 행위의 목적은 '신의 아름다움을 바라보기 위해서'였다. 1세기에 활동한 랍비 이스마엘이 쓰고, 기원후 8세기에 편집된 다음의 이야기는 신과 천국이 상상할 수조차 없을 정도로 거대함을 보여준다.

"신의 한쪽 발만으로도 온 세계를 가득 채울 수 있다. 발의 높이는 (지금의 단위로) 9만 마일에 달한다."

중세 시대 후기에 스페인에서 쓰여진 유대 문서인 조하르는 죽을 때 세키나Shekhina, 즉 신으로부터 온 무형의 빛의 임재를 볼 것이라고 약속한다. 조하르에 의하면 세키나를 보기 전까지 영혼은 육체를 떠나지 않는다. 의로운 영혼은 '기쁨과 사랑' 가운데 빛을 가르며 나아간다. 그러나 악인은 '불가에서 쫓겨난 고양이처럼' 추위 속에 남겨진다.

수피 신비주의자들도 신과의 대면을 이야기했다. 그것은 전설적인 데르비시dervishes(극도의 금욕 생활을 서약하는 이슬람교 집단의 일원, 예배 때 빠른 춤을 춘다)의 휘돌림으로 더 잘 알려진 세마Sema라는 의식을 통한 간접적인 것이었다. 세마 의식에서는 흰옷을 입고 높이 솟은 모자를 쓴 거룩한 사람들이 원을 이뤄 모인다. 원이 돌아가면 수도사들은 혼자서도 뱅글뱅글 돌며 팔을 뻗고 머리를 기울인다. 전체 원과 각각의 사람이 만드는 원은 처음에는 천천히 돌다가 점점 더 빨라지는데, 이 동작은 20분 동안 계속된다. 그리곤 갑자기 돌기를 멈춘다. 이때 그들이 어지러움에 못 이겨 넘어진 채 포개져 있으리라 생각한다면 오산이다. 그들은 그렇지 않았다. 회전은 묵상의 한 형태였다. 황홀경 속에서 의식에 참여한 사람들은 신과의 일치감을 고백했다.

13세기 수피 신비주의자이자 시인인 루미는 이렇게 쓰고 있다.

"그 휘돌림이 무엇인지 아는가? 그것은 (…) 마음의 눈을 열어 신성한 빛을 바라보는 것이다."

현대의 예술가와 작가들 역시 영혼이 신을 바라보는 순간을 묘사하려고 애쓴다. 그중 단연 최고는 《사자와 마녀와 옷장》의 한 장면이다. 네 명의 아이들은 마침내 (예수를 상징하는) 사자왕 아슬란을 만난다.

"나니아에 아직 와보지 못한 사람들은 진정 훌륭하면서도 무시무시한 존재가 어떤 것인지 상상하지 못한다. 아슬란의 얼굴을 보았을 때, 아이들은 금빛 갈기와 위대하고 위풍당당하며 장엄한, 모든 것을 압도하는 눈을 언뜻 마주하고는 감히 쳐다볼 수 없다는 사실을 깨닫고 몸을 떨기 시작했다."

아슬란은 아이들이 누구인지 벌써 알고 있었다. 사자왕 앞에 와 서자 "그의 목소리는 깊고 풍부했으며 아이들은 조금 편안해졌다. 그들은 기쁨 가운데 침묵을 지켰으며 그렇게 선 채 아무 말도 하지 않는 것이 조금도 어색하지 않았다."

어린 시절, 나는 기독교 우화라는 사실을 알지 못한 채 나니아 연대기를 읽었다. 나는 지금도 아이들이 아슬란을 만났을 때 받았던 느낌을 기억한다. 사자왕은 웅장하고 용감한 동시에 친숙하고 따뜻했으며 위로를 주었다.

전지전능한 신과의 일대일 대면은 편안한 일이 아니다. 2000년에 출간된 마일라 골드버그의 소설 《다섯 번째 계절Bee Season》은 공포영화처럼 무시무시한 천국을 보여준다. 여주인공 엘리자 나우만은 철자 맞추기에 천부적인 재능을 지녔고, 덕분에 아버지(그는 대학에서 유대교 신비주의를 가르치는 교수다-옮긴이)의 관심을 끌었다. 그녀는 아버지의 영향을 받아 카발라 신비주의에 빠진다(카발라는 조하르에 실린 상징적 글자와 구절을 반복적으로 읊조리는 것이다). 어느 날 밤, 어머니는 정신병원에 갇히고 아버지는 아들과 말다툼을 벌인다(그는 아버지에 대한 반항심으로 힌두교 종파인 하레 크리슈나교도Hare Krishna가 된다). 그 사이 그녀는 홀로 방에 남아 신과의 대화를 시도하는데, 소설은 이 장면을 다음과 같이 묘사한다.

"그녀는 상처를 입고 사자는 그녀를 핥는다. (…) 그녀는 목 졸리고 후려 맞고 키스를 당한다. 쏘이고 포옹을 당하고, 먹히고 또 먹힌다. (…) 이것은 창조의 고통이며, 텅 빈 공간에서 생명이 모습을 드러내는 고통이며, 진공에서 태어나는 자의 고통이다."

요한계시록에 나오는 천사들처럼 이 장면은 아름답거나 고요하지 않은 천국을 묘사한다.

우리가 노래할 것이요

천국에서 영혼은 신을 볼 뿐만 아니라 끊임없는 노래로 그를 찬양한다. 신자들은 천국에서 누리는 기쁨의 항목에 항상 노래를 덧붙이며 토라와 다른 유대 문서에는 음악이 가득하다. 모세의 누나 미리암은 탬버린을 연주했고 유대인의 왕 다윗은 하프를 켰다. 다윗의 시를 모은 구약성서 시편은 다음과 같이 권고한다.

"주를 찬양하고 그를 위해 기쁨의 나팔을 불어라."

쿰란 동굴에 사해사본이라고 알려진 문서들을 보관하고 있던 유대인들에게, 이 땅의 노래와 천국의 노래는 깊이 연관된다. 사해사본의 저자 가운데 한 명은 신에게 감사의 노래를 부르는 동안 "우주 저 높이 들려 올라가 거룩한 자들 사이에 서서 천국의 아들들과 어울렸다." 1세기의 유대인들은 노래를 천사들의 행동으로 이해했고, 이 땅에서 노래를 부르면 천사를 닮을 수 있다고 믿었다.

요한계시록에도 노래가 가득하다. 무시무시한 천사들이 신의 보좌 주위를 날아다니면서 찬양을 부른다. 하프를 든 24명의 장로가 보좌 앞에 서 있는데, 그들 또한 노래한다. 보좌와 장로를 둘러싼 천사들의 '수효는 수천 수만(요한계시록 5장 11절)'이며 역시 노래한다. 음악은 "하늘과 땅과 땅 아래와 바다에 있는 모든 피조물(요한계시록 5장 13절)" 안에 울려 퍼진다.

"옥좌에 앉으신 분과 어린 양께서 찬양과 영예와 영광과 권능을 영원 무궁토록 받으소서!" (요한계시록 5장 13절)

초기 기독교인들은 성도가 함께 신을 찬양하면 천국의 활동에 참여할 수 있다고 생각했다. 4세기 시리아의 설교가 존 크라이소스텀은 목소리의 좋고 나쁨이나 나이의 많고 적음을 걱정하지 말고 그저 이렇게 노래하면 된다고 말한다.

"천국에서 천사들이 찬양하네. 땅에서는 합창단을 조직해 천사들을 흉내낸다네. (…) 천국의 영혼들과 이 땅의 사람들이 같은 장엄함 속에 모이네. 하나 된 마음으로 감사드리며 기쁨으로 소리치며 함께 노래하네."

유럽에 있는 대성당의 스테인드글라스에는 노래하는 천사의 모습이 그려져 있다. 그것들은 끊임없이 "이 땅에서 노래하면 하늘에 있는 천사들도 그러하리라"는 사실을 일깨우는 역할을 했다. 1995년의

한 설교에서 현재 요한 베네딕트 16세가 된 (당시) 요제프 라칭거 주교는 "신성한 예배는 사제가 만들어내는 것이 아니다. 예배는 사제들이 있기 전부터 존재해왔다. 신성한 예배란 이미 드려지고 있는 천국의 예배 속으로 들어가는 것이다"라고 말했다.

천국에서는 항상 노랫소리가 울려 퍼지며 이 땅에 사는 인간도 천국의 노래에 참여할 수 있다.

소설가 릭 무디는 천국에 관한 에세이에서 어린 시절 교회에서 들은 끔찍한 오르간 연주를 묘사한다. 그는 바흐야말로 천국 합창단을 맡고 있는 사람일 것이라고 말한다. (독일의 철학자 칼 바르트는 1956년에 쓴 편지에서 '모차르트 탄생 200주년 기념일'에 대해 이렇게 말했다. "신을 찬양할 때 천사들은 오직 바흐만을 연주할 것이다. 그러나 확신하건대 흉허물없는 모임에서 그들은 모차르트를 연주하고 주님 역시 즐겁게 연주를 감상하실 것이다.") 무디는 전통적인 찬양의 개념 속에 현대적이고 개인적인 의미를 첨가하고 싶어 했다. 다양한 음악 장르를 가리지 않고 즐기는 그는 천국에 거대한 아이패드가 있었으면 하고 바란다. 듣고 싶을 때마다 원하는 음악을 바로 들을 수 있는 그런 기계 말이다. 심지어 그는 신성모독적이거나 저급한 밴드의 노래를 들려주는 기계가 있었으면 좋겠다고 생각한다.

그러나 모든 사람이 천국의 노래가 조화로운 것이라고 생각하지는 않는다. 대부분의 청교도교회에서 화음을 맞춘 노래는 엄격하게 금지된다. 심지어 오늘날에도 침례교의 어떤 교파에서는 회중들이 반주 없이 찬송을 부른다. 대신 몇몇 교인이 한 줄 한 줄 가사를 불러주는데, 이는 의도적으로 노래의 통일성을 해친다. 종교개혁 당시 생긴

이러한 관행 덕분에 회중들은 가락이 아닌 가사에 집중하며 글을 읽지 못해 합창에 참여할 수 있다.

우리 가족은 브루클린의 파크슬럽에 위치한 개혁주의 유대교 회당에 속해 있다. 이 책의 작업에 몰두하면서 나는 더 자주 회당에 나가게 되었고 내가 가장 좋아하는 예배가 일요일 아침 9시 30분에 열리는 가족예배라는 사실을 깨달았다. 이 예배는 커피와 베이글을 먹으면서 매우 자유롭게 진행된다. 부모들은 청바지를 입고 회당에 오며 유아들은 바닥에 깔아놓은 양탄자에 앉는다. 내 인간적 약점 가운데 하나는 음악에 대한 상대적인 무관심이다(데이비드 번의 노래 '천국'에 대한 관심에도 불구하고 말이다). 그러나 가족예배의 음악적 의식은 한 주도 빼놓지 않고 나를 울게 한다. 가장 오래된 유대교 기도문은 세마다. 세마는 적어도 2500년 전부터 존재해왔으며 충격적이리 만큼 단순하다.

"이스라엘 사람들아, 들어라, 그는 우리의 하느님이다. 그는 유일하신 하느님이다."

이것은 유일신에 대한 믿음의 선언이다. 그 옛날에 유일신 신앙이 얼마나 취약한 것이었으며, 이 기도문과 유대인이 지금껏 살아남은 것이 얼마나 기적적인 일인지를 깨닫는다면 그리고 전 세계에 걸쳐 수세기 동안 이 기도문을 읊은 모든 세대의 유대인을 떠올려본다면 누구든 눈물을 흘릴 수밖에 없으리라.

가족예배에서는 유치원생과 초등학교 1학년생들도 세마를 부르며 랍비들은 그것을 수화로 부르는 법을 가르친다. 조그마한 얼굴과 헝클어진 머리를 한 아이들은 어그 부츠를 신은 채 고대의 기도문을 함께 부르며 청각장애인을 위해 수화로 노래한다. 그럴 때면 나는 그만 얼어붙고 만다. 그 순간 나는 유대인이 지금껏 헤쳐온 고대의 역사, 인간의 삶과 사랑의 기적, 그것의 연약함과 덧없음을 인식한다. 그리고 나는 노래한다. 나의 딸도 노래한다. 그렇게 나와 딸은 하나가 된다. 그리고 우리 앞에 온 또 우리 뒤에 올 모든 유대인과 하나가 된다. 우리는 함께 신을 찬양한다. 공동체에서, 역사 속에서, 역사 바깥에서 그리고 신의 강력한 사랑의 맥락 안에서.

폴 웨스터마이어는 미네소타 주 세인트폴에 위치한 루터신학교에서 교회음악사를 가르치는 교수다. 그는 내가 세마를 통해 느끼는 감정이 천국이 지루한 곳이냐는 질문에 대한 최선의 답변이라고 믿는다. 어느 겨울날 휴일 오후에 나는 그와 긴 대화를 나눴다.

"신을 마주하고 그를 위해 노래하는 것만큼 지루하지 않은 일은 없을 겁니다. 만일 조금이라도 신을 믿는다면 말입니다."

그는 사람들이 함께 노래할 때 하늘의 천사도 노래한다고 믿는다. 사람들이 찬양을 멈출 때 천국이 조용해진다고도 믿는다.

웨스터마이어는 오늘날 미국 교회의 문제점을 다음과 같이 지적한다.

"너무나 많은 미국 교회가 예배를 오락으로 생각하고 있습니다. 한 사람 한 사람이 직접 참여하는 초월적인 경험이 아니라요. 또한 너무나 많은 목회자들이 교회의 몸집을 키우는 데만 신경을 쓰고 있어요. 그들은 더 많은 사람들을 끌어 모으기 위한 마케팅 수단으로 음악을 이해합니다. 그런 교회에서 사람들은 자리에 앉아 예배 시간 내내 밴드의 연주를 듣습니다. 설교단 뒤에 걸린 거대한 화면에 찬송가 가사가 뜨고 사람들은 가라오케 스타일로 노래합니다. 그들은 수동적이에요, 전혀 능동적이지 못해요."

그러나 웨스터마이어는 희망을 본다. 예배에 참석한 모든 사람들이 함께 노래하는 소규모 교회가 미 전역에 흩어져 있으며 그러한 교회에서 사람들은 순간순간 천국을 경험한다.

브루클린의 크라운하이츠 지구에 위치한 허물어져 가는 빌딩 2층에서 예배를 드리던 작은 오순절 교회인 '트랜스포밍 라이프 선교회'에서 천국은 확실히 건재하다(이들은 같은 지구의 다른 곳, 즉 원래 있던 곳에서 반 블록 떨어진 이스턴파크웨이 건너편으로 이사했다. 그곳의 주민은 모두 정통 유대교도다). 어느 성탄절 날, 나는 비벌리 애드조다와 함께 그곳을 찾았다. 그녀는 딸아이의 보모였다. 비벌리는 스물네 살 때인 2001년에 세인트루시아에서 브루클린으로 이사했다. 그녀는 로마 가톨릭교회에서 성장했지만 브루클린에 도착하자마자 숙모가 속한 이 작고 활기찬 교회에 등록했다. 곧 교회는 그녀 삶의 중심이 되었다. 비벌리는 매주 세 번씩 저녁마다 예배에 참석했고, 일요일에는 교회에서 하루 종일 지냈다. 그곳에서 남편을 만났고, 아기를 가졌을 때는 교회 사람들이 성대한 베이비샤워(임신을 축하하기 위해 아기 용품을 선물하는 축하 파티)를 열어주었다.

전 세계적으로 빠르게 성장하고 있는 기독교 교파인 오순절 교단의 특징은 '성령의 선물', 즉 치유와 방언을 포함한 신의 나타나심에 대한 믿음이다. 오늘날 세계에는 5억 5500만 명이 넘는 오순절교도와 관련 단체의 회원이 있다. 오순절 교단의 성장은 너무나 빨라서 보스턴 지역에서 목회를 하고 있는 진 리버스 목사는 한 세대가 지나

기도 전에 전 세계 어디서든 오순절 교단이 가장 지배적인 기독교 교파가 될 것이라고 예측한다.

교회로 향하는 어두운 계단을 올라가면서 나는 과연 제대로 찾아온 것인지 의심스러웠다. 복도는 캄캄했으며 계단은 녹슬었다. 그러나 교회 문을 열자 환하게 불이 켜진 미로 같은 방들이 나왔다. 아이들이 주일학교에서 성경 공부를 하는 동안 정장을 입은 여자들이 아침을 준비하고 있었다. 오전 10시에 찬양이 시작되었다. 대부분의 교회 예배는 두세 곡의 찬양을 하는 데 그치는 반면 이곳에서는 설교를 시작하기 전 무려 한 시간 동안이나 찬양이 이어진다.

교회에는 설교단이 없었다. 얇은 금빛 커튼과 성서대가 있을 뿐인 연단 위에는 전자 기타를 연주하는 사람 두 명, 베이스 주자 한 명 그리고 드러머 한 명으로 이루어진 소규모 밴드가 자리한다. 회중들은 거의 대부분 서인도제도에서 온 이민자들이며 교회에서 연주되는 음악은 칼립소(카리브해 지역의 음악) 리듬을 띠었다. 연주된 음악이 대부분 전통적인 크리스마스캐럴이었음에도 말이다. 찬양을 인도하는 사람은 한 중년 여성이었는데, 찬양에 집중한 나머지 이마에 깊은 주름이 잡혀 있었다. 그녀의 옆에는 네 명의 다른 여성들이 양쪽에 두 명씩 서 있었다. 그들은 옷을 맞춰 입지 않았고, 모두 눈을 감고 팔을 들고 손바닥을 위로 향한 채 노래했다. 내게는 너무나 낯선 풍경이었다. 그들의 찬양은 강력하고 힘찼지만 완전히 조화롭지는 않았으며 찬양하는 내내 한쪽에서는 방언을 하는 사람들의 왁자지껄한 소리가 배경음처럼 들려왔다.

찬양하는 동안 사람들은 접이식 의자에서 일어나 춤을 추었다. 한 여성은 노래를 부르면서 턱을 위로 치켜들고 엉덩이를 흔들었다. 그리고 성령을 끌어당기기라도 하는 것처럼 두 팔을 활짝 펼쳐 동그랗게 모았다. 앞줄에서는 목사의 부인이 두 팔을 허공에 뻗은 채 정체를 알 수 없는 춤을 추면서 자리에서 팔짝팔짝 뛰고 있었다. 찬송이 잦아들면서 방언 소리는 점점 커졌다. 연단 위의 성가대원 한 명이 "하느님을 찬양하라, 하느님을 찬양하라, 하느님을 찬양하라"라는 말을 반복적으로 웅얼거렸다. 다른 사람은 "할렐루야, 할렐루야, 할렐루야"라고 말했다. 세 번째 사람은 "위대하신 왕이여!"라는 말을 읊조리고 있었다. 때로 10분씩이나 계속되는 불협화음의 왁자지껄한 웅성거림은 '거룩, 거룩, 거룩'이라고 노래하는 요한계시록의 천사를 떠올리게 했다. 알버트 폴 목사에게 사람들이 천국에서 무엇을 할 것 같으냐고 묻자 그는 이렇게 말했다.

"우리는 하느님의 일을 할 겁니다. 우리는 기뻐할 것이며 아침부터 밤까지 그와 함께할 겁니다."

우리가 배울 것이요

그러나 데이비드 번의 말에도 여전히 일리가 있다. 신을 만나고 찬양하는 것만으로는 어떤 것도 '얻을 수' 없다. 기독교 신학자들은 야망과 경쟁, 욕구 그리고 이 모든 개념을 가능케 하는 시간 자체가 천국에는 존재하지 않는다고 주장한다. 그러나 해변에 누워 책을 읽는 일 따위로 시간을 보내고 싶어 하지 않는 류의 사람들에게 정지된 듯한 천국의 시간은 마치 감옥의 형기처럼 느껴질지도 모른다. 그들에겐 성취와 변화, 전진이라는 개념이 반드시 필요하다.

초기 기독교인들은 천국에서 무엇인가를 성취하고 발전시켜야 한다는 생각을 하지 않았다. 단테의 천국은 아홉 단계로 이루어져 있는데, 각각의 영혼은 자신의 상태에 만족한다. 그러나 19세기에 이르러 변화와 발전은 서구 사회의 이상이 되었고, 많은 개신교인에게 천국은 더 높이 올라갈수록 신을 더 많이 알아갈 수 있는 끊임없는 자기 발전이 가능한 장소로 인식되었다. 신은 무한한 존재이므로 영혼은 그에게 점점 더 많이 배울 수 있다. 스베덴보리의 천국에서는 신을 더 많이 사랑할수록 영혼은 점점 더 자기다워질 수 있다. 휴식과 순수한 즐거움을 위해 천사들은 때때로 업무에서 해방되기도 하지만 영혼의 노력과 분투라는 개념은 스베덴보리의 천국에서 계속 유지되었다. 몰몬교 역시 사후의 변화와 발전 그리고 내세가 현생의 연속이라는 생각을 언급한다. 몰몬교의 창시자 조셉 스미스는 이렇게 말했다.

"천국에는 할 일이 아주 많습니다. 그걸 이루기 위해 서둘러야 할 정도로요."

1853년에 감리교 목사인 제레마이어 도즈워드는 이렇게 썼다.

"죽음과 부활 이후 성스러운 영혼은 '항상 더 높은 완벽함'을 이루기 위해 바쁠 것이다."

2007년에 베트남 참전 용사들을 인터뷰하기 위해 탐파를 방문했을 때, 나는 약간 붉은 빛이 도는 금발과 아주 넓은 얼굴을 한 담당 목사의 말에 큰 충격을 받았다. 한 음식점에 앉아 함께 치즈버거를 먹으면서 그는 이런 말을 했다.

"글쎄요, 천국에서 우리는 일을 해야만 합니다. 내 생각에 하느님은 일을 하고 노력하게끔 인간을 만드신 것 같아요. 인간은 일하는 과정에서 행복을 발견합니다."

19세기에 스스로를 아흐마디야 운동Ahmadiya movement이라고 부르는 한 이슬람 집단이 주류 이슬람교에서 벗어나 미르자 아흐메드라는 인도의 메시아를 따랐다. 그들은 여전히 스스로를 이슬람교도라고 여기며 전 세계에 수백만의 추종자가 있다고 주장한다. 이들은 천국에 간 영혼이 점점 더 많은 깨달음을 얻을 수 있다고 굳게 믿는다. 1896년에 아흐메드는 〈이슬람 가르침의 철학〉이라는 글에서 다음과 같이 썼다.

"심판의 날에 의인은 완벽한 빛을 구할 수 있다. 완벽한 빛에 대한 간절한 소원은 그들의 진전이 무한할 것이라는 사실을 알려준다. 하나의 완벽한 빛을 얻으면 그들은 또 다른 빛을 바라볼 것이다."

단테의 이야기에 나오는 전진하는 움직임과 결합된 천국의 빛을 상상해보라.

유대인들은 여전히 이러한 중압감에 시달리고 있다. 나와 이야기를 나눈 거의 모든 유대인은 천국이란 랍비들이 둘러앉아 토라를 배우는 곳이라는 농담을 했다. 랍비 당국은 심지어 학자가 죽으면 '하늘에 있는 학교로' 부르심을 입었다고 말한다. 그곳에서 죽은 현자들은 불멸의 학문을 공부하고 신과 직접 신학 토론을 벌인다.

"천국은 휴식 시간이나 점심시간도 없이 탈무드를 배우는 교실입니다."

저명한 마이모니데스 학자인 데이비드 버거는 대학 시절 들은 친구의 농담을 떠올리며 이런 말을 했다. 탈무드의 한 부분을 인용해보자.

"앞으로 올 세계에서는 먹거나 마시거나 출산하지 않을 겁니다. 거기에는 시기나 적의, 경쟁이 없습니다. 의인은 면류관을 쓰고 신의 임재에서 나오는 빛을 즐길 것입니다."

토라를 배우는 것이 궁극적인 영적 활동이라고 생각하는 랍비들은 이 구절이 '토라 교실'을 묘사한다고 해석했다. 버거는 죽음 이후 영혼의 움직임을 이렇게 설명했다.

"사람들은 한 단계에서 다음 단계로 옮겨가는 것에 대해 말할 겁니다. 영혼이 새로운 것을 배울 테니까요. 마치 교실과 같아요. 단, 신은 무한한 존재이므로 배워야 할 것도 무한합니다."

1982년, 가수 밥 딜런은 유대교를 공부하기로 결심했다. 그는 루바비치파 랍비인 마니스 프리드먼에게 도움을 청했다. 루바비치파 사람들은 19세기에 러시아의 유대인촌에 살던 유대인들의 후손이다. 그들은 교리보다는 영적이며 신비로운 경험을 강조한다. 프리드먼은 학자이자 TV 프로그램 진행자 그리고 《이제 더 이상 아무도 부끄러워하지 않나요?: 되찾은 겸손과 친밀감, 섹슈얼러티 Doesn't Anyone Blush Anymore?: Reclaiming Modesty, Intimacy, and Sexuality》의 저자다.

어느 날 나는 록펠러 센터에서 프리드먼을 만났다. 흰 수염을 기르고 철제 테 안경 너머로 따뜻한 갈색 눈을 반짝이는 잘생긴 랍비인 그를 나는 금방 알아보았다. 우리는 예정대로 기사가 모는 그의 낡은 차의 뒷자리에서 이야기를 나눴다. 프리드먼은 집으로 돌아가기 위해 공항으로 이동하는 중이었다. 그가 생각하는 천국은 영혼들이 활발히 활동하는 곳이다. 그곳에서 영혼은 계속해서 위로 향하며 새로운 것을 배우면서 스스로를 완벽한 상태로 만들어간다. 영혼은 죽지 않고 영원히 살아 있다.

"죽은 것은 살 수 없고, 살아 있는 것은 죽을 수 없습니다. 그렇다면 죽음은 무엇을 의미하는 걸까요? 결코 죽을 수 없는 살아 있는 영혼은 육체 속으로 들어갑니다. 육체는 살 수 없는 것이지요. 80년, 90년 혹은 120년 동안 육체는 영혼에 의지합니다. 육체와 영혼이 분리되어도 영혼은 계속해서 살아갑니다. 영혼은 영혼의 세계인 천국으로 돌아갑니다."

프리드먼은 다음의 말을 덧붙였다.

"천국에는 여러 장소가 있습니다. 끝없는 단계지요. 신이 무한하기 때문에 신에게 근접할 수 있는 정도도 무한합니다. 천국은 정체된 곳이 아닙니다. 그 속에서 영혼은 계속해서 성장하고 움직입니다. 천국에서 영혼은 쉬지 않습니다. 신에게 가까이 다가갈수록 영혼은 신과 닮습니다. 그러고 나서 이 땅으로 돌아가고 싶어 하죠."

프리드먼이 환생에 대해 이야기하는 것이냐고 묻는다면 나는 그렇다고 대답하겠다.

적어도 중세 이후 환생은 유대 사상의 강력한 줄기 가운데 하나였다. 10세기 철학자 사디아 가온을 포함한 일부 랍비 당국자들에게 무시당하고, 보수주의와 개혁주의를 막론한 대부분의 현대 랍비들에게 부수적인 것으로 취급당하는 환생은 사실 카발라 신비주의의 중심이다. 따라서 환생은 스스로 신비주의 전통의 후계자라고 여기는 모든 유대인의 삶에서 큰 역할을 한다. 카발라의 뿌리는 원래 고대 구비 전통이었는데 12세기에 이르러 널리 알려졌다. 당시 스페인에 살던 유대인들이 카발라 운동의 교리와 상징의 개요를 정리한 책자를 출판했기 때문이다. 그 가운데 가장 중요한 문서가 바로 조하르다. 이것은

13세기에 과하게 격식적인 아람어로 쓰여진 일련의 성서 주석이다. 조하르는 전통적으로 2세기에 활동한 팔레스타인 스승 시므온 바 요하이의 작품으로 알려진다. 요하이는 성서 속의 각각의 글자에 대해 묵상한 카발라 신비주의자다. 그는 묵상 중에 '체외 유리 체험'을 했다고 전해진다. 카발리스트들kabbalists은 길굴gilgul, 즉 영혼의 순환에 대해 이야기하는데 이것은 영혼이 하늘의 신에게 올라갔다가 (눈에 보이지 않는 일종의 페리스 관광차를 타고) 다시 땅으로 돌아온다는 생각이다. 완벽한 의를 성취한 영혼은 하늘에 남지만 더 완벽해져야 하는 영혼은 다시 한 번 도전하기 위해 땅으로 돌아온다.

오늘날 환생을 믿는 대부분의 유대인은 정통파에 속한다. 예시바 대학교의 데이비드 버거 교수는 이렇게 설명했다.

"이유는 생각보다 단순합니다. 대부분의 현대 랍비 당국이 조하르를 비롯한 신비주의적 문서들을 공공연히 혹은 암묵적으로 인정했기 때문이지요."

유대인들 사이에서 팽배한 신비주의적 믿음은 강한 파급력을 갖는다. 로스앤젤레스에 본부를 둔 카발라 센터는 유대 신비주의를 대중에게 전파한다. 비록 진지한 학자들은 그곳에서 내놓은 단순화된 내용을 비웃지만 말이다. 그러나 카발라 센터는 환생에 대해 가르치며 많은 유명 인사들이 그곳을 찾는다. 이 땅에서의 삶이 너무나 멋진데 왜 영원히 천국에서 살아야 한단 말인가? 5장에서 밝혔듯이 30퍼센트에 이르는 미국인이 환생을 믿는다. 스티브 프로테오는 내게 보낸 이메일에서 다음과 같이 말했다.

"우리는 모두 지금, 여기를 원합니다. 그리고 환생은 바로 지금, 여기에 대한 이야기입니다. 환생이 갑작스럽게 사람들의 관심을 끈 이유 중 하나는 사람들이 이 땅에 돌아와 '다시 살고 싶어 하기' 때문입니다. 물론 이전에는 이 생에서 '벗어나' 살고 싶다는 게 환생을 바라는 이유였지만 말입니다."

이전에는 삶이 힘든 것이었지만 오늘날 대부분의 선진국 국민들은 삶이 풍요롭고 축복이 넘치며 참으로 재미있다고 여긴다.

우리는 하나가 될 것이요

〈웨스트 사이드 스토리West Side Story〉의 두 번째 막 처음 부분에는 '섬웨어Somewhere' 라는 노래가 나온다. 가사를 잘 들어보면 레너드 번스타인과 스티븐 손드하임이 생각하는 천국이 어떤 곳인지 알 수 있다. 2009년에 뉴욕 브로드웨이에서 재상연되었을 때, 원수지간인 두 가문 사람들은 희미하게 빛나는 은청색 막 앞에서 만났다. 현실에서는 불가능할 테지만 그들은 둘씩 짝을 이루어 달콤하고 순결하며 우아하게 춤을 췄다. 이 아름다운 꿈속에서 중요한 건 사랑뿐이다. 〈웨스트 사이드 스토리〉의 팬이라면 모두 알고 있을 테지만 토니와 마리아의 결혼은 이곳이 아닌 어딘가, 즉 다른 시간과 다른 장소인 천국에서만 지속될 수 있다.

같은 진리를 따르는 사람들을 위한 천국은 혁신적인 시각이다. 그것은 예수나 코란을 믿지 않고, 대신 사랑이나 정의에 헌신함으로써 천국에 들어갈 수 있다는 생각이다. 살만 아흐메드는 이처럼 혁신적인 시각을 가진 사람이다. 락스타을 연상시키는 아름다운 얼굴을 한 그는 실제로도 락스타다. 그는 우르드어로 '미칠 듯한 정열'을 뜻하는 주눈Junoon의 리드 싱어이자 기타리스트다. 〈뉴욕타임스〉는 주눈을 가리켜 '파키스탄의 U2'라고 표현했고 아흐메드에게는 '보노Bono와 같은 존재'라는 표현을 썼다. 그에게 천국은 전 세계에 흩어진 신의 사람들을 위한 집이다.

아흐메드의 부모는 아메리칸드림을 품고 있었다(소녀 시절, 그의 어머니는 캘리포니아 주에 잠깐 살았고 언제나 그곳으로 돌아가고 싶어 했다). 항공사 임원이었던 아버지는 파키스탄을 떠나 뉴욕 타판에 있는 식민지 시대풍의 작은 마을로 가족들을 이끌고 이민을 왔다. 당시 열한 살이던 살만 아흐메드는 자연스럽게 1970년대 미국 중산층 십 대의 삶으로 진입했다. 그는 레드 제플린의 음악을 들었고 마리화나를 피웠으며 독학으로 기타를 배워 밴드에 들어갔다. 그는 자신이 유대계 백인 친구나 아일랜드계 가톨릭 신자인 친구와 똑같이 느꼈다는 사실을 무척 강조했다. 아흐메드는 그들 사이에서 차이보다는 동질감을 느꼈고 "어떤 민족에도 속하고 싶지 않다"고 말했다.

파키스탄에 살던 아주 어린 시절부터 그는 조직적인 종교를 거부했다. 그의 할아버지는 매우 독실한 신자로 입에 음식을 넣을 때마다 기도했고, 종종 손자에게 금요 기도에 같이 가자고 청했다. 아흐메드는 숙제가 너무 많다거나 크리켓 경기에 나가야 한다는 등의 핑계를 대면서 번번이 거절했다. 아흐메드는 이렇게 회상했다.

"내겐 그것이 뭐랄까, 나를 로봇으로 만들려는 것 같았어요."

아흐메드가 고등학교에 진학할 무렵, 어머니는 아들의 영혼을 걱정하기 시작했다. 사실 자신도 결코 독실하다고는 할 수 없었지만 그녀 또한 전통적인 이슬람 엄마들처럼 아들의 영적인 진지성과 진로에 대해 잔소리를 늘어놓았다. 어머니는 그에게 학교에서 여학생 옆을 지나갈 때 정중히 바닥을 바라보라고 몇 번이나 말했으며 아들이 의사가 되기를 무척이나 바랐다. 어머니는 아들이 지나치게 미국적인 사람이 되어 가는 것을 괴로워했다. 아흐메드의 말을 들어보자.

"나는 어느 곳에도 속하지 않았어요. 그저 반항할 뿐이었죠. 섹스와 마약, 락앤롤이 지배하던 1970년대 미국에 살았던 나는 가족에게서 받는 스트레스 때문에 정신분열증에 걸릴 지경이었습니다. 결국 나는 락커가 되기로 결심했죠."

그러자 어머니는 극약 처방을 내려, 그가 열여덟 살이 되었을 때 가족 전체가 파키스탄으로 돌아갔다.

어느 토요일에 나는 가족과 함께 타판을 방문했다. 아흐메드는 다시 그곳에 돌아와 살고 있었다. 이번에는 아내 사미나와 세 명의 십대 아들과 함께였다. 그들은 이제 미국인이 되어 있었다. 아흐메드는 2008년의 대통령 선거일에 대해 이야기했다.

"그날 나는 버락 오바마에게 투표할 생각에 너무나 들뜬 나머지 해가 뜨기도 전에 눈을 떴답니다."

그와 가족은 아담한 이층집에 살았다. 거실의 낮은 의자에는 실크로 만들어진 회색과 푸른색 베개가 아무렇게나 놓여 있었다. 소파 위에 걸린 액자에는 펀자브어로 다음의 글이 써 있었.

"신은 당신 안에 계신다. 그는 닿을 수 없는 곳에 계시지 않는다."

우리는 감자칩과 비르야니(야채와 닭고기를 넣고 만든 쌀 요리)를 먹으며 해가 질 무렵까지 이야기를 나누었다. 아흐메드와 나는 포도주를 마셨고, 애플파이와 아이스크림이 후식으로 나왔다.

아흐메드는 고향에서 벌어진 한 결혼식에 참석했고, 그곳에서 사미나를 만나 사랑에 빠졌다. 그 후 그는 이슬람학을 공부하기 시작했다.
"이 모든 혼란 속에 아름다움과 사랑이 있었습니다."

그의 아내는 독실한 이슬람 신도였고 덕분에 아흐메드는 코란과 수피 신비주의 문서, 특히 루미를 읽기 시작했다. 그는 어머니를 기쁘게 하기 위해 의사가 되었고, 스스로를 기쁘게 하기 위해 락앤롤 밴드 활동을 한다. 주눈의 음악은 환각을 불러일으키는 남아시아적인 락으로, 넘치는 힘으로 극도의 희열감을 노래한다. 주눈은 이슬람교도가 사는 곳이라면 어디서든 연주한다. 락앤롤에 익숙하지 않을 뿐 아니라 꺼려하는 동네에서도 말이다. 아흐메드는 이슬람 시에 곡을 붙인다. 쿠디Khudi(본모습)라는 곡에 붙인 가사는 20세기에 활동한 파키스탄의 시인이자 철학자 무하메드 이크발의 시에 기초해서 썼다.

별들 너머에 또 다른 세계가 있네
여전히 직면해야 할 믿음의 시험과 욕망이 있네
당신은 매,
초월을 위해 날아오르고 시야를 넓히는 건 본성이라네
그렇게 높이 날아오르라

나는 음악을 연주하면서 느끼는 초월적인 감정 안에 그의 천국이 있지 않을까 생각했다. 그러나 그는 고개를 가로저었다. 아흐메드는 사상적이고 영적인 일치를 중요하게 여기며 신이 종교에 연연하지 않는다고 믿는다.

"의식이나 교리는 인간의 작품입니다."

그에게 천국은 성스러운 무언가를 함께하는 사람들의 완벽함 안에 있다. 그들이 함께 만들어내는 그 무엇은 각각의 부분을 합한 것보다 더 크다.

아흐메드의 천국은 수니파와 시아파, 불교도와 힌두교도, 유대교도와 이슬람교도 그리고 기독교인이 함께 모여 구성하는 것이다. 2008년에 로스앤젤레스에서 열린 한 자선 콘서트에서 공연을 하며 그는 천국을 보았다. 그곳에서 동성 결혼을 반대하는 그의 친구 릭 워렌 목사와 동성애자인 멜리사 에서리지가 함께 어울렸다. 그 문제에 대해 회의적인 시선을 보내자 그는 조용한 미소를 머금은 채 와인 한 모금을 들이키면서 나를 지긋이 바라보았다. '신적인 합일'은 그의 삶을 이끄는 힘이며 "천국은 어떤 곳이냐?"는 나의 질문에 그는 이미 답한 셈이다.

에필로그

인간의 가장 깊숙한 곳에 숨어 있는 울림

나는 할아버지의 임종을 지켰다. 돌이켜보면 그 일은 마치 또 다른 삶 속에서 일어난 사건처럼 느껴진다. 어쩌면 그 말이 맞을지도 모른다. 이제 나는 남편 앞에 설 때마다, 딸 조세핀을 마주할 때마다, 일상의 의무와 삶의 치명적인 순간을 지날 때마다 그 시간을 영원한 순간으로 만들기 위해 애쓴다. 매일 아침 7시 30분, 조세핀이 침대 속으로 기어들어와 내 품에 파고드는 너무나 즐거운 10여 분도 물론 빼놓을 수 없다. 그럴 때마다 나는 이렇게 중얼거린다.

"이거면 됐어, 이게 전부야."

할아버지가 돌아가시기 전까지 나는 앞만 보고 달리는 인간이었다. 무덥던 8월의 어느 토요일, 그날 역시 나는 무슨 일인가로 정신없이 바빴다. 땀을 뚝뚝 흘리며 침대 곁에 섰을 때 전화벨이 울렸다.

"좀 와주렴. 할아버지가 돌아가실 것 같구나."

할머니의 전화에 나는 놀라지 않았다. 할아버지는 지난 6개월간 말기 암과 싸워왔고, 암 환자가 겪는 모든 과정을 겪으셨기 때문이다. 병원에서 머무르는 시간이 점점 길어졌고, 가족들은 무심하거나 실력없는 의사들과 심하게 다퉜다. 탈수증이 오고, 수액을 주사하고, 가족들은 한자리에 모여 화해의 시간을 가졌다. 할아버지는 기적적으로 회복하는 듯했다가 밤에는 다시 망상증에 시달렸다. 그러다가 아침이 되면 다시 정신이 멀쩡해지셨다. 그 해 여름까지 할아버지는 집에 머무셨다. 삶의 막바지에 이른 환자에게 영양분을 제공하는 달고 기름진, 마치 아기 분유 같은 액체를 마시면서 말이다. 다행스럽게도 우리는 일주일에 일곱 번, 하루 24시간 동안 할아버지를 돌봐줄 간호사들을 고용할 수 있었다. 어머니는 그들을 천사라고 불렀고 그들은 실제로 천사였다.

투병 기간 내내 할아버지는 놀라울 정도로 맑은 정신을 유지하셨다. 그는 언어에 뛰어난 재능이 있었고, 살아온 환경 또한 여러 가지 언어를 익히고 사용하는 데 도움이 되었다. 벨기에에서 태어난 할아버지는 사업차 동유럽을 포함한 유럽 전역을 돌아다녔고, 나중에는 미국으로 이민왔다. 할아버지는 프랑스어와 영어, 독일어, 플라망어(벨기에 북부 지역에서 사용되는 네덜란드어) 그리고 이디시어(중앙 및 동부 유럽에서 쓰이던 유대인 언어)를 유창하게 구사하셨고, 그밖에도 스페인어와 이탈리아어, 폴란드어를 할 줄 아셨다. 병원에 입원해 있는 동안 할아버지는 어떤 언어를 쓰는 간호사에게든 장난을 거실 수 있었다.

할아버지는 〈뉴욕타임스〉에 실린 십자 퍼즐을 언제나 10분 안에 풀어내셨다. 어머니는 할아버지가 아주 우아하게 피겨 스케이트를 탈 줄 아셨다고 내게 말하곤 했다. 할아버지는 새가 지저귀는 듯한 소리의 휘파람으로 모차르트의 음악을 연주하셨다. 말하자면 할아버지는 지나간 시절의 학식 있고 정중한 유럽 신사였다. 그는 신에 대한 토론이나 조직화된 종교를 어리석은 것으로 치부했고, 종교에 관한 글을 쓰는 내 직업을 놀리기도 하셨다. 그럼에도 불구하고 1940년 5월, 익숙했던 모든 것을 버리고 고향을 떠날 수밖에 없었던 이유는 그가 유대인이기 때문이었다.

할머니의 전화를 받기 며칠 전에 나는 할아버지를 찾아뵈었다. 할아버지는 나를 만나는 걸 언제나 좋아하셨고, 눈을 빛내며 내 손을 꼭 잡으시곤 했다. 내가 기억하는 한 늘 조금씩 떨리던 할아버지의 손은 건조하고 따뜻했다. 우리는 그날 앤트워프에서 보낸 그의 어린 시절에 대해 이야기를 나누었다. 콧수염을 기르던 가족 요리사와 운전하는 법을 가르쳐준 찰스 그리고 학교 가는 내내 발로 차 사과를 곤죽으로 만든 일, 막대기인지 알고 주운 물체가 사실은 뱀이었다는 이야기까지. 그리고 나서 우리는 주사위 놀이를 했고, 할아버지가 나를 이기셨다.

그날 아침, 할머니의 아파트에 도착했을 때 할아버지는 눈을 감은 채 침대에 누워 계셨다. 피부에는 윤기가 흘렀고 부드럽게 호흡하며 약간 숨을 헉헉거리셨다. 마치 기계에서 가스가 다 떨어져가는 듯한 모습이었다. 할머니와 고모할머니 애니타 그리고 주말 당번 간호사 미셸이 침대를 둘러싸고 있었다. 우리는 침묵 속에 그 자리에 서 있었다. 나는 할아버지의 숱 많은 머리카락을 어루만졌다. 마치 비단결처럼 고운 느낌이 났다(할아버지는 항상 기름으로 머리를 매끄럽고 단정하게 넘기곤 하셨다).

아주 인상적이었던 것은 할아버지가 참으로 온화하고 부드럽게 돌아가셨다는 점이다. 급작스레 숨을 멈추지도 않았고, 마지막 비명 소리나 번쩍 뜬 눈, 죽기 직전 내뱉은 말도 없었다. 솔직히 말하면 거기서 있던 누구도 할아버지가 언제 숨을 거두었는지 정확히 알지 못했다. 단지 숨을 헐떡이는 소리를 평소보다 아주 조금 크게 냈을 뿐이었다. 아마도 그 순간 할아버지는 세상을 떠나신 것 같다. 마침내 미셸이 거울을 찾아 할아버지의 입속에 넣었다. 김이 서리지 않았다. 나는 할아버지의 이마에 손을 대보았다. 차가웠다. 할머니가 통곡하기 시작하셨다. 나는 장례업자에게 전화를 걸었다.

내가 이 이야기를 꺼낸 이유를 궁금해하는 독자가 있을지도 모르겠다. 이 책을 작업하면서 스스로에게 "천국을 믿는가?"라는 질문을 던질 때마다 나는 늘 할아버지를 생각했다. 나는 할아버지가 살아 계셨을 때의 모습을 떠올리려고 노력했다. 나는 할아버지를 사랑했고 임종하는 자리를 지켰다. 나는 날마다 할아버지와 할머니를 그리워했다. 만약 내가 천국을 믿는다면 틀림없이 마음의 눈으로 그곳에 계신 두 분을 볼 수 있으리라.

그러나 슬프게도 나는 그렇지 못했다. "할아버지는 지금 어디에 계실까?"라고 자문할 때마다 떠오르는 것은 두 분이 묻힌 그늘진 언덕 위 묘지뿐이다(할아버지는 무더운 여름날에, 할머니는 차가운 비가 내리던 1월에 그곳에 묻히셨다). 그날 아침, 나는 할아버지의 영혼이 육체에서 빠져나오는 모습을 목격하거나 상상하지 않았다. 그의 영혼이 하늘에서 나를 내려다본다고 느끼지도 않았다. (사실 나는 할머니가 쓰시던 파란색 스튜 냄비를 사용할 때마다 주근깨가 많던 할머니의 손을 본다. 할머니의 손은 냄비의 낡은 손잡이를 잡거나 내용물을 젓고 있다.)

나는 할아버지와 할머니가 그 모습 그대로 존재하고 있는 초자연적인 영역을 믿지 않는다. 이 땅에서 좋아하던 활동, 예컨대 TV로 테니스 경기를 보거나, 딱딱한 사탕을 빨아먹거나, 링컨 센터에서 챔버 음악을 듣는 것과 같은 일들에 지금도 남몰래 참여하고 있다고도 상상하지 않는다. 나는 이 세상을 포함한 모든 것이 언젠가 끝나버린다고 믿지만 종말이 영광스러운 부활을 동반할 것이라고는 생각하지 않는다.

그럼에도 불구하고 조부모님의 죽음을 겪으면서 나는 내가 속한 종교의 전통과 아주 중요한 방식으로 연결되었다. 돌아가실 때 할아버지는 여든아홉 살이셨다. 그의 곁에는 가족이 있었고, 할아버지는 자신과 같은 민족, 그러니까 뉴욕 지역의 유대인들 사이에 묻히셨다. 그의 자손은 부유한 생활을 하고 있으며 자식들도 낳았다. 나치로부터 탈출할 때 그는 영웅적으로 가계를 지켜냈다. 할아버지는 우리 가족의 족장이셨다. 우리 가족 중 누구에게 물어도 그렇게 말할 것이다. 자식이나 손자 손녀, 조카, 사돈, 사촌에게 조언이나 돈이 필요할 때 할아버지는 결코 외면하지 않으셨다. 그는 천국은 믿지 않았을지 모르지만 다음 세대로 이어져 축적되는 한 세대의 성취와 영예를 믿었다. 그리고 부모가 남겨준 정신적, 물질적 유산을 지키고 영속화하는 것이 자손의 의무라고 생각하셨다. 그는 우리들의 아브라함이었다.

"아브라함은 백발이 되도록 천수를 누리다가 세상을 떠났다." (창세기 25장 8절)

돌아가신 후 할아버지가 나를 찾아오신 적이 딱 한 번 있다. 그때 나는 결혼을 앞둔 겁 많은 아가씨였다. 나는 이 결혼이 엄청난 실수는 아닐까 두려웠다. 내가 찰리를 만난 것은 할아버지가 돌아가신 후

약 6개월이 지났을 무렵이다. 만약 할아버지가 살아 계셨다면 둘은 서로를 무척 좋아했을 것이라고 확신했지만 비어 있는 고리 하나가 나를 괴롭혔다. 찰리는 유대인이 아니었고 나는 할아버지가 '그래도 괜찮다'고 말해주시길 바랐다. 결혼식이 있기 몇 주 전, 한밤중에 잠에서 깬 나는 할아버지가 침대 발치에 서 계신 모습을 보았다. 그는 아프기 전처럼 건강해 보였다. 매끄럽게 빗어 넘긴 머리와 반짝이는 처진 갈색 눈이 예전 그대로였다. 할아버지는 아무 말없이 내 어깨를 쓰다듬으셨다. 아침이 되었을 때, 나는 마치 할아버지의 축복을 받은 것마냥 안심이 되었다. 내가 본 것이 정말로 할아버지의 영혼이었다고 확신할 수는 없지만 내겐 진짜처럼 느껴졌다. 할아버지와 할머니가 돌아가셨을 때 나는 유대교 회당에 속해 있지 않다는 이유로 카디쉬를 읊지 않았다. 하지만 지금은 할아버지와 할머니의 기일마다 서툰 아람어로 카디쉬를 읊조린다.

무신론 작가인 크리스토퍼 히친스와 샘 해리스(나는 그들의 작품을 전반적으로 매우 높이 평가한다)에 대한 나의 가장 큰 불만은 무너뜨리기 위해 세워놓은 그들의 신은 허수아비에 불과하다는 사실이다. 그들은 가장 단순하고 유치한 용어로 신을 정의한다. 전지전능하며 무소부재한 간섭자인 신은 정의에 대해 불가해한 태도를 지니고 있으며 비상식적인 방식으로 그 문제에 접근한다. 그 때문에 사람들은 신의 이름으로 악한 일을 자행하거나 머리 빈 순응주의자가 된다(해리스는 유대교의 하느님을 제우스에 비유한 것으로 유명하다). 신의 이름으로 무자비한 살상과 비관용이 자행되는 것은 부인할 수 없는 사실이지만 모든 종교인이 그렇지는 않다. 인간사에 일일이 간섭해 무자비하게 통제하는 신을 믿는 사람도 있지만 그렇지 않은 사람이 더 많다. 2006년에 실시된 해리스 여론조사에 의하면 전체 미국인 중 3분의 1만이 신이 인간사를 통제한다고 믿었다.

이렇게 말하는 게 너무 순진해 보일 수도 있으나 '신'은 삶의 기적적인 무엇, 즉 이성적인 설명을 거부하는 경외로운 측면을 묘사할 때 내가 사용하는 단어다. 물은 수소 분자 두 개와 산소 분자 하나의 합이다. 그러나 우리는 물을 마실 수 있고, 물 안에서 물고기가 산다. 물은 우리의 몸을 채우고 지구를 뒤덮고 있다. 조세핀은 찰리와 나의 합이지만 그 아이를 이루는 아주 많은 부분은 그저 조세핀일 뿐이다. 조세핀은 찰리와 나 누구와도 같지 않으며 자기 자신을 가장 많이 닮은 것 같다. 자, 이제 말장난은 그만하겠다. 하지만 내가 무슨 말을 하려는지 다들 이해했을 것이다.

내가 말하는 신이란 어떤 의미에서 창조자다. 신은 세상을 장난감을 조립하듯이 만들어내지 않았다. 그는 기적적으로 단 6일 만에 세상을 창조했다. 이는 땅과 물, 동물과 식물이 인간의 삶을 지탱하기 위해 함께 작용하며 인간의 삶을 통해 창조성과 성취, 신성에 대한 감각까지 나온다는 사실을 암시한다. 나의 말을 문자 그대로 받아들여서는 안 된다. 나는 인간이 신의 모든 창조물을 분자로 분해하고, 이름을 붙이고, 분류하고, 범주화해서 결국 그들의 기원을 발견해내리라 믿는다. 내가 하고 싶은 말은 이 모든 것 안에 때때로 우리가 깊이 묵상해보아야 할 '신성한' 측면이 존재한다는 사실이다. 유럽의 거대한 성당에서, 유타의 남서쪽 풍경에서 혹은 신의 흔적이 깃든 장소나 인간의 성취를 떠올릴 때마다 나는 천국을 발견한다. 19세기의 화가 빈센트 반 고흐는 자신이 나고 성장한 개신교회와 끊임없는 불화를 겪었다(그의 아버지가 바로 그 교회의 목사였다). 그럼에도 불구하고 동생 테오에게 보낸 편지에 그는 이렇게 썼다.

"그러한 관계에도 불구하고 나는 (만약 그런 단어를 써도 된다면) 종교의 필요성을 지독할 정도로 절감했다. 그럴 때면 나는 밖으로 나가 별들을 그렸다."

고흐의 〈별이 빛나는 밤〉은 천국을 묘사한 그림 가운데 초자연적인 생생함을 가장 잘 보여주는 작품 중 하나다.

신은 곧 사랑이다. 이는 진보주의자들이 좋아하는 말이다. 비록 히친스와 해리스는 코웃음을 칠 테지만 나는 그 말에 동의한다. 만약 신이 사랑이라면 그리고 천국이 신이 거하는 곳이라면 천국은 사람들 사이의 사랑 안에 존재한다. 물론 신과 사람 사이의 사랑 안에도.

나는 종종 아그네스 롱이라는 여인을 생각한다. 이 책을 위한 자료 조사 작업을 시작할 때, 나는 사막교부들에게 매료되었다. 그들은 기독교가 생긴 후 처음 100년 동안 인간 사회를 떠나 중동의 사막에서 생활한 수도사들과 은둔자들이다. 그들은 극단적인 환경에서 살았다. 아주 적은 양의 음식과 물만을 먹고, 대화나 교제도 거의 하지 않았다. 단지 금욕 생활과 끊임없는 기도와 묵상만 했다. 자료를 조사하면서 나는 극소수의 가톨릭 교구만이 평신도, 즉 전에 직업과 배우자, 가족을 가졌던 사람에게 은둔 생활을 위한 경제적 지원을 해주었다는 사실을 알게 되었다. 은둔자들은 정말로 필요한 몇몇 물품을 제외한 모든 것을 버리고 숲속이나 다른 먼 곳으로 들어갔다. 신을 묵상하는 삶을 살기 위해.

나는 그들 중 한 명을 만나야 했다. 한 달 가량 적합한 인물을 찾던 중, 나는 위스콘신 주의 레이크수피리어 한가운데 위치한 메들린 섬에 사는 아그네스 롱을 만날 수 있었다. 뉴욕에서 그곳까지 가려면 우선 미네소타 주의 둘러스까지 비행기를 타고 가서 두 시간 동안 차를 몰고, (내가 방문했을 때처럼) 겨울철이라면 호수를 건너기 위해 배를 타야 한다. 나는 〈뉴스위크〉에 그녀에 관한 기사를 썼다.

제2차 바티칸회의가 열리기 전, 에벌린 아그네스 세바스천은 뉴저지 주에서 슬프고 외로운 어린 시절을 보냈다. '수녀' 놀이를 좋아했던 그녀는 침실에 작은 성당을 만들고 수녀가 해야 할 일들을 정해두곤 했다. 아그네스는 자라면서 대단한 미인이 되었다. 금발의 글래머로 성장한 그녀는 시어스 백화점의 모델로 일하다가 결혼을 했고 세 아이의 엄마가 되었다. 그러나 결혼 생활은 행복하지 않았다. 결혼한 지 20여 년이 지나서 이혼한 그녀는 자유로운 생활을 즐겼다. 벌이가 좋은 직업을 구했으며 비싼 옷을 사고 맨해튼에 있는 클럽에 드나들었다. 그러던 중 아그네스는 마빈 롱을 만났다.

"그는 내가 일평생 가장 사랑한 사람이었습니다."

이렇게 말하며 아그네스는 가지고 다니는 성서 첫 장에서 오래된 컬러사진을 꺼냈다. 아그네스와 마빈은 뉴저지 주 해변 앞에 함께 서 있었다. 수영복을 입은 그는 키가 크고 피부가 검었으며 몸이 탄탄했다. 그녀는 헐렁한 모자를 쓰고 표범 무늬 비키니를 입고 있었다. 둘은 함께 텍사스로 갔고(마빈은 석유 사업에 종사했다), 그곳에서 편안한 삶을 누렸다. 큰 집을 사고, 세 대의 차를 소유했으며, 침실을 온통 유리로 꾸몄다. 1984년에 마빈은 뇌종양으로 세상을 떠났다. 아그네스는 재산을 처분한 뒤에 신께 삶을 바치는 길고 느린 여정을 시작했다. 1997년에 그녀는 가난과 순결, 순종, 고독을 서약하고 메들린 섬에 있는 은둔처(작은 조립식 나무집)로 옮겼다.

아그네스를 만났을 때, 그녀는 휴대전화를 가지고 있기는 했지만 거의 사용하지 않았다. 자녀들도 거의 만나지 않았으며 대부분의 시간을 성화를 그리거나 하루 다섯 번씩 기도를 하면서 보냈다. 그녀는 하루에 한 끼만 먹었는데, 대부분의 음식은 친절한 이웃들이 가져다 준 것이었다. 아그네스는 데님으로 만든 옷을 입었다. 데님의 푸른색은 성모 마리아를, 재질은 평범한 사람을 의미하기 때문이라고 했다.

사실 나는 처음에 아그네스 롱에게 실망했다. 머나먼 길을 여행해 내가 만나고 싶었던 사람은 사막교부 같은 존재였다. 이 경우엔 사막교모敎母라고 해야겠지만 말이다. 현명하고 더 나이 든 사람, 신 그리고 천국과 마주한 심원한 경험을 나누어줄 존재 말이다. 대신 나는 울적한 판잣집에 사는 한 비통한 여인을 만났다. 그녀는 이토록 명백한 급진적 삶의 방식을 택한 이유를 또렷하게 설명할 능력이 전혀 없었다.

"천국은 어디에 존재합니까?"

나는 끈질기게 질문을 던지며 그녀를 괴롭혔다. 천국을 생각하면 어떤 생각이 들죠? 천국을 생각하기 위해 어떤 책을 읽죠? 마침내 그녀는 짜증을 내면서 이렇게 말했다.

"당신은 마치 천국이 무슨 '장소'라도 되는 것처럼 이야기하는군요. 나는 주님에 대해 생각합니다. 때때로 인간이 설명할 수 없는 기쁨 안에서 그의 존재를 느낍니다. 그런 감정은 왔다가 또 사라지곤

합니다. 천국이란 신과 온전히 결합된 상태입니다."

나는 그로부터 몇 년 후에 그녀의 말을 직접 이해하게 되었다. 찰리와 조세핀 그리고 나는 인간의 이기심을 극복하고 서로를 친절과 존중으로 대하기 위해 끊임없이 투쟁해야 했다. 천국에 대한 기독교의 비유 가운데 가장 큰 울림을 갖는 것 중 하나가 바로 결혼이다. 비록 기독교인은 아니지만 나는 이 비유가 맞다고 생각한다. 공동체와 가족 안에서 우리는 항상 최선을 다해 서로 사랑한다. 그것이 얼마나 많은 겸손을 요구하는 힘든 일인지를 완전히 인식하면서 말이다. 어린 시절, 조세핀에게는 《언제나 너를 사랑해 I Love You All the Time》라는 제목의 책이 있었다. 책에서 엄마 곰은 아기 곰에게 "언제나 너를 사랑한단다"라고 말한다. 엄마 곰이 친구들과 시간을 보낼 때도, 집안일을 할 때도, 전화 통화를 할 때도, 다른 어떤 일로 바쁠 때라도 말이다. 심지어는 아기 곰에게 화가 나 있을 때도 엄마 곰은 아기 곰을 사랑한다. 마지막 장면에서 엄마 곰은 아기 곰의 침실 불을 끄면서 이렇게 말한다.

"네가 나를 보지 못할 때도 나는 항상 너를 사랑한단다."

천국은 거기 어딘가에 존재한다. 그 사랑의 기쁨은 진정 내가 상상할 수 있는 모든 것 너머에 있다.

나는 스스로를 진보적인 사람이라고 생각하지만 때때로 종교적 규율과 정통주의적 신앙을 갈망한다. 나는 어떻게든 '그곳에 가기를' 바라며 천국의 초자연적인 측면을 인정하고 싶다. 금으로 만든 길과 수많은 맨션, 잔치와 토라 수업, 음악, 모든 향락의 물리적 향유, 벅찬 행복감, 가족과의 재회까지 말이다. 이 모든 것이 얼마나 큰 위안

이 되겠는가? 아이를 잃은 내 친구에게는 또한 얼마나 큰 위로가 되겠는가? 심지어 나는 신심 깊은 지식인들이 보여준 성서에 대한 일종의 초자연적인 해석을 동경하기도 한다.

"코란의 천국은 우리가 이해할 수 있는 이름들로 묘사됩니다. 그러나 천국에 가면 그것과 완전히 다른 경험을 하게 될 것입니다."

실리콘밸리에 살고 있는 제약 회사 로체의 임상 연구원 히샴 압달라의 말이다. 다시 말해 압달라는 코란에서 약속한 푸르른 초원을 낙원에서 볼 것이라고 믿는다. 하지만 그것이 우리가 생각하는 초원과 완전히 다른 것을 의미한다는 사실 또한 믿는다. 나 역시 그런 믿음을 갖고 싶다.

이제 내 정체를 밝혀야 할 순간이 온 것 같다. 나는 누가 천국에 들어갈 수 있고, 누가 들어갈 수 없는지에 대한 어떠한 확실한 정의도 바라지 않는다. 선한 사람들 사이에 위계질서가 존재한다는 사실은 나를 무척 화나게 한다(율법에 순종한 언니와 그렇지 않은 동생이 같은 천국에 머물 수 없다는 사실에 슬퍼하는 몰몬교 자매의 이야기를 생각해보라). 그리고 천국에는 오직 기독교인과 이슬람교도, 유대교도만 있다고 믿는 일부 기독교인이나 이슬람교도, 유대교도 또한 나를 화나게 한다. 이에 대해 나는 6장에서 많은 이야기를 했다. 나는 복음주의 설교가 빌리 그레이엄을 존경해마지 않는다. 일생 동안 예수 그리스도에 대한 믿음이 천국에 이르는 유일한 길이라고 설교해왔지만, 지난 10년 동안 그의 입장은 완화되었다.

"나는 주님이 모든 이를 사랑하신다고 생각합니다. 어떤 종교를 믿든 상관없이 말입니다."

〈뉴스위크〉에 실린 인터뷰에서 빌리 그레이엄은 나의 상사 존 미첨에게 이렇게 말했다. 이 문제에 관한 한 빌리 그레이엄에 비해 더욱 보수적인 그의 자녀들이 이 발언을 주의 깊게 듣길 바란다.

보수적인 기독교인과 이슬람교도, 유대교도는 천국에 대해 이야기할 때 자신의 의도를 효과적으로 전달하기 위해 '급진적인'이라는 단어를 종종 사용한다. 세상이 끝날 때 올 천국은 사회적, 자연적 질서의 급진적 전환이다. 먼저 된 자가 나중 되고, 온유한 자가 땅을 차지하며, 별들은 하늘에서 떨어질 것이다. 그들에게 천국이란 그냥 사랑이 아니라 급진적인 사랑이다. 이것은 단순히 에덴동산의 완벽함으로 회귀하는 것이 아니다. 따뜻하고 달콤한 정서적 위안도 아니다. 신이 개입한다는 이유만으로 천국은 급진적이다. 신은 무슨 일이든 할 수 있기 때문이다.

나는 인간사에 개입하는 신을 믿지 않는다. 하지만 급진적인 개념으로서의 천국에는 이끌린다. 천국은 모든 것이 최고의 상태로 구현된 곳이자 인간이 상상하는 최선을 완전히 뛰어넘는 곳이다. 천국에 대한 믿음은 인간으로 하여금 가장 급진적인 것에 초점을 맞추게 한다. 가장 아름답고 사랑스러우며 올바르고 진실한 것은 과연 무엇인가?

이 책의 시작 부분에서 나는 천국이 희망이라고 믿는다고 말했다. 지금부터 나는 그것을 '급진적인 희망'이라고 고쳐 부르겠다. 급진적 희망이란 비록 그것을 얻지 못할지라도 상상할 수조차 없는 완벽을 끊임없이 바라는 것이다. 에밀리 디킨슨의 말처럼 천국은 우리가 다다를 수 없는 곳이다. 그러나 천국에 닿으려는 인간의 노력은 분명 가치 있다.

옮긴이의 글

천국, 욕망의 구조물일까 사랑의 다른 이름일까

'천국은 어떤 곳일까?' 아니, 그보다 먼저 '천국은 과연 존재할까?'

죽음이 무엇이며, 어떤 인간도 죽음이라는 운명을 피할 수 없다는 사실을 이해한 사람이라면 한번쯤 이런 질문을 던져보았을 것이다. 종교를 가졌든 그렇지 않든 상관없이.

여기, 우리가 천국에 대해 품음직한 거의 모든 질문을 다루는 매혹적인 책이 있다. 〈뉴스위크〉에서 종교 담당 기자로 활동하고 있는 리사 밀러는 이 작업을 아주 지적이고 우아하며 무엇보다 참으로 흥미진진하게 해냈다. 그녀는 기독교와 이슬람교, 유대교를 중심으로 그 밖의 갖가지 종교 분파와 현상을 다루면서 천국에 대한 인간의 오랜 의문에 답한다. 밀러는 딱딱하고 이론적이며 단선적인 설명을 하지 않는다. 대신 수천 년에 걸친 세계 역사를 종횡무진 활보하면서 (직업에 걸맞게) 수많은 인물들을 인터뷰한다. 거기엔 고대 사막교부와 성자, 토마스 아퀴나스와 같은 위대한 신학자, 뜨거운 사막에서 알라를 찾던 팔레스타인인들, 성전의 파괴에 상처를 입은 가난한 예루살렘 사람들, 단테와 조로아스터교 선지자, 미국 흑인 노예, 할리우드의 영화감독과 만화가, 천국에 다녀왔다고 주장하는 사람 그리고 버락 오바마까지 수많은 이들이 포함된다. 밀러는 그들 각자의 천국을 풍부한 감수성과 예리한 지성을 발휘해 입체적으로 형상화해냈다.

이 책은 세계적 갈등 현장의 이면에 자리 잡은 주요 유일신교를 깊이 있게 다루는데, 이는 다른 문화권의 종교에 대한 피상적이고 편견에 찬 생각을 거두어줄 수 있다는 점에서 대단히 고무적인 시도다. 그 영향을 얼마나 직접적으로 느끼는지는 개인마다 다르겠지만, 이들 세 종교가 만들어내는 역학관계의 결과는 더 이상 우리 현실과 동떨어진 문제가 아니기 때문이다. 좀더 일상적인 측면에 초점을 맞추더라도, 이들 종교를 제대로 이해하는 일은 여전히 중요하다. 세계화를 피할 수 없는 시대에 다른 (문화를 형성하는 데 가장 근간이 되는) 종교를 얼마나 깊이 있고 객관적으로 이해하느냐는 곧바로 국가와 개인의 경쟁력으로 이어지기 때문이다.

자, 이제 좀더 민감한 문제에 대해 이야기해보자. 천국은 민감한 주제다. 어떤 사람에게는 말도 안 되는 소리라며 코웃음을 치게 하는 대상이지만 또 다른 이에겐 목숨을 바칠 만큼 절대적인 것이기 때문이다. 게다가 수많은 사람이 수많은 '다른' 천국을 위해 목숨을 바친다. 이토록 예민하고 절대적이며 논쟁적인 주제가 또 있을까?

저자는 이 책의 처음 몇 장을 '천국이란 인간의 욕망이 반영된 상상적 구조물'이라는 시각에서 다루면서 특히 물질과 힘의 결핍에 대한 보상물로서의 천국을 소개한다. 예컨대 살인적인 태양 광선 아래 한 모금의 물과 음식을 얻기 위해 평생 고된 노동을 해야 했던 이슬람교도들에게 천국은 '물과 꿀, 포도주와 우유가 흐르는 네 개의 강과 꽃과 과일나무가 풍성히 심긴 아름다운 정원 그리고 72명의 아름다운 처녀들과의 잠자리'다. 백인들의 압제에 시달려야 했던 미국 흑인 노예들의 천국에는 놀랍게도 여전히 노예제도가 존재한다. 하지만 그곳에선 백인이 노예가 되며 흑인이 주인이 되어 다스린다. 그런가 하면, 엄청난 물질적 풍요와 생활의 편리를 누리고 있는 일부 선진국 국민들에게 천국이란 '죽어서도 다시 돌아오고 싶은' 현세다. 서구 사회에서 윤회에 대한 관심과 믿음이 높아지는 것은 우연이 아니다.

자, 이 책에서 말하는 천국이 너무나 물질적으로 들리는가? 신심 깊은 종교인이라면 벌써 불쾌감을 느끼고 있을지도 모르겠다. 그러나 중반으로 가면서 책은 조금 다른 색조를 띠기 시작한다. 저자는 먼저 월남전에서 다리를 잃은 군인을 인터뷰한다. 그들에게 천국은 손상된 육체가 온전히 회복되어 다시 '친구들과 함께 농구 시합을 하며 숨이 차도록 달릴 수 있는 곳'이다. 극심한 육체적, 정신적 고통을 겪으면서도 그들은 천국을 소망하며 삶을 긍정한다. 저자는 또한 아들을 잃은 한 대학 교수에 대해 이야기한다. 무신론자였던 그는 아들이 거대한 빙산에서 실족사한 후, 고통을 이겨내기 위해 성서를 읽기 시작한다. 성서에서 아무런 위로도 얻지 못하던 그는 고린도전서 15장을 읽으면서 '아들이 천국에서 다시 아름다운 육체를 입고 살아있을 것'이라는 믿음을 비로소 갖게 된다. 그는 "나는 그 사실을 믿었습니다. 그렇지 않았다면 미쳐버렸을 테니까요"라고 고백한다.

혹자는 이에 대해 천국에 반영된 인간의 욕망이 물질적인 것에서 단지 정서적인 것으로 대체되었을 뿐, 본질적으로는 앞 장의 내용과 별 다를 바가 없다고 말할지도 모르겠다. 하지만 자신의 온전한 육체와 정신을 되찾고 싶은 강렬한 열망과 자기 자신보다 더 사랑하는 대상을 잃은 극심한 고통과 슬픔을 위로받고자 하는 마음보다 더 본질적이며 인간적이고 영적인 감정이 또 있을까? 나는 없다고 생각한다.

이제 저자 자신의 이야기를 들어보자. 그녀의 할아버지는 나치의 박해를 피해 가족을 이끌고 유럽을 떠나 미국에 정착한 성공한 유대계 사업가다. 나는 저자의 이야기가 담긴 부분을 읽으면서 조금 놀랐다. 가장 지적인 직업에 종사하는 완전히 미국화된 2010년의 유대인에게도 자신의 뿌리와 정체성, 민족에 대한 애착은 실로 엄청난 의미를 지닌다는 사실을 발견했기 때문이다. 밀러에게 천국은 수천 년의 박해 속에서 살아남은 유대인이 함께 모여 가족 간의 뜨거운 사랑을 영원히 지속시키는 곳이다. 이것이 바로 초월적인 신과 천국을 '믿고 싶어 하는' 회의론적 유대인인 저자가 안식일마다 뉴욕 브루클린에 위치한 유대교 회당에 나가 대대로 전해지는 기도문을 읊고 눈물을 쏟으며 찬송을 부르는 이유다.

나는 저자의 경험을 포함한 이 책 뒷부분의 이야기가 세상에서 가장 논쟁적인 주제인 무신론과 유신론에 대한 답을 암시하고 있다고 생각한다. 죽음 이후의 삶을 상상하게 하고, 모든 과학적 증거와 논리를 무력화시켜 육체의 '부활'을 믿게 하며, 현세의 상실과 고통,

슬픔을 이기게 하는 힘은 바로 '사랑'이다. 그 사랑의 근원이 인간에게 있다고 생각하는 사람은 무신론자가 될 것이다. 그러나 그 사랑이 유한하며 연약한 인간에게서 나온 것이라고 믿기엔 너무나 강력하고 위대하며 아름답다고 느끼는 사람이라면 신과 천국의 존재에 대해 생각하지 않을 수 없을 것이다.

좋은 책을 발굴하고 기획하여 제가 즐겁게 번역할 수 있는 기회를 주신 21세기북스 김성수 본부장님, 책과 인생에 대해 이야기하고 싶을 때 생각나는 사람인 인문실용팀 강선영 팀장님, 작업하는 내내 소중한 통찰을 함께 나눈 박혜란 담당 에디터 님, 정말 감사합니다. 마지막으로 지난 1년 동안 기독교인의 인내와 배려, 관용을 묵묵히 보여주신 사랑하는 한세희, 전현주 씨 부부 그리고 상상력 부족한 고모에게 천국의 천사가 어떤 모습인지 알게 해준 지혜와 은혜, 승혜에게 고마운 마음을 전하고 싶습니다.

천사들의 도시 로스앤젤레스에서
한세정

주석

프롤로그

5쪽 "인간에겐 왜 천국이 필요한가": L. Miller, "Why We Need Heaven," *Newsweek*, August 12, 2002.

7쪽 "모든 종교를 공격하는 것": Address to the Greater Houston Ministerial Association, September 12, 1960. Quoted in R. V. Friedenberg, *Notable Speeches in Contemporary Presidential Campaigns* (Westport, CT: Praeger, 2002), p. 61.

7쪽 "한 여론조사에 의하면 80퍼센트에 가까운": The Pew Forum on Religion and Public Life, *U.S. Religious Landscape Survey*, 2008, p. 10.

8쪽 "종교적 표현의 자유": C.G. Pestana, *Quakers and Baptists in Colonial Massachusetts* (Cambridge: Cambridge University Press, 1991). J. Meacham, *American Gospel: God, the Founding Fathers and the Making of a Nation* (New York: Random House, 2006).

8쪽 "2007년 퓨포럼": Pew Forum on Religion and Public Life, *U.S. Religious Landscape Survey: Religious Affiliation*, pp. 5 and 174. their follow-up study, which found 65 percent believe many religions can lead to eternal life: The Pew Forum on Religion and Public Life, "Many Americans Say Other Faiths Can Lead to Eternal Life," 2008, http://pewforum.org/docs/?DocID=380.

8쪽 "미국인들은 마치 우리 아버지 세대가": Letter to Louis de Kergorlay, Yonkers, June 29, 1831, in A. de Tocqueville, *The Tocqueville Reader: A Life in Letters and Politics*, ed. O. Zunz and A S. Kahan (Malden, MA: Blackwell, 2002), pp. 44–45.

9쪽 "이제 더 이상 한 동네에": L. Miller, "Religion: The Age of Divine Disunity—Faith Now Springs from a Hodgepodge of Beliefs," *Wall Street Journal*, February 10, 1999.

9쪽 "3분의 1": European Commission, *Special Eurobarometer 225: Social Values, Science and Technology*, Brussels, Belgium, 2005, p. 9.

9쪽 "반면 미국인들은 종교성을 유지하고 있다": Pew Forum on Religion and Public Life, *Religious Landscape Survey*, p. 162.

9쪽 "60여 년간": A. L. Winseman, "Eternal Destinations: Americans Believe in Heaven, Hell," Gallup, Inc., May 25, 2004, http://www.gallup.com/poll/11770/Eternal-Destinations-Americans-Believe-Heaven-Hell.aspx.

9쪽 "성공회교도와 감리교도, 침례교도 수는 줄어들고 있는 반면": Pew Forum on Religion and Public Life, *Religious Landscape Survey*, p. 26.

10쪽 "그렇기 때문에 미국인의 81퍼센트": Gallup, Inc., "Gallup/Nathan Cummings Foundation and Fetzer Institute Poll," Gallup, Inc., May 10-13, 2007, and May 1997, http://www.gallup.com/poll/1690/Religion.aspx.

12쪽 "그들의 천국은 수많은 목숨을 앗아간": P. S. Paludan, "Religion and the American Civil War," in *Religion and the American Civil War*, ed. R. M. Miller, H. S. Stout, and C. R. Wilson (New York: Oxford University Press, 1998), p. 30.

15쪽 "나는 말뿐 아니라 선한 행위의 중요성 역시": L. Miller and R. Wolffe, "I Am a Big Believer in Not Just Words, But Deeds and Works," *Newsweek*, July 21, 2008.

16쪽 "오하이오 주 리플리": K. P. Griffler, *Front Line of Freedom: African Americans and the Forging of the Underground Railroad in the Ohio Valley* (Lexington: University Press of Kentucky, 2004), pp. 61-62.

16쪽 "노란색 캐딜락 컨버터블": W. C. Martin, *A Prophet with Honor: The Billy Graham Story* (New York: W. Morrow, 1991), p. 126.

17쪽 "천국은 폭탄 테러로 자살할 열여덟 살 먹은 소년들을": Reinhart's introduction to L. Bakhtiar, *Encyclopedia of Islamic Law: A Compendium of the Views of the Major Schools* (Chicago: ABC International Group, 1996).

17쪽 "미국인의 81퍼센트": Gallup, Inc., Gallup-Nathan Cummings Foundation and Fetzer Institute Poll.

18쪽 "천국에 대한 믿음은 사라져버렸다": D. Van Biema, "Does Heaven Exist?" *Time*, March 24, 1997.

19쪽 "팅키윙키가 게이": J. Falwell, "Tinky Winky Comes Out of the Closet," NLJ Online, February, 1999, http://web.archive.org/web/19990423025753/; http://www.liberty.edu/chancellor/nlj/feb99/politics2.htm.

19쪽 "이제 나는 가장 행복한 삶, 영원히 지속되는 삶으로 들어갈 것이다": B. Woodward, "In Hijacker's Bags, a Call to Planning, Prayer and Death," *Washington Post*, September 28, 2001.

20쪽 "폴이나 나 같은 저널리스트들": P. Barrett, *American Islam: The Struggle for the Soul of a Religion* (New York: Farrar, Straus and Giroux, 2007).

21쪽 "내 친구 버튼은 날마다 천국에 대해": M. Robinson, *Gilead* (New York: Farrar, Straus and Giroux, 2004), p. 147.

22쪽 "사람들은 부활이 단지 비유에 불과하다는 말을": J. Meacham and L. Miller, "Everything Old Is New Again," *Newsweek*, May 5, 2008.

23쪽 "불행한 미국": *Economist*, July 24, 2008.

23쪽 "미국 인구조사 결과에 따르면": "Interim Projections of the Population by Selected Age Groups for the United States and States: April 1, 2000, to July 1, 2030," April 21, 2005, http://www.census.gov/population/projections/SummaryTabB1.pdf.

23쪽 "2003년 퓨포럼에서 실시한": Pew Research Center for People and the Press, *2004 Political Landscape*, November 5, 2003, http://people-press.org/report/196.

23쪽 "날아다니는 스파게티 괴물": S. Harris and A. Sullivan, "Is Religion 'Built Upon Lies'?" BeliefNet, January 23, 2007, http://www.beliefnet.com/Faiths/Secular-Philosophies/Is-Religion-Built-Upon-Lies.aspx. B. Henderson, "Open Letter to Kansas School Board," Church of the Flying Spaghetti Monster, January 2005, http://www.venganza.org/about/open-letter/.

24쪽 "불신을 보류": S. T. Coleridge, *Biographia Literaria* (London: G. Bell and Sons, 1898), p. 145.

Chapter 1. 천국은 어떤 곳인가

35쪽 "영적 회고록": J. Martin, *My Life with the Saints* (Chicago: Loyola Press, 2006).

36쪽 "그게 왜 재미있는지 설명해야 한다면": D. Goodyear, "Quiet Depravity," *New Yorker*, October 24, 2005.

36쪽 "천국에 성자들이 살고 있을 것이라고": P. R. L. Brown, *The Cult of the Saints: Its Rise and Function in Latin Christianity* (Chicago: University of Chicago Press, 1981).

37쪽 "나는 지옥을 믿는다": E. Schillebeeckx, *For the Sake of the Gospel* (New York: Crossroad, 1990), p. 111.

38쪽 "특히 아브라함과 모세, (그 후 신약 시대에는) 예수의 어머니 마리아에게 천사가 나타나": Abraham's in Genesis (22:11); Moses's in Exodus (3:2); and Mary's in Luke (1:26-38).

38쪽 "아름다움은 헛되다": "Elegy 1," trans. Stephen Mitchell, quoted in W. H Gass, *Reading Rilke: Reflections on the Problems of Translation* (New York: Alfred A. Knopf, 1999), pp. 65-66.

38쪽 "진주 문": Revelation 21:18-21. G. Desrosiers, *An Introduction to Revelation* (London: Continuum International Publishing Group, 2000), p. 50.

38쪽 "나는 너에게 하늘 나라의 열쇠를 주겠다": Matthew 16:19.

39쪽 "천국에서 사람들은 트럼펫 소리에 맞춰 거위 간 요리를 먹을 것": C. Arnold-Baker, *The Companion to British History* (London: Routledge, 2001), p. 1148.

39쪽 "전차가 미끄러져 들어오는 역을 보게 되리라": "Life's Railway to Heaven," copyrighted 1890 by M. E. Abbey and Charles D. Tillman, quoted in N. Cohen and D. Cohen, *Long Steel Rail: The Railroad in American Folksong* (Urbana: University of Illinois Press, 2000), p. 612.

39쪽 "2002년에 실시한〈뉴스위크〉의 설문 조사에 의하면": L. Miller, "Why We Need Heaven," *Newsweek*, August 12, 2002.

40쪽 "영국 더햄의 성공회 주교 톰 라이트는": E-mail from N. T. Wright, April 21, 2009.

42쪽 "위대한 마법사 간달프는 천국을 날씨의 막에 의해 지구로부터 분리된 장소로 묘사한다": J. R. R. Tolkien, *The Return of the King: Being the Third Part of The Lord of the Rings* (New York: Random House, 1983), p. 339.

43쪽 "어린이들이 나에게 오는 것을 막지 말고 그대로 두어라": Matthew 19:14.

43쪽 "그들은 대단한 기쁨을 누리며 살았다": C. S. Lewis, *The Lion, the Witch and the*

Wardrobe; a Story for Children (New York: Macmillan, 1950), p. 169.

43쪽 "이 땅에서 보낸 삶과": C. S. Lewis, *The Last Battle* (New York: HarperCollins, 1994), p. 228.

44쪽 "오늘날 31퍼센트의 미국인이": The Pew Forum on Religion and Public Life, *U.S. Religious Landscape Survey: Religious Affiliation*, Washington, DC, 2008.

45쪽 "사해사본이라 알려진": J. H. Charlesworth, *Jesus and the Dead Sea Scrolls* (New Haven, CT: Anchor Bible Series, 1995); and J. Magness, The Archaeology of Qumran and the Dead Sea Scrolls (Grand Rapids, MI: William B. Eerdmans, 2002). R. Elior, *Memory and Oblivion: The Secret of the Dead Sea Scrolls* (Jerusalem: Van Leer Institute and ha-Kibutz ha-Meuchad, 2009).

46쪽 "몇몇 중세 화가들은": R. Deshman, "Another Look at the Disappearing Christ: Corporeal and Spiritual Vision in Early Medieval Images," *The Art Bulletin* 79, no. 3 (1997): 518–46.

48쪽 "그들은 날씨, 그 가운데 특히 비와 폭풍을 주관하는": For a complete description of Canaanite afterlife beliefs, A. F. Segal, *Life After Death: A History of the Afterlife in the Religions of the West* (New York: Doubleday, 2004), pp. 104–109; A. R. W. Green, *The Storm-God in the Ancient Near East* (Winona Lake, IN: Eisenbrauns, 2003), p. 222.

48쪽 "또한 이집트에는 불멸의 신 오시리스가 있었다": D. H. Kelley and E. F. Milone, *Exploring Ancient Skies: An Encyclopedic Survey of Archaeoastronomy* (New York: Springer, 2005), p. 261; B. Mosjov, *Osiris: Death and Afterlife of a God* (Malden, MA: Blackwell, 2005).

49쪽 "시갈은 히브리인의 신을 천국의 주인으로 묘사하면서": Genesis 14:18–22, in *The Holy Bible (King James Version)* (New York: Cambridge University Press, 2000).

49쪽 "당신의 세찬 콧김에": Exodus 15:1–20.

49쪽 "'천국의 양식'인 만나를 내려주었다": Exodus 16; Numbers 11:7–9; Psalms 78:24.

49쪽 "우주론에 대한 지배적인 시각은": E. Grant, *Physical Science in the Middle Ages* (Cambridge: Cambridge University Press, 1977), pp. 71–72.

49쪽 "랍비 이스마엘": *Life After Death*, p. 513.

50쪽 "일곱 개의 천구, 즉 궁전을 지나": Ibid., pp. 654–55. F. S. Colby, *Narrating*

Muhammad's Night Journey: Tracing the Development of the Ibn 'Abbâs Ascension Discourse (Albany: State University of New York Press, 2008), pp. 1-2.

50쪽 "기독교의 우주론에는": R. Hughes, *Heaven and Hell in Western Art* (London: Weidenfeld & Nicolson, 1968), pp. 112-14. *The Dante Encylopedia* (New York: Garland, 2000), pp. 42-43. For a more complete discussion of the adaptation of Aristotelian cosmology by Christian theologians, and particularly the installation of the immobile Empyrean sphere beyond Aristotle's primum mobile, E. Grant, *Planets, Stars, and Orbs: The Medieval Cosmos, 1200-1687* (Cambridge: Cambridge University Press, 1994), pp. 371-421.

50쪽 "꽃이 강물에 떠내려가듯 빛이 흘렀고": Canto 30:62-63 in Dante Alighieri, *Paradiso*, verse translation by Robert and Jean Hollander, introduction and notes by Robert Hollander (New York: Doubleday, 2007), p. 735.

50쪽 "기원전 200년을 전후해서": *The Encyclopedia of Apocalypticism*, ed. B. McGinn, J. J. Collins, and S. J. Stein (New York: Continuum, 1998). *Frontline*, "Apocalypse!" first broadcast November 22, 1998, by PBS. Written, produced, and directed by W. Cran and W. Loeterman; and associated primary-source materials: L. M. White, "Apocalyptic Literature in Judaism and Early Christianity," PBS, 1998, http://www.pbs.org/wgbh/pages/frontline/shows/apocalypse/primary/white.html.

52쪽 "하느님께서는 친히 그들과 함께 계시고": Revelation 21:3-4.

52쪽 "솔로몬 자신은 이러한 소수 의견에": D. Berger, *The Rebbe, the Messiah, and the Scandal of Orthodox Indifference* (London: Littman Library of Jewish Civilization, 2001).

53쪽 "하느님을 아는 지식": Isaiah 11:9.

54쪽 "미국인의 19퍼센트가": Miller, "Why We Need Heaven."

54쪽 "기원후 70년, 로마가 예루살렘을 무너뜨렸을 때 기독교는 아주 새로운 종교였다": L. Michael, *From Jesus to Christianity* (San Francisco: Harper-SanFrancisco, 2004), pp. 229-31.

54쪽 "〈뉴스위크〉의 설문 조사에 따르면 미국인의 13퍼센트가": Miller, "Why We Need Heaven."

54쪽 "그곳에서 농부들은": Segal, *Life After Death*, p. 105.

55쪽 "정원의 담과 문은": Hughes, *Heaven and Hell*, p. 47.

55쪽 "창세기에 의하면": Genesis 2:9-19.

55쪽 "신자들을 제대로 안내하기 위해 수도사들은 지도를 그렸다": A. Scafi, *Mapping Paradise: A History of Heaven on Earth* (Chicago: University of Chicago Press, 2006).

56쪽 "나는 지상의 낙원을 발견했다고 믿는다": As quoted in J. Delumeau, *History of Paradise: The Garden of Eden in Myth and Tradition*, trans. Matthew O'Connell (New York: Continuum, 1995), p. 54.

56쪽 "'천국', 다다를 수 없는 곳이여!": E. Dickinson, *The Poems of Emily Dickinson: Reading Edition*, ed. R. W. Franklin (Cambridge, MA: Belknap Press of Harvard University Press, 1999), p. 137.

56쪽 "기독교 화가들은 이를 그리스와 로마의 화가들에게서 빌렸다": R. M. Jensen, *Understanding Early Christian Art* (London: Routledge, 2000), p. 112.

56쪽 "이때 에덴동산은 인기 있는 주제가 되었다": C. McDannell and B. Lang, *Heaven: A History* (New York: Vintage Books, 1990), pp. 111-12.

57쪽 "몇몇 비평가들은 산드로 보티첼리의": For an overview of the consensus position—and of the case for a Marian reading—K. A. Lindskoog, "Botticelli's 'Primavera' and Dante's 'Purgatory,'" in *Dante's Divine Comedy: Purgatory* (Macon, GA: Mercer University Press, 1997), ix-xiv.

57쪽 "베노초 고촐리의 15세기 프레스코화": the analysis in A. E. McGrath, *A Brief History of Heaven* (Malden, MA: Blackwell, 2003), p. 58.

57쪽 "이탈리아 플로렌스에 있는": L. de Medici and L. Cavalli, *Opere: A Cura di Luigi Cavalli* (Naples: F. Rossi, 1970), p. 368, translated in E. B. MacDougall, *Medieval Gardens* (Washington, DC: Dumbarton Oaks Research Library and Collection, 1986), p. 238. Quoted in McGrath, *A Brief History of Heaven*, p. 58.

57쪽 "정신을 좀먹는 세상의 영향으로부터 분리된": Segal, *Life After Death*.

58쪽 "그곳에서 금빛 꽃들은 마치 화염처럼 빛나네": From "Olympian 2," in A. Pindar, *The Complete Odes*, trans. A. Verity, with an introduction and notes by S. Instone (Oxford: Oxford University Press, 2007), p. 9.

59쪽 "이슬람은 지구 상 다른 어떤 문화권보다": For more on the imagery of the Islamic paradise, S. Blair and J. Bloom, eds., *Images of Paradise in Islamic Art* (Hanover, NH: Hood Museum of Art, Dartmouth College, 1991). D. F. Ruggles, *Islamic Gardens and Landscapes* (Philadelphia: University of Pennsylvania Press, 2008).

59쪽 "그들은 '흐르는 강 아래 정원'에 살며": suras 2 ("The Cow"), verse 24; 76 ("Man"), verses 3-10; 47 ("Muhammad"); and 55 ("The All-Merciful").

59쪽 "낙원의 정원에는": C. G. Jung, *Memories, Dreams, Reflections* (New York: Vintage Books, 1989), p. 294.

59쪽 "석류의 강렬한 붉은색은 피를": F. J. Simoons, *Plants of Life, Plants of Death* (Madison: University of Wisconsin Press, 1998), p. 279.

59쪽 "코란에 의하면, 이슬람교의 낙원에는": in suras 56 ("The Event"); 76 ("Man"); 55 ("The All-Merciful"); and 15 ("Al-Hijr").

60쪽 "2009년에 세상을 떠난 보수적인 가톨릭 성직자 리처드 존 뉴하우스는": T. Carnes and A. Karpathakis, eds., *New York Glory: Religions in the City* (New York: New York University Press, 2001), p. xiii.

60쪽 "적어도 기원전 600년부터 기원후 70년까지": M. Goodman, *The Ruling Class of Judaea: The Origins of the Jewish Revolt Against Rome, A.D. 66-70* (Cambridge: Cambridge University Press, 1987).

61쪽 "이 언덕은 아브라함이 사랑하는 아들 이삭을": Genesis 22:1-14.

61쪽 "요한계시록에서 약속한 천국의 도시는": Revelation 21:10.

61쪽 "보석이 박힌 벽": Revelation 4:6.

62쪽 "새 예루살렘은 약속이자 도전, 초청입니다": A. Pilla, "Building the City of God," EcoCity Cleveland, November, 1993, from http://www.ecocitycleveland.org/smart growth/cornfields/city_of_god.html.

62쪽 "나는 이런 날을 꿈꾼다": M. Brown, "About the Author," LatterDayLogic.com, 2007, from http://www.latterdaylogic.com/about/.

62쪽 "오웨인 깅그리치는 하버드대학교의 천체물리학자다": his book, O. Gingerich, *God's Universe* (Cambridge, MA.: Belknap Press of Harvard University Press, 2006).

Chapter 2. 기적

70쪽 "그러나 천국이라는 개념을 발명한 이는 다름 아닌 유대인이다": N. Gillman, *The Death of Death: Resurrection and Immortality in Jewish Thought* (Woodstock, VT: Jewish Lights, 1997); J. J. Collins, *Daniel: With an Introduction to Apocalyptic Literature* (Grand Rapids, MI: William B. Eerdmans, 1984); A. F. Segal, *Life After Death: A History of the Afterlife in the Religions of the West* (New York: Doubleday, 2004).

71쪽 "그렇다면 유대인이 가장 존경하는 조상인 아브라함의 이야기부터 해보자": For the stories of Sarah's burial and of Abraham's death, Genesis 23:2-20 and 25:8-10.

72쪽 "구약성서는 천국에 관한 암시로 가득하지만": Noah's flood, Genesis 6:9-8:22; the story of Lot, Genesis 19:24; Hagar and Ishmael, Genesis 21:17; Abraham and Isaac, Genesis 22:11.

72쪽 "이스라엘을 유업으로 주겠다는 언약을 맺기 직전에": Genesis 28:11-17.

72쪽 "신은 바벨탑을 허락하지 않았고": Genesis 11:4-9.

72쪽 "임종을 맞으며 야곱은 천국에 간다고 말하지 않았다": Genesis 49:29-30 and 50:2-13.

72쪽 "그가 원한 것은 조상 아브라함과 같은 동굴에 묻히는 것뿐이었다": E. Bloch-Smith, *Judahite Burial Practices and Beliefs About the Dead* (Sheffield, UK: JSOT Press, 1992).

73쪽 "오늘날까지도 무덤에는 뼈가 가득하다": S. Jacobovici and C. Pellegrino, *The Jesus Family Tomb: The Discovery, the Investigation, and the Evidence That Could Change History* (New York: HarperOne, 2007).

75쪽 "우리나라를 떠나라": From Darwish's 1988 poem "Those Who Pass Between Fleeting Words," quoted in Z. Lockman and J. Beinin, *Intifada: The Palestinian Uprising Against Israeli Occupation* (Boston: South End Press, 1989), pp. 26-27.

76쪽 "내가 너와 계약을 맺는다": Genesis 17:4-8.

76쪽 "여인들은 남자가 그들의 '수치를 면하게 해주면'": Isaiah 4:1.

76쪽 "구름이 사라져 없어지듯": Job 7:9-10.

78쪽 "히브리인은 여러 세대가 작은 집에 한데 모여 살았는데": Descriptions in this paragraph come largely from R. S. Hallote, *Death, Burial, and Afterlife in the Biblical World: How the Israelites and Their Neighbors Treated the Dead* (Chicago:

Ivan R. Dee, 2001).

79쪽 "헬롯을 비롯한 학자들은": Bloch-Smith, *Judahite Burial Practices*. R. Hachlili, *Ancient Jewish Art and Archaeology in the Land of Israel* (Leiden: E. J. Brill, 1988); and R. E. Friedman, *Who Wrote the Bible?* (New York: Summit Books, 1987).

80쪽 "점쟁이, 복술가, 술객, 마술사, 주문을 외는 자": Deuteronomy 18:10-11.

80쪽 "레위기에서 성서 기자는": Leviticus 20:27.

80쪽 "사울 왕의 이야기를 예로 들어보자": Samuel 28:3-19.

82쪽 "모세의 뒤를 이은 여호수아가": Out of slavery, Exodus 12:41; forty years in the desert, Exodus 16:35; Ten Commandments, Deuteronomy 5:1-22; Moses died, Deuteronomy 34:1-5; back to Canaan, Joshua 1-13; King David, 1 Chronicles 11:4-7; Abraham and Isaac, 2 Chronicles 3:1.

82쪽 "그러나 기원전 586년에 바빌론의 느부갓네살 왕이 예루살렘으로 진격해": B. Porten, "Exile, Babylonian," in *Encyclopaedia Judaica*, ed. M. Berenbaum and F. Skolnik (Detroit: Macmillan Reference USA, 2007), vol. 6, pp. 608-11.

82쪽 "느부갓네살 왕의 군대는 성전과 도시를 둘러싼 벽을 파괴했고": G. R. Garthwaite, *The Persians* (Malden, MA: Blackwell, 2004).

83쪽 "그들은 바빌론의 성전은 물론": A. Schalit and L. Matassa, "Elephantine," in *Encyclopaedia Judaica*, ed. Berenbaum and Skolnik, vol. 6, pp. 311-14.

83쪽 "성전과 멀리 떨어진 곳에서 그들은 '집합적인' 종교를 창조했고": R. Drews, "Judaism, Christianity, and Islam to the Beginnings of Modern Civilization," Vanderbilt University, April 20, 2009, http://site mason.vander-bilt.edu/classics/drews/COURSEBOOK, chap. 4.

83쪽 "바빌론유수는 지금의 이라크에 해당하는 지역에서": Segal, *Life After Death*. R. Stark, *Discovering God: The Origins of the Great Religions and the Evolution of Belief* (New York: HarperOne, 2007), pp. 188-191; and P. Clark, *Zoroastrianism: An Introduction to an Ancient Faith* (Brighton: Sussex Academic Press, 1999). N. T. Wright, *The Resurrection of the Son of God* (Minneapolis: Fortress Press, 2003).

83쪽 "이 이원론적 종교는": Segal, *Life After Death*, pp. 198-200. L. A. Hoffman, *The Journey Home: Discovering the Deep Spiritual Wisdom of the Jewish Tradition* (Boston: Beacon Press, 2002), p. 143.

86쪽 "그러나 도시는 변하기 시작했고": V. Tcherikover, *Hellenistic Civilization and the Jews* (Philadelphia: Jewish Publication Society of America, 1959).

87쪽 "야곱이 미라가 된 사실로 미루어보아": Genesis 50:2-3.

87쪽 "토라는 죽은 자를 일으키고 그들과 대화하는 것을 금한다": Deuteronomy 18:10-12; Leviticus 20:27.

87쪽 "첫 번째 인물은 에녹인데": Genesis 5:17-24.

88쪽 "대부분의 학자들은 창세기가": T. L. Brodie, *Genesis as Dialogue: A Literary, Historical, and Theological Commentary* (Oxford: Oxford University Press, 2001), pp. 80-85. R. E. Friedman, *Who Wrote the Bible?*

88쪽 "심지어 '에녹' 자신에 의해 쓰여졌다고": D. C. Olson, "1 Enoch," in *Eerdmans Commentary on the Bible*, ed. J. D. G. Dunn and J. W. Rogerson (Grand Rapids, MI: William B. Eerdmans, 2003), pp. 904-41.

88쪽 "천국에 올라간 또 한 명의 인물은 바로 엘리야다": 1 Kings 17-21 and 2 Kings 2:11.

88쪽 "몇몇 학자들은 바빌론 유수 시기에 이르러": M. Smith, *The Memoirs of God: History, Memory and the Experience of the Divine in Ancient Israel* (Minneapolis: Fortress Press, 2004); A. Amanat and M. T. Bernhardsson, *Imagining the End: Visions of Apocalypse from the Ancient Middle East to Modern America* (London: I. B. Tauris, 2002), pp. 72-78.

89쪽 "그러나 유대인이 천국의 개념을 발명하는 데 가장 중요한 영향을 끼친 이들은": Segal, *Life After Death*.

89쪽 "바빌론 유수가 끝나고 200년 남짓한 시간이 흘렀을 때": A. Schalit, E. E. Halevy, J. Dan, and A. Saenz-Badillos, "Alexander the Great," in *Encyclopaedia Judaica*, ed. M. Berenbaum and F. Skolnik (Detroit: Macmillan Reference USA, 2007), vol. 1, pp. 625-27.

89쪽 "기원전 3세기에 교역과 행정을 위한 언어는": Tcherikover, *Hellenistic Civilization*. J. H. Hayes and S. Mandell, *The Jewish People in Classical Antiquity* (Louisville, KY: Westminster John Knox Press, 1998), pp. 5-6.

90쪽 "알렉산더 대왕이 좋아했던 조각가는 리시포스였는데": "Lysippos," in *The Grove Encyclopedia of Classical Art and Architecture* (e-reference ed.), ed. G. Campbell (Oxford University Press, 2007), www.oxfordreference.com/views/

ENTRY.html?subview=Main&entry=t231.e058.

91쪽 "그리스인은 영혼, 즉 각 사람에게 깃든 생명력을 믿었다": J. N. Bremmer, *The Early Greek Concept of the Soul* (Princeton, NJ: Princeton University Press, 1983), pp. 16-17.

91쪽 "플라톤의《파이돈》에서 소크라테스의 영혼은": Plato, *Phaedo* (Stillwell, KS: Digireads.com, 2006), p. 58.

91쪽 "그의 주장에 의하면": R. D. Mohr, *God and Forms in Plato: The Platonic Cosmology* (Las Vegas: Parmenides Publishing, 2005).

91쪽 "또한 그는 환생을 믿었다": Segal, *Life After Death*, pp. 232-34. M. R. Taylor, "Dealing with Death: Western Philosophical Perspectives," in *Handbook of Death and Dying*, ed. C. D. Bryant, 1:24-33 (Thousand Oaks, CA: Sage, 2003).

92쪽 "기원전 200년을 전후해": Tcherikover, *Hellenistic Civilization*. J. J. Collins, *Daniel: With an Introduction to Apocalyptic Literature* (Grand Rapids, MI: William B. Eerdmans, 1984).

92쪽 "요약하자면, 이는 유대인이 지난 수천 년에 걸쳐 맞닥뜨려야 했던 질문이었다": E. J. Bickerman and Jewish Theological Seminary of America, *The Jews in the Greek Age* (Cambridge, MA: Harvard University Press, 1988).

93쪽 "기원전 175년, 예루살렘의 대제사장": U. Rappaport, "Jason," in *Encyclopaedia Judaica*, ed. Berenbaum and Skolnik, vol. 11, p. 90.

94쪽 "마카비서the book of Maccabees(토라에 속하지 않는 유대 경전)는 연무장에서 일어난 일을 기술하고 있다": 2 Maccabees 4:12 and 1 Maccabees 1:15.

94쪽 "억압적인 왕 안티오쿠스에 대항해 폭동을 일으킨 유대인들의 이야기": Tcherikover, *Hellenistic Civilization*.

94쪽 "메넬라우스라는 이름의 경쟁자는": 2 Maccabees 4:32.

95쪽 "마카비서에 의하면": 1 Maccabees 1:41-60 and 2 Maccabees 5:27, 8:16, and 8:7.

96쪽 "티끌로 돌아갔던 대중이 잠에서 깨어나": Daniel 12:2-3.

Chapter 3. 천국이 가까웠도다

102쪽 "이미 천국에 올라가 있다": M. Shriver, *What's Heaven?* (New York: Golden Books, 1999), p. 19.

102쪽 "1997년에 〈타임〉에서 실시한 여론조사에 의하면": Time/CNN poll conducted March 11–12, 1997, by Yankelovich Partners, Inc. D. Van Biema, "Does Heaven Exist?" Time, March 24, 1997.

102쪽 "기독교인은 이것을 '새 하늘과 새 땅'": Revelation 21:1.

103쪽 "마태복음": Matthew 13:24–46; the king's accounts in Matthew 18:23–35; the king's banquet in Matthew 22:1–14; the landowner in Matthew 20:1–16; the ten virgins in Matthew 25:1–13; the camel and the needle in Matthew 19:23–24; the warning against earthly wealth in Matthew 6:19–21; the command to become as children in Matthew 18:3; and the warning against ostentatious piety in Matthew 6:1.

104쪽 "때가 다 되어 하느님의 나라가 다가왔다": Mark 1:14–15.

104쪽 "최후의 우주적 파멸": A. Schweitzer and W. Lowrie, The Mystery of the Kingdom of God: The Secret of Jesus' Messiahship and Passion (London: A. & C. Black, 1925).

105쪽 "계시적 문학이나 경전": The Encyclopedia of Apocalypticism, ed. B. McGinn, J. J. Collins, and S. J. Stein (New York: Continuum, 1998).

105쪽 "통조림과 쌀을 지하실에 저장해둔다": L. J. Arrington and D. Bitton, The Mormon Experience: A History of the Latter-Day Saints, 2nd ed. (Urbana: University of Illinois Press, 1992), p. 277.

105쪽 "완전히 새로워진 세상": M. J. Penton, Apocalypse Delayed: The Story of Jehovah's Witnesses, 2nd ed. (Toronto: University of Toronto Press, 1997), pp. 179–81.

106쪽 "계시 신앙적 기대": J.-P. Filiu, L'apocalypse dans l'Islam (Paris: Fayard, 2008).

106쪽 "때가 다가왔도다": Sura 20 ("Ta' Ha'"): 15.

106쪽 "이스라엘의 파괴": T. R. Furnish, Holiest Wars: Islamic Mahdis, Their Jihads, and Osama bin Laden (Westport, CT: Praeger, 2005).

106쪽 "진정한 구세주": "Transcript of Ahmadinejad's U.N. Speech," NPR.org, September 19, 2006, http://www.npr.org/templates/story/story.php?storyId=6107339.

107쪽 "이스라엘의 상황은 계시 신앙을 가진 기독교인에게도": P. S. Boyer, When Time Shall Be No More: Prophecy Belief in Modern American Culture (Cambridge, MA: Belknap Press of Harvard University Press, 1992), pp. 185–93.

107쪽 "이러한 이유 때문에 존 하지와 같은 보수적인 복음주의 목회자들은": N. Guttman, "McCain Battles for Credibility with Jews," *The Jewish Chronicle* (Washington, DC), March 14, 2008.

107쪽 "양측 모두 자신들이야말로 예수와 공통된 시각을 갖는다고 주장한다": S. Prothero, *American Jesus: How the Son of God Became a National Icon* (New York: Farrar, Straus and Giroux, 2003).

108쪽 "하느님의 왕국은… 우리 마음속에서 하느님이 통치하시는 것을 의미한다": H. Pope, "The Kingdom of God," in *The Catholic Encyclopedia*, ed. C. G. Herbermann, E. A. Pace, C. B. Pallen, T. J. Shahan, and J. J. Wynne (New York: The Encyclopedia Press, 1913), vol. 8, pp. 646-47.

108쪽 "예수 세미나의 공동 디렉터 가운데 한 명인 존 도미닉 크로산은": J. D. Crossan, *Jesus: A Revolutionary Biography* (San Francisco: HarperSanFrancisco, 1994). J. D. Crossan, *The Historical Jesus: The Life of a Mediterranean Jewish Peasant* (San Francisco: HarperSanFrancisco, 1991).

108쪽 "나라에 임하옵시고": Matthew 6:9-13.

108쪽 "2005년에 듀크대학교에서 은퇴한 샌더스 교수는": E. P. Sanders, *The Historical Figure of Jesus* (London: Allen Lane, 1993); E. P. Sanders, *Jesus and Judaism* (Philadelphia: Fortress Press, 1985); and P. Fredriksen, *From Jesus to Christ: The Origins of the New Testament Images of Jesus* (New Haven, CT: Yale University Press, 1988).

109쪽 "예수는 에세네파의 영향을 받았다고 알려진": J. E. Taylor, *The Immerser: John the Baptist Within Second Temple Judaism* (Grand Rapids, MI: William B. Eerdmans, 1997), pp. 15-48.

109쪽 "예수는 임박한 종말과 그것과 관련한 자신의 역할을 인식하고 있었다": Fredriksen, *From Jesus to Christ*.

109쪽 "하느님께서 보내신 그리스도이십니다": Mark 8:27-30. Matthew 16:17-28.

109쪽 "그 후 수세기 동안 종말과 그때 일어날 사건들의 정확한 순서에 대한 추측이 난무했다": R. Bultmann, "The Message of Jesus and the Problem of Mythology," in *The Historical Jesus in Recent Research*, ed. J. D. G. Dunn and S. McKnight (Winona Lake, IN: Eisenbrauns, 2005), pp. 531-42. For an opposing view, Wright, *Victory of God*,

110쪽 "주님의 날이 마치 밤중의 도둑같이 온다는 것을": 1 Thessalonians 5:2-4.

110쪽 "영혼은 신이 배정해준 눈에 보이지 않는 장소로 이동하게 된다": Irenaeus, "Against Heresies," trans. A. Roberts and W. Rambaut, in *Ante-Nicene Fathers*, vol. 1, ed. A. Roberts, J. Donaldson, and A. C. Coxe (Buffalo, NY: Christian Literature Publishing Co., 1885), p. 560.

111쪽 "불에 의해 정화": "Ita plane quamuis salui per ignem, gravior tamen erit ile ignis, quam quidquid potest homo pati in hac vita" (Enarrationes in Psalmos 38.3 CCL, 38.384). Translation from J. Le Goff, *The Birth of Purgatory* (Chicago: University of Chicago Press, 1984), p. 69.

111쪽 "영원이란 영원히 끝나지 않는 현재다": Augustine, *Confessions* (Oxford: Clarendon Press, 1992), book 11, chapter 13, quoted in J. S. Feinberg, *No One Like Him: The Doctrine of God* (Wheaton, IL: Crossway Books, 2006), p. 381.

111쪽 "오랫동안 기독교에서 그려온 천국의 이미지 그대로 말이다": Revelation 21:19-21; Revelation 22:2; Revelation 22:5.

112쪽 "이 말씀을 듣는 사람도 '오소서!' 하고 외치십시오": Revelation 22:17.

112쪽 "앞에서도 말했지만 앤 그레이엄 로츠는": The Pew Research Center for the People and the Press, "Many Americans Uneasy with Mix of Religion and Politics," www.pewforum.org/docs/?DocID-153.

114쪽 "다음으로는 그때에 살아남아 있는 우리가": 1 Thessalonians 4:17.

114쪽 "영혼의 육체": 1 Corinthians 15:44.

116쪽 "텍사스대학교 오스틴캠퍼스에서 고전과 기독교 기원을 강의하는": L. M. White, *From Jesus to Christianity* (SanFrancisco: HarperSanFrancisco, 2004).

116쪽 "흑인 노예들": For the definitive account of nineteenth-century slave religion, A. J. Raboteau, *Slave Religion: The "Invisible Institution" in the Antebellum South* (New York: Oxford University Press, 1978).

116쪽 "별들이 떨어지는 모습을 보게 되리": Ibid., p. 263.

117쪽 "앞으로 올 생": E. Burke, *Pleasure and Pain: Reminiscences of Georgia in the 1840s* (Savannah: Beehive Press, 1978), quoted in Raboteau, *Slave Religion*, pp. 291-92.

117쪽 "이사야는 다윗의 자손에게서 메시아가 탄생해": Isaiah 11:1.

117쪽 "다니엘과 에녹은": Daniel 12:3; H. T. Andrews, *The Apocryphal Books of the Old and New Testament* (London: T. C. & E. C. Jack, 1908), p. 79.

117쪽 "사도적이지도 예언적이지도 않다": M. Luther, "Preface to the Revelation of St. John," in *Luther's Works*, vol. 35, ed. E. T. Bachmann (Philadelphia: Fortress, 1960), pp. 398-99.

117쪽 "그럼에도 불구하고 요한계시록은 다음 세 가지 이유로": For a discussion of Revelation's broader impact, J. Kirsch, *A History of the End of the World: How the Most Controversial Book in the Bible Changed the Course of Western Civilization* (San Francisco: HarperSanFrancisco, 2006).

117쪽 "첫째, 거기에는 대중이 상상하는 천국에 관한 거의 모든 이미지가": Revelation 4:8, Isaiah 6:3; Revelation 4:1-11; Revelation 7:9-13; Revelation 21:18-21; Revelation 22:1-2.

118쪽 "사실 이야기의 줄거리는 간단하다": Introductions are made in Revelation 1; steeds and warriors are unleashed in 19:11-17; dragons and beasts appear in chapters 12 and 13; the sun blackens in 6:12-13; and the new Jerusalem descends in 21:1-2. Note that the image of stars falling is also found in the Qur'an; sura 81 ("Rolling Up").

119쪽 "공포 영화를 연상시키는 이미지": The sharp sword is from Revelation 19:13-15; the slain lamb is from 1:12 (and 5:5-10); the trumpets are from 8:2; the bowls are from 16; and the crowned dragon is from 12:3.

120쪽 "요한계시록에는 7 외에도 많은 숫자가 등장한다": Myriads of angels are described in Revelation 5:11; two hundred million troops in 9:16; years of witnessing in 11:3; and the number of the beast in 13:18.

120쪽 "윌리엄 밀러": M. A. Noll, *A History of Christianity in the United States and Canada* (Grand Rapids, MI: William B. Eerdmans, 1992), p. 193.

120쪽 "자신의 계산을 근거로": H. Camping, "We Are Almost There!" Family Stations Inc., February 1, 2008, www.familyradio.com/graphical/literature/waat/waat.pdf.

120쪽 "레오나르도 톰슨을 만났다": L. L. Thompson, *The Book of Revelation: Apocalypse and Empire* (New York: Oxford University Press, 1990). his translation: L. L. Thompson, "Apocalypse of John: A Poem of Terrible Beauty" (Menasha, WI:

Moulting Mantis Library, 2003).

121쪽 "요한계시록의 저자": For a more detailed discussion of Revelation and its provenance, A. Y. Collins, *Crisis and Catharsis: The Power of the Apocalypse* (Philadelphia: Westminster Press, 1984).

122쪽 "이 의식은 로마 황제를 신과 동등한 위치에 놓는 것이었다": S. J. Friesen, *Imperial Cults and the Apocalypse of John: Reading Revelation in the Ruins* (Oxford: Oxford University Press, 2001).

123쪽 "로마에 굴복": 1 Corinthians 10:18-33.

123쪽 "누구든지 그 짐승과 그의 우상에게": Revelation 14:9-10.

125쪽 "2세기에 활동한 이집트 신학자 오리겐은": C. W. Bynum, *The Resurrection of the Body in Western Christianity, 200-1336* (New York: Columbia University Press, 1995), pp. 63-66. For an alternative reading, N. T. Wright, *The Resurrection of the Son of God* (Minneapolis: Fortress Press, 2003), pp. 519-21.

126쪽 "하느님의 나라는 눈에 보이는 형태로 오지 않습니다": After Luke 17:20-21. Origen, *Origen on Prayer* (Grand Rapids, MI: Christian Classics Ethereal Library, 2001), p. 42.

126쪽 "다음 구절을 들었다": Matthew 19:21 and 6:34.

126쪽 "안토니는 사막으로 들어갔다": Athanasius, "Life of Anthony," in *A Select Library of Nicene and Post-Nicene Fathers of the Christian Church*, ed. P. Schaff and H. Wace (New York: Charles Scribner's Sons, 1903), vol. 4, pp. 188-221. P. R. L. Brown, *The Body and Society: Men, Women, and Sexual Renunciation in Early Christianity* (New York: Columbia University Press, 1988), pp. 213-40.

127쪽 "내 모든 감각은 완전히 압도되었다": M. Gruber, *Journey Back to Eden: My Life and Times Among the Desert Fathers* (Maryknoll, NY: Orbis Books, 2004), p. 20. Frank, *The Memory of the Eyes*.

127쪽 "늘 기도하십시오": 1 Thessalonians 5:17.

127쪽 "운동이 부족했음에도 살이 찌지 않았고": Athanasius, "Life of Anthony."

128쪽 "최초의 기독교 은둔자": Although Saint Paul of Thebes also has a strong claim to the title.

128쪽 "자기 절제와 금욕의 기술": J. Chryssavgis, *In the Heart of the Desert: The*

Spirituality of the Desert Fathers and Mothers (Bloomington, IN: World Wisdom, 2003); H. Thurston, "Simeon Stylites the Elder," in *The Catholic Encyclopedia*, ed. Herbermann et al., vol. 13, p. 795.

128쪽 "안토니의 동료인 파코미우스": Sozomenus, "The Ecclesiastical History of Sozomen, Comprising a History of the Church from AD 323 to AD 425," in *A Select Library of Nicene and Post-Nicene Fathers of the Christian Church*, 2nd series, ed. P. Schaff and H. Wace (New York: The Christian Literature Company, 1890), vol. 2, p. 292.

128쪽 "경구와 잠언이 담긴 작은 책들": T. Merton, *The Wisdom of the Desert* (New York: New Direction Books, 1960). Also B. Ward, *The Desert Fathers: Sayings of the Early Christian Monks* (London: Penguin Books, 2003).

128쪽 "현 시대는 폭풍우와 같다": L. Swan, *The Forgotten Desert Mothers* (Mahwah, NJ: Paulist Press, 2001), p. 64.

129쪽 "쉬게 하겠네": D. Burton-Christie, *The Word in the Desert* (New York: Oxford University Press, 1993), p. 289. My gratitude to Douglas Burton-Christie, professor of theological studies at Loyola Marymount University, for his analysis of heaven and the Desert Fathers.

129쪽 "예수님은 인간의 마음속에": J. D. Salinger, *Franny and Zooey* (Boston: Little, Brown, 1966), p. 171.

130쪽 "천국을 모방한 삶을 살기 위해 의식적인 노력": R. B. Lockhart, *Halfway to Heaven: The Hidden Life of the Sublime* Carthusians (New York: Vanguard Press, 1985).

130쪽 "종교개혁가들은 '죽으면 어떤 일이 일어날까?' 라는 질문을": P. Althaus, *The Theology of Martin Luther* (Philadelphia: Fortress Press, 1966), p. 414; B. Cottret, Calvin: A Biography (Grand Rapids, MI: William B. Eerdmans, 1995), pp. 79–81.

130쪽 "곧장 예수께서 계신 곳에 간다": A. C. Cochrane, ed., *Reformed Confessions of the 16th Century* (Louisville, KY: Westminster John Knox Press, 2003), p. 295.

130쪽 "집을 찾아 떠난 사람들": M. Holloway, *Heavens on Earth: Utopian Communities in America, 1680–1880* (New York: Dover, 1966).

131쪽 "그 많은 신도들이 다 한 마음 한 뜻이 되어": Acts 4:32.

131쪽 "진정한 종말": C. Mather, *Manuductio ad Ministerium: Directions for a*

Candidate of the Ministry (New York: Columbia University Press, 1938), p. 6.

131쪽 "우리는 언덕 위의 도시처럼 될 것입니다": O. Collins, ed. *Speeches That Changed the World* (Louisville, KY: Westminster John Knox Press, 1999), pp. 63-65.

131쪽 "에프라타 클로이스터": For more detail on both the Ephrata cloister and the Oneida community, R. P. Sutton, *Communal Utopias and the American Experience: Religious Communities 1732-2000* (Westport, CT: Praeger, 2003) and Holloway, *Heavens on Earth*.

132쪽 "1966년, 미국의 트라피스트Trappist 수도사 토마스 머튼은": T. Merton, "Introduction," in *Religion in Wood: Masterpieces of Shaker Furniture*, ed. E. D. Andrews and F. Andrews (Bloomington: Indiana University Press, 1966), pp. 7-18.

132쪽 "1840년에 미국의 초월주의자 랄프 왈도 에머슨은": R. W. Emerson, "Concord, October 30, 1840," in *The Correspondence of Thomas Carlyle and Ralph Waldo Emerson, 1834-1872* (Cambridge, MA: Riverside Press, 1896), vol. 1, p. 227.

133쪽 "인간 사회가 완전해질 수 있다고 믿었으며": R. Wuthnow, ed., *Encyclopedia of Politics and Religion*, vol. 2 (Washington, DC: CQ Press, 2007), pp. 829-30.

133쪽 "데몬스트레이션 플롯": T. E. K' Meyer, *Interracialism and Christian Community in the Postwar South: The Story of Koinonia Farm* (Charlottesville: University Press of Virginia, 2000).

134쪽 "사회적 복음에 급진적으로 투신": Koinonia Partners, "Con Browne's Talks in Late February 2006, as Recorded by Ann Karp," February, 2006, http://www.koinoniapartners.org/History/oralhistory/Con_Browne.html.

134쪽 "조지 솔로몬은 당시 코이노니아 농장 근처에 살던 아이였다": Koinonia Partners, "Koinonia Memories from Ms. Georgia Solomon as Told to Ann Karp," 2006, www.koinoniapartners.org/History/oralhistory/Georgia_Solomon.html.

Chapter 4. 푸르른 초원

140쪽 "미국에 사는 이슬람교도의 수는 조사 결과마다 다양한데": For further details, The Pew Research Center, "Muslim Americans: Middle Class and Mostly Mainstream," May 22, 2007, http://people-press.org/report/?reportid=329; and Y.

Y. Haddad and J. I. Smith, *Muslim Communities in North America* (Albany: State University of New York Press, 1994), p. 275.

141쪽 "너무나 아름다운 낙원의 정원이 당신을 기다리고 있다는": B. Woodward, "In Hijacker's Bags, a Call to Planning, Prayer and Death," *Washington Post*, September 28, 2001.

141쪽 "너무나 매혹적인 낙원의 미녀": suras 44 ("Smoke"), 52 ("The Mountain"), 55 ("The All-Merciful"), and 56 ("The Calamity"). For a more complete discussion of the concept's hadithic and Qur'anic roots, J. I. Smith and Y. Y. Haddad, *The Islamic Understanding of Death and Resurrection* (Oxford: Oxford University Press, 2002), pp. 163-68.

142쪽 "이란-이라크 전쟁 동안": L. Miller, "Why We Need Heaven," *Newsweek*, August 12, 2002.

142쪽 "숭고한 만족": M. K. Nydell, *Understanding Arabs: A Guide for Modern Times* (Yarmouth, ME: Intercultural Press, 2006), p. 109.

144쪽 "신의 천사가 모든 행동을 커다란 책에 기록하고 있다고도 믿는다": Sura 54 ("The Moon"), verses 52-53. I've quoted here from the Yusuf Ali translation: A. Yusuf Ali, *The Qur'an: Translation* (NewYork: Tahrike Tarsile Qur'an, 2007). Khalidi translates the lines as "All they have done is in ancient Scriptures / And all of it, great or small, is recorded."

144쪽 "천국의 커다란 책": Smith and Haddad, *Islamic Understanding of Death*, p. 76. Sura 84 ("The Splitting").

145쪽 "거대한 저울": Sura 23 ("The Believers"), verses 102-104.

145쪽 "타는 듯한 바람": Sura 56 ("The Calamity"), verses 40-43.

146쪽 "신이 위에서 항상 보고 계시거든요.": Associated Press, "Diamonds Can't Tempt Honest LA Cabbie," MSNBC, November 18, 2005, http://www.msnbc.msn.com/id/10096893/.

146쪽 "이 황무지에 태양이 마치 압제자처럼 쳐들어와": C. M. Doughty, *Travels in Arabia Deserta* (Cambridge: Cambridge University Press, 1888), p. 323.

146쪽 "종종 갓 태어난 여자 아기를 산 채로 모래에 묻었다": Sura 16 ("The Bee"), verses 58-59: "Yet when one of them is brought tidings of an infant girl, his face turns dark, suppressing his vexation. He keeps out of people's sight, because of the evil news he was greeted with. Will he retain the infant, in disgrace, or will he bury it in haste in the ground? Wretched indeed is their decision!"

147쪽 "고대 베두인족의 종교적 관습": For a more detailed discussion of Bedouin religious practices in this period, J. Henninger, "Pre-Islamic Bedouin Religion," in *Studies on Islam*, ed. M. L. Swartz (New York: Oxford University Press, 1981), pp. 3-22.

147쪽 "베두인족 역시 선조들에게 물려받은 종교적 전통을": S. Inayatullah, "Pre-Islamic Thought," in *A History of Muslim Philosophy*, ed. M. M. Sharif (Kempten, Pakistan: Philosophical Congress, 1963), vol. 1, pp. 126-35.

147쪽 "난 당신을 위해 웁니다": M. Abdesselem, *Le thème de la mort dans la poésie arabe des origines à la fin du IIIe/IXe siècle* (Tunis, Tunisia: Publications de l'Universite de Tunis, 1977), p. 63. Translation courtesy of Ana Rodriguez Navas, Department of Comparative Literature, Princeton University.

148쪽 "죽음은 어째서 우리를 이토록 괴롭힌단 말인가?": Abdesselem, *Le thème de la mort*, p. 69. Translation courtesy of Ana Rodriguez Navas, Department of Comparative Literature, Princeton University.

148쪽 "숨 막힐 듯한 열": W. M. Watt, A. J. Wensinck, R. B. Winder, and D. A. King, "Makka," in *Encyclopaedia of Islam, Second Edition*, ed. P. Bearman, T. Bianquis, C. E. Bosworth, E. v. Donzel, and W. P. Heinrichs (Leiden: E. J. Brill, 2009), vol. 6, p. 144. F. E. Peters, *Mecca: A Literary History of the Muslim Holy Land* (Princeton, NJ: Princeton University Press, 1994).

149쪽 "영국의 탁월한 학자": W. M. Watt, *Muhammad at Mecca* (Oxford: Clarendon Press, 1953); and W. M. Watt, *Muhammad at Medina* (Oxford: Clarendon Press, 1956). For more recent biographies, M. Rodinson, *Muhammad* (London: Tauris Parke, 2002); and K. Armstrong, *Muhammad: A Biography of the Prophet* (San Francisco: HarperSanFrancisco, 1993).

150쪽 "문서를 보존하거나 어떠한 형태로든 사적인 기록을 남기는 사람도 없었다": For a broader discussion of literacy in the pre-Islamic Hijaz, and the resultant historiographical challenges, C. F. Robinson, *Islamic Historiography* (Cambridge:

Cambridge University Press, 2003), pp. 3-17. For a more general overview of Islamic history, B. Lewis and B. E. Churchill, *Islam: The Religion and the People* (Upper Saddle River, NJ: Wharton School Publishing, 2008).

150쪽 "코란에 어떠한 편집이나 번역, 해석, 경전화 과정도 가해지지 않았다고 믿어왔다": Sura 43 ("Ornament"), verses 1-4.

150쪽 "서구의 신진 학자 집단": P. Crone, *Meccan Trade and the Rise of Islam* (Princeton, NJ: Princeton University Press, 1987); and P. Crone, *From Arabian Tribes to Islamic Empire: Army, State and Society in the Near East c. 600-850* (Aldershot, UK: Ashgate, 2008).

151쪽 "혁신의 대상": F. M. Donner, "The Background to Islam," in *The Cambridge Companion to the Age of Justinian,* ed. M. I. Maas (New York: Cambridge University Press, 2005), pp. 510-34.

151쪽 "퀘이누카Qaynuqa족은": Watt, *Muhammad at Medina,* p. 194.

152쪽 "마호메트는 570년 무렵에 메카 근처에서 태어났다": W. M. Watt, *Muhammad: Prophet and Statesman* (London: Oxford University Press, 1974), p. 7.

152쪽 "예민하고 내성적이며 영적인": the hagiography of twentieth-century Egyptian politician and author Muhammad Husayn Haykal, who praises the twelve-year-old Muhammad's "largeness of spirit, intelligence of heart, superior understanding … accurate memory, and other characteristics which the divine providence gave him in preparation for his great mission." Translated in A. Wessels, *A Modern Arabic Biography of Muhammad* (Leiden: E. J. Brill, 1972), p. 50.

152쪽 "와트는 생계 수단을 지닌 독립적인 여성 사업가였던": Watt, *Muhammad at Mecca.*

153쪽 "암송하라!": Watt, in *Muhammad: Prophet and Statesman,* For an account translated directly from the pertinent hadiths, M. Lings, *Muhammad: His Life Based on the Earliest Sources* (London: Islamic Texts Society, 1983), p. 43.

153쪽 "천사가 목을 너무나 세게 조른 나머지": K. Armstrong, *Islam: A Short History* (New York: Modern Library, 2002), p. 4.

153쪽 "주님의 이름으로 암송하라!": Sura 96 ("The Blood Clot").

154쪽 "이슬람교의 '다섯 기둥'": in the "Hadith of the Angel Gabriel." V. J. Cornell, *Voices of Islam* (Westport, CT: Praeger, 2007), pp. 7-8.

154쪽 "코란에서 묘사하는 낙원": in Sura 40 ("The All-Merciful"), verses 60-75; in A. J. Arberry, *The Koran Interpreted* (New York: Touchstone, 1996). For rivers of water and milk, Sura 47 ("Muhammad"), verses 12-15; for pomegranates, Sura 55 ("The All-Merciful"), verse 68; for "flesh of fowl," Sura 56 ("The Calamity"), verse 21; for robes and goblets, Sura 76 ("Man"); and for heavenly greetings, Sura 14 ("Ibrahim"), verse 23.

155쪽 "코란에 의하면": Sura 81 ("Rolling Up").

156쪽 "벌거벗은 채 공포에 질려 땀투성이가 되어": Smith and Haddad, *Islamic Understanding of Death*, pp. 73-76, L. Halevi, *Muhammad's Grave: Death Rites and the Making of Islamic Society* (New York: Columbia University Press, 2007).

156쪽 "이 모든 과정을 거친 뒤에야 판결이 내려진다": sura 23 ("The Believers"), verses 102-4, and Sura 84 ("The Splitting").

156쪽 "면도날만큼이나 좁은 다리": Smith and Haddad, *Islamic Understanding of Death*, pp. 78-80.

156쪽 "불의 옷": Sura 22 ("The Pilgrimage"), verse 18-20.

156쪽 "실제로 코란은 부활과 내세를 의심하고 비웃으며": Sura 23 ("The Believers"), verse 37 / Sura 22 ("The Pilgrimage"), verses 4-6.

158쪽 "내가 찾아갔을 때": P. Barrett, *American Islam: The Struggle for the Soul of a Religion* (New York: Farrar, Straus and Giroux, 2007), p. 63.

159쪽 "문화를 낳았고": K. Abou El Fadl, "What Became of Tolerance in Islam?" *Los Angeles Times*, September 14, 2001. K. Abou El Fadl, *The Great Theft: Wrestling Islam from the Extremists* (New York: HarperCollins, 2005).

159쪽 "살해 위협을 받고 있다": Barrett, *American Islam*, pp. 92-93.

160쪽 "코란에는 '신의 보좌가 물 위에 있다'는 구절이 나오는데": "Throne," Surah 11 ("Hud"), verse 7; "jugular vein," Sura 50 ("Qaf"), verse 16; "light of the heavens," Sura 24 ("Light").

161쪽 "저널리스트인 바렛은 도시 근교에 위치한 아부 엘 파들의 조그마한 집을 방문했다.": Barrett, *American Islam*, pp. 67, 93.

162쪽 "어느 날 한 사람이 복음을 전파하네": G. Morrison, ed., *History of Persian Literature from the Beginning of the Islamic Period to the Present Day* (Leiden: E.

J. Brill, 1981), p. 65.

163쪽 "아내들을 자리에서 내쫓고 때려라": Arberry, *The Koran Interpreted*, pp. 105-6. For a discussion of Bakhtiar's translation, and other possible renderings of the verse, A. Saeed, *The Qur'an: An Introduction* (New York: Routledge, 2008), pp. 129-33.

163쪽 "잠자리에서 아내를 외면하고 그녀에게서 멀리 떨어져라.": L. Bakhtiar, *The Sublime Quran* (Chicago: Kazi Publications, 2007), p. 70. her introductory essay, pp. xxvii-xxxiv.

164쪽 "그녀를 지지하는": I. Mattson, "RE: Statements Made by ISNA Canada Secretary General Regarding Dr. Laleh Bakhtiar's Qur'an Translation," The Islamic Society of North America, October 24, 2007, http://www.isna.net/articles/Press-Releases/PUBLIC-STATEMENT.aspx.

165쪽 "사랑스런 검은 눈동자를 지닌 자여": Bakhtiar, *The Sublime Quran*, Sura 56 ("The Calamity"), verse 23.

chapter 5 부활

172쪽 "불합리를 믿는가?": C. Milosz, *To Begin Where I Am* (New York: Farrar, Straus and Giroux, 2001), p. 320.

173쪽 "단 26퍼센트의 미국인만이": D. Van Biema, "Does Heaven Exist?" *Time*, March 24, 1997.

173쪽 "2003년 해리스의 여론조사": "The Religious and Other Beliefs of Americans 2003," Harris Interactive, February 26, 2003, http://www.harrisinteractive.com/harris_poll/index.asp?pid=359.

174쪽 "부활 신앙이 약화되고 있다": Resurrection belief is fading: Cremation Association of North America, "Final 2005 Statistics and Projections to the Year 2025; 2006 Preliminary Data," 89th Annual Convention of the Cremation Association of North America, San Francisco, August 15-18, 2007. S. Prothero, *Purified by Fire: A History of Cremation in America* (Berkeley, CA: University of California Press, 2001).

174쪽 "최근에는 로마 가톨릭교회마저 화장에 대한 입장을 바꾸었다": J. Newton,

"Catholic Church (North America)," in *The Encyclopedia of Cremation*, ed. D. J. Davies and L. H. Mates (Burlington, VT: Ashgate, 2005), p. 112.

175쪽 "야훼 하느님께서 진흙으로 사람을 빚어 만드시고": Genesis 2:7.

176쪽 "정말로!": Sura 75 ("Resurrection"), verses 1-5.

177쪽 "완전하며 의식을 지닌 책임감 있는 사람으로서": J. I. Smith and Y. Y. Haddad, *The Islamic Understanding of Death and Resurrection* (Oxford: Oxford University Press, 2002), p. 64.

177쪽 "전적으로 믿습니다": J. D. Bleich, ed., *With Perfect Faith: The Foundations of Jewish Belief* (New York: Ktav, 1982), p. 13; pp. 638-56.

177쪽 "소수의 신심 깊은 유대인들이": A. Steinberg and F. Rosner, *Encyclopedia of Jewish Medical Ethics: A Compilation of Jewish Medical Law on All Topics of Medical Interest* (Jerusalem: Feldheim, 2003), p. 1097.

177쪽 "이스라엘에서 가져온 흙으로": Holy Land Earth, "Suggested Uses for Holy Land Earth," Holy Land Earth LLC, 2009, www.holylandearth.com/uses.asp.

178쪽 "학자들은… 치열하게 논쟁해왔다": For a discussion of the academic debate surrounding the date and location of Ezekiel's composition, G. W. Bromiley, *International Standard Bible Encyclopedia* (Grand Rapids, MI: William B. Eerdmans, 1979), pp. 250-62.

178쪽 "에스겔서": "Can these bones," Ezekiel 37:3; "a vast multitude," Ezekiel 37:10; "the whole house of Israel," Ezekiel 37:11-14.

180쪽 "전통을 준수하는 유대인인 레벤슨은 주류 유대교가 다시 육체적 부활 신앙을": K. Madigan and J. D. Levenson, *Resurrection: The Power of God for Christians and Jews* (New Haven, CT: Yale University Press, 2008).

181쪽 "회복과 정화, 갱신의 장소": J. D. Levenson, *Resurrection and the Restoration of Israel: The Ultimate Victory of the God of Life* (New Haven, CT: Yale University Press, 2006).

181쪽 "아미다Amidah를 하루 세 번, 안식일에는 네 번씩 암송했다": L. I. Levine, *The Ancient Synagogue: The First Thousand Years* (New Haven, CT: Yale University Press, 2005), pp. 540-50.

181쪽 "영혼의 불멸성": M. A. Meyer, *Response to Modernity: A History of the Reform*

Movement in Judaism (New York: Oxford University Press, 1988), pp. 228-29.

181쪽 "현재 우리의 정신적, 영적 상태와 완전히 동떨어진 것": Central Conference of American Rabbis, "Pittsburgh Platform: Declaration of Principles," in *Religion and American Cultures*, ed. G. Laderman and L. D. León (Santa Barbara, CA: ABCCLIO, 2003), p. 779.

182쪽 "부활에 관한 천명을 다시 집어넣었다": B. Harris, "Reform Siddur Revives Resurrection Prayer," JTA (Jewish Telegraph Agency), November 20, 2007.

183쪽 "플라톤은 인간의 육체가 덫이며": Plato, *Phaedo* (Stillwell, KS: Digireads.com, 2006), p. 58.

184쪽 "신의 영감 아래 놓여 있다": chapter 6 of Clement of Alexandria's *Exhortation to the Heathen*, quoted in B. M. Metzger, *The Canon of the New Testament: Its Origin, Development, and Significance* (Oxford: Clarendon Press, 1997), p. 134.

184쪽 "소크라테스의 제자들 중에": Augustine, *The City of God Against the Pagans* (Cambridge: Cambridge University Press, 1998), p. 316.

184쪽 "바리새인": J. H. Charlesworth and C. D. Elledge, *Resurrection: The Origin and Future of a Biblical Doctrine* (New York: T. & T. Clark, 2006), pp. 36-41.

185쪽 "너희는 성서도 모르고 하느님의 권능도 모르니": Mark 12:18-25.

185쪽 "제사장이나 왕": 1 Chronicles 17:11-15.

185쪽 "그는 다윗의 가문 출신도": R. H. Williams, "An Illustration of Historical Inquiry: Histories of Jesus and Matthew 1:1-25," in *Handbook of Early Christianity*, ed. A. J. Blasi, P.-A. Turcotte, and J. Duhaime (Walnut Creek, CA: AltaMira Press, 2002), pp. 105-24.

186쪽 "복음서 기자의 임무": C. W. Bynum, *The Resurrection of the Body in Western Christianity, 200-1336* (New York: Columbia University Press, 1995), pp. 4-5.

186쪽 "복음서는 예수의 부활과 관련한 사건을 각기 다르게 다룬다": Matthew 28:9; Mark 16:9-15; Luke 24:15-31; and John 20:27. chapter 2 ("Desire for an End," pp. 34-56) in G. Aichele, *Jesus Framed* (London: Routledge, 1996).

186쪽 "특히 사도 바울은 강하게 부활을 변호한다": 1 Corinthians 15:35-55. Bynum, *The Resurrection of the Body*, which begins with the "seed" image and explores its themes throughout.

191쪽 "천국에서 입은 더 이상 먹지 않을 것이며": Bynum, *The Resurrection of the Body*, pp. 37-42.

191쪽 "어거스틴은 거의 혼자서 서구 교회의 신학적 기초를": P. Fredriksen, *Augustine and the Jews: A Christian Defense of Jews and Judaism* (New York: Doubleday, 2008); G. Wills, *Saint Augustine* (New York: Lipper/Viking, 1999); and A. Fitzgerald and J. C. Cavadini, *Augustine Through the Ages: An Encyclopedia* (Grand Rapids, MI: William B. Eerdmans, 1999).

191쪽 "기독교인 어머니": P. R. L. Brown, *Augustine of Hippo: A Biography* (Berkeley: University of California Press, 2000); P. R. L. Brown, *The Body and Society* (New York: Columbia University Press, 1988).

192쪽 "너무나 많은 시간을 마니교도 사이에서 보냈다": R. M. Hogan, *Dissent from the Creed: Heresies Past and Present* (Huntington, IN: Our Sunday Visitor, 2001), pp. 61-66.

192쪽 "육체로부터 날아올라 탈출": Augustine, "The Magnitude of the Soul," trans. J. J. McMahon, in *The Fathers of the Church: A New Translation*, vol. 4, ed. R. J. Deferrari (Washington, DC: Catholic University of America Press, 1947), p. 144.

192쪽 "불가능한 일을 시도했다": P. Frederiksen, "Vile Bodies: Paul and Augustine on the Resurrection of the Flesh," in *Biblical Hermeneutics in Historical Perspective: Studies in Honor of Karlfried Froehlich on His Sixtieth Birthday*, ed. M. S. Burrows and P. Rorem (Grand Rapids, MI: William B. Eerdmans, 1991), pp. 75-87.

193쪽 "짐승에게 먹히고": Book 22, chapter 12, in Augustine, "The City of God Against the Pagans," in *A Select Library of the Nicene and Post-Nicene Fathers of the Christian Church*, ed. P. Schaff (New York: Charles Scribner's Sons, 1899), vol. 2, p. 494.

193쪽 "합리론의 질문들": Ibid. People rise aged 30, book 22, chapter 15; marks of martyrdom, book 22, chapter 19; babies rise as adults, book 22, chapter 14; women rise as women, book 22, chapter 17.

194쪽 "세례를 받지 않은 아기": Augustine, "On Merit and the Forgiveness of Sins, and the Baptism of Infants," *New Advent*, 2008, http://www.newadvent.org/fathers/15011.htm.

194쪽 "육체가 결코 썩지 않게 되면": Book 22, chapter 30, in Augustine, *City of God*, p. 1178.

194쪽 "우리는 천국에서도 여전히 볼 수 있다": Book 22, chapter 30, in Augustine, *City of God*, trans. H. Bettenson (London: Penguin, 2003), p. 1082.

chapter 6 구원

199쪽 "2008년 이른 여름, 버락 오바마는": Associated Press, "Obama Reaches Out to Christian Leaders," MSNBC, June 11, 2008, http://www.msnbc.msn.com/id/25092483/.

200쪽 "내게 예수님은 유일한 길입니다": A. M. Banks and D. Burke, "Fuller Picture Emerges of Obama's Evangelical Meeting," Religion News Service, June 18, 2008, http://pewforum.org/news/display.php?NewsID=15867.

200쪽 "어머니가 지옥에 갔다고 믿지 않습니다": L. Miller and R. Wolffe, "Finding His Faith," *Newsweek*, July 12, 2008.

200쪽 "나는 말뿐 아니라 행위와 실천을 통해": L. Miller and R. Wolffe, "I Am a Big Believer in Not Just Words, But Deeds and Works," *Newsweek*, July 21, 2008.

200쪽 "나의 믿음은 다른 기독교인과": Miller and Wolffe, "Finding His Faith."

201쪽 "행위 대 은혜 논쟁": For a discussion of the grace-versus-works debate in Judaism, K. L. Yinger, *Paul, Judaism, and Judgment According to Deeds* (Cambridge: Cambridge University Press, 1999). A. Schimmel, "Some Aspects of Mystical Prayer in Islam," *Die Welt des Islams*, New Series, vol. 2, no. 2 (1952): 112-25.

201쪽 "파괴적인 결과를 낳을 수 있다": J. L. Walls, *Heaven: The Logic of Eternal Joy* (New York: Oxford University Press, 2007).

202쪽 "약 2분 전에요": D. Capps, *A Time to Laugh: The Religion of Humor* (New York: Continuum, 2005), pp. 30-33.

203쪽 "한 남자에게 천국에 가게 될 것이라고 말한다": M. Wagner, "Shas Pulls Controversial Election Ad," *The Jerusalem Post*, March 12, 2006.

203쪽 "당신을 기다렸습니다": R. Ashmore, "McVeigh Will Meet Unimaginable Mercy," *National Catholic Reporter*, May 18, 2001.

204쪽 "그들은 지옥에 떨어질 것입니다": "Perspectives," *Newsweek*, August 24 and 31, 2009.

204쪽 "이 가게는 영혼을 불태우는 곳이네!": A. Teibel, "Embracing Secular Culture Can Be Risky in Israel," Associated Press, October 5, 2008.

204쪽 "2008년, 종교와 공공 생활에 대한 퓨포럼의 여론조사에 의하면": The Pew Forum on Religion and Public Life, *U.S. Religious Landscape Survey: Religious Beliefs and Practices*, Washington, DC, 2008.

205쪽 "남침례신학교의 믿음에 관한 조항이 천명하고 있듯이": Southern Baptist Theological Seminary, "What We Believe," 2009, http://www.sebts.edu/about/what-we-believe/default.aspx.

205쪽 "퓨포럼은 곧바로 행위 대 은혜에 관한 여론조사를 실시했다": The Pew Forum on Religion and Public Life, "Many Americans Say Other Faiths Can Lead to Eternal Life," December 18, 2008, http://pewforum.org/docs/?DocID=380.

205쪽 "주님만이 내리실 수 있는 결정": J. Meacham, "Pilgrim's Progress," *Newsweek*, August 14, 2006.

206쪽 "배신자라는 비난": T. Flannery, "Billy Graham's Apostasy," World-NetDaily, August 10, 2006, http://www.worldnetdaily.com/news/article.asp?ARTICLE_ID=51461.

206쪽 "당신 뜻대로 하소서": E. Egli and G. Finsler (eds.), *Huldreich Zwinglis samtliche Werke*, Volume 1 (Berlin: C. A. Schwetschke und Sohn, 1905), p. 67. A. E. McGrath, *Reformation Thought: An Introduction* (Oxford: Blackwell, 1999), p. 133.

206쪽 "예정론": P. R. L. Brown, *Augustine of Hippo: A Biography* (Berkeley: University of California Press, 2000).

207쪽 "어떤 이슬람 경전에 따르면": J. I. Smith and Y. Y. Haddad, *The Islamic Understanding of Death and Resurrection* (Oxford: Oxford University Press, 2002), pp. 35–36.

207쪽 "누가 살고": R. Hammer, *Entering the High Holy Days: A Guide to Origins, Themes, and Prayers* (Philadelphia: Jewish Publication Society of America, 2005), p. 87.

207쪽 "그와 유사하게 요한계시록은": Revelation 2:14-20.

208쪽 "이 땅을 내 의로운 종들에게 물려주리라": Sura 21 ("The Prophets"), verse 105.

209쪽 "고통 속에서 미소를 띠우고": Josephus, "The Jewish War," in *Jewish Life and Thought Among Greeks and Romans*, ed. L. H. Feldman and M. Reinhold (Minneapolis: Augsburg Fortress, 1996), pp. 248-51.

209쪽 "희생 제사": B. Lang, *Sacred Games: A History of Christian Worship* (New Haven, CT: Yale University Press, 1997), p. 222.

210쪽 "불에 타고 십자가에 못 박히자": A. Roberts and J. Donaldson, eds., *The Writings of the Apostolic Fathers* (London: Elibron Classics, 2005), p. 214.

210쪽 "순교자의 피는 교회의 씨앗이다": O. Chadwick, *A History of Christianity* (London: Weidenfeld & Nicolson, 1995), p. 35.

211쪽 "이것은 내 몸이다": Matthew 26:26-29. Almost the same words occur in Mark and Luke; the earliest version of the scene can be found in 1 Corinthians 11:23-26.

211쪽 "성스러운 열망으로 영원한 삶을 간절히 바라라": Benedict, *Rule of Saint Benedict in English* (Collegeville, MN: Liturgical Press, 1981), p. 28.

213쪽 "상복을 입지 마라": S. Israel, *Charge!: History's Greatest Military Speeches* (Annapolis, MD: Naval Institute Press, 2007), p. 49.

213쪽 "천국에서 특별한 자리를 차지": B. P. McGuire, "A Lost Clairvaux Exemplum Found: The Liber Visionum Et Miraculorum Compiled Under Prior John of Clairvaux," *Analecta Cisterciensia* 39, no. 1 (January-June 1983): 27-62. the *Treatise on the Purgatory of St. Patrick*, detailed in C. Zaleski, *Otherworld Journeys: Accounts of Near-Death Experience in Medieval and Modern Times* (New York: Oxford University Press, 1987), p. 38.

213쪽 "중세 시대에는 수도사들에게 돈을 주고": C. Daniell, *Death and Burial in Medieval England, 1066-1550* (London: Routledge, 1997), p. 179.

216쪽 "여덟 가지 치명적인 죄": Evagrius, "On the Eight Thoughts," in *Evagrius of Pontus: The Greek Ascetic Corpus*, ed. R. E. Sinkewicz (Oxford: Oxford University Press, 2006), pp. 66-90.

216쪽 "그레고리 대교황은 이를 일곱 가지로 줄였다": Gregory, *Morals on the Book of Job* (Oxford: F. and J. Rivington, 1850), p. 490; U. Voll and S. A. Kenel, "Deadly

Sins," in *New Catholic Encyclopedia* (Detroit: Thomson/Gale, 2003), vol. 4, pp. 565-67. J. A. Trumbower, *Rescue for the Dead: The Posthumous Salvation of Non-Christians in Early Christianity*, Oxford Studies in Historical Theology (New York: Oxford University Press, 2001), pp. 141-53.

216쪽 "속죄가 공적으로 이루어졌다": J. T. McNeill and H. M. Gamer, *Medieval Handbooks of Penance: A Translation of the Principal "Libri Poenitentiales" and Selections from Related Documents* (New York: Columbia University Press, 1990). P. J. Geary, "Penance (The West)," in *Encyclopedia of the Middle Ages* (e-reference ed.), ed. A. Vauchez, trans. A. Walford (Chicago: Fitzroy Dearborn, 2000), www.oxford-middleages.com/entry?entry=t179.e2155-s1.

216쪽 "'용서받지 못할mortal'이나 '용서받을 수 있는venial'과 같은 용어의 세분화는": Per J. Le Goff, *The Birth of Purgatory* (Chicago: University of Chicago Press, 1984), p. 217

217쪽 "좀더 나이가 들면": W. C. Placher, *A History of Christian Theology: An Introduction* (Philadelphia: Westminster Press, 1983), p. 132.

217쪽 "겁쟁이거나 나약한 자는 참회자가 될 수 없었다": McNeill and Gamer, *Medieval Handbooks of Penance*, pp. 98-116.

218쪽 "천국에 들어갈 수 없는 죄와 용서받을 수 있는 죄를 구분했다": T. Renick, *Aquinas for Armchair Theologians* (Louisville, KY: Westminster John Knox Press, 2002); and J. P. Wawrykow, *The Westminster Handbook to Thomas Aquinas* (Louisville, KY: Westminster John Knox Press, 2005), pp. 142-45.

218쪽 "누군가는 신의 사랑을 더 많이 받을 것이며": T. Aquinas, *Summa Theologica* 1:12:6. Translation given in C. McDannell and B. Lang, *Heaven: A History* (New York: Vintage Books, 1990), p. 90.

219쪽 "죄를 분류하고 경중을 매기는 작업에 한창이었다": S. B. Nuland, *Maimonides* (New York: Nextbook / Schocken, 2005). J. L. Kraemer, *Maimonides: The Life and World of One of Civilization's Greatest Minds* (New York: Doubleday, 2008).

219쪽 "613 미쯔바": A. Rothkoff, "Mitzvah," in *Encyclopaedia Judaica*, ed. M. Berenbaum and F. Skolnik (Detroit: Macmillan Reference USA, 2007), vol. 14, p. 372.

219쪽 "열세 가지의 보편적 원칙": H. A. Davidson, *Moses Maimonides: The Man and His Works* (New York: Oxford University Press, 2005), pp. 157-173.

220쪽 "술탄(이슬람교국의 군주)의 주치의": F. Rosner, *The Medical Legacy of Moses Maimonides* (Hoboken, NJ: Ktav, 1998), p. 14.

223쪽 "로마 가톨릭의 위계질서": Le Goff, *The Birth of Purgatory*.

224쪽 "영광을 받지도 형벌을 받지도 않는다": Orations 40:23 ("The Oration on Holy Baptism"), in G. Nazianzen, "Select Orations of Saint Gregory Nazianzen," in *A Select Library of Nicene and Post-Nicene Fathers of the Christian Church*, 2nd series, ed. P. Schaff and H. Wace (Grand Rapids, MI: T. & T. Clark), vol. 7, pp. 203-436.

224쪽 "어거스틴의 반응은 냉엄했다": Le Goff, *The Birth of Purgatory*, pp. 61-85.

226쪽 "신은 태어나기도 전에 이미 아기들을 자녀로 삼아주셨다고 선언하셨다": "Institutes of the Christian Religion" (1536), quoted in B. A. Gerrish, "The Place of Calvin in Christian Theology," in *The Cambridge Companion to John Calvin*, ed. D. K. McKim (Cambridge: Cambridge University Press, 2004), pp. 289-304.

226쪽 "은혜를 내리소서": G. Chaucer, *The Canterbury Tales* (Mineola, NY: Dover, 2004), p. 534.

227쪽 "세 번째 집단은 한동안 지옥에 내려간 뒤": Le Goff, *The Birth of Purgatory*, pp. 39-40.

227쪽 "12개월 동안 카디쉬 기도문을 읊어야 한다고": M. Lamm, *The Jewish Way in Death and Mourning* (Middle Village, NY: Jonathan David Publishers, 2000). A. Diamant, *Saying Kaddish: How to Comfort the Dying, Bury the Dead, and Mourn as a Jew* (New York: Schocken, 1998).

227쪽 "바르자크": Smith and Haddad, *Islamic Understanding of Death*, pp. 41-52.

228쪽 "그들은 지옥에 가지 않을 것이다": Le Goff, *The Birth of Purgatory*, p. 165.

229쪽 "일부 사람들은 연옥의 영혼이 너무나 심한 고통을": T. Aquinas, *Summa Theologica*, vol. 5, pt. 3, 2nd sect. and suppl. (New York: Cosimo, 2007), pp. 3006-7.

230쪽 "〈성 패트릭의 지옥의 전설〉": E. Gardiner, ed., *Visions of Heaven and Hell Before Dante* (New York: Italica Press, 1989), pp. 135-48.

231쪽 "11세기 말까지 교황은 돈을 받고 면죄부": M. Purcell, *Papal Crusading Policy: The Chief Instruments of Papal Crusading Policy and Crusade to the Holy Land from the Final Loss of Jerusalem to the Fall of Acre 1244-1291* (Leiden: E. J. Brill, 1975), pp. 36-61. D. Webb, *Pilgrims and Pilgrimage in the Medieval West* (London: I. B. Tauris, 1999), pp. 65-66.

231쪽 "그들은 특별한 기도와 특별한 사람이 드리는 기도 또한": E. Duffy, *The Stripping of the Altars: Traditional Religion in England, c. 1400-. 1580* (New Haven, CT: Yale University Press, 2005), pp. 346, 360-62.

231쪽 "가난한 자의 기도": Ibid., pp. 360-62.

232쪽 "면죄부의 악용": P. Collinson, *The Reformation* (London: Weidenfeld & Nicolson, 2003).

232쪽 "성 거트루트에게 드리는 특별한 기도": Mission to Empty Purgatory, "Calculations," MTEP.com, 2009, http://www.mtep.com/calculations.htm.

233쪽 "면죄부를 부활": Roman Catholic Diocese of Brooklyn, "Announces Indulgences During Pauline Year," DioceseofBrooklyn.org, August 5, 2008, http://dioceseofbrooklyn.org/default_article.aspx?id=2084; J. N. Latino, "Year of St. Paul Offers Indulgences," MississippiCatholic.com, November 14, 2008, http://www.mississippicatholic.com/categories/diocese/2008/111408/indulgences.html.

233쪽 "'가치 있음'을 테스트하는 과정": C. L. Bushman and R. L. Bushman, *Building the Kingdom: A History of Mormons in America* (Oxford: Oxford University Press, 2001); and also J. Shipps, *Mormonism: The Story of a New Religious Tradition* (Urbana: University of Illinois Press, 1987).

233쪽 "태양과 같은 신과 동등한 영광": Doctrine and Covenants 76:70, in "The Official Scriptures of the Church of Jesus Christ of Latter day Saints," LDS.org, 2006, http://scriptures.lds.org/en/contents; Doctrine and Covenants 88:20-39.

234쪽 "마가렛 토스카노는": *Frontline*, "The Mormons," first broadcast on April 30 and May 1, 2007, by PBS. Produced and directed by H. Whitney, and written by H. Whitney and J. Barnes.

236쪽 "나는 예수를 나의 구주이자 위로자로 붙드는 대신": J. M. Kittelson, *Luther the Reformer: The Story of the Man and His Career* (Minneapolis: Augsburg, 1986), pp. 78-80. the first book in Martin Brecht's authoritative three-volume biography: M. Brecht, *Martin Luther: His Road to Reformation 1483-1521* (Minneapolis: Fortress Press, 1993).

237쪽 "장식함 속의 반지가 나오면": P. Schaff, *History of the Christian Church* (New York: Charles Scribner's Sons, 1891), p. 153.

237쪽 "성모 마리아를 강간한 사람": R. D. Linder, *The Reformation Era* (Westport, CT: Greenwood Press, 2008), p. 22.

237쪽 "천국에 들어갈 것을 확신": M. Luther, *Works of Martin Luther, with Introduction and Notes* (Philadelphia: A. J. Holman, 1915), p. 38.

238쪽 "우리는 사도 바울과 베드로, 성모 마리아": McDannell and Lang, *Heaven: A History*, p. 150.

chapter 7 환상가들

241쪽 "1989년 1월의 어느 비 오는 날이었다": D. Piper and C. B. Murphey, *90 Minutes in Heaven: A True Story of Death and Life* (Grand Rapids, MI: Revell, 2004), pp. 25-44. D. Piper and C. B. Murphey, *Heaven Is Real: Lessons on Earthly Joy from the Man Who Spent 90 Minutes in Heaven* (New York: Penguin Books, 2007), p. 137.

244쪽 "삶을 즐겨라": S. Mitchell, *Gilgamesh: A New English Version* (New York: Free Press, 2004), pp. 168-69. C. Zaleski, *Otherworld Journeys: Accounts of Near-Death Experience in Medieval and Modern Times* (New York: Oxford University Press, 1987).

244쪽 "부분적으로 길가메시의 영향": W. Burkert, " 'Or Also a Godly Singer' : Akkadian and Early Greek Literature," in *Gilgamesh: A Reader*, ed. J. Maier (Wauconda, IL: Bolchazy-Carducci Publishers, 1997), pp. 178-91.

245쪽 "초기의 묵시문학에서": For a survey of heavenly apocalyptic literature in Judaism and Christianity, M. Himmelfarb, *Ascent to Heaven in Jewish and Christian Apocalypses* (Oxford: Oxford University Press, 1993).

245쪽 "벽은 얼음덩어리로 지어졌고": Zaleski, *Otherworld Journeys*, p. 21.

245쪽 "계시록의 저자 요한은 천사의 안내를 받아": "Around the throne" (Revelation, 4:2-

5); "a new heaven" (21:1); "Alpha and Omega" (22:13); sent to hell (22:18-21).

246쪽 "눈으로 본 적이 없고": 1 Corinthians 2:9-10. I've followed the New International translation here. *The NIV Study Bible, 10th Anniversary Edition* (Grand Rapids, MI: Zondervan Publishing House, 1995).

246쪽 "사람의 말로는 표현할 수 없는": 2 Corinthians 12:2-4.

247쪽 "바울의 천국 여행": J. K. Elliott, *The Apocryphal New Testament: A Collection of Apocryphal Christian Literature in an English Translation* (Oxford: Oxford University Press, 1993), pp. 624-34. E. Gardiner, *Visions of Heaven and Hell Before Dante* (New York: Italica Press, 1988).

247쪽 "바울은 천사의 안내를 받아": Sura 17 ("The Journey by Night"), verse 1.

248쪽 "이야기는 이렇게 전개된다": a.-S. M. Ibn 'Alawi, "The Hadith of Isra' and Mi 'raj," in *Islamic Doctrines and Beliefs*, vol. 1 (Damascus, Syria: ISCA, 1999), pp. 55-98.

249쪽 "몇몇 전승에서는 마호메트가 그곳에서": "Miracle of Al-Isra & Al-Miraj," IslamAwareness.net, 2009, http://www.islamawareness.net/Isra/miracle.html.

249쪽 "《턴데일의 환상The Vision of Tundale》": Gardiner, *Visions of Heaven and Hell*, pp. 149-97.

252쪽 "수염도 주름지고": G. Boccaccio and L. B. Aretino, *The Earliest Lives of Dante*, trans. James Robinson Smith (New York: Henry Holt, 1901), pp. 42-43. For a short, pleasurable biography, P. S. Hawkins, *Dante: A Brief History* (Malden, MA: Blackwell, 2006).

252쪽 "베아트리체라는 이름은": J. M. Ferrante, "Beatrice," in Lansing, *The Dante Encylopedia*, pp. 89-95.

253쪽 "서구 문학에서 베아트리체에 대한 단테의 겨상만큼": H. Bloom, *The Western Canon: The Books and School of the Ages* (New York: Riverhead Trade, 1995), pp. 72-73.

253쪽 "내가 가지고 있는 판": Dante Alighieri, *Paradiso*, trans. by Robert and Jean Hollander, introduction and notes by Robert Hollander (New York: Doubleday, 2007).

253쪽 "살아 있는 자를 일으켜 세워": J. A. Symonds, *The Sonnets of Michael Angelo Buonarroti and Tommaso Campanella* (Teddington, UK: The Echo Library,

2007), p. 14.

254쪽 "미켈란젤로는 로마에 위치한 시스티나 성당의": J. L. Miller, *Dante and the Unorthodox: The Aesthetics of Transgression* (Waterloo, ON: Wilfrid Laurier University Press, 2005), pp. 30–32.

254쪽 "이들 모두는 단테를 사랑하고": the extensive postscript in N. R. Havely, *Dante* (Malden, MA: Blackwell, 2007).

254쪽 "만화경의 프리즘처럼": S. Heaney, *Station Island* (New York: Farrar, Straus and Giroux, 1985).

255쪽 "베아트리체가 나를 쳐다보네": Dante, *Paradiso,* canto 4:139–142, p. 91.

255쪽 "단테가 말하는 천국은": "We were in a cloud," Ibid., canto 2:31–36, p. 37; "goodness that is infinite," 33:81, p. 823; "painted with our likeness," 33:131, p. 827; "struck by a bolt," 33:141–42, p. 827; "turning with the Love," 33:143–45, p. 827.

257쪽 "젖을 마신 후 엄마를 향해 팔을 뻗는 아이처럼": Ibid., canto 23:121–29, p. 565.

261쪽 "천국은 우리 몸의 작은 생기 하나하나에 들어와 있습니다": T. Teeman, "Attention: Towering Intellect at Work," *The Times,* January 24, 2007.

261쪽 "1946년에 C. S 루이스는《천국과 지옥의 이혼》이라는": C. S. Lewis, *The Great Divorce* (New York: HarperCollins, 2001), p. 144.

261쪽 "어슐러 르 귄의 단편집": U. K. Le Guin, "Paradises Lost," in *The Birthday of the World and Other Stories* (New York: HarperCollins, 2002), pp. 213–48.

265쪽 "순식간에 살아난 나는": Piper and Murphey, *Heaven Is Real,* pp. 1–2.

266쪽 "놀랄 만큼 증가": B. Greyson, "Dissociation in People Who Have Near-Death Experiences: Out of Their Bodies or Out of Their Minds?" *The Lancet 355* (2000): 460–63. Original study published as B. Greyson, "The Incidence of Near-Death Experiences," *Medicine and Psychiatry* 1 (1998): 92–99. G. Gallup and W. Proctor, *Adventures in Immortality* (London: Corgi Books, 1984).

266쪽 "임사 체험에 관한 조사들을 살펴보면": R. A. Moody and P. Perry, *Life Before Life: Regression into Past Lives* (London: Macmillan, 1990). J. N. Bremmer, *The Rise and Fall of the Afterlife: The 1995 Read-Tuckwell Lectures at the University of Bristol* (London: Routledge, 2002), p. 102.

267쪽 "이러한 체험은 여러 문화와 종교에 걸쳐": J. Belanti, M. Perera, and K. Jagadheesan, "Phenomenology of Near-Death Experiences: A Cross-Cultural Perspective," *Transcultural Psychiatry* 45, no. 1 (2008): 121-33.

268쪽 "수녀들과 수도사들의 뇌를 스캔": E. D' Aquili and A. B. Newberg, *The Mystical Mind: Probing the Biology of Religious Experience* (Minneapolis: Augsburg Fortress, 1999). A. Newberg and M. R. Waldman, *How God Changes Your Brain: Breakthrough Findings from a Leading Neuroscientist* (New York: Ballantine Books, 2009).

269쪽 "케타민ketamine을 다량 복용": K. Jansen, "Neuroscience, Ketamine, and the Near-Death Experience: The Role of Glutamate and the NMDA Receptor," in *The Near-Death Experience: A Reader*, ed. L. W. Bailey and J. Yates (New York: Routledge, 1996), pp. 265-82.

269쪽 "황금색 빛 가운데로": K. Jansen, *Ketamine: Dreams and Realities* (Sarasota, FL: The Multidisciplinary Association for Psychedelic Studies, 2000), p. 99.

270쪽 "수영장 자체에는 특별한 점이라곤 없다": C. Dickey, *Summer of Deliverance: A Memoir of Father and Son* (New York: Touchstone, 1998), p. 128.

271쪽 "아마도 맬리 콕스 챔프먼은 켈리의 말에 동의할 것이다": *Near-Death Experiences as Evidence of the Afterlife* (New York: G. P. Putnam' s Sons, 1995). R. Moody, *Life After Life* (New York: Bantam, 1978).

273쪽 "패션 디자이너 매리 둘리의 사례": Cox-Chapman, *The Case for Heaven*, pp. 14-15.

274쪽 "앞으로 올 세계에서 영혼이 누릴 복된 상태에 대해": M. Maimonides, *Mishneh Torah: The Book of Knowledge* (Jerusalem: Boys Town Jerusalem Publishers, 1965), p. 367.

Chapter 8. 재회

278쪽 "영계the spirit world에서 결혼": J. T. Duke, "Marriage: Eternal Marriage," in *Encyclopedia of Mormonism*, ed. D. H. Ludlow (New York: Macmillan, 1992), pp. 857-59.

278쪽 "세대의 사슬": B. Young, *Discourses of Brigham Young: Second President of the Church of Jesus Christ of Latter-Day Saints* (South Salt Lake City, Utah: Deseret

Book Co., 1971), pp. 406-408.

278쪽 "천상의 방": "Temples: A Virtual Tour of Celestial Rooms," LightPlanet.com, 2008, http://www.lightplanet.com/mormons/temples/celestial_room.html.

279쪽 "아직 살아 있는 몰몬교도의 인도로 천국에 들어올 수 있다": E. W. Fugal, "Salvation of the Dead," in *Encyclopedia of Mormonism*, ed. Ludlow, pp. 1257-59.

279쪽 "홀로코스트에서 목숨을 잃은 유대인을 위한 사후 세례식을 열었다": G. Niebuhr, "Mormons to End Holocaust Victim Baptism," *New York Times*, April 29, 1995.

281쪽 "1982년에 갤럽에서 실시한 여론조사에 의하면": G. Gallup and W. Proctor, *Adventures in Immortality* (London: Corgi Books, 1984), from C. McDannell and B. Lang, *Heaven: A History* (New York: Vintage Books, 1990), p. 307.

281쪽 "조카 존과 그의 신부는": N. R. Kleinfield, "Doors Closed, Kennedys Offer Their Farewells," *New York Times*, July 24, 1999.

281쪽 "가족이 거기 없다면 천국은 천국이 아닙니다": *The Simpsons*, "Thank God It's Doomsday!" first broadcast on May 8, 2005, on Fox. Directed by M. Marcantel.

281쪽 "성공회 사제인 로저 페를로가 엮은": B. Brown Taylor, "Leaving Myself Behind," in *Heaven*, ed. R. Ferlo (New York: Seabury Books, 2007), p. 10.

282쪽 "천국에서 가족과 확실히 재회": N. R. Gibbs and M. Duffy, *The Preacher and the Presidents: Billy Graham in the White House* (New York: Center Street, 2007), p. 155.

283쪽 "불과 지난 200년 동안에 널리 퍼졌다": For a more detailed account of the development of the family-reunion-in-heaven meme, McDannell and Lang, *Heaven: A History*, pp. 228-29.

283쪽 "천국에서는 장가가거나 시집가지 않을 것이다": Mark 12:25.

284쪽 "예수는 마리아를 그의 신적인 팔로 감싸 안았다.": From Mechthild of Magdeburg and F. J. Tobin, *The Flowing Light of the Godhead* (New York: Paulist Press, 1998), quoted in McDannell and Lang, *Heaven: A History*, p. 101.

284쪽 "누군가 또다시": S. Gaon, *The Book of Beliefs and Opinions* (New Haven, CT: Yale University Press, 1948), p. 286. With gratitude to Dov Weiss, doctoral student in the history of Judaism, University of Chicago.

284쪽 "부모를 위해 기도해달라고 독자들에게 부탁": Augustine, *Confessions* (Oxford: Clarendon Press, 1992), book 9, chapter 13.

284쪽 "슬픔에 빠진 과부를 위로": Augustine, "Letter 130 (A.D. 412): To Proba, a Devoted Handmaid of God," *New Advent*, 2008, http://www.newadvent.org/fathers/1102130.htm.

285쪽 "사랑할 이웃이 없다 해도": T. Aquinas, *Summa Theologica*, vol. 2 (II-1), Q4-Art. 8, quoted in P. Hawkins, *Undiscovered Country: Imagining the World to Come* (New York: Seabury Books, 2009), p. 72.

285쪽 "사람들로 가득 찬 경기장": Dante Alighieri, *Paradiso*, verse translation by Robert and Jean Hollander, introduction and notes by Robert Hollander (New York: Doubleday, 2007), cantos 31-32.

285쪽 "애나를 보라": Dante Alighieri, *Paradiso*, canto 32:133-135, p. 799.

286쪽 "성모 마리아의 어머니는 사랑스러운 딸에게서 눈을 떼지 못한다": I. Earls, *Renaissance Art: A Topical Dictionary* (New York: Greenwood Press, 1987), p. 173.

286쪽 "영적인 공적과 지위에 상관없이": McDannell and Lang, *Heaven: A History*, pp. 133.

287쪽 "천국을 정화했다": A. E. McGrath, *Reformation Thought: An Introduction* (Oxford: Blackwell, 1999) and A. E. McGrath, *A Brief History of Heaven* (Malden, MA: Blackwell, 2003).

287쪽 "청교도주의가 지배했던 미국의 뉴잉글랜드 지역에서는": For a more complete discussion of the Puritans' limited recreational options, B. C. Daniels, *Puritans at Play: Leisure and Recreation in Colonial New England* (New York: St. Martin's Press, 1995).

287쪽 "혼란과 무질서, 불편함이 없는 곳": Sermon III in J. Mitchell, *A Discourse of the Glory to Which God Hath Called Believers by Jesus Christ Delivered in Some Sermons out of the I Pet. 5 Chap. 10 ver.: Together with an Annexed Letter* (London: Printed for Nathaniel Ponder at the Peacock in the Poultry, 1677), p. 67.

288쪽 "사랑하는 사람 사이의 기쁨": H. S. Stout, *The New England Soul: Preaching and Religious Culture in Colonial New England* (New York: Oxford University Press, 1986), p. 229.

288쪽 "현대판 천국의 뿌리를 18세기에": chapter seven ("Swedenborg and the Emergence of a Modern Heaven") in McDannell and Lang, *Heaven: A History*, pp. 181-227.

290쪽 "너무 많이 먹지 말거라.": C. O. Sigstedt, *The Swedenborg Epic: The Life and Works of Emanuel Swedenborg* (New York: Record Press, 1971), p. 198.

291쪽 "이 땅에서 우리가 집이라고 부르는 주거지와 비슷하다": E. Swedenborg, *Heaven and Its Wonders and Hell, Drawn from Things Heard and Seen* (West Chester, PA: Swedenborg Foundation, 2000), quoted in McDannell and Lang, *Heaven: A History*, p. 192.

291쪽 "마틴 루터를 만난 이야기": McDannell and Lang, *Heaven: A History*, p. 188. W. M. White, *Emanuel Swedenborg: His Life and Writings* (London: Simpkin, Marshall, 1867), pp. 437-38.

291쪽 "스베덴보리는 천국에서 키케로도 만난다": White, *Emanuel Swedenborg*, pp. 349-51.

292쪽 "진정한 사랑이 있다면": Swedenborg Foundation, "Illuminating the World of Spirit," Swedenborg.com, 2005, http://www.swedenborg.com/catalog/2005catalog.pdf.http://www.swedenborg.com/catalog/2005catalog.pdf.

294쪽 "숭고한 천재": R. W. Emerson, "Swedenborg; or, the Mystic," in *Representative Men: Seven Lectures* (Boston and New York: Houghton, Mifflin, 1903), p. 112.

294쪽 "1800년대 초까지, 미국인은": N. O. Hatch, *The Democratization of American Christianity* (New Haven, CT: Yale University Press, 1989). S. R. Prothero, *American Jesus: How the Son of God Became a National Icon* (New York: Farrar, Straus and Giroux, 2003).

295쪽 "그리고 어머니는 눈물과 고통 속에 주었네": H. W. Longfellow, "The Reaper and the Flowers," in *The Poetical Works of Henry Wadsworth Longfellow* (Boston: Houghton Mifflin, 1986), vol. 1, pp. 22-23.

295쪽 "나는 실제로 무덤으로부터 하늘로 올라간 사람들을 보았습니다": Church of Jesus Christ of Latter-day Saints, *History of the Church of Jesus Christ of Latter-day Saints*, notes by B. H. Roberts (Salt Lake City, Utah: Church of Jesus Christ of Latter-day Saints, 1948), p. 362.

295쪽 "이 땅에서 맺은 사회적 관계는 유효": Ibid., p. 323.

296쪽 "그러나 엄격하고 빛나는, 충만한 신성과 결합된 인간성을 지닌 설교단 위의 천국은 사람들을 위로하지 못했다": P. S. Paludan, "Religion and the American Civil War," in *Religion and the American Civil War*, ed. R. M. Miller, H. S. Stout, and C. R. Wilson (New York: Oxford University Press, 1998), p. 30.

296쪽 "가정과 같은 천국'이라는 개념": McDannell and Lang, *Heaven: A History*, pp. 264–73; Paludan, "Religion and the American Civil War," pp. 21–42. G. Laderman, *The Sacred Remains: American Attitudes toward Death, 1799–1883*, (New Haven, CT: Yale University Press, 1999), pp. 132–33.

296쪽 "약간 열린 문들": E. S. Phelps, *The Gates Ajar* (London: Ward, Lock, and Tyler, 1872).

297쪽 "'일몰에 볼 수 있는' 산들": Phelps, *The Gates Ajar*, p. 85.

297쪽 "여름날의 휴일": Ibid., p. 88, quoting from C. Lamb, *Essays of Elia: To Which Are Added Letters, and Rosamund, a Tale* (Paris: Baudry's European Library, 1835), p. 32.

297쪽 "아름다운 햇빛과 꽃을 통해": Phelps, *The Gates Ajar*, p. 61.

297쪽 "그의 반짝이는 눈을 보고": Ibid., p. 52.

297쪽 "18세기 말까지 미국에서 8만부 가까이 팔렸는데": McDannell and Lang, *Heaven: A History*, p. 265.

298쪽 "그들의 정의에 따르면": "Universalism," Unitarian Universalist Association of Congregations, April 18, 2008, http://www.uua.org/visitors/ourhistory/6904.shtml.

298쪽 강신론은 1850년에: A. Braude, *Radical Spirits: Spiritualism and Women's Rights in Nineteenth-Century America* (Bloomington: Indiana University Press, 2001); R. L. Moore, *In Search of White Crows: Spiritualism, Parapsychology, and American Culture* (New York: Oxford University Press, 1977); and B. E. Carroll, *Spiritualism in Antebellum America* (Bloomington: Indiana University Press, 1997).

298쪽 "마가렛 폭스와 케이트 폭스 자매": A. L. Underhill, *The Missing Link in Modern Spiritualism* (New York: Thomas R. Knox, 1885).

299쪽 "의심 없이 그들의 완벽한 고결함과 신실한 믿음을 확신한다고": A. F. Tyler, *Freedom's Ferment; Phases of American Social History to 1860* (Minneapolis: University of Minnesota Press, 1994).

299쪽 "덕분에 이 순간을 준비할 수 있었다고": "Death of Margaret Fox Kane; Youngest of the Once Celebrated Fox Sisters, Mediums," *New York Times,* March 10, 1893.

299쪽 "폭스 자매는 30년 동안": E. W. Vanderhoof, *Historical Sketches of Western New York* (New York: AMS Press, 1972).

299쪽 "그러나 1888년의 어느 날 밤, 놀라운 일이 일어났다": "Spirit Mediums Outdone. Lively Rappings in the Academy of Music. Dr. Richmond and One of the Fox Sisters Give Exhibitions of Their Skill Before a Remarkably Responsive Crowd— Spiritualism Formally Renounced," *New York Tribune,* October 22, 1888.

299쪽 "가난과 무명 속에": "Death of Margaret Fox Kane," *New York Times.*

300쪽 "윌리는 살아 있어": J. H. Baker, *Mary Todd Lincoln: A Biography* (New York: W. W. Norton, 1987), p. 220–21.

300쪽 "플랑셰트": L. A. Long, *Rehabilitating Bodies: Health, History, and the American Civil War* (Philadelphia: University of Pennsylvania Press, 2004), p. 73.

300쪽 "신경증적 결과를 가져오는": P. Tillich, Systematic Theology (Chicago: University of Chicago Press, 1967), quoted in McDannell and Lang, *Heaven: A History,* p. 328.

301쪽 "우리는 너무나 깊이 그런 문제에 열중해왔습니다": D. Van Biema, "Does Heaven Exist?" *Time,* March 24, 1997.

301쪽 "아버지, 당신은 위대한 남자였습니다": "Online Memorial tribute: Samuel Hicks Sr.," ChristianMemorials.com, 2009, http://www.christianmemorials.com/tributes/samuel-hicks-sr (accessed May 18, 2009).

301쪽 "많은 이들이 그를 그리워할 것이다": "In Loving Memory: Johnnie Lane Parker, Sr.," ValleyOfLife.com, 2009, http://www.valleyoflife.com/JohnnieLParkerSr/ (accessed May 18, 2009).

303쪽 "2001년, ABC 뉴스와 한 인터넷 사이트": "Do Pets Go to Heaven?" BeliefNet.com, 2001, http://www.beliefnet.com/Inspiration/Angels/2001/05/Do-Pets-Go-to-Heaven.aspx.

303쪽 "그곳에서 죽은 애완동물은": "The Rainbow Bridge," Critters.com, 2008, from http://www.critters.com/rainbow-bridge.php. The poem, though anonymous, closely follows the text of "All Pets Go to Heaven," an essay published in W. Sife, *The Loss of a Pet* (New York: Howell Book House, 1998), p. 162.

303쪽 "2005년에 실시된 갤럽 여론조사에 의하면": L. Lyons, "Paranormal Beliefs Come (Super)Naturally to Some," Gallup.com, November 1, 2005, http://www.gallup.com/poll/19558/Paranormal-Beliefs-Come-SuperNaturally-Some.aspx.

Chapter 9. 천국은 지루한 곳일까

311쪽 "그중에서도 내가 가장 좋아한 노래는 '헤븐'이었다": D. Byrne and J. Harrison, "Heaven," from *Fear Of Music*, Talking Heads album, Bleu Disque Music/Warner Chappell Music, 1979.

313쪽 "천국과 지옥은 둘 다 은유에 불과하다": D. Byrne, *The New Sins* (New York: McSweeney's, 2006).

315쪽 "깨달음이나 영감을 주는 말": P. Hawkins, *Undiscovered Country: Imagining the World to Come* (New York: Seabury Books, 2009), p. 78.

316쪽 "많은 맨션들": John 14:2.

316쪽 "지루한 천국에 대한 염려": C. McDannell and B. Lang, *Heaven: A History* (New York: Vintage Books, 1990), pp. 276–306.

316쪽 "영원토록 찬송하며": M. Twain, *Extract from Captain Stormfield's Visit to Heaven* (New York: Oxford University Press, 1996).

316쪽 "공짜 알라스카 유람선 여행": D. Fohrman, "Why in Heaven Do We Look Forward to Heaven?" *Jewish World Review*, February 17, 2006, http://www.jewishworldreview.com/david/fohrman_sabbath5.php3.

317쪽 "극적이고 자세한 세부 묘사를 잃었다": M. E. Marty, *Pilgrims in Their Own Land: 500 Years of Religion in America* (Boston: Little, Brown, 1984).

317쪽 "만약 내가 천국을 빠뜨린다면": J. A. Wright, *What Makes You So Strong?: Sermons of Joy and Strength from Jeremiah A. Wright, Jr.*, ed. J. K. Ross (Valley Forge, PA: Judson Press, 1993), pp. 57–58.

319쪽 "정말 멋지고 따뜻해": T. Gilliam and T. Jones, *The Meaning of Life*, Celandine Films, 1983.

319쪽 "우리는 천국을 과식해왔다": J. Stein, "A Little Bit of Heaven on Earth," *Los Angeles Times*, December 21, 2007.

320쪽 "알콘은 오리건 주 포틀랜드 근처에 사는": Stein, "A Little Bit of Heaven on Earth";

and R. Alcorn, "Joel Stein, Starbucks and Heaven," The Eternal Perspectives Blog, December 21, 2007, http://randyalcorn.blogspot.com/2007/12/joel-stein-starbucks-and-heaven.html.

321쪽 "구도자": D. Stone, "One Nation Under God?" *Newsweek*, April 7, 2009, http://www.newsweek.com/id/192915. For more detail, W. C. Roof, *A Generation of Seekers: The Spiritual Journeys of the Baby Boom Generation* (San Francisco: HarperSanFrancisco, 1993). R. C. Fuller, *Spiritual, but Not Religious: Understanding Unchurched America* (Oxford: Oxford University Press, 2001).

322쪽 "내게 천국은": E. Hemingway and C. Baker, *Ernest Hemingway, Selected Letters, 1917-1961* (New York: Scribner, 1981), p. 165.

323쪽 "천국에는 눈물이 없을 거라는 요한계시록의 약속": Revelation 21:4.

323쪽 "소설과 TV 프로그램, 대중가요가": M. Ralls, "What Can We Say About the Afterlife?" *The Christian Century*, December 14, 2004.

324쪽 "대학 시절로 돌아가고 싶게 만드는": L. Miller, "The Gospel of Prothero," *Newsweek*, March 12, 2007.

327쪽 "움직임이면서 정지 상태": J. B. Russell, *A History of Heaven: The Singing Silence* (Princeton, NJ: Princeton University Press, 1997), p. 187.

327쪽 "그것은 지금의 세계와 비슷하지만" E-mail, April 21, 2009.

327쪽 "현대 신학자들은 천국을 믿는 것이": N. T. Wright, *Surprised by Hope: Rethinking Heaven, the Resurrection, and the Mission of the Church* (New York: HarperOne, 2008), p. 5.

328쪽 "사도 바울은 희미하게": 1 Corinthians 13:12.

328쪽 "우리가 있는 그대로의 신의 얼굴을 보게 될 것": 1 John 3:2.

329쪽 "하느님은 어디에나 계시며 어디서든 모든 이에게 보일 것": Book 22, chapter 30, in Augustine, *The City of God Against the Pagans* (London: Penguin, 2003), p. 1087.

329쪽 "내 눈이 점점 정화되며" Dante Alighieri, *Paradiso*, verse translation by Robert and Jean Hollander, introduction and notes by Robert Hollander (New York: Doubleday, 2007), canto 33.

329쪽 "영혼이 신과 완벽히 결합": T. Aquinas, Q96: Art. 1, quoted in McDannell and Lang, *Heaven: A History*, p. 90.

329쪽 "경이로움 가운데 묵상": T. Aquinas, *On the Truth of the Catholic Faith: Summa Contra Gentiles* (Garden City, NY: Hanover House, 1995), quoted in McDannell and Lang, *Heaven: A History*, p. 90.

330쪽 "종교적 신비주의자들": For an account of the rise of Christian mysticism, B. McGinn, *The Presence of God: A History of Western Christian Mysticism* (New York: Crossroad, 1992). R. Hansen, *Mariette in Ecstasy* (New York: E. Burlingame Books, 1991).

330쪽 "불멸하는 생에서, 우리는 황홀한 풍요로움에 압도당할 것이다": G. P. E. Luttikhuizen, ed., *Paradise Interpreted: Representations of Biblical Paradise in Judaism and Christianity* (Leiden: E. J. Brill, 1999), p. 177.

330쪽 "주님은 그녀를 팔에 안았다.": From "The Herald of Divine Love," quoted in McDannell and Lang, *Heaven: A History*, p. 103. their discussion of Gertrude, pp. 102-6. McDannell and Lang on the beatific vision, pp. 88-94.

330쪽 "하늘로 오르는 전차의 환상": Ezekiel 1:28.

331쪽 "신의 아름다움을 바라보기 위해서": A. F. Segal, *Life After Death: A History of the Afterlife in the Religions of the West* (New York: Doubleday, 2004), p. 508.

331쪽 "1세기에 활동한 랍비 이스마엘이 쓰고": "The Measure of the Divine Body," Work of the Chariot, 2009, http://www.workofthechariot.com. W. Bacher and L. Blau, "Shi' ur Komah," in *The Jewish Encyclopedia*, 2002, www.jewishencyclopedia.com/view.jsp?artid=646&letter=S&search=Sefer%20Raziel%20ha-Gadol.

331쪽 "의로운 영혼은 '기쁨과 사랑' 가운데": *The Zohar*, trans. H. Sperling and M. Simon (London: Soncino Press, 1934), vol. 5, p. 26, quoted in S. P. Raphael, *Jewish Views of the Afterlife* (Northvale, NJ: Jason Aronson, 1994).

332쪽 "그 휘돌림이 무엇인지 아는가?": S. Can, *Fundamentals of Rumi's Thought: A Mevlevi Sufi Perspective* (Istanbul: The Light, 2004), pp. 205-206. J. a.-D. Rûmî and C. Barks, *The Essential Rumi* (San Francisco: Harper, 1995).

332쪽 "그의 목소리는 깊고 풍부했으며": C. S. Lewis, *The Lion, the Witch and the Wardrobe; a Story for Children* (New York: Macmillan, 1950), pp. 127-28.

333쪽 "그녀는 상처를 입고 사자는 그녀를 핥는다": M. Goldberg, *Bee Season: A Novel* (New York: Random House, 2000), p. 270.

333쪽 "모세의 누나 미리암은": Exodus 15:20.

333쪽 "주를 찬양하고": Psalms 98:6.

334쪽 "1세기의 유대인들은 노래를": M. Weinfeld, *Normative and Sectarian Judaism in the Second Temple Period* (London: T. & T. Clark, 2005), p. 48.

334쪽 "요한계시록에도 역시 노래가 가득하다": "Holy, Holy, Holy," Revelation 4:8 (and Isaiah 6:3); "ten thousand times ten thousand" angels: Revelation 5:8–13.

334쪽 "이 땅에서 노래하면 하늘에 있는 천사들도 그러하리라": "Homily on Isaiah," quoted in M. Barker, *The Great High Priest: The Temple Roots of Christian Liturgy* (Edinburgh: T. & T. Clark, 2003), p. 143.

335쪽 "예배는 사제들이 있기 전부터 존재해왔다.": J. Ratzinger, " 'In the Presence of the Angels I Will Sing Your Praise' : The Regensburg Tradition and the Reform of the Liturgy," *Adoremus Bulletin,* October–December 1996, http://www.adoremus.org/10-12-96-Ratzi.html.

335쪽 "어린 시절 교회에서 들은 끔찍한 오르간 연주": R. Moody, "On Celestial Music," in R. Ferlo, *Heaven* (New York: Seabury Books, 2007), pp. 46–58.

335쪽 "주님 역시 즐겁게 연주를 감상하실 것": K. Barth, "Wolfgang Amadeus Mozart," in *Religion and Culture: Essays in Honor of Paul Tillich,* ed. W. Leibrecht (New York: Harper, 1959), pp. 61–79. C. J. Green, *Karl Barth: Theologian of Freedom* (Minneapolis: Fortress Press, 1991; first published 1989 by Collins).

335쪽 "무디는 전통적인 찬양의 개념 속에": S. J. White, *Foundations of Christian Worship* (Louisville, KY: Westminster John Knox Press, 2006), p. 43.

335쪽 "천국의 노래가 조화로운 것": B. B. Patterson, "Appalachian Religious Music," in *Encyclopedia of Religion in the South,* ed. S. S. Hill and C. H. Lippy (Macon, GA: Mercer University Press, 2005), pp. 69–73.

338쪽 "전 세계적으로 빠르게 성장하고 있는 기독교 교파인": The Pew Forum on Religion and Public Life, "Pentecostalism," PewForum.org, 2009, http://pewforum.org/docs/?DocID=140. "World Christian Database," Gordon-Conwell Theological Seminary, 2005, http://www.worldchristiandatabase.org.

340쪽 "정지되어 버린 듯한 천국의 시간": Augustine, *Confessions,* book 11, chapter 13.

341쪽 "그러나 19세기에 이르러": L. Edelstein, *The Idea of Progress in Classical Antiquity*

(Baltimore: Johns Hopkins University Press, 1967).

341쪽 "때때로 업무에서 해방": section 17 in E. Swedenborg, *The Delights of Wisdom Respecting Conjugal Love: After Which Follow the Pleasures of Insanity Respecting Scortatory Love* (London: Printed for the Society, 1790).

341쪽 "천국에는 할 일이 아주 많습니다": McDannell and Lang, *Heaven: A History*, p. 315. pp. 201-11 and pp. 276-306 for a discussion of the evolution of the idea of progress in heaven.

341쪽 "항상 더 높은 완벽함": J. Dodsworth, *The Better Land; or, the Christian Emigrant's Guide to Heaven* (London: Ilkeston, 1853), p. 290, quoted in McDannell and Lang, *Heaven: A History*, p. 284.

341쪽 "이루기 위해 바쁠 것이다": Quoted in G. Ahmad, *The Essence of Islam* (Tilford, UK: Islam International Publications, 2004), p. 424.

342쪽 "하늘에 있는 학교로": H. Freedman and G. Scholem, "Academy on High," in *Encyclopaedia Judaica*, ed. M. Berenbaum and F. Skolnik (Detroit: Macmillan Reference USA, 2007), vol. 1, pp. 353-54.

342쪽 "앞으로 올 세계에서는 먹거나 마시거나": Babylonian Talmud, Tractate Berakoth 17a, quoted in B. HaLevi, "Life After Life: Jewish Sources of Dying, Death and Beyond," RabbiB.com, 2009, http://www.rabbib.com/images/Life_After_Death_Sources.pdf.

343쪽 "1982년, 가수 밥 딜런은": "Bob Dylan's Life with the Lubavitchers," *New York Magazine*, June 6, 1983.

344쪽 "적어도 중세 이후, 환생은": Raphael, *Jewish Views of the Afterlife*.

345쪽 "영혼이 하늘의 신에게 올라갔다가": *The Zohar*, vol. 3, p. 302, quoted in Raphael, *Jewish Views of the Afterlife*, p. 316.

347쪽 "〈뉴욕타임스〉는 주눈을 가리켜": J. Pareles, "Pop and Jazz Guide," *New York Times*, June 29, 2001, and J. Pareles, "A Rock Star's Struggle Where Militant Islam Rules," *New York Times*, July 17, 2003.

347쪽 "아흐메드의 부모는 아메리칸드림을 품고 있었다": S. Ahmad, *Rock and Roll Jihad: A Muslim Rock Star's Revolution for Peace* (New York: Free Press, 2010).

350쪽 "신적인 합일": H. A. Hameed, "Tauhid and Adl: A Discussion," in *Encyclopaedic*

Survey of Islamic Culture, ed. M. Taher (New Delhi: Anmol Publications, 1997), pp. 77–101.

에필로그

355쪽 "유대인들 사이에 묻히셨다": Genesis 25:8.

356쪽 "나는 그들의 작품을 전반적으로 매우 높이 평가한다": S. Harris, *The End of Faith: Religion, Terror, and the Future of Reason* (New York: W. W. Norton, 2004), and C. Hitchens, *God Is Not Great: How Religion Poisons Everything* (New York: Grand Central, 2007).

357쪽 "전체 미국인 중 3분의 1만이": "While Most U.S. Adults Believe in God, Only 58 Percent Are 'Absolutely Certain,'" Harris Interactive, October 31, 2006, http://www.harrisinteractive.com/harris_poll/index.asp?PID=707.

358쪽 "그럴 때면 나는 밖으로 나가": V. van Gogh, "Letter to Theo van Gogh, 28 September 1888," The Letters of Vincent van Gogh, No. 543, trans. R. Harrison, http://www.webexhibits.org/vangogh/letter/18/543.htm.

358쪽 "나는 종종 아그네스 롱이라는 여인을 생각한다": L. Miller, "Life in Solitary," *Newsweek*, June 20, 2005.

361쪽 "천국에 대한 기독교의 비유 가운데": Revelation 21:2.

362쪽 "나는 주님이 모든 이를 사랑하신다고": J. Meacham, "Pilgrim's Progress," *Newsweek*, August 14, 2006.

363쪽 "에밀리 디킨슨의 말처럼": E. Dickinson, *The Poems of Emily Dickinson: Reading Edition*, ed. R. W. Franklin (Cambridge, MA: Belknap Press of Harvard University Press, 1999).

참고문헌

Abdesselem, M. *Le thème de la mort dans la poésie arabe des origines à la fin du IIIe/IXe siècle*. Tunis, Tunisia: Publications de l' Université de Tunis, 1977.
Abou El Fadl, K. "What Became of Tolerance in Islam?" *Los Angeles Times*, September 14, 2001.
Ahmad, G. *The Essence of Islam*. Tilford, UK: Islam International Publications, 2004.
Ahmad, S. *Rock and Roll Jihad: A Muslim Rock Star's Revolution for Peace*. New York: Free Press, 2010.
Ahmadinejad, Mahmoud. Transcript of U.N. speech. NPR.org. Retrieved April 20, 2009, from www.npr.org/templates/story/story.php?storyId=6107339.
Aichele, G. *Jesus Framed*. London: Routledge, 1996.
Albom, M. *The Five People You Meet in Heaven*. New York: Hyperion, 2003.
Alcorn, R. C. *Edge of Eternity*. Waterville, ME: Five Star, 2003.
——. "Joel Stein, Starbucks and Heaven." The Eternal Perspectives Blog, December 21, 2007. Retrieved May 18, 2009, from http://randyalcorn.blogspot.com/2007/12/joel-stein-starbucks-and-heaven.html.
Ali, A. Yusuf. *The Qur'an: Translation*. New York: Tahrike Tarsile Qur'an, 2007.
Althaus, P. *The Theology of Martin Luther*. Philadelphia: Fortress Press, 1966.
Amanat, A., and M. T. Bernhardsson. *Imagining the End: Visions of Apocalypse from the Ancient Middle East to Modern America*. London: I. B. Tauris, 2002.
Andrews, H. T. *The Apocryphal Books of the Old and New Testament*. London: T. C. & E. C. Jack, 1908.

Aquinas, T. *On the Truth of the Catholic Faith: Summa Contra Gentiles.* Garden City, NY: Hanover House, 1995.

———. *Summa Theologica.* Vol. 5, pt. 3, 2nd sect. and suppl. New York: Cosimo, 2007.

Arasse, D., and A. Kiefer. *Anselm Kiefer.* New York: Harry N. Abrams, 2001.

Arberry, A. J. *The Koran Interpreted.* New York: Touchstone, 1996.

Armstrong, K. *A History of God: From Abraham to the Present, the 4,000-Year Quest for God.* London: Heinemann, 1993.

———. *Muhammad: A Biography of the Prophet.* San Francisco: HarperSanFrancisco, 1993.

———. *Islam: A Short History.* New York: Modern Library, 2002.

Arnold-Baker, C. *The Companion to British History.* London: Routledge, 2001.

Arrington, L. J., and D. Bitton. *The Mormon Experience: A History of the Latter-Day Saints,* 2nd ed. Urbana: University of Illinois Press, 1992.

Ashmore, R. "McVeigh Will Meet Unimaginable Mercy." *National Catholic Reporter,* May 18, 2001.

Associated Press. "Diamonds Can't Tempt Honest LA Cabbie." MSNBC, November 18, 2005. Retrieved April 22, 2009, from http://www.msnbc.msn.com/id/10096893/.

Associated Press. "Obama Reaches Out to Christian Leaders." MSNBC, June 11, 2008. Retrieved April 30, 2009, from http://www.msnbc.msn.com/id/250-92483/.

Athanasius. "Life of Anthony." In *A Select Library of Nicene and Post-Nicene Fathers of the Christian Church,* edited by P. Schaff and H. Wace, 4:188–221. New York: Charles Scribner's Sons, 1903.

Augustine. *City of God.* Trans. H. Bettenson. London: Penguin, 2003.

———. "The City of God Against the Pagans." In *A Select Library of the Nicene and Post-Nicene Fathers of the Christian Church,* edited by P. Schaff, 2:1–511. New York: Charles Scribner's Sons, 1899.

———. *The City of God Against the Pagans.* Cambridge: Cambridge University Press, 1998.

———. *Confessions.* Oxford: Clarendon Press, 1992.

———. "Letter 130 (A.D. 412): To Proba, a Devoted Handmaid of God." *New Advent.* Retrieved May 18, 2009, from http://www.newadvent.org/fathers/

1102130.htm.

———. "The Magnitude of the Soul." In *The Fathers of the Church*. Washington, D.C.: Catholic University of America Press, 1997.

———. "On Merit and the Forgiveness of Sins, and the Baptism of Infants." *New Advent*. Retrieved April 30, 2009, from http://www.newadvent.org/fathers/15011.htm.

Bacher, W., and L. Blau. "Shi'ur Komah." In *The Jewish Encyclopedia*, 2002. Retrieved May 18, 2009, from http://www.jewishencyclopedia.com/view.jsp?artid=646&letter=S&search=Sefer%20Raziel%20ha-Gadol.

Bair, D. *Samuel Beckett: A Biography*. New York: Harcourt Brace Jovanovich, 1978.

Baker, J. H. *Mary Todd Lincoln: A Biography*. New York: W. W. Norton, 1987.

Bakhtiar, L. *Encyclopedia of Islamic law: A Compendium of the Views of the Major Schools*. Chicago: ABC International Group, 1996.

———. *The Sublime Quran*. Chicago: Kazi Publications, 2007.

Banks, A. M., and D. Burke. "Fuller Picture Emerges of Obama's Evangelical Meeting." Religion News Service, June 18, 2008. Retrieved April 30, 2009, from http://pewforum.org/news/display.php?NewsID=15867.

Barker, M. *The Great High Priest: The Temple Roots of Christian Liturgy*. Edinburgh: T. and T. Clark, 2003.

Barnhart, R. K., and S. Steinmetz. *Chambers Dictionary of Etymology: The Origins and Development of Over 25,000 English Words*. Edinburgh: Chambers, 2006.

Barrett, P. *American Islam: The Struggle for the Soul of a Religion*. New York: Farrar, Straus and Giroux, 2007.

Barth, K. "Wolfgang Amadeus Mozart." In *Religion and Culture: Essays in Honor of Paul Tillich*, edited by W. Leibrecht, 61-79. New York: Harper, 1959.

Baumgartner, F. J. *Longing for the End: A History of Millennialism in Western Civilization*. New York: Palgrave, 2001.

Belanti, J., M. Perera, and K. Jagadheesan. "Phenomenology of Near-Death Experiences: A Cross-Cultural Perspective." *Transcultural Psychiatry* 45, no. 1 (2008): 121-33.

BeliefNet.com. "Do Pets Go to Heaven?" Retrieved May 17, 2009, from http://www.beliefnet.com/Inspiration/Angels/2001/05/Do-Pets-Go-to-

Heaven.aspx.

Benedict. *Rule of Saint Benedict in English.* Collegeville, MN: Liturgical Press, 1981.

Berger, D. *The Rebbe, the Messiah, and the Scandal of Orthodox Indifference.* London: Littman Library of Jewish Civilization, 2001.

Bernstein, L. *West Side Story.* Book by Arthur Laurents. Music by Leonard Bernstein. Lyrics by Stephen Sondheim and Leonard Bernstein. London: Heinemann, 1959.

Bickerman, E. J., and Jewish Theological Seminary of America. *The Jews in the Greek Age.* Cambridge, MA: Harvard University Press, 1988.

Bivar, A. D. H. "Achaemenid Coins, Weights and Measures." In *The Cambridge History of Iran: The Median and Achamenian Periods*, edited by I. Gershevich, 610–35. Cambridge: Cambridge University Press, 1985.

Blair, S., and J. Bloom, eds. *Images of Paradise in Islamic Art.* Hanover, NH: Hood Museum of Art, Dartmouth College, 1991.

Bleich, J. D., ed. *With Perfect Faith: The Foundations of Jewish Belief.* New York: Ktav, 1982.

Bloch-Smith, E. *Judahite Burial Practices and Beliefs About the Dead.* Sheffield, UK: JSOT Press, 1992.

Bloom, H. *The Western Canon: The Books and School of the Ages.* New York: Riverhead Trade, 1995.

Blue Letter Bible. "Lexicon Results." Retrieved May 1, 2009, from http://www.blueletterbible.org/lang/lexicon/lexicon.cfm?Strongs=H6663&t=KJV.

"Bob Dylan's Life with the Lubavitchers." *New York Magazine*, June 6, 1983.

Boccaccio, G., and L. B. Aretino. *The Earliest Lives of Dante.* Translated by James Robinson Smith. New York: Henry Holt, 1901.

Botticelli, S. *Sandro Botticelli: The Drawings for Dante's Divine Comedy.* London: Royal Academy of Arts, 2000.

Boyer, P. S. *When Time Shall Be No More: Prophecy Belief in Modern American Culture.* Cambridge, MA: Belknap Press of Harvard University Press, 1992.

Braude, A. *Radical Spirits: Spiritualism and Women's Rights in Nineteenth-Century America.* Bloomington: Indiana University Press, 2001.

Brecht, M. *Martin Luther: His Road to Reformation, 1483–1521.* Minneapolis:

Fortress Press, 1993.

Bremmer, J. N. *The Early Greek Concept of the Soul*. Princeton, NJ: Princeton University Press, 1983.

——. *The Rise and Fall of the Afterlife: The 1995 Read-Tuckwell Lectures at the University of Bristol*. London: Routledge, 2002.

Brodie, T. L. *Genesis as Dialogue: A Literary, Historical, and Theological Commentary*. Oxford: Oxford University Press, 2001.

Bromiley, G. W. *International Standard Bible Encyclopedia*. Grand Rapids, MI: William B. Eerdmans, 1979.

Brown, M. "About the Author." LatterDayLogic.com. Retrieved April 15, 2009, from http://www.latterdaylogic.com/about/.

Brown, P. R. L. *Augustine of Hippo: A Biography*. Berkeley: University of California Press, 2000.

——. *The Body and Society: Men, Women, and Sexual Renunciation in Early Christianity*. New York: Columbia University Press, 1988.

——. *The Cult of the Saints: Its Rise and Function in Latin Christianity*. Chicago: University of Chicago Press, 1981.

Bultmann, R. "The Message of Jesus and the Problem of Mythology." In *The Historical Jesus in Recent Research*, edited by J. D. G. Dunn and S. McKnight, 531-42. Winona Lake, IN: Eisenbrauns, 2005.

Burke, E. *Pleasure and Pain: Reminiscences of Georgia in the 1840s*. Savannah: Beehive Press, 1978.

Burkert, W. " 'Or Also a Godly Singer' : Akkadian and Early Greek Literature." In *Gilgamesh: A Reader*, edited by J. Maier, 178-91. Wauconda, IL: Bolchazy-Carducci Publishers, 1997.

Burton-Christie, D. *The Word in the Desert*. New York: Oxford University Press, 1993.

Bushman, C. L., and R. L. Bushman. *Building the Kingdom: A History of Mormons in America*. Oxford: Oxford University Press, 2001.

Byassee, J. "Africentric Church: A Visit to Chicago's Trinity UCC." *The Christian Century*, May 29, 2007.

Bynum, C. W. *The Resurrection of the Body in Western Christianity, 200-1336*. New York: Columbia University Press, 1995.

Byrne, D. *The New Sins.* New York: McSweeney's, 2006.

Byrne, D., and J. Harrison. "Heaven." In *Fear of Music*, album. Bleu Disque Music/Warner Chappell Music, 1979.

Byrne, R. *The Secret.* New York: Atria Books, 2006.

Camping, H. "We Are Almost There!" Family Stations, Inc. Retrieved April 25, 2009, from http://www.familyradio.com/graphical/literature/waat/waat.pdf.

Can, Ş. *Fundamentals of Rumi's Thought: A Mevlevi Sufi Perspective.* Istanbul: The Light, 2004.

Capps, D. *A Time to Laugh: The Religion of Humor.* New York: Continuum, 2005.

Carnes, T., and A. Karpathakis, eds. *New York Glory: Religions in the City.* New York: New York University Press, 2001.

Carroll, B. E. *Spiritualism in Antebellum America.* Bloomington: Indiana University Press, 1997.

Cassara, E. *Universalism in America: A Documentary History.* Boston: Beacon Press, 1971.

Central Conference of American Rabbis. "Pittsburgh Platform: Declaration of Principles." In *Religion and American Cultures*, edited by G. Laderman and L. D. León, 779. Santa Barbara, CA: ABC-CLIO, 2003.

Chadwick, O. *A History of Christianity.* London: Weidenfeld & Nicolson, 1995.

Charlesworth, J. H., and C. D. Elledge. *Resurrection: The Origin and Future of a Biblical Doctrine.* New York: T. & T. Clark, 2006.

Chaucer, G. *The Canterbury Tales.* Mineola, NY: Dover, 2004.

ChristianMemorials.com. "Online Memorial tribute: Samuel Hicks Sr." *ChristianMemorials.com.* Retrieved May 18, 2009, from http://www.christianmemor-ials.com/tributes/samuel-hicks-sr.

Chryssavgis, J. *In the Heart of the Desert: The Spirituality of the Desert Fathers and Mothers.* Bloomington, IN: World Wisdom, 2003.

Church of Jesus Christ of Latter-day Saints. *History of the Church of Jesus Christ of Latter-day Saints.* Notes by B. H. Roberts. Salt Lake City, Utah: Church of Jesus Christ of Latter-day Saints, 1948.

———. "The Official Scriptures of the Church of Jesus Christ of Latter-day Saints." LDS.org. Retrieved May 12, 2009, from http://scriptures.lds.org/en/contents.

Clark, P. *Zoroastrianism: An Introduction to an Ancient Faith.* Brighton: Sussex

Academic Press, n.d.

Clement of Alexandria. "Exhortation to the Heathen." In B. M., Metzger, *The Canon of the New Testament: Its Origin, Development, and Significance*. Oxford: Clarendon Press, 1997.

Cochrane, A. C., ed. *Reformed Confessions of the 16th Century*. Louisville, KY: Westminster John Knox Press, 2003.

Cohen, N., and D. Cohen. *Long Steel Rail: The Railroad in American Folksong*. Urbana: University of Illinois Press, 2000.

Colby, F. S. *Narrating Muhammad's Night Journey: Tracing the Development of the Ibn 'Abbâs Ascension Discourse*. Albany: State University of New York Press, 2008.

Coleridge, S. T. *Biographia Literaria*. London: G. Bell and Sons, 1898.

Collins, A. Y. *Crisis and Catharsis: The Power of the Apocalypse*. Philadelphia: Westminster Press, 1984.

Collins, J. J. *Daniel: With an Introduction to Apocalyptic Literature*. Grand Rapids, MI: William B. Eerdmans, 1984.

Collins, O., ed. *Speeches That Changed the World*. Louisville, KY: Westminster John Knox Press, 1999.

Collinson, P. *The Reformation*. London: Weidenfeld & Nicolson, 2003.

Cornell, V. J. *Voices of Islam*. Westport, CT: Praeger, 2007.

Cottret, B. *Calvin: A Biography*. Grand Rapids, MI: William B. Eerdmans, 1995.

Cox-Chapman, M. *The Case for Heaven: Near-Death Experiences as Evidence of the Afterlife*. New York: G. P. Putnam's Sons, 1995.

Cremation Association of North America. "Final 2005 Statistics and Projections to the Year 2025; 2006 Preliminary Data." 89th Annual Convention of the Cremation Association of North America. San Francisco, 2007.

Critters.com. "The Rainbow Bridge." *Critters.com*. Retrieved May 28, 2009, from http://www.critters.com/rainbow-bridge.php.

Crone, P. *From Arabian Tribes to Islamic Empire: Army, State and Society in the Near East c. 600-850*. Aldershot, UK: Ashgate, 2008.

——. *Meccan Trade and the Rise of Islam*. Princeton, NJ: Princeton University Press, 1987.

Crossan, J. D. *Jesus: A Revolutionary Biography*. San Francisco: HarperSan-

Francisco, 1994.

———. *The Historical Jesus: The Life of a Mediterranean Jewish Peasant.* San Francisco: HarperSanFrancisco, 1991.

D'Aquili, E., and A. B. Newberg. *The Mystical Mind: Probing the Biology of Religious Experience.* Minneapolis: Augsburg Fortress, 1999.

Daniell, C. *Death and Burial in Medieval England, 1066–1550.* London: Routledge, 1997.

Daniels, B. C. *Puritans at Play: Leisure and Recreation in Colonial New England.* New York: St. Martin's Press, 1995.

Dante Alighieri. *Paradiso.* Verse translation by Robert and Jean Hollander. Introduction and notes by Robert Hollander. New York: Doubleday, 2007.

Davidson, C. *The Iconography of Heaven.* Kalamazoo: Medieval Institute Publications, Western Michigan University, 1994.

Davidson, H. A. *Moses Maimonides: The Man and His Works.* New York: Oxford University Press, 2005.

"Death of Margaret Fox Kane; Youngest of the Once Celebrated Fox Sisters, Mediums." *New York Times,* March 10, 1893.

Deshman, R. "Another Look at the Disappearing Christ: Corporeal and Spiritual Vision in Early Medieval Images." *The Art Bulletin* 79, no. 3 (1997): 518–46.

Desrosiers, G. *An Introduction to Revelation.* London: Continuum International Publishing Group, 2000.

Diamant, A. *Saying Kaddish: How to Comfort the Dying, Bury the Dead, and Mourn as a Jew.* New York: Schocken, 1998.

Dickey, C. *Summer of Deliverance: A Memoir of Father and Son.* New York: Touchstone, 1998.

Dickinson, E. *The Poems of Emily Dickinson: Reading Edition.* Edited by R. W. Franklin. Cambridge, MA: Belknap Press of Harvard University Press, 1999.

Dodsworth, J. *The Better Land; or, the Christian Emigrant's Guide to Heaven.* London: Ilkeston, 1853.

Donner, F. M. "The Background to Islam." In *The Cambridge Companion to the Age of Justinian,* ed. M. I. Maas, 510–34. New York: Cambridge University Press, 2005.

Doughty, C. M. *Travels in Arabia Deserta.* Cambridge: Cambridge University Press,

1888.

Drews, R. "Judaism, Christianity, and Islam to the Beginnings of Modern Civilization." Vanderbilt University, April 20, 2009. Retrieved April 20, 2009, from http://sitemason.vanderbilt.edu/classics/drews/COURSEBOOK.

Duffy, E. *The Stripping of the Altars: Traditional Religion in England, c. 1400-c. 1580*. New Haven, CT: Yale University Press, 2005.

Duke, J. T. "Marriage: Eternal Marriage." In *Encyclopedia of Mormonism*, ed. D. H. Ludlow. New York: Macmillan, 1992.

Earls, I. *Renaissance Art: A Topical Dictionary*. New York: Greenwood Press, 1987.

Edelstein, L. *The Idea of Progress in Classical Antiquity*. Baltimore: Johns Hopkins University Press, 1967.

El Fadl, K. Abou. *The Great Theft: Wrestling Islam from the Extremists*. New York: HarperCollins, 2005.

Elior, R. *Memory and Oblivion: The Secret of the Dead Sea Scrolls*. Jerusalem: Van Leer Institute and ha-Kibutz ha-Meuchad, 2009.

Elliott, J. K. *The Apocryphal New Testament: A Collection of Apocryphal Christian Literature in an English Translation*. Oxford: Oxford University Press, 1993.

Emerson, J. S., and H. Feiss. *Imagining Heaven in the Middle Ages: A Book of Essays*. New York: Garland, 2000.

Emerson, R. W. "Swedenborg; or, the Mystic." In *Representative Men: Seven Lectures*. Boston and New York: Houghton, Mifflin, 1903.

———. "Concord, October 30, 1840." In *The Correspondence of Thomas Carlyle and Ralph Waldo Emerson, 1834-1872*. Vol. 1. Cambridge, MA: Riverside Press, 1896.

The Encyclopedia of Apocalypticism. Edited by B. McGinn, J. J. Collins, and S. J. Stein. New York: Continuum, 1998.

European Commission. *Special Eurobarometer 225: Social Values, Science and Technology*. Brussels, Belgium, 2005.

Evagrius. "On the Eight Thoughts." In *Evagrius of Pontus: The Greek Ascetic Corpus*, edited by R. E. Sinkewicz, 66-90. Oxford: Oxford University Press, 2006.

Falwell, J. "Tinky Winky Comes Out of the Closet." *NLJ Online*. Retrieved April 14,

2009, from http://web.archive.org/web/19990423025753/; www.liberty.edu/chancellor/nlj/feb99/politics2.htm.

Feinberg, J. S. *No One Like Him: The Doctrine of God.* Wheaton, IL: Crossway Books, 2006.

Ferlo, R. *Heaven.* New York: Seabury Books, 2007.

Ferrante, J. M. "Beatrice." In *The Dante Encylopedia*, ed. R. Lansing. New York: Garland Publishing, 2000.

Filiu, J.-P. *L' apocalypse dans l' Islam.* Paris: Fayard, 2008.

Fitzgerald, A., and J. C. Cavadini. *Augustine Through the Ages: An Encyclopedia.* Grand Rapids, MI: William B. Eerdmans, 1999.

Flannery, T. "Billy Graham's Apostasy." WorldNetDaily, August 10, 2006. Retrieved April 30, 2009, from http://www.worldnetdaily.com/news/article.asp?ARTICLE_ID=51461.

Fohrman, D. "Why in Heaven Do We Look Forward to Heaven?" *Jewish World Review*, February 17, 2006. Retrieved May 18, 2009, from http://www.jewishworldreview.com/david/fohrman_sabbath5.php3.

Ford, H. "St. Benedict of Nursia." In *The Catholic Encyclopedia*, edited by Charles G. Herbermann, 2. New York: Robert Appleton Company, 1907.

Frank, G. *The Memory of the Eyes: Pilgrims to Living Saints in Christian Late Antiquity.* Berkeley: University of California Press, 2000.

Fredriksen, P. *Augustine and the Jews: A Christian Defense of Jews and Judaism.* New York: Doubleday, 2008.

———. *From Jesus to Christ: The Origins of the New Testament Images of Jesus.* New Haven, CT: Yale University Press, 1988.

Freedman, D. N., and M. J. McClymond. *The Rivers of Paradise: Moses, Buddha, Confucius, Jesus, and Muhammad as Religious Founders.* Grand Rapids, MI: William B. Eerdmans, 2001.

Freedman, H., and G. Scholem. "Academy on High." In *Encyclopaedia Judaica*, ed. M. Berenbaum and F. Skolnik, 1:353–54. Detroit: Macmillan Reference USA, 2007.

Friedenberg, R. V. *Notable Speeches in Contemporary Presidential Campaigns.* Westport, CT: Praeger, 2002.

Friedman, M. *Doesn't Anyone Blush Anymore?: Reclaiming Intimacy, Modesty and Sexuality*. San Francisco: HarperCollins, 1990.

Friedman, R. E. *Who Wrote the Bible?* New York: Summit Books, 1987.

Friesen, S. J. *Imperial Cults and the Apocalypse of John: Reading Revelation in the Ruins*. Oxford: Oxford University Press, 2001.

Fugal, E. W. "Salvation of the Dead." In *Encyclopedia of Mormonism*, ed. D. H. Ludlow. New York: Macmillan, 1992.

Fuller, R. C. *Spiritual, but Not Religious: Understanding Unchurched America*. Oxford: Oxford University Press, 2001.

Furnish, T. R. *Holiest Wars: Islamic Mahdis, Their Jihads, and Osama bin Laden*. Westport, CT: Praeger, 2005.

Gafni, I. "Antiochus." In *Encyclopaedia Judaica*, ed. M. Berenbaum and F. Skolnik, 2:202–204. Detroit: Macmillan Reference USA, 2007.

Gallup, Inc. "Gallup/Nathan Cummings Foundation and Fetzer Institute Poll." Gallup, Inc. Retrieved April 13, 2009, from www.gallup.com/poll/1690/Religion.aspx.

Gallup, G., and W. Proctor. *Adventures in Immortality*. London: Corgi Books, 1984.

Gaon, S. *The Book of Beliefs and Opinions*. New Haven, CT: Yale University Press, 1948.

Gardiner, E. "Bibliography on St Patrick's Purgatory." *Hell-On-Line*. Retrieved May 13, 2009, from www.hell-on-line.org/BibPatrick.html.

———. *Medieval Visions of Heaven and Hell: A Sourcebook*. New York: Garland, 1993.

———. *Visions of Heaven and Hell Before Dante*. New York: Italica Press, 1988.

Garthwaite, G. R. *The Persians*. Malden, MA: Blackwell, 2004.

Gass, W. H. *Reading Rilke: Reflections on the Problems of Translation*. New York: Alfred A. Knopf, 1999.

Geary, P. J. "Penance (The West)." In *Encyclopedia of the Middle Ages* (e-reference ed.), ed. A. Vauchez, trans. A. Walford. Chicago: Fitzroy Dearborn, 2000. Retrieved May 25, 2009, from http://www.oxford-middleages.com/entry?entry=t179.e2155-s1.

Gerrish, B. A. "The Place of Calvin in Christian Theology." In *The Cambridge Companion to John Calvin*, ed. D. K. McKim, 289–304. Cambridge:

Cambridge University Press, 2004.

Gibbs, N. R., and M. Duffy. *The Preacher and the Presidents: Billy Graham in the White House.* New York: Center Street, 2007.

Gillman, N. *The Death of Death: Resurrection and Immortality in Jewish Thought.* Woodstock, VT: Jewish Lights, 1997.

Gingerich, O. *God's Universe.* Cambridge, MA: The Belknap Press of Harvard University Press, 2006.

Glassé, C. "Arabs." In *The New Encyclopedia of Islam,* 58–60. Walnut Creek, CA: AltaMira Press, 2002.

Goldberg, M. *Bee Season: A Novel.* New York: Random House, 2000.

Goller, H. "Israeli Inquiry Moves to Hebron Massacre Site." Reuters News, March 10, 1994.

Goodman, M. *The Ruling Class of Judaea: The Origins of the Jewish Revolt Against Rome A.D. 66–70.* Cambridge: Cambridge University Press, 1987.

Goodyear, D. "Quiet Depravity." *New Yorker,* October 24, 2005.

Gordon-Conwell Theological Seminary. *World Christian Database.* Retrieved May 26, 2009, from http://www.worldchristiandatabase.org.

Grant, E. *Physical Science in the Middle Ages.* Cambridge: Cambridge University Press, 1977.

———. *Planets, Stars, and Orbs: The Medieval Cosmos, 1200–1687.* Cambridge: Cambridge University Press, 1994.

Green, A. R. W. *The Storm-God in the Ancient Near East.* Winona Lake, IN: Eisenbrauns, 2003.

Green, C. J. *Karl Barth: Theologian of Freedom.* Minneapolis: Fortress Press, 1991. First published 1989 by Collins.

Gregory Nazianzen. "Select Orations of Saint Gregory Nazianzen." In *A Select Library of Nicene and Post-Nicene Fathers of the Christian Church* (2nd series), ed. P. Schaff and H. Wace, 7:203–436. Grand Rapids, MI: T. & T. Clark.

Gregory. *Morals on the Book of Job.* Oxford: F. and J. Rivington, 1850.

Greyson, B. "Dissociation in People Who Have Near-Death Experiences: Out of Their Bodies or Out of Their Minds?" *The Lancet* 355 (2000): 460–63.

Greyson, B. "The Incidence of Near-Death Experiences." *Medicine and Psychiatry*

1 (1998): 92-99.

Griffin, E. *The Cloud of Unknowing.* New York: HarperOne, 2004.

Griffler, K. P. *Front Line of Freedom: African Americans and the Forging of the Underground Railroad in the Ohio Valley.* Lexington: University Press of Kentucky, 2004.

Gruber, M. *Journey Back to Eden: My Life and Times Among the Desert Fathers.* Maryknoll, NY: Orbis Books, 2004.

Guttman, N. "McCain Battles for Credibility with Jews." *The Jewish Chronicle* (Washington, DC), March 14, 2008.

Hachlili, R. *Ancient Jewish Art and Archaeology in the Land of Israel.* Leiden: E. J. Brill, 1988.

Haddad, Y. Y., and J. I. Smith. *Muslim Communities in North America.* Albany: State University of New York Press, 1994.

HaLevi, B. "Life After Life: Jewish Sources of Dying, Death and Beyond." RabbiB.com. Retrieved May 18, 2009, from http://www.rabbib.com/images/Life_After_Death_Sources.pdf.

Halevi, L. *Muhammad's Grave: Death Rites and the Making of Islamic Society.* New York: Columbia University Press, 2007.

Hallote, R. S. *Death, Burial, and Afterlife in the Biblical World: How the Israelites and Their Neighbors Treated the Dead.* Chicago: Ivan R. Dee, 2001.

Hameed, H. A. "Tauhid and Adl: A Discussion." In *Encyclopaedic Survey of Islamic Culture*, edited by M. Taher, 77-101. New Delhi: Anmol Publications, 1997.

Hammer, R. *Entering the High Holy Days: A Guide to Origins, Themes, and Prayers.* Philadelphia: Jewish Publication Society of America, 2005.

Hansen, R. *Mariette in Ecstasy.* New York: E. Burlingame Books, 1991.

Harris, B. "Reform Siddur Revives Resurrection Prayer." Jewish Telegraph Agency, November 20, 2007.

Harris, S. *The End of Faith: Religion, Terror, and the Future of Reason.* New York: W. W. Norton, 2004.

Harris, S., and A. Sullivan. "Is Religion 'Built Upon Lies'?" *BeliefNet*, January 23, 2007. Retrieved April 28, 2009, from http://www.beliefnet.com/Faiths/Secular-Philosophies/Is-Religion-Built-Upon-Lies.aspx.

Harris Interactive. "More Americans Believe in the Devil, Hell and Angels Than in Darwin's Theory of Evolution." http://www.harrisinteractive.com/harris_poll/index.asp?PID=982.

———. "The Religious and Other Beliefs of Americans 2003." Harris Poll, February 26, 2003. Retrieved April 30, 2009, from http://www.harrisinteractive.com/harris_poll/index.asp?pid=359.

———. "While Most U.S. Adults Believe in God, Only 58 Percent Are 'Absolutely Certain.'" Harris Interactive, October 31, 2006. Retrieved April 24, 2009, from www.harrisinteractive.com/harris_poll/index.asp?PID=707.

Hatch, N. O. *The Democratization of American Christianity*. New Haven, CT: Yale University Press, 1989.

Havely, N. R. *Dante*. Malden, MA: Blackwell, 2007.

Hawkins, P. S. *Dante: A Brief History*. Malden, MA: Blackwell, 2006.

———. *Undiscovered Country: Imagining the World to Come*. New York: Seabury Books, 2009.

Hayes, J. H., and S. Mandell. *The Jewish People in Classical Antiquity*. Louisville, KY: Westminster John Knox Press, 1998.

Heaney, S. *Station Island*. New York: Farrar, Straus and Giroux, 1985.

Hemingway, E., and C. Baker. *Ernest Hemingway, Selected Letters, 1917–1961*. New York: Scribner, 1981.

Henderson, B. "Open Letter to Kansas School Board." *Church of the Flying Spaghetti Monster*. Retrieved May 28, 2009, from www.venganza.org/about/open-letter/.

Henninger, J. "Pre-Islamic Bedouin Religion." In *Studies on Islam*, ed. M. L. Swartz, 3–22. New York: Oxford University Press, 1981.

Himmelfarb, M. *Ascent to Heaven in Jewish and Christian Apocalypses*. Oxford: Oxford University Press, 1993.

Hirschman, J. E., and J. E. Cole. *I Love You All the Time*. Atlanta: Cookie Bear Press, 2001.

Hitchens, C. *God Is Not Great: How Religion Poisons Everything*. New York: Grand Central Publishing, 2007.

Hoffman, L. A. *The Journey Home: Discovering the Deep Spiritual Wisdom of the Jewish Tradition*. Boston: Beacon Press, 2002.

Hogan, R. M. *Dissent from the Creed: Heresies Past and Present.* Huntington, IN: Our Sunday Visitor, 2001.

Holloway, M. *Utopian Communities in America, 1680-1880.* New York: Dover, 1966.

Holy Land Earth. "Suggested Uses for Holy Land Earth." *Holy Land Earth LLC.* Retrieved April 24, 2009, from http://www.holylandearth.com/uses.asp.

The Holy Bible (King James Version). New York: Cambridge University Press, 2000.

The Holy Bible: Containing the Old and New Testaments with the Apocryphal/Deuterocanonical Books: New Revised Standard Version. New York: Oxford University Press, 1989.

Hughes, R. *Heaven and Hell in Western Art.* London: Weidenfeld & Nicolson, 1968.

Ibn 'Alawi, a.-S. M. "The Hadith of Isra' and Mi'raj." In *Islamic Doctrines and Beliefs.* Damascus, Syria: ISCA, 1999.

Ilg, R. E., and A. Clinton. "Strong Job Growth Continues, Unemployment Declines in 1997." *Monthly Labor Review* 121, no. 2 (1998): 48-68.

Inayatullah, S. "Pre-Islamic Thought." In *A History of Muslim Philosophy,* ed. M. M. Sharif, 1:126-35. Kempten, Pakistan: Philosophical Congress, 1963.

IntelCenter. *IntelCenter Terrorism Incident Reference (TIR): Pakistan: 2000-2007.* Alexandria, VA: Tempest, 2008.

Irenaeus. "Against Heresies." *New Advent.* Retrieved May 14, 2009, from http://www.newadvent.org/fathers/0103531.htm.

Irving, W. *Rip van Winkle.* Utrecht, Netherlands: The Catharijne Press, 1987.

Islam Awareness.net. "Miracle of Al-Isra and Al-Miraj." IslamAwareness.net. Retrieved May 20, 2009, from http://www.islamawareness.net/Isra/miracle.html.

Israel, S. *Charge!: History's Greatest Military Speeches.* Annapolis, MD: Naval Institute Press, 2007.

Jacobovici, S., and C. Pellegrino. *The Jesus Family Tomb: The Discovery, the Investigation, and the Evidence That Could Change History.* New York: HarperOne, 2007.

Jansen, K. *Ketamine: Dreams and Realities.* Sarasota, FL: Multidisciplinary

Association for Psychedelic Studies, 2000.

———. "Neuroscience, Ketamine, and the Near-Death Experience: The Role of Glutamate and the NMDA Receptor." In *The Near-Death Experience: A Reader*, ed. L. W. Bailey and J. Yates, 265–82. New York: Routledge, 1996.

Jensen, R. M. *Understanding Early Christian Art*. London: Routledge, 2000.

Josephus. "The Jewish War." In *Jewish Life and Thought Among Greeks and Romans*, ed. L. H. Feldman and M. Reinhold, 248–51. Minneapolis: Augsburg Fortress, 1996.

Jung, C. G. *Memories, Dreams, Reflections*. New York: Vintage Books, 1989.

K' Meyer, T. E. *Interracialism and Christian Community in the Postwar South: The Story of Koinonia Farm*. Charlottesville: University Press of Virginia, 2000.

Kamenetz, R. *The Jew in the Lotus: A Poet's Rediscovery of Jewish Identity in Buddhist India*. Northvale, NJ: Jason Aronson, 1998.

Keller, H. *My Religion*. New York: Swedenborg Foundation, 1956.

Kelley, D. H., and E. F. Milone. *Exploring Ancient Skies: An Encyclopedic Survey of Archaeoastronomy*. New York: Springer, 2005.

Khalidi, T. *The Qur'an*. London: Penguin Books, 2008.

Kirsch, J. *A History of the End of the World: How the Most Controversial Book in the Bible Changed the Course of Western Civilization*. San Francisco: HarperSanFrancisco, 2006.

Kittelson, J. M. *Luther the Reformer: The Story of the Man and His Career*. Minneapolis: Augsburg, 1986.

Kleinfield, N. R. "Doors Closed, Kennedys Offer Their Farewells." *New York Times*, July 24, 1999.

Koinonia Partners. "Con Browne's Talks in Late February 2006, as Recorded by Ann Karp." Retrieved April 26, 2009, from http://www.koinoniapartners.org/History/oralhistory/Con_Browne.html.

———. "Koinonia Memories from Ms. Georgia Solomon as Told to Ann Karp." Retrieved April 25, 2009, from http://www.koinoniapartners.org/History/oralhistory/Georgia_Solomon.html.

Kraemer, J. L. *Maimonides: The Life and World of One of Civilization's Greatest Minds*. New York: Doubleday, 2008.

Laderman, G. *The Sacred Remains: American Attitudes toward Death, 1799–*

1883. New Haven, CT: Yale University Press, 1999.
LaHaye, T. F., and J. B. Jenkins. *Left Behind: A Novel of the Earth's Last Days*. Wheaton, IL: Tyndale House, 1995.
Lamb, C. *Essays of Elia: To Which Are Added Letters, and Rosamund, a Tale*. Paris: Baudry's European Library, 1835.
Lamm, M. *The Jewish Way in Death and Mourning*. Middle Village, NY: Jonathan David Publishers, 2000.
Lang, B. *Sacred Games: A History of Christian Worship*. New Haven, CT: Yale University Press, 1997.
Lansing, R. H., ed. *The Dante Encyclopedia*. New York: Garland, 2000.
Latino, J. N. "Year of St. Paul Offers Indulgences." MississippiCatholic.com, November 14, 2008. Retrieved May 13, 2009, from http://www.mississippi catholic.com/categories/diocese/2008/111408/indulgences.html.
Le Goff, J. *The Birth of Purgatory*. Chicago: University of Chicago Press, 1984.
Le Guin, U. K. "Paradises Lost." In *The Birthday of the World and Other Stories*, 213–48. New York: HarperCollins, 2002.
Levenson, J. D. *Resurrection and the Restoration of Israel: The Ultimate Victory of the God of Life*. New Haven, CT: Yale University Press, 2006.
Levine, L. I. *The Ancient Synagogue: The First Thousand Years*. New Haven, CT: Yale University Press, 2005.
Lewis, B., and B. E. Churchill. *Islam: The Religion and the People*. Upper Saddle River, NJ: Wharton School Publishing, 2008.
Lewis, C. S. *The Great Divorce*. New York: HarperCollins, 2001.
———. *The Last Battle*. New York: HarperCollins, 1994.
———. *The Lion, the Witch and the Wardrobe: a Story for Children*. New York: Macmillan, 1950.
———. *Surprised by Joy; The Shape of My Early Life*. London: G. Bles, 1955.
LightPlanet.com. "Temples: A Virtual Tour of Celestial Rooms." LightPlanet.com. Retrieved May 16, 2009, from http://www.lightplanet.com/mormons/temples/celestial_room.html.
Linder, R. D. *The Reformation Era*. Westport, CT: Greenwood Press, 2008.
Lindskoog, K. A. "Botticelli's 'Primavera' and Dante's 'Purgatory.'" In *Dante's Divine Comedy: Purgatory*. Macon, GA: Mercer University Press, 1997.

Lings, M. *Muhammad: His Life Based on the Earliest Sources.* London: Islamic Texts Society, 1983.

Lockhart, R. B. *Halfway to Heaven: The Hidden Life of the Sublime Carthusians.* New York: Vanguard Press, 1985.

Lockman, Z., and J. Beinin. *Intifada: The Palestinian Uprising Against Israeli Occupation.* Boston: South End Press, 1989.

Long, L. A. *Rehabilitating Bodies: Health, History, and the American Civil War.* Philadelphia: University of Pennsylvania Press, 2004.

Longfellow, H. W. "The Reaper and the Flowers." In *The Poetical Works of Henry Wadsworth Longfellow,* 1:22–23. Boston: Houghton Mifflin, 1986.

Lotz, A. G. *Heaven: My Father's House.* Nashville: W Publishing Group, 2001.

Lull, T. F. "Indulgences." In *The Westminster Dictionary of Christian Theology,* ed. A. Richardson and J. Bowden, 295–97. Philadelphia: Westminster Press, 1983.

Luther, M. "Preface to the Revelation of St. John." In *Luther's Works,* vol. 35, ed. E. T. Bachmann. Philadelphia: Fortress, 1960.

———. *Works of Martin Luther, with Introduction and Notes.* Philadelphia: A. J. Holman, 1915.Luttikhuizen, G. P. E., ed. *Paradise Interpreted: Representations of Biblical Paradise in Judaism and Christianity.* Leiden: E. J. Brill, 1999.

Lynch, T. *The Undertaking: Life Studies from the Dismal Trade.* New York: W. W. Norton, 1997.

Lyons, L. "Paranormal Beliefs Come (Super)Naturally to Some." *Gallup.com,* November 1, 2005. Retrieved May 18, 2009, from http://www.gallup.com/poll/19558/Paranormal-Beliefs-Come-SuperNaturally-Some.aspx.

"Lysippos." *The Grove Encyclopedia of Classical Art and Architecture.* Retrieved April 23, 2009, from http://www.oxfordreference.com/views/ENTRY.html?subview=Main&entry=t231.e0588.

MacDougall, E. B. *Medieval Gardens.* Washington, DC: Dumbarton Oaks Research Library and Collection, 1986.

Madigan, K., and J. D. Levenson. *Resurrection: The Power of God for Christians and Jews.* New Haven, CT: Yale University Press, 2008.

Magness, J. *The Archaeology of Qumran and the Dead Sea Scrolls.* Grand Rapids, MI: William B. Eerdmans, 2002.

Maimonides, M. *Mishneh Torah: The Book of Knowledge.* Jerusalem: Boys Town

Jerusalem Publishers, 1965.

Marcantel, M. "Thank God It's Doomsday!" *The Simpsons*. Fox, 2005.

Martin, J. *My Life with the Saints*. Chicago: Loyola Press, 2006.

Martin, W. C. *A Prophet with Honor: The Billy Graham Story*. New York: W. Morrow, 1991.

Marty, M. E. *Pilgrims in Their Own Land: 500 Years of Religion in America*. Boston: Little, Brown, 1984.

Mather, C. *Manuductio ad Ministerium: Directions for a Candidate of the Ministry*. New York: Columbia University Press, 1938.

Mattson, I. "RE: Statements Made by ISNA Canada Secretary General Regarding Dr. Laleh Bakhtiar's Qur'an Translation." The Islamic Society of North America, October 24, 2007. Retrieved May 26, 2009, from http://www.isna.net/articles/Press-Releases/PUBLIC-STATEMENT.aspx.

McDannell, C., and B. Lang. *Heaven: A History*. New York: Vintage Books, 1990.

McGinn, B. *The Presence of God: A History of Western Christian Mysticism*. New York: Crossroad, 1992.

McGrath, A. E. *A Brief History of Heaven*. Malden, MA: Blackwell, 2003.

———. *Reformation Thought: An Introduction*. Oxford: Blackwell, 1999.

McGuire, B. P. "A Lost Clairvaux Exemplum Found: The Liber Visionum Et Miraculorum Compiled Under Prior John of Clairvaux." *Analecta Cisterciensia* 39, no. 1 (January-June 1983): 27-62.

McNeill, J. T., and H. M. Gamer. *Medieval Handbooks of Penance: A Translation of the Principal "Libri Poenitentiales" and Selections from Related Documents*. New York: Columbia University Press, 1990.

McPherson, J. M. *The Atlas of the Civil War*. New York: Macmillan, 1994.

Meacham, J. "Pilgrim's Progress." *Newsweek*, August 14, 2006.

Meacham, J., and L. Miller. "Everything Old Is New Again." *Newsweek*, May 5, 2008.

Mechthild of Magdeburg and F. J. Tobin. *The Flowing Light of the Godhead*. New York: Paulist Press, 1998.

Medici, L. de, and L. Cavalli. *Opere: A Cura di Luigi Cavalli*. Naples: F. Rossi, 1970.

Merton, T. "Introduction." In *Religion in Wood: Masterpieces of Shaker Furniture*, ed. E. D. Andrews and F. Andrews, 7-18. Bloomington: Indiana University

Press, 1966.

———. *The Wisdom of the Desert.* New York: New Direction Books, 1960.

Meyer, M. A. *Response to Modernity: A History of the Reform Movement in Judaism.* New York: Oxford University Press, 1988.

Michelangelo Buonarroti. *The Creation of Adam.* Vatican City, Sistine Chapel, 1508-12.

Miles, J. *God: A Biography.* New York: Alfred A. Knopf, 1995.

Miller, J. L. *Dante and the Unorthodox: The Aesthetics of Transgression.* Waterloo, ON: Wilfrid Laurier University Press, 2005.

Miller, L. "The Gospel of Prothero." *Newsweek,* March 12, 2007.

———. "Is Obama the Antichrist?" *Newsweek,* November 15, 2008.

———. "Life in Solitary." Newsweek, June 20, 2005.

———. "Religion: The Age of Divine Disunity—Faith Now Springs from a Hodgepodge of Beliefs." *Wall Street Journal,* February 10, 1999.

———. "Why We Need Heaven." *Newsweek,* August 12, 2002.

Miller, L., and A. Murr. "Jesus and Witches." *Newsweek,* October 28, 2008. Retrieved April 20, 2009, from http://www.newsweek.com/id/166215.

Miller, L., and R. Wolffe. "Finding His Faith." *Newsweek,* July 12, 2008.

———. "I Am a Big Believer in Not Just Words, But Deeds and Works." *Newsweek,* July 21, 2008.

Miller, R. M., H. S. Stout, and C. R. Wilson, eds. *Religion and the American Civil War.* New York: Oxford University Press, 1998.

Milosz, C. *To Begin Where I Am.* New York: Farrar, Straus and Giroux, 2001.

Mission to Empty Purgatory. "Calculations." MTEP.com. Retrieved May 14, 2009, from http://www.mtep.com/calculations.htm.

Mitchell, J. *A Discourse of the Glory to Which God Hath Called Believers by Jesus Christ Delivered in Some Sermons out of the I Pet. 5 Chap. 10 ver.: Together with an Annexed Letter.* London: Printed for Nathaniel Ponder at the Peacock in the Poultry, 1677.

Mitchell, S. *Gilgamesh: A New English Version.* New York: Free Press, 2004.

Mitford, J. *The American Way of Death.* New York: Simon & Schuster, 1963.

Mohr, R. D. *God and Forms in Plato: The Platonic Cosmology.* Las Vegas: Parmenides Publishing, 2005.

Moody, R. *Life After Life.* New York: Bantam, 1978.
Moody, R. A., and P. Perry. *Life Before Life: Regression into Past Lives.* London: Macmillan, 1990.
Moore, D. W. "Three in Four Americans Believe in Paranormal." In *The Gallup Poll*, 221–22. Lanham, MD: Rowman & Littlefield, 2005.
Moore, R. L. *In Search of White Crows: Spiritualism, Parapsychology, and American Culture.* New York: Oxford University Press, 1977.
Morrison, G., ed. *History of Persian Literature from the Beginning of the Islamic Period to the Present Day.* Leiden: E. J. Brill, 1981.
Moulting Mantis Library. "Apocalypse of John: A Poem of Terrible Beauty," trans. Leonard L. Thompson, www.moultingmantis.org, 2003.
Muessig, C., and A. Putter. *Envisaging Heaven in the Middle Ages.* London: Routledge, 2007.
Newberg, A., and M. R. Waldman. *How God Changes Your Brain: Breakthrough Findings from a Leading Neuroscientist.* New York: Ballantine Books, 2009.
Newton, J. "Catholic Church (North America)." In *The Encyclopedia of Cremation*, ed. D. J. Davies and L. H. Mates, 112. Burlington, VT: Ashgate, 2005.
Niebuhr, R. *Christianity and Power Politics.* New York: Charles Scribner's Sons, 1940.
NIV Study Bible, 10th Anniversary Edition. Grand Rapids, MI: Zondervan Publishing House, 1995.
Noll, M. A. *A History of Christianity in the United States and Canada.* Grand Rapids, MI: William B. Eerdmans, 1992.
Nuland, S. B. *How We Die: Reflections on Life's Final Chapter.* New York: Alfred A. Knopf, 1994.
———. *Maimonides.* New York: Nextbook/Schocken, 2005.
Nydell, M. K. *Understanding Arabs: A Guide for Modern Times.* Yarmouth, ME: Intercultural Press, 2006.
Oberman, H. A. *Luther: Man Between God and the Devil.* New Haven, CT: Yale University Press, 2006.
Olson, D. C. "1 Enoch." In *Eerdmans Commentary on the Bible*, ed. J. D. G. Dunn and J. W. Rogerson, 904–41. Grand Rapids, MI: William B. Eerdmans, 2003.

Origen. *Origen on Prayer.* Grand Rapids, MI: Christian Classics Ethereal Library, 2001.

Paludan, P. S. "Religion and the American Civil War." In *Religion and the American Civil War,* ed. R. M. Miller, H. S. Stout, and C. R. Wilson. New York: Oxford University Press, 1998.

Pareles, J. "Pop and Jazz Guide." *New York Times,* June 29, 2001.

———. "A Rock Star's Struggle Where Militant Islam Rules." *New York Times,* July 17, 2003.

Patterson, B. B. "Appalachian Religious Music." In *Encyclopedia of Religion in the South,* ed. S. S. Hill and C. H. Lippy, 69–73. Macon, GA: Mercer University Press, 2005.

Penton, M. J. *Apocalypse Delayed: The Story of Jehovah's Witnesses,* 2nd ed. Toronto: University of Toronto Press, 1997.

Pestana, C. G. *Quakers and Baptists in Colonial Massachusetts.* Cambridge: Cambridge University Press, 1991.

Peters, F. E. *Mecca: A Literary History of the Muslim Holy Land.* Princeton, NJ: Princeton University Press, 1994.

Petersen, J. R. "Virgins in Paradise: The Strange Erotic Visions of a Suicide Bomber." *Playboy,* April 2002.

———. "Many Americans Say Other Faiths Can Lead to Eternal Life." *PewForum.org.* Retrieved April 13, 2009, from http://pewforum.org/docs/?DocID=380.

———. "Pentecostalism." *PewForum.org.* Retrieved May 18, 2009, from http://pewforum.org/docs/?DocID=140.

Pew Forum on Religion and Public Life. *U.S. Religious Landscape Survey: Religious Affiliation.* Washington, DC, 2008.

———. *U.S. Religious Landscape Survey: Religious Beliefs and Practices.* Washington, DC, 2008.

Pew Research Center. *Muslim Americans: Middle Class and Mostly Mainstream.* Washington, DC, 2007.

Pew Research Center for People and the Press. "Many Americans Uneasy with Mix of Religion and Politics." *People–Press.org,* Retrieved April 22, 2009, from http://people-press.org/report/?pageid=1084.

———. *2004 Political Landscape.* Washington, DC, 2003.

Phan, P. C. "Roman Catholic Theology." In *The Oxford Handbook of Eschatology*, ed. J. L. Walls, 215-32. Oxford: Oxford University Press, 2008.

Phelps, E. S. *The Gates Ajar*. Boston: Fields, Osgood, 1869. Revised edition.

Pilla, A. "Building the City of God." *EcoCity Cleveland*, Retrieved April 14, 2009, from http://www.ecocitycleveland.org/smartgrowth/cornfields/city_of_god.html.

Pindar, A. *The Complete Odes*. Translated by A. Verity. With an introduction and notes by S. Instone. Oxford: Oxford University Press, 2007.

Piper, D., and C. B. Murphey. *Heaven Is Real: Lessons on Earthly Joy from the Man Who Spent 90 Minutes in Heaven*. New York: Penguin Books, 2007.

———. *90 Minutes in Heaven: A True Story of Death and Life*. Grand Rapids, MI: Revell, 2004.

Placher, W. C. *A History of Christian Theology: An Introduction*. Philadelphia: Westminster Press, 1983.

Plato. *Phaedo*. Stillwell, KS: Digireads.com, 2006.

Pope, H. "The Kingdom of God." In *The Catholic Encyclopedia*, ed. C. G. Herbermann et al., 8:646-47. New York: The Encyclopedia Press, 1913.

Porten, B. "Exile, Babylonian." In *Encyclopaedia Judaica*, ed. M. Berenbaum and F. Skolnik, 6:608-11. Detroit: Macmillan Reference USA, 2007.

Price, S. R. F. *Rituals and Power: The Roman Imperial Cult in Asia Minor*. Cambridge: Cambridge University Press, 1984.

Prothero, S. R. *American Jesus: How the Son of God Became a National Icon*. New York: Farrar, Straus and Giroux, 2003.

———. *Religious Literacy: What Every American Needs to Know—and Doesn't*. San Francisco: HarperSanFrancisco, 2007.

Purcell, M. *Papal Crusading Policy: The Chief Instruments of Papal Crusading Policy and Crusade to the Holy Land from the Final Loss of Jerusalem to the Fall of Acre 1244-1291*. Leiden: E. J. Brill, 1975.

Queen, E. L., S. R. Prothero, and G. H. Shattuck. "Spiritualism." In *Encyclopedia of American Religious History*, 2:704. New York: Facts on File, 2001.

Raboteau, A. J. *Slave Religion: The "Invisible Institution" in the Antebellum South*. New York: Oxford University Press, 1978.

Ralls, M. "What Can We Say About the Afterlife?" *The Christian Century*,

December 14, 2004.

Raphael. *Madonna of the Meadows*. Vienna, Kunsthistorisches Museum: Oil tempera on wood, 1505/1506.

Raphael, S. P. *Jewish Views of the Afterlife*. Northvale, NJ: Jason Aronson, 1994.

Rappaport, U. "Jason." In *Encyclopaedia Judaica*, ed. M. Berenbaum and F. Skolnik, 11:90. Detroit: Macmillan Reference USA, 2007.

Ratzinger, J. " 'In the Presence of the Angels I Will Sing Your Praise' : The Regensburg Tradition and the Reform of the Liturgy." *Adoremus Bulletin*, October–December 1996. Retrieved May 18, 2009, from http://www.adoremus.org/10-12-96-Ratzi.html.

Rauschenbusch, W. *Christianity and the Social Crisis*. New York: Macmillan, 1907.

Raza, A. "The Petition for Professor Khaled Abou El Fadl to Come and Speak at NYU." Facebook. Retrieved April 27, 2009, from http://www.facebook.com/group.php?sid=48cb31e9b470b4f86cb7becba3dbe8c0&gid=33119669676&ref=search.

Renick, T. *Aquinas for Armchair Theologians*. Louisville: Westminster John Knox Press, 2002.

Roberts, A., and J. Donaldson, eds. *The Writings of the Apostolic Fathers*. London: Elibron Classics, 2005.

Robinson, C. F. *Islamic Historiography*. Cambridge: Cambridge University Press, 2003.

Robinson, M. *Gilead*. New York: Farrar, Straus and Giroux, 2004.

Rodinson, Maxime. *Muhammad*. London: Tauris Parke, 2002.

Roman Catholic Diocese of Brooklyn. "Announces Indulgences During Pauline Year." DioceseofBrooklyn.org, August 5, 2008. Retrieved May 13, 2009, from http://dioceseofbrooklyn.org/default_article.aspx?id=2084.

Roof, W. C. *A Generation of Seekers: The Spiritual Journeys of the Baby Boom Generation*. San Francisco: HarperSanFrancisco, 1993.

Rosner, F. *The Medical Legacy of Moses Maimonides*. Hoboken, NJ: Ktav, 1998.

Roth, P. *Indignation*. Boston: Houghton Mifflin, 2008.

Rothkoff, A. "Mitzvah." In *Encyclopaedia Judaica*, ed. M. Berenbaum and F. Skolnik, 14:372. Detroit: Macmillan Reference USA, 2007.

Rowling, J. K. *Harry Potter and the Philosopher's Stone*. London: Bloomsbury, 1997.

Rubens, P. P. *The Assumption of the Virgin Mary*. Antwerp, Antwerp Cathedral: Oil on board, 1626.

Rubin, U. "Ḥanīf." In *Encyclopaedia of the Qur'ān*, ed. J. D. McAuliffe, 2:402. Leiden: E. J. Brill, 2009.

Ruggles, D. F. *Islamic Gardens and Landscapes*. Philadelphia: University of Pennsylvania Press, 2008.

Rumi, J. a.-D., and C. Barks. *The Essential Rumi*. San Francisco: Harper, 1995.

Russell, B. *A History of Western Philosophy*. New York: Simon and Schuster, 1972.

Russell, J. B. *A History of Heaven: The Singing Silence*. Princeton, NJ: Princeton University Press, 1997.

———. *Paradise Mislaid: How We Lost Heaven—and How We Can Regain It*. Oxford: Oxford University Press, 2006.

Sanders, E. P. *The Historical Figure of Jesus*. London: Allen Lane, 1993.

———. *Jesus and Judaism*. Philadelphia: Fortress Press, 1985.

Scafi, A. *Mapping Paradise: A History of Heaven on Earth*. Chicago: University of Chicago Press, 2006.

Schaff, P. *History of the Christian Church*. New York: Charles Scribner's Sons, 1891.

Schalit, A., and L. Matassa. "Elephantine." In *Encyclopaedia Judaica*, ed. M. Berenbaum and F. Skolnik, 6:311–14. Detroit: Macmillan Reference USA, 2007.

Schalit, A., et al. (2007). "Alexander the Great." In *Encyclopaedia Judaica*, ed. M. Berenbaum and F. Skolnik, 1:625–27. Detroit: Macmillan Reference USA.

Schillebeeckx, E. *For the Sake of the Gospel*. New York: Crossroad, 1990.

Schimmel, A. "Some Aspects of Mystical Prayer in Islam." *Die Welt des Islams*, New Series 2, no. 2 (1952): 112–25.

Schweitzer, A., and W. Lowrie. *The Mystery of the Kingdom of God: The Secret of Jesus' Messiahship and Passion*. London: A. & C. Black, 1925.

Sebold, A. *The Lovely Bones: A Novel*. Boston: Little, Brown, 2002.

Segal, A. F. *Life After Death: A History of the Afterlife in the Religions of the West*. New York: Doubleday, 2004.

Shakespeare, W. *Hamlet.* London: Cornmarket, 1969.

Sharpe, M., ed. *Suicide Bombers: The Psychological, Religious and Other Imperatives. NATO Science for Peace and Security Series—Human and Societal Dynamics* 41 (July 2008). Amsterdam: IOS Press, 2008.

Shriver, M. *What's Heaven?* New York: Golden Books, 1999.

Sife, W. *The Loss of a Pet.* New York: Howell Book House, 1998.

Sigstedt, C. O. *The Swedenborg Epic: The Life and Works of Emanuel Swedenborg.* New York: Record Press, 1971.

Simoons, F. J. *Plants of Life, Plants of Death.* Madison: University of Wisconsin Press, 1998.

Smith, J. I., and Y. Y. Haddad. *The Islamic Understanding of Death and Resurrection.* Oxford: Oxford University Press, 2002.

Smith, M. *The Memoirs of God: History, Memory and the Experience of the Divine in Ancient Israel.* Minneapolis: Fortress Press, 2004.

Southern Baptist Theological Seminary. "What We Believe." Retrieved April 30, 2009, from http://www.sebts.edu/about/what-we-believe/default.aspx.

Sozomenus. "The Ecclesiastical History of Sozomen, Comprising a History of the Church from AD 323 to AD 425." In *A Select Library of Nicene and Post-Nicene Fathers of the Christian Church,* 2nd series, ed. P. Schaff and H. Wace, 2:179–455. New York: Christian Literature Company, 1890.

"Spirit Mediums Outdone. Lively Rappings in the Academy of Music. Dr. Richmond and One of the Fox Sisters Give Exhibitions of Their Skill Before a Remarkably Responsive Crowd—Spiritualism Formally Renounced." *New York Tribune,* October 22, 1888.

Stark, R. *Discovering God: The Origins of the Great Religions and the Evolution of Belief.* New York: HarperOne, 2007.

Stein, J. "A Little Bit of Heaven on Earth." *Los Angeles Times,* December 21, 2007.

Steinberg, A., and F. Rosner. *Encyclopedia of Jewish Medical Ethics: A Compilation of Jewish Medical Law on All Topics of Medical Interest.* Jerusalem: Feldheim, 2003.

Stille, A. "Scholars Are Quietly Offering New Theories of the Koran." *New York Times,* March 2, 2002.

Stone, D. "One Nation Under God?" *Newsweek,* April 7, 2009, http://www.news

week.com/id/192915.

Stout, H. S. *The New England Soul: Preaching and Religious Culture in Colonial New England.* New York: Oxford University Press, 1986.

Sutton, R. P. *Communal Utopias and the American Experience: Religious Communities 1732-2000.* Westport, CT: Praeger, 2003.

Swan, L. *The Forgotten Desert Mothers.* Mahwah, NJ: Paulist Press, 2001.

Swedenborg, E. *The Delights of Wisdom Respecting Conjugal Love: After Which Follow the Pleasures of Insanity Respecting Scortatory Love.* London: Printed for the Society, 1790.

———. *Heaven and Its Wonders and Hell, Drawn from Things Heard and Seen.* West Chester, PA: Swedenborg Foundation, 2000.

Swedenborg Foundation. "Illuminating the World of Spirit." *Swedenborg.com.* Retrieved May 14, 2009, from http://www.swedenborg.com/catalog/2005catalog.pdf.

Symonds, J. A. *The Sonnets of Michael Angelo Buonarroti and Tommaso Campanella.* Teddington, UK: The Echo Library, 2007.

Taylor, B. "Leaving Myself Behind." In *Heaven*, ed. R. Ferlo. New York: Seabury Books, 2007.

Taylor, J. E. *The Immerser: John the Baptist Within Second Temple Judaism.* Grand Rapids, MI: William B. Eerdmans, 1997.

Taylor, M. R. "Dealing with Death: Western Philosophical Perspectives." In *Handbook of Death and Dying*, ed. C. D. Bryant, 1:24-33. Thousand Oaks, CA: Sage, 2003.

Tcherikover, V. *Hellenistic Civilization and the Jews.* Philadelphia: Jewish Publication Society of America, 1959.

Teeman, T. "Attention: Towering Intellect at Work." *The Times*, January 24, 2007.

Teibel, A. "Embracing Secular Culture Can Be Risky in Israel." Associated Press, October 5, 2008.

Thompson, L. L. *The Book of Revelation: Apocalypse and Empire.* New York: Oxford University Press, 1990.

Thurston, H. "Simeon Stylites the Elder." In *The Catholic Encyclopedia*, ed. C. G. Herbermann, 13:795. New York: Encyclopedia Press, 1913.

Tillich, P. *Systematic Theology.* Chicago: University of Chicago Press, 1967.

Tocqueville, A. de *The Tocqueville Reader: A Life in Letters and Politics*, ed. O. Zunz and A. S. Kahan. Malden, MA: Blackwell, 2002.

Toner, P. "Limbo." In *The Catholic Encyclopedia*. New York: Robert Appleton Company, 1910. Retrieved May 28, 2009, from http://www.newadvent.org/cathen/09256a.htm.

Trumbower, J. A. *Rescue for the Dead: The Posthumous Salvation of Non-Christians in Early Christianity*. Oxford: Oxford University Press, 2001.

Twain, M. *Extract from Captain Stormfield's Visit to Heaven*. New York: Oxford University Press, 1996.

Tyler, A. F. *Freedom's Ferment; Phases of American Social History to 1860*. Minneapolis: University of Minnesota Press, 1994.

U.S. Census Bureau. "Interim Projections of the Population by Selected Age Groups for the United States and States: April 1, 2000, to July 1, 2030." Retrieved April 14, 2009, from http://www.census.gov/population/projections/SummaryTabB1.pdf.

Underhill, A. L. *The Missing Link in Modern Spiritualism*. New York: Thomas R. Knox, 1885.

"Unhappy America." Leaders. *The Economist*, July 24, 2008.

Unitarian Universalist Association of Congregations. "Universalism." April 18, 2008. Retrieved May 28, 2009, from http://www.uua.org/visitors/ourhistory/6904.shtml.

Valley of Life.com. "In Loving Memory: Johnnie Lane Parker, Sr."Valley OfLife.com. Retrieved May 18, 2009, from http://www.valleyoflife.com/JohnnieLParkerSr/.

Van Biema, D. "Does Heaven Exist?" *Time*, March 24, 1997.

Van Gogh, V. "Letter to Theo van Gogh, 28 September 1888." *The Letters of Vincent van Gogh*. Retrieved April 25, 2009, from http://www.webexhibits.org/vangogh/letter/18/543.htm.

Vanderhoof, E. W. *Historical Sketches of Western New York*. New York: AMS Press, 1972.

Voll, J. O. *Islam, Continuity and Change in the Modern World*. Syracuse, NY: Syracuse University Press, 1994.

Voll, U., and S. A. Kenel. "Deadly Sins." In *New Catholic Encyclopedia*, 2nd ed.,

4:565-67. Detroit: Thomson/Gale, 2003.

Wagner, M. "Shas Pulls Controversial Election Ad." *Jerusalem Post*, March 12, 2006.

Walls, J. L. *Heaven: The Logic of Eternal Joy*. Oxford: Oxford University Press, 2002.

Ward, B. *The Desert Fathers: Sayings of the Early Christian Monks*. London: Penguin Books, 2003.

Waterhouse, G. "Another Early German Account of St. Patrick's Purgatory." *Hermathena* 23 (1933): 114-16.

Watt, W. M. *Muhammad: Prophet and Statesman*. London: Oxford University Press, 1974.

——. *Muhammad at Mecca*. Oxford: Clarendon Press, 1953.

——. *Muhammad at Medina*. Oxford: Clarendon Press, 1956.

Watt, W. M., A. J. Wensinck, et al. "Makka." In *Encylopaedia of Islam*, ed. P. Bearman, T. Bianquis, C. E. Bosworth, E. v. Donzel, and W. P. Heinrichs. Leiden: E. J. Brill, 2009.

Wawrykow, J. P. *The Westminster Handbook to Thomas Aquinas*. Louisville, KY: Westminster John Knox Press, 2005.

Webb, D. *Pilgrims and Pilgrimage in the Medieval West*. London: I. B. Tauris, 1999.

Weinfeld, M. *Normative and Sectarian Judaism in the Second Temple Period*. London: T. & T. Clark, 2005.

Weiss, B. L. *Many Lives, Many Masters*. New York: Simon & Schuster, 1988.

Welch, E. S. *Art in Renaissance Italy, 1350-1500*, new edition. Oxford: Oxford University Press, 2000; first printed in 1997.

Wensinck, A. J., and B. Lewis. "Hadjdj." In *Encyclopaedia of Islam*, ed. P. Bearman, T. Bianquis, C. E. Bosworth, E. v. Donzel, and W. P. Heinrichs, 3:31. Leiden: E. J. Brill, 2009.

Wessels, A. *A Modern Arabic Biography of Muhammad*. Leiden: E. J. Brill, 1972.

White, L. M. "Apocalyptic Literature in Judaism and Early Christianity." PBS.org. Retrieved May 1, 2009, from www.pbs.org/wgbh/pages/frontline/shows/apocalypse/primary/white.html.

——. *From Jesus to Christianity*. San Francisco: HarperSanFrancisco, 2004.

White, S. J. *Foundations of Christian Worship.* Louisville, KY: Westminster John Knox Press, 2006.

White, W. M. *Emanuel Swedenborg: His Life and Writings.* London: Simpkin, Marshall, 1867.

Whitney, H., and J. Barnes. "The Mormons." *Frontline.* PBS, broadcast April 30 and May 1, 2007.

Williams, R. H. "An Illustration of Historical Inquiry: Histories of Jesus and Matthew 1:1–25." In *Handbook of Early Christianity,* ed. A. J. Blasi, P.-A. Turcotte, and J. Duhaime, 105–24. Walnut Creek, CA: AltaMira Press, 2002.

Wills, G. *Saint Augustine.* New York: Lipper/Viking, 1999.

Winseman, A. L. "Eternal Destinations: Americans Believe in Heaven, Hell." Gallup, Inc., May 25, 2004. Retrieved April 13, 2009, from http://www.gallup.c-om/poll/11770/Eternal-Destinations-Americans-Believe-Heaven-Hell.aspx.

Woodward, B. "In Hijacker's Bags, a Call to Planning, Prayer and Death." *Washington Post,* September 28, 2001.

Work of the Chariot. "The Measure of the Divine Body." Work of the Chariot. Retrieved May 18, 2009, from http://www.workofthechariot.com/Text Files/Translations-ShirQoma.html.

Wright, J. A. *What Makes You So Strong?: Sermons of Joy and Strength from Jeremiah A. Wright, Jr.* Edited by J. K. Ross. Valley Forge, PA: Judson Press, 1993.

Wright, N. T. *Jesus and the Victory of God.* Minneapolis: Fortress Press, 1996.

———. *The Resurrection of the Son of God.* Minneapolis: Fortress Press, 2003.

———. *Surprised by Hope: Rethinking Heaven, the Resurrection, and the Mission of the Church.* New York: HarperOne, 2008.

Yinger, K. L. *Paul, Judaism, and Judgment According to Deeds.* Cambridge: Cambridge University Press, 1999.

Young, B. *Discourses of Brigham Young: Second President of the Church of Jesus Christ of Latter-Day Saints.* South Salt Lake City, Utah: Deseret Book Co., 1971.

Zaleski, C. *Otherworld Journeys: Accounts of Near-Death Experience in Medieval and Modern Times.* New York: Oxford University Press, 1987.

Zaleski, C., and P. Zaleski. *The Book of Heaven: An Anthology of Writings from Ancient to Modern Times*. New York: Oxford University Press, 2000.
The Zohar. Trans. H. Sperling and M. Simon. London: Soncino Press, 1934.

KI신서 3029
헤븐

1판 1쇄 인쇄 2010년 12월 20일
1판 1쇄 발행 2010년 12월 30일

지은이 리사 밀러 **옮긴이** 한세정 **펴낸이** 김영곤 **펴낸곳** (주)북이십일 21세기북스
출판콘텐츠사업부문장 정성진 **출판개발본부장** 김성수
기획·편집 박혜란 **디자인** 박선향
마케팅영업본부장 최창규 **마케팅·영업** 이경희 우세웅 **마케팅** 김보미 허정민 김현유
해외기획 김준수 조민정
출판등록 2000년 5월 6일 제10-1965호
주소 (우 413-756) 경기도 파주시 교하읍 문발리 파주출판단지 518-3
대표전화 031-955-2100 **팩스** 031-955-2151 **이메일** book21@book21.co.kr
홈페이지 www.book21.com **커뮤니티** cafe.naver.com/21cbook

ISBN 978-89-509-2785-1 03200
책값은 뒤표지에 있습니다.

이 책 내용의 일부 또는 전부를 재사용하려면 반드시 (주)북이십일의 동의를 얻어야 합니다.
잘못 만들어진 책은 구입하신 서점에서 교환해 드립니다.